U0505184

次终极追问

追问

The Penultimate
Curiosity

How Science Swims in the Slipstream of Ultimate Questions

[英] 罗杰·瓦格纳

安德鲁·布利格斯 —— 著

杨春景 —————— 译

科学与宗教的纠葛

格致出版社　　上海人民出版社

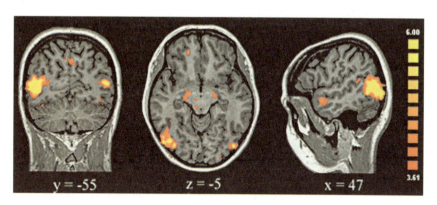

彩图 1　进行道德评判时大脑的核磁共振影像

彩图 2　肖维洞窟尽头石室的壁画

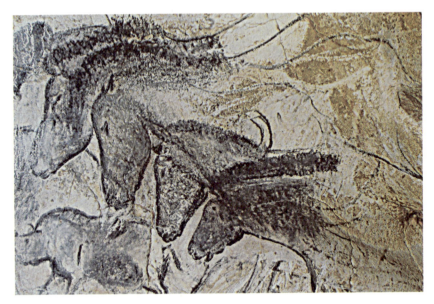

彩图 3 肖维洞窟岩画——马（整体）

彩图 4 科斯马斯·印地科普莱特斯的《基督教地志》书影，展示了拱顶形的天空覆盖着平坦的大地

彩图 5　亚里士多德向亚历山大授课，《动物书》（*Kitāb al-hayawan*）插图

彩图 6　阿维森纳的《医典》中关于骨骼、肺部、胃部和心脏的论述

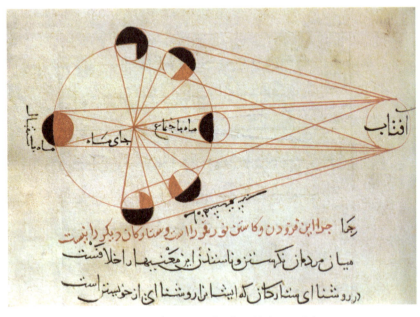

彩图 7　比鲁尼《问答集》中绘制的不同月相

彩图 8　上帝用圆规丈量世界，《教化经》(*Bible Moralisée*)插图

彩图9 圣三一学院小教堂的牛顿像

彩图 10 "我立大地根基的时候,你在哪里呢"——罗杰·瓦格纳《从旋风中》

我们人类这一物种应该被称作"灵人"（Homo spiritualis）而不是"智人"（Homo sapiens）。向世界提出"为什么"的问题促成了宗教、哲学和科学的出现。本书对宗教、哲学和科学之间的相互作用和纠葛进行了描述，其涵盖范围和旨趣之广令人叹为观止。

——让·克洛特（肖维洞窟研究团队的负责人）

本书为人类长期以来在寻求认知和意义方面的研究提供了一个引人入胜的视角。这两位背景迥异的优秀作者将他们的专业知识融合在一处，形成了一个引人深思且具有原创性的综合体。

——里斯勋爵（皇家天文学家、皇家学会主席，2005—2010 年）

对于以证据为基础的科学理性，其长处就在于找到"事物是如何"这类问题的答案，诸如："宇宙是如何从大爆炸中演变而来的？""物质是如何排列构成原子核、人类、行星和恒星的？"但是对于"为什么"的问题，科学并不一定会提供答案。因此，我们不应将科学和宗教相互对立，而是要追问两者之间是否存在对话，它们是否可以相互尊重并接受彼此的观点。在《次终极追问》一书中，安德鲁·布利格斯和罗杰·瓦格纳证明二者之间的对话不仅是可行的，而且遵循这样的路径还会使彼此更为丰富。

——罗尔夫·豪尔（欧洲核子研究中心总干事）

科学所取得的成就令人赞叹。有时这些成就是如此惊人以至于它们使我们丧失了认识这一奇妙地创造世界的视角，而我们正是这个世界中"好奇心"最强的动物。这本书取得了一项了不起的成就，它涵盖了从史前、古希腊一直到今天的历史，同时它借鉴了杰出艺术家和艺术史学家以及当代科学前沿的研究人员的独特智力资源。由此完成了一幅精美的画卷，呈上了一场跨学科思想融合的最佳盛宴。它提出了数千年来由哲学家、宗教家所认识，而在如今由科学家所提出的"次终极追问"方面的深奥问题，并提供了建设性的答案。

——马尔科姆·吉夫斯（爱丁堡皇家学会会长，1996—1999 年）

这本书很好地阐明了人类好奇心是如何从不同角度来理解宇宙的。它非常详尽地展示了那些伟大的思想家（莱布尼茨、牛顿、帕斯卡、赫歇尔等人）是如何在数个世纪的时间中对科学和宗教之间的关系进行深入讨论的，并且描绘了"科学可以逐步拓展我们对宇宙认知"这一观点的发展历程。书中包含了大量引人入胜的小故事，并且对其进行了权威解读，通过描述个体的参与和历史的细节而使上述发展历程栩栩如生。

——乔治·埃利斯（英国皇家学会院士，
与斯蒂芬·威廉·霍金合著《时空的大尺度结构》）

本书是对思想发展史博学且引人入胜的一种解读。本书的独到之处在于通过文字和插图来解读科学和宗教的关系，从最早的原始人类洞穴岩画和人工制品到塑造文明的伟大思想家，再到科学革命的巨人和当今的科学技术。

——鲍勃·怀特（英国皇家学会院士，剑桥大学）

一本令人赞叹且精彩绝伦的原创著作，它揭示了人类身份和目的方面一些最深层次的问题。

——阿利斯特·麦格拉斯（牛津大学安德烈亚斯·伊德里奥斯科学与宗教学教授）

在罗杰·瓦格纳和安德鲁·布利格斯的笔下，关注可见宇宙之外的终极追问与关注可见宇宙内相互联系的各元素的次终极追问，在历史的洪流中缠绵舞蹈，这部开拓性的著作，其涉猎范围广泛，细节叙述令人赞叹。对于宗教和科学之间有时相互挑战但往往相互助益的关系进行了具有挑战性和说服力的描述。

——拉比乔纳森·萨克斯勋爵（首席拉比，1991—2013 年）

这是一部蔚为壮观的著作。本书将会拓展我们的心灵和思想，从而使我们认识到科学的范围和神学研究的基础。描绘了人类从史前时代一直到现在对认知和意义的探索欲是何等的不知满足，但又是何等的富有创造性和建设性。这使我敬畏科学的"艺术"：因为它揭示了展开这幅画卷的上帝是何等的至高无上。

——贾斯汀·韦尔比（坎特伯雷大主教）

献给

安妮和戴安娜

致　谢

"我们要感谢……"看到这些字眼时,大多数读者会立即翻页。对于一本涵盖如此之多领域的书,必然会欠下"知识债",对于一本合著而言尤为如此。

一位艺术家和一位科学家如何能在一起写书呢?在但丁的《神曲》中,但丁在当地一位居民,即罗马诗人维吉尔的带领下穿越了冥界。在这两位诗人出发时,维吉尔是向导,但丁负责记录旅程见闻,一位天使降临地狱来扫清道路并送他们前行。在他们攀爬净界山时,从天堂来帮助他们的人出现得更加频繁。

当我们踏上科学世界的旅程时,科学家扮演导游的角色,艺术家则扮演记录员的角色,我们在关键阶段也得到了外界的热情帮助。

第一位帮助我们的人是约翰·亨德利·布鲁克教授,他是牛津大学第一任安德烈亚斯·伊德里奥斯科学与宗教学讲席教授,他阅读了其中一些章节的早期手稿,同时鼓励我们进一步拓展对我们在旅程所遭遇困难的认知。十多年后,第二任安德烈亚斯·伊德里奥斯科学与宗教学讲席教授彼得·哈里森阅读了本书完整的草稿并给了我们同样有益的建议。我们感谢牛津大学出版社监督委员会新闻界代表批准牛津大学出版社出版本书,我们得到了学识渊博但匿名的牛津大学出版社读者的帮助,不管他们的评价是宽泛的还是详细的,都让这本书得以精益求精。我们还要感谢其他几位学者和科学家,当我们请他们提出详尽意见和一般性知识评价以及给予鼓励的要求时,他们都慨然应允。

特别要感谢让·克洛特博士对本书第一部分提出的建议以及他慷慨允许我们

使用他拍摄的肖维洞窟的照片;感谢爵士理查德·索拉布吉教授与我们分享了他对古典世界的总体性认识和对约翰·菲罗波努斯的独到见解;感谢彼得·亚当森教授,他在很短的时间内引导我们远离一些错误并转向了解第四部分最近的研究进展;感谢马尔科姆·吉夫斯教授,他引导我们对宗教认知科学(CSR)研究领域进行了了解;感谢休·威廉姆森教授,对于第十编内容,他给了我们非常有用的建议。当然,对于任何错误的责任,将由我们二人承担。

除此之外,我们还要感谢汤姆·麦克利什教授、艾伦·查普曼博士和朱丽亚·戈尔丁博士,他们阅读了本书的手稿;感谢马克·瓦格纳对书名的建议以及一并感谢帮助本书出版的人士。这些人包括瓦德汉学院图书馆的蒂姆·科特利;博德利图书馆的朱丽叶·查德威克;感谢海伦·赖利,她在研究图片方面进行了孜孜不倦的工作;感谢尼基·麦克米尔和玛丽杰·泽登雷克对本书的脚注和其他方面的认真校对;感谢牛津大学出版社的阿尼娅·伦斯基、维基·莫蒂姆和查尔斯·劳德尔在书籍出版准备方面所做的详细工作,感谢我们的编辑松克·阿德隆,感谢他在整个过程中给予的支持和鼓励。

当《神曲》第二部结束时,维吉尔不能再往前走了,但丁长期暗恋但未能走到一起的贝雅特丽齐接引但丁进入了天堂。我们的这本书没有冒险去探究神学领域,而是让读者学者选择是否更进一步。尽管如此,我们各自的伴侣在这本书的写作中扮演了贝雅特丽齐的角色,她们二人在这个过程中备受煎熬,并给予了我们无尽的支持。题献页上就是她们的名字。

目 录

目　录

序

　　盛夏之时,牛津大学主建筑群周围的观光团人头攒动,一名游客从人群中挤了出来,他拐进了宽街尽头的一条林阴道。沿着林阴道继续往前走,不久他就会到达校园内的一片公园绿地,宽阔的草坪从右侧的马路边一直延伸到公园大门前。草坪后面是一栋宏伟的维多利亚时期莱茵哥特式建筑,这栋建筑就是牛津大学博物馆。

图 0.1　亨利·瓦格纳 1860 年拍摄的牛津大学博物馆

仲夏时节,剑桥大学国王街上的游客摩肩擦踵,一名游客也选择类似的方式避开了拥挤的人群,沿着途经老鹰酒吧的一条小道向前走。顺着小道向右直拐就是相对幽静的自由学院路。沿着这条路走到中途,路左侧是另一栋宏伟的维多利亚式建筑。一块新竖立的石碑上的铭文告诉游客们卡文迪什实验室最初就设立在这栋建筑之内。

图 0.2 自由学院路的卡文迪什实验室

xiv　　因为这两栋建筑是牛津大学、剑桥大学首次专门设立的科学研究机构所在地,故而享有盛名。它们也代表了科学史上的两大辉煌时刻。

1953 年 2 月 28 日,是卡文迪什实验室历史上值得铭记的一天。在这一天的午饭时间,实验室两名年轻研究员走进了老鹰酒吧,他们向在场的所有人宣布"发现了生命的秘密"。

约 100 年前,牛津大学博物馆所在的这栋建筑物也见证了历史。1860 年 6 月30 日,在这栋新竣工的大楼内正在召开一次著名会议,会上一位主教遭到了羞辱,一名女士当场晕倒;在群情亢奋的气氛中,会议就达尔文和华莱士提出的、以自然选择为基础的新进化理论展开了首次公开辩论。

这两大历史事件都被赋予了神话色彩。现在有文献表明,在牛津大学博物馆举行的这场辩论并不像此后人们所记录的那样,被认为是宗教与科学之间的直接冲突。詹姆斯·沃森表示,即便是他的合作伙伴弗朗西斯·克里克公布他们发现新的 DNA 序列时,他仍感到"多少有些尴尬",认为公布时间有一点过早。[1]但是,创造神话可以被视为一种致敬的方式,因为两大发现本身都具有远远超越科学常态界限的意义。

那个早一些的历史事件尤为如此。在博物馆进行的辩论结束两年之后（即1862年），《物种起源》的法文版问世。在法文版序言中，译者将科学的理性启示与她认为已过时的基督教教义进行了对比。12年之后，即1874年，参与博物馆辩论的另一位主角出版了专著《宗教与科学冲突史》，他在书中指出，整个科学发展史讲述的就是宗教与科学这两种斗争力量之间的角力。[2]

纽约大学化学教授约翰·德雷普（John Draper）博士以及他的论文《欧洲智力发展史：达尔文先生及其他人关于生物进化受规则的约束的观点》（*On the Intellectual Development of Europe*, *Considered with reference to the Views of Mr. Darwin and Others*, *that the Progression of Organisms is Determined by Law*）都宣传了在博物馆辩论的主题。大多数听众都觉得他的论文像标题一样冗长且无趣（甚至在多年以后，一位女士仍然记得操着满口"美国音"的德雷普博士所致的开幕词，当时他以"我们是不是原子的集合体"这一问题作为他演讲的引子）。尽管如此，1874年德雷普教授的演讲的确取得了成功。德雷普教授的《宗教与科学冲突史》一书创造了出版史上的奇迹［在著作内容和成就方面，只有接近一个半世纪之后理查德·道金斯（Richard Dawkins）的《上帝的迷思》（*God Delusion*）才能与之媲美］，该书在英国和美国先后分别印刷了21版和50版，并在全球范围内被翻译为多个语言版本。

1896年，康奈尔大学校长安德鲁·迪克森·怀特（Andrew Dickson White）出版了鸿篇巨著《基督教中的科学与神学战争史》（*A History of the Warfare between Science and Theology in Christendom*），该书沿袭了德雷普的观点。虽然怀特的《基督教中的科学与神学战争史》在受欢迎程度方面略逊一筹，但是在学术影响力上则胜出三分：哲学家贝特朗·罗素（Bertrand Russell）在1935年出版的《宗教与科学》一书中大量引用了《基督教中的科学与神学战争史》中的内容。

罗素在论文中指出，科学与宗教之间一直存在着冲突，战争的结果"总是科学胜出"[3]，似乎这一观点在十年之前的田纳西州"猴子审判"案例中得到了完美证明。在该案中，公诉人对一名讲授进化论的生物老师提起诉讼，该案最终演变成为一场臭名昭著的法律战（后来还拍成了戏剧和好莱坞电影）。据报道，激进的不可知论者克拉伦斯·达罗律师和三次参加总统竞选的候选人威廉·布莱恩特（他本人是一名虔诚的基督徒）在闷热的法庭中和媒体的众目睽睽之下向对方挥舞着拳头。

弗朗西斯·克里克（Francis Crick）在去世之前曾提到宗教与科学之间的冲突

影响了他整个科学研究生涯。他曾经问自己："生物和非生物的区别以及意识现象这两个令人费解且作为宗教信仰支撑的问题，它们究竟意味着什么呢？"他开展的相关研究已经开始尝试拆除这两大支撑。[4]1961年，当他的同事赞同修建一座教堂时，他辞去了丘吉尔学院的教职并公开表达了自己的立场。他认为一所"致力于传播高级知识和自由思辨"的研究机构与宗教的"荒谬迷信"之间不应有任何瓜葛。[5]

颇具讽刺意味的是，克里克或沃森却在2月某一天的午饭时间关上了身后卡文迪什实验室的大门，他们走向了酒吧。他们本可以回望身后，看到建筑物上镌刻的一段铭文，这段铭文将他们的实验室与丘吉尔学院附近修建的新教堂所明确彰示的"荒谬迷信"联系在了一起。两扇门上方镌刻了一段源自《诗篇》第111章的拉丁语铭文。

图0.3　自由学院路卡文迪什实验室大门上的铭文："耶和华的作为本为大，凡喜爱的都必考察。"　　图0.4　位于牛津大学博物馆入口处手持书本与生殖细胞的天使

可能他们并没有注意到这段铭文。"两种竞争力量之间冲突"的表述如此吸引眼球，以至于它极易导致人们忽略其他的内容。

2009年，理查德·道金斯与约翰·伦诺克斯（John Lennox，数学家、基督教护教论者）在牛津大学博物馆举行了一场辩论。在这场辩论中，伦诺克斯向道金斯提出的问题是修建博物馆后面的建筑（指教堂）的动机是否并非完全出于宗教信仰。道金斯回答说，在这种情况下，动机并不完全出于宗教信仰，随后双方继续进行辩论。

如果他们中的任何一个人在走进建筑物时抬头看一眼，就会看到门上雕刻着一位天使，天使的一只手中捧着一本打开的书，另外一只手中则拿着三个活细胞

（图 0.4）。最近的一篇文献中提到，这座天使雕像的含义是"博物馆的创始人希望后人在一种更强大力量的指引下，能够阅读并正确理解书本中的知识，学习自然界的常识并揭示生命的奥秘"[6]。

两家致力于科学研究的机构为何在大门的入口处刻上了宗教祈祷词？这个16年之前提出的问题成为本书讨论的出发点。本书的作者之一是一位科学家，他在卡文迪什实验室工作时就注意到了剑桥大学这栋建筑上镌刻的这段祈祷词。本书的另一位作者是一位艺术家，他在牛津大学研习哥特式文艺复兴建筑时也注意到了牛津大学博物馆的铭文。我们两人对这一问题都非常感兴趣。

这些铭文仅仅是表达一种虔诚的姿态吗（现在有人可能这样认为）？科学的发展证明《圣经》中描述的故事与其他神话故事属于同一种类别，这样做的目的是不是为了安抚大学的宗教情感？

相关的发现证明事实并非如此：两栋建筑的入口代表了维多利亚时代两位科学巨匠的深刻思想（我们将在第十编中讲述这些故事），这促使我们展开了进一步的研究。如果对科学和宗教两大独立领域进行融合的冲动不仅仅是一种姿态，那么这种冲动又是源自何处呢？

要回答这个问题，第一步要从更宏大的视角考察在建造上述建筑物入口时发生了什么故事？

19世纪最后几十年中，各领域的知识突然间都出现了令人叹为观止的迅速发展。在同一年内见证了许多重大的发现，诸如发现尼罗河源头、揭秘特洛伊废墟、破译久远的古代文字资料以及在一系列基础性科学领域取得了突破性成就。我们的注意力有时会自然而然地被这些冲突（昏厥的女士和挥舞的拳头）吸纳的新观点所吸引。但我们很快也意识到，这些观点也容易导致我们忽视这些发现在解决冲突而不是引发冲突方面的重要意义，并且会使我们忽视维多利亚时代及其他时代那些对表征宗教信仰的新数据持开放态度而不是进行解构的科学家。 xviii

我们特别注意到，通过对比19世纪晚期的发现和破译的古代文字资料与《创世记》前几章的内容（我们将在本书后半部分——第九编中进行讨论），可以看出《创世记》中的故事与其他神话故事存在明显的区别，二者是截然不同的故事。

在其他神话故事中，神的形象呈现出某些自然世界的特征（或者甚至完全相同），并且这些神话故事描述了世界形成的过程，后来《圣经》的作者们认为这些都是对上帝和神"偶像崇拜"的虚伪认同。他们似乎有意识地抛弃了这些神话，开始将上帝作为创世之外的神，通过简单的命令或意志创造了万物而不关注其中的物理过程问题。

新发现的文字资料也再一次验证了以上观点，但这些观点并不是首次引起人们的注意。《圣经》中反复强调了犹太教和基督教一个共同的古老传统（虽然也存在争议），这样做有两个目的：一是认为研究自然世界是一项宗教义务；二是认为上帝是万物之主。我们希望能发现上帝创造万物是受简单的、普遍的宇宙法则所支配的。

这条线索最终可能会解答我们的问题，正所谓"草蛇灰线，伏笔千里"。

后来，我们成了在同一栋楼中工作的同事，艺术家工作室就在科学家办公室的楼上，这段时期我们偶尔会在共进早餐的时候讨论我们的研究成果。我们沿着这条简明的线索揭开了一个比我们最初的想象要丰满得多且历史更为久远的故事。

我们首先研究了进化论（这有一些出人意料）。关于《圣经》文本与科学世俗主
xix 义的冲突故事源远流长，但是，我们很快就意识到这只不过是故事的冰山一角。从这种思维形成过程的故事（我们会在第八编中提及）中会发现，上帝创造自然世界的规律与牛顿发现上帝赋予客观世界的规律属于同一类型，但是提及这方面的文献资料并不多。

牛顿自己的故事（我们会在第七编中提及）也存在类似的情况。最近人们将注意力转向牛顿对炼金术的研究和异端神学导致他脱离正统基督教的问题，也有人关注他在科学领域的成就如何导致一些人走向自我毁灭的自然神学而导致另外一些人走向启蒙理性主义的问题。然而，牛顿思想体系的中心，是发现了相互之间具有关联性的定律之间（其相互联系的形式不同）形成的"完美体系"和自由、万能的造物主上帝之间具有高度的一致性。以此为出发点，牛顿的推理得出的结论就是上帝制定了宇宙法则。无论牛顿思想体系还有什么其他特点，它们都不是孤立存在的古怪行为。我们发现，牛顿采取的研究方法是更宏大故事的组成部分。

所谓更宏大的故事（我们会在第六编中提及）包括众多所谓的"科学革命"先驱的故事，他们对自然界的研究被认为是宗教崇拜的一方面。信仰新教的科学家已经注意到用一种开放式方法满足准确研读《圣经》的需求，与保罗教皇（St. Paul）禁止人们采用明显需要读者自由判断的"凡事察验"的方式阅读《圣经》的作法之间存在明显的相关性。正如《圣经》的翻译已导致了经文阅读的民主化，偶像崇拜表面化使人的思想替代了上帝的思想，所以这对它们来讲，"实验哲学"已经导致自然研究的民主化，"耶和华的作为"可以进行自我诠释。

然而，在16世纪和17世纪，早期的科学家在这个故事中还没有扮演角色。皇

家学会的创始人将新教改革看作新哲学的根基和起源(重点关注实验、数学和机械结构),但我们很快就发现,20 世纪的研究已经开辟了其他分支领域并且这些研究 xx分支最终实现了殊途同归。

1904 年,即约翰·德雷普的著作《宗教与科学冲突史》问世大约 30 年之后,法国物理学家皮埃尔·迪昂在撰写的一部关于静力学起源的著作中引用了一位鲜为人知的中世纪作家若尔丹·德·奈莫尔(Jordanus de Nemore)的观点。根据引述资料提供的线索,特别是当时刚刚出版的《达芬奇日记》的记载,迪昂启动了一项研究计划,最终完成了九卷本的中古科学史。迪昂的工作开辟了一个迄今为止尚未被人们注意到的研究领域,并且这并不是唯一一个即将出现快速发展的研究领域。

1883 年,即距离迪昂的著作开始动笔之前约 20 年,将耶稣描写为一个备受争议且具有无神论色彩人物的厄内斯特·勒南(Ernest Renan)在索邦大学举办了一次讲座,后来他将讲座的内容结集出版,书名为《伊斯兰教与科学》。他在这本书中指出,伊斯兰教无法产生科学和哲学。此后不久,出生于伊朗的学者加马·阿尔丁·阿富汗尼(Jamal al Din Afghani)对此进行了回应,奥斯曼帝国学者纳米克·凯末尔(Nemek Kemal)撰写了《驳勒南》(*Renan Mudafanamesi*)一书进行了回应,其中重点介绍了伊斯兰世界取得的科学成就。20 世纪末、21 世纪初,他们著作关注的这段历史已经演变成一个范围庞大且处于不断扩展的研究领域。

1942 年,正在纽约的剑桥大学杰出生物化学家李约瑟(Joseph Needham)在英国广播公司信函纸页边空白处写下了一句话:"为什么中国的科学总体上未能发展起来呢?"[7]李约瑟的兴趣最初源自他与中国年轻科学家的接触。第二次世界大战期间,他在中国进行了长时间的旅行,收集并阅读了大量中国古代文献,对中国古代的科学发展成就有了清晰的认知。

弗朗西斯·培根(Francis Bacon)认为,火药、印刷术和指南针是改变世界的三大发明。李约瑟发现,在欧洲人知道这三大发明之前,中国早已有了这三大发明。他撰写了十五卷本的《中国科学技术史》(后续又完成了另外的十二卷)。

首先由李约瑟提出的这个问题一直都困扰着他自己。实际上,关于中国为什么在 16 世纪左右失去了科学和文化领域优势的问题,即"李约瑟难题",学者们并没有给出确定的答案。至于中国本身,此前技术上的辉煌成就大部分已经被人遗忘。xxi大约在李约瑟开始研究的同一时间,一本名为《中国为什么没有科学》的中文著作问世。李约瑟在对道教等宗教文献的阅读过程中有了自己的发现。在毛泽东时代的中国,这些宗教书籍都是"斗争"的对象。

关于前现代社会研究兴趣的范围和内容,以及它们与宗教之间密切联系方面的此类发现,与约翰·德雷普和安德鲁·怀特(Andrew White)时代的情况截然不同。特别是它通过一种截然不同的视角吸收了伽利略与教会当局论战的故事,这个故事作为核心事件都曾出现在各种版本的"两种权力的冲突叙事"之中。

以某种方式而言,伽利略的思想(我们会在第五编中讨论)及其所坚持的"哲学自由"的观点与当代的宗教改革思想之间具有关联性。它也可以被看作一个更古老故事的衍生物。随着亚伯拉罕诸教与希腊哲学遗产的相互融合,这个故事所蕴含的理念,是在伊斯兰世界发源、随后在中世纪欧洲发展起来、由数学所界定的自然法则。二者之间的融合引发了一场延续一千多年的争论(这段历史我们会在第四编中讨论),三大宗教的先哲们都曾尝试对希腊哲学中的真理与其中所蕴含的错误宗教观念进行区分。

寻根溯源,故事最终将我们带回到穆斯林入侵之前的亚历山大城。在亚历山大,犹太教和基督教(我们会在第三编中讨论)首次尝试通过系统性的方法探究它们与希腊自然哲学之间的关系,一位基督教徒和异教徒哲学家展开了辩论(后来这位异教徒成为与伽利略辩论的核心人物),在这场辩论中首次提出了置身于自然之外的神创造了宇宙法则的观点。

对我们来说,虽然我们回到亚历山大,但这里显然并不是故事的起始点。在亚历山大,亚伯拉罕诸教与希腊哲学之间的冲突已经剑拔弩张,但是还没有出现宗教和科学之间的纠葛。再向前追溯,我们很快就会发现,亚里士多德和他的门徒进行的卓越科学研究本身与早期的宗教思想革命之间明显存在密切的关系(我们会在第二编中阐释出现这种情况的原因)。

那么,这是不是剑桥大学实验室和牛津大学博物馆建筑上的铭文所指故事的最初起点呢?从某种意义上来说,对我们而言确实如此。因为我们所说的"科学"就在那时从宗教的一般实践中衍生而来,恰恰也在当时首次出现了对二者融合的明确需求。

这种说法肯定包含一定的曲解。我们不能用今天的标准来评判历史。曾担任牛津大学科学和宗教学教授的彼得·哈里森(Peter Harrison)表示,如果一位历史学家宣布发现"公元 1600 年,以色列和埃及之间爆发了一场史册中未记载的战争",对这种说法我们就要保持一定的怀疑。因为直到现代社会初期以前,并不存在以色列和埃及这两个国家。[8]同样,17 世纪之前,"宗教"作为一种信仰的概念几乎是

xxii

不存在的,而"科学家"一词在 19 世纪之后才出现[威廉·休厄尔在 1833 年召开的英国科学促进会会议上仿效"艺术家"(artist)一词创造了"科学家"(scientist)一词]。

哈里森认为,对中世纪的思想家来说,宗教是指内心的奉献,而科学则被认为是一种思想习惯:一种是神学,另一种则是知识。他认为二者之间存在冲突的观点基本上毫无意义。

同样,古希腊关于宗教与科学之间的冲突(参见我们的描述)中也纳入了一些新事物。看待世界的方式被认为威胁到了关于神的既有观念,因此需要十分审慎。在此之前,对自然世界的研究已经紧密地融入宗教活动之中,将二者进行区分或多或少会面临一些困难。

早期的这种融合本身难道不是故事的组成部分吗?人类独有的好奇心的范畴和涵盖的范围与人类整合不同世界理念的能力之间难道没有根本性的联系吗?如果二者存在关联性,那么对于我们所提出的、关于整合宗教和科学冲动起源的问 xxiii 题,最终的答案以及我们将要叙述的故事的真正起点需要回溯至人类第一次出现人类所特有的意识的那一刻。

因为证据资料的碎片化性质,所以很难解答这个问题。1850 年之前,人们根本无法获取这些所谓"最初起点"的知识。在文明世界到来之际,出现了关于解答这些问题的研究线索。但是,在 19 世纪后半叶,一系列完全没有料想到的发现开启了人类史前史研究的一扇狭小的机会之窗,这令研究者兴奋雀跃。在这段时期,人类针对人类好奇心的性质和范围展开了研究,这就是我们所提出问题的最初答案。

狭小的机会之窗主要是指发现的史前绘画和雕塑。这些具有重大意义的发现始于 19 世纪并一直延续到 20 世纪和 21 世纪。实际上,在本书撰写的过程中,公开了很多令人惊叹的图片。这些发现对于人类好奇心故事的重要意义不仅在于它们揭示了人类思维中融合不同能力和观念的潜能,而且展示了我们对周围世界进行探索的动力和孜孜不倦的精神。

似乎一位艺术家和一位科学家聚在一起思考这些问题(尤其是在"宗教"和"科学"被两极化的时代)会让人感到吃惊。

在这几十年的时间里,我们首先注意到的是牛津大学和剑桥大学建筑物门口的铭文,后续又有了其他发现。沿着这条线索,我们一直追溯到史前时期的洞窟,这是(第一编)一个关于发现的故事,并由此拉开了更宏大故事的序幕。

【注释】

［1］Waltson, J. D., *The Double Helix: A Personal Account of the Discovery of the Structure of DNA* (London: Weidenfeld and Nicolson, 1968).

［2］Draper, J. W., *History of the Conflict between Religion and Science* (London: Henry S. King, 1875).

［3］Brooke, J. H., *Science and Religion: Some Historical Perspectives* (Cambridge: Cambridge University Press, 1991).

［4］Highfield, R., "Do Our Genes Reveal the Hand of God?" *The Telegraph* (20 Mar 2003).

［5］Spalding, F., *John Piper, Myfanwy Piper: Lives in Art* (Oxford: Oxford University Press, 2009).

［6］Atlay, J. B., *Sir Henry Wentworth Acland: A Memoir* (London: Smith, Elder, 1903).

［7］Winchester, S., *Bomb, Book and Compass: Joseph Needham and the Great Secrets of China* (London: Viking, 2008).

［8］Harrison, P., *The Territories of Science and Religion* (Chicago: University of Chicago Press, 2015).

第一编　创世记Ⅰ

第一章　人类始祖

1832 年 12 月 16 日,小猎犬号(HMS Beagle)驶入火地岛的成功湾(Tierra del Fuego)(图 1.1)。这次航海经历给年轻的达尔文留下了难忘的印象。大约 40 年后,他仍可以生动地回忆起"在一处荒凉而破碎的海岸上,第一次看到一队火地人(Fuegian)的时候"的惊诧之情。[1]这些人"真是一丝不挂,全身涂满颜料,激动使他们口流白沫,他们的神情是狂野、张皇而狐疑的"[2]。他"无法相信,野蛮人与文明人之间的差别是如此之大"[3],一个念头闪入他的脑海:"原来这就是我们的祖先。"[4]

图 1.1　小猎犬号驶入默瑞水道

第一次接触"野蛮人"之后,这段经历给达尔文带来的陌生感不降反升。他写道："根据我们的理解,这些人的语言简直不能被称作音节分明的语言。船长库克把它比作一个人在漱口时从喉咙里发出的声音。不过无论哪一个欧洲人,甚至在漱口时,也从来都不会发出这样多嘶哑的咔咔作响的喉音。"[5]他观察到一个现象:当腐烂的鲸油被运来之后,"一个老人把它切成细薄的片,并对它们低声地作祷告……然后将它们分派给饥饿的大众"[6]。他猜测这可能是一种宗教行为。

　　达尔文注意到,"每个家族或部落里,都有一位男巫或会念咒语的医生,我们还无法断定他的职务"[7],尽管他们会为死者举行丧葬仪式,"菲茨罗伊船长还不确定火地岛人是否有一种明显的、对来世生活的见解",或者他们"有一种宗教崇拜"[8]。达尔文后来写道:"我们一直没能发现火地岛人相信任何类似我们所称为上帝的神。"[9]

　　火地岛人这样的"野蛮"种族与欧洲人是否有共同的起源? 19世纪初,支持"单源说"而不是"多源说"的学者认为火地岛人与欧洲人并非同源。这种理论(单源说)的突出特点是提供了将其他种族用作奴隶的一项正当理由,这一理论的支持方和反对方都积极寻找科学和宗教方面的论据来支持自己的观点。在到达火地岛之前的几个月里,达尔文和菲茨罗伊就奴隶待遇问题发生了激烈争吵,作为一个在废奴主义者团体环境中长大的人,达尔文差点因为这个问题而离开考察队。最近有人认为达尔文之所以一直支持"多源说",从某种程度上是因为他对奴隶制度的憎恨。[10]

　　一位获得自由的奴隶曾经为达尔文讲解动物标本剥制技术。达尔文发现了在他们整个航行过程中所遇到的人种的共同特征。让达尔文非常感兴趣的是吉米·巴顿(Jemmy Button,一名火地岛人,菲茨罗伊船长把他带回了英国)是否能首先完成从野蛮到文明的思维转变,尔后还能够重新回归野蛮的状态。然而,经历过宗教洗礼的"野蛮人",他们的所作所为就像他们对待旅行者塞缪尔·巴伯(Samuel Barber)爵士的态度一样,这让达尔文琢磨不透。1861年,塞缪尔·巴伯爵士向皇家地理学会递交了一份报告,其中提到苏丹南部"居民与白尼罗河地区的所有其他部落居民一样……不知神为何物,甚至没有一点迷信的痕迹,他们只是一群野蛮人"[11]。

　　如果达尔文认为"我们的祖先"与火地岛人具有相似的特征,那么就可以合理地认为,除了不掌握技术和不穿衣服之外,他们还应当表现出没有宗教信仰的特点。距离在成功湾第一次碰到"野蛮人"近40年后,达尔文得出结论:"大量的证据……说明许许多多一直存在而今天还存在的种族并没有一神或多神的观念,他们的语言中也找不到表达这种概念的一些字眼。"[12]

山洞壁画上的野牛

根据成功湾火地岛人表现出来的所有原始状态判断,他们与达尔文属于同一个时代。在小猎犬号驶入火地岛 20 年后,人们在比利牛斯山悬崖的山洞内与真正的原始人类进行了首次亲密接触。

虽然数百年来世界各地发现了大量史前人工制品的文物,却未能确定文物所处的年代范围。1852 年,致力于古生物学研究的退休法国治安法官爱德华·拉尔泰(Édouard Lartet)在发掘位于法国奥瑞纳(Aurignac)的一处洞窟时,发现了人类的骨骼和石制工具,同时还发现了在冰河时代已灭绝的哺乳动物骨骼。该发现首次形成了一份历史年表,1861 年拉尔泰发表了题为《上一地质时期人类与大型哺乳动物化石共存的新研究》的论文。

19 世纪 60 年代初,他与朋友亨利·克里斯蒂(Henry Christy,英国银行家、生态科学爱好者)开始发掘位于多尔多涅河地区(Dordogne)的多个洞窟;1864 年,他们在靠近莱埃齐斯镇(Les Eyzies)的玛德莲(La Madeleine)洞窟里发现了画有猛犸象牙的岩画,这似乎成为支持他观点的一项明显证据。

四年后,一群工人正在清理通往莱埃齐斯镇火车站的道路,在当地人称为"克罗马农"(Cro-Magnon)的石灰岩悬崖处,工人们在泥土里发现了一些石器和骨头。爱德华的儿子路易斯·拉尔泰(Louis Lartet)在洞窟的后侧发现了三名成年男性、一名妇女以及一名儿童的部分骨骼,这些骨骼与人工制品埋在同一个地方,路易斯发现的人工制品与他的父亲在奥瑞纳洞窟发现的人工制品制作风格类似。与 1856 年在德国尼安德谷(Neander Valley)发现的骨骼不同,此次发现的骨骼具有一个显著的特点,即这些骨骼与现代人类骨骼基本上是一样的。

1867 年,拉尔泰和克里斯蒂在巴黎展出了发掘出土的人工制品并引起了轰动。1867 年底,第一届国际史前史会议召开,收藏家们展出了更多的人工制品,掀起了一股遗址发掘的热潮。因此,1878 年举行的巴黎国际博览会上展出了更多的人工制品,西班牙史前史研究爱好者唐·马塞利诺·德·索图拉(Don Marcelino de Sautuola)也参观了当时的展览。

早在距离博览会开幕三年之前,唐·马塞利诺已经开始发掘位于北坎塔布里亚州庄园附近一个洞窟,这个洞窟是当地一位猎户在阿尔塔米拉山(Altamira)上发现的。博览会上展出的人工制品以及与法国史前史学家爱德华·皮耶特(Édouard Piette)的谈话激发了唐·马塞利诺的兴趣,他在第二年恢复了对洞窟的发掘工作。

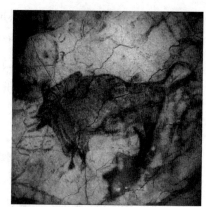

当重新挖开洞窟地面后,索图拉发现了类似于在法国洞窟中所发现的动物骨骼、牡蛎壳、灰烬和骨质工具,所有这些发现表明,早期人类并非像我们所认为的那样尚未掌握技术手段。他的小女儿玛利亚陪着他一起进行了某次发掘。根据玛利亚后来的回忆,她父亲借着放在洞窟地面上一盏灯发出的光对洞窟进行发掘,而她则"在洞窟里跑来跑去四处玩耍"。当她走进旁边一个高度较低、成年人难以容身的洞窟时,"我突然发现洞窟顶部

图 1.2 阿尔塔米拉岩画中的野牛

上面有图形和图案,我叫道:'爸爸快看,是牛!'"(图 1.2)[13]

唐·马塞利诺喜出望外,他写道:"眼前的景象让我兴奋得说不出话来。"在随后的发掘中,他发现整个石窟内到处都是岩画和手印。基于在阿尔塔米拉发现的文物和图案与他在巴黎博览会上看到展品之间的相似性,唐·马塞利诺确信这些文物的年代大致相同,他委托一位法国艺术家绘制出岩画图案并出版了一本名为《桑坦德省史前文物笔记》的小册子。

尽管这一发现很快就引起了人们的兴趣,并且西班牙国王阿方索十二世(King Alfonso XII)还参观了这处洞窟,但是没过多久,学术界就开始怀疑阿尔塔米拉发现的真实性。有人认为,洞窟内太过潮湿且岩石容易破碎,岩画难以保存如此长久的时间。新进化论的一个分支理论则从更根本性的层面对这一发现提出了反对意见。

1866 年,达尔文的德国学生埃内斯特·海克尔(Ernest Haeckel)提出了所谓"重演律"。该理论认为,在生物体最初的发育阶段,"个体发育"是"系统发育"进化历史"短暂且迅速的重演"。从胚胎发育的不同阶段就可以很清楚地看出这一点,并且认为该理论适用于社会发展领域,骨制工具就是一个例证。但是如果根据这一观点,那么一开始被称作"克罗马农人"的远古人绘制的图案就应该类似于小孩子的简单涂鸦,这与在阿尔塔米拉发现的复杂绘画是不同的。

1882 年,法国史前史学家爱德华·哈莱(Édouard Harlé)参观了这处洞窟,他认为这些岩画创作于 1875 年至 1879 年间(他并没有指出唐·马塞利诺是否参与了岩画创作)。

阿尔塔米拉绘画的真实性需要时间的检验。19 世纪 80 年代末,爱德华·皮耶特(Édouard Piette)在比利牛斯山脉的马斯·德·阿兹尔洞(Mas d'Azil)中发现了绘制在鹅卵石上的图案,这些鹅卵石所处的地层位置说明用来作画的赭石可以粘在岩石上并可保存数万年之久。随后,1895 年,即唐·马塞利诺去世七年之后,多尔多涅省拉穆泰(La Mouthe)地区的一位农民在清理一处岩棚内的碎石片时发现了一个洞窟的入口。四个男孩进入了洞窟,他们在洞窟的尽头发现了一处绘有一头野牛的岩画。

旧石器时代的沉积物堵住了洞窟入口,这意味着彩绘不可能是最近才被绘制而成的。1899 年,埃米尔·利维尔(Émile Rivière)发掘出土了一件综合了技术性和艺术性价值的手工制品——一只石灯,石灯下方雕刻了一只山羊。1901 年,在康巴里勒斯洞窟(Les Combarelles)和封德高姆洞窟(Font de Gaume)发现了绘有野牛和马的岩画,上面覆盖着需要经过千余年才能形成的钟乳石,这就从根本上验证了这些岩绘的真实性。1902 年,法国史前史学家埃米尔·卡尔达伊拉(Émile Carthailhac,唐·马塞利诺的主要反对者之一)发表了一篇名为《怀疑之谬误》(Mea Culpa d'un sceptique)的论文。

神父

自此之后,世界上所有的大陆都发现了旧石器时代的岩画和雕刻,其中大多数(约 400 处)位于欧洲,以西班牙北部和法国西南部居多。20 世纪上半叶的大部分发现都与一位身穿黑色法衣、头戴神父铲形帽的法国天主教神父有关。他就是步日耶神父(Abbé Breuil)(图 1.3)。

在这些最著名的发现被公之于世后[1940 年 9 月,蒙蒂尼亚克村(Montignac)外,三名十来岁小孩的一条狗被困在拉斯科森林(Lascaux woods)的一个洞窟内,他们在营救的过程中发现了令人赞叹的岩画],当地学校的校长第一时间就捎信给居住在附近布利维镇(Brive)的神父。发现洞窟的人挡住入口,阻止那些要求参观洞窟的游客进入洞窟内,神父会不时从洞窟中出来,到山坡上即时告知大家在洞窟内那些不同寻常的发现。

发现拉斯科洞窟的时候，亨利·步日耶已经从事史前洞窟艺术研究达 40 余年（他曾表示，他估计自己在地下发掘的时间达 700 个小时）。1900 年，步日耶表示自己既是一名牧师，也是一名科学家。他的老师吉伯特神父（Abbé Guibert）向步日耶介绍了进化论并提示年轻的步日耶"史前领域有许多问题需要研究，你应该去解决这些问题"[14]，苏瓦松教区主教德拉门科特（Deramecourt）蒙席①批准给予步日耶四年假期，让他去从事科学研究工作（此后，步日耶一直享受着这项特许权）。

图 1.3　步日耶在阿尔塔米拉

步日耶的第一个贡献是对史前文化年表的分析。这一贡献除了展示出他的分析能力之外，还说明他是一位技艺熟练的绘图师，埃米尔·利维尔聘用他绘制了拉莫勒（La Moule）洞窟岩画。1901 年，步日耶参与了韦泽尔河谷（Vézère Valley）康巴里勒斯洞窟和封德高姆洞窟岩画的发掘，他也是绘制这些岩画的第一人。

埃米尔·卡尔达伊拉看完绘制的岩画复制本之后，邀请年轻的步日耶同他一起前往阿尔塔米拉洞窟。这个洞窟很矮，步日耶躺在地上，借着一支蜡烛的烛光，吃力地绘制了位于洞窟顶部的岩画。这次探索活动让卡尔达伊拉改变了自己的观点并发表了《怀疑之谬误》一文。对步日耶来说，这只是随后数十载探索活动的开始。在西班牙内战爆发之前，每一年步日耶都会骑着马、骡子或者步行游历西班牙和葡萄牙各地，他发现了 250 个存在大量史前岩画和雕刻图案的遗址并绘制了这些岩画和图案。

1912 年 10 月，即阿尔塔米拉洞窟考察结束十年之后，步日耶和卡尔达伊拉从亨利·贝古恩（Henri Begouen）伯爵那里打听到一条消息，伯爵有三个儿子，分别是麦克斯（Max）、路易斯（Louis）和雅克（Jacques），其中两个儿子在位于比利牛斯山山麓的一处伯爵领地上发现了不同寻常的文物。

① 蒙席（Monsignor，简称 Mgr.）是天主教会神职人员因杰出的贡献而被罗马教皇授予的荣誉称号。——译者注

9 三兄弟

1912 年 7 月,麦克斯·贝古恩了解到关于流经他们领地的一条小河——沃普河(Volp)的一些情况。沃普河在山坡的一个洞窟处流入地下,河水在另外一侧,即蒂多杜贝尔(Tuc d'Audoubert)地区从地下回到地上。

当地人弗朗索瓦·卡梅洛(François Camel)告诉麦克斯,如果从蒂多杜贝尔逆流而上,会看到很多被成片的石笋所堵塞的地下通道,即"猫洞"。贝古恩三兄弟一起去探个究竟,在他们与卡梅洛一道返回的途中,穿过"猫洞",并爬上了一个高 40英尺的"烟道",进入了一处石洞内,里面到处是狗熊骨骼的化石,他们最终在洞窟尽头不得不蹲下身子前行的低矮通道处发现了两个精心捏成的野牛泥塑(图 1.4)。

图 1.4　蒂多杜贝尔的野牛泥塑

兄弟三人返回蒲若尔城堡(Chateau de Pujol)时已是午夜,他们叫醒了他们的父亲亨利·贝古恩伯爵,伯爵和他们一起重返洞窟。伯爵在洞窟中碰到了不少麻烦,第二天清晨他给卡尔达伊拉和步日耶发去了一封著名的电报:"玛格达林人也用黏土制作泥塑。"

卡尔达伊拉和步日耶分别从日内瓦和巴黎赶过来,四天之后他们都沿着这条地下河穿过"烟道",经过很长一段距离的跋涉,开始了对这一新发现的考察。

最初人们也像对阿尔塔米拉洞窟岩画一样对这些泥塑持怀疑态度。人们认为野牛雕塑实际上是由雕塑家弗雷米(Fremiet,在雕塑发现前两年去世)制作完成的。然而,四年之后(第一次世界大战前夕),三兄弟的第二个发现对这一主流观点提出了更具颠覆性的挑战。

1914 年 7 月 21 日,在加夫里洛·普林西普(Gavrilo Princip)暗杀奥地利弗朗茨·斐迪南大公(Archduke Franz Ferdinand)前的一个星期①,弗朗索瓦·卡梅洛和贝古恩兄弟从图克(Tuc)进入山的另一侧的莱文(L'Aven)洞窟。据我们所知,史前史学者还从未提及这段历史。他们发现了一处 800 码大小的山洞,后来该洞窟被命名为"三兄弟洞窟"(Les Trois Frères)。

10

在洞窟中前行的中途,经过一条长长的通道后,人必须用手和膝盖支撑在地上爬行。在侧室里有一个天然的"祭坛",上方雕刻着一头狮子。祭坛下方发现有骨骼、牙齿、木炭和其他手工制品,像祭祀礼器一样镶嵌在墙体里面(洞窟中其他靠近雕刻、岩画和奇特的岩层中也发现了类似物品)。最后,在接近洞窟底端的位置是另外一个石窟,里面有大量的岩画,在距离地面 12 英尺高的地方有一处岩画,步日耶称之为"男巫"或"神"。它的形象是半人半兽,有一双人脚,呈双脚站立状,却长着鹿角和尾巴(图 1.5)。

原始人不会制作艺术品的假设和他们没有宗教信仰的假设是一枚硬币的两面。当我们不能否认他们确实创作出了艺术品的时候,对于像

图 1.5　三兄弟洞窟男巫像

爱德华·皮耶特(Édouard Piette)等无神论史前史学家而言,这一点很容易被归结为 19 世纪 90 年代的审美哲学术语"为艺术而艺术"(l'art pour l'art)。伟大的考古学家加布里埃尔·德·莫尔蒂耶(Gabrielle de Mortillet,提出了一种实证主义观点)断言,他们与"宗教思想"没有任何联系。[15]

贝古恩兄弟发现的岩画以及与宗教相关的"祭祀礼器"很难被发现,这些岩画位于狭长通道的最远端,在通道内需要匍匐前行。主体岩画是半人半兽的形象,它以一种很难保持的姿势站立着。要否认这些岩画与宗教冲动之间的联系似乎是不可能的,贝古恩伯爵在《第一位巫师的心态》(*De la mentalité spiritualiste des premiers hommes*)一书中对此进行了解读。

原始宗教不过是原始好奇心的一个方面,新的发现已经拉开了序幕。

---

① 这场事件成为第一次世界大战的导火索。——译者注

【注释】

［1］［4］Darwin，C. R.，*The Descent of Man*，*and Selection in Relation to Sex*（London：John Murray，1871），404.

［2］Darwin，C. R.，*The Descent of Man*，*and Selection in Relation to Sex*（London：John Murray，1871）.

［3］Darwin，C. R.，*The Voyage of the Beagle*（New York：Harper，1959），141.

［5］Darwin，C. R.，*The Voyage of the Beagle*（New York：Harper，1959），142.

［6］［7］［8］Darwin，C. R.，*The Voyage of the Beagle*（New York：Harper，1959），226.

［9］Darwin，C. R.，*The Descent of Man*，*and Selection in Relation to Sex*（London：John Murray，1871），17.

［10］Desmond，A. and Moore，J.，*Darwin's Sacred Cause*：*Race*，*Slavery and the Quest for Human Origins*（London：Allen Lane，2009）.

［11］Baker. S. W.，"Account of the Discovery of the Second Great Lake of the Nile, Albert Nyanza"，*Journal of the Royal Geographical Society of London* 36(1866)，1—18.

［12］Darwin，C. R.，*The Descent of Man*，*and Selection in Relation to Sex*（London：John Murray，1871），65.

［13］Bahn，P. G.，*The Cambridge Illustrated History of Prehistoric Art*（Cambridge：Cambridge University Press，1998）.

［14］Brodrick，A. H. *The Abbé Breuil*，*Prehistorian*；*a Biography*（London：Hutchinson，1963）.

［15］Richard，N.，"De l'art ludique à l'art magique：Interprétations de l'art pariétal Au XIXe siècle"，*Bulletin de la Société préhistorique française* 90(1993)，60—68.

第二章 药花部落

岩画和雕刻反映了一种宗教冲动,而考古发掘出土的其他物品则反映了原始人类与自然界之间的密切关系。1899年,埃米尔·利维尔在考古发掘中出土了一盏油灯,这说明当时人们已经利用火来照明。唐·马塞利诺在阿尔塔米拉洞窟遗址发现了灰烬,这说明当时人们已经用火来取暖和烹饪。发现的骨针则表明当时出现了缝纫技术,人类穿上了衣服(这一点与火地岛人存在差异)。

整套的石刀工具似乎表明其中的每一件工具都具有特定的用途。有些石刀用来制作鹿骨器以及复杂的、由多个部件组装成的工具,如鱼叉和投矛器,这些工具的矛尖大小各异,用于捕杀不同的动物。在有些情况下(最近的考古发现已经证明了这一点),人类将不同物质材料进行研磨、混合并加热,用形成的胶状物把矛尖与手柄粘为一体。[1]

在旧石器时代遗址中发现了不同动物的骨骼,这表明当时人类已掌握了关于动物习性的详细知识和猎捕动物的不同方法。人类掌握的知识对象并不局限于自然界中的动物。在距今1万—2万年之前的叙利亚泰尔阿布休莱拉遗址(Tell Abu Hureya)中,考古学家发现人类已经利用杵将植物研磨和捣碎后食用,当时人类已经认识了150种可食用的植物。

峡谷中发现的骨骼

1865年,爱德华·拉尔泰(Édouard Lartet)和亨利·克里斯蒂(Henry Christy)

在韦泽尔河谷地狱峡谷(Gorge d'Enfer)发现了一小块骨骼,这是在峡谷遗址中出土的最特别的一件骨骼。这块骨骼表面非常明显地随机分布着多个小孔,这些小孔让拉尔泰和克里斯蒂"百思不得其解"[2](图2.1)。25年后,人们在布兰查德(Blanchard)附近岩棚也发现了一块类似的骨骼。这两块骨骼一直被遗忘在国家考古博物馆的角落里,直到1962年考古学家让·德·埃因泽林(Jean de Heinzelin)在中部非洲爱德华湖湖畔一个他称之为伊尚戈(Ishango)的渔村发现了一块具有相似表面的骨骼之后,这两块骨骼才引起人们的注意(图2.2)。

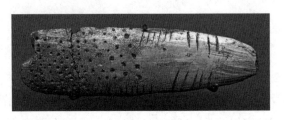

图2.1 拉尔泰骨器

埃因泽林怀疑骨骼表面刻痕的排列方式不仅仅是为了装饰这一目的,他推测

图2.2 伊尚戈骨器

"它们可能代表一种数字类游戏"[3]。他本人虽然无法确认这一点,但是他认为这些刻痕代表了某种标记法的观点引起了科技记者亚历山大·马沙克(Alexander Marshack)的注意,马沙克对数学和天文学的起源问题非常感兴趣。

马沙克使用显微镜对拉尔泰发现的骨骼以及在布兰查德岩棚发现的骨骼进行了仔细观察,并与其他骨骼进行了对比,他发现这些以小组为单位分布的刻痕是用不同的工具刻成的,刻划的角度、力度各不相同。他认为"一个人在1¾英寸见方的(骨骼)表面上刻出24种不同规格的刻痕,并形成由69处刻痕组成的装饰结构",这"让人难以置信"[4]。毫无疑问,这些刻痕具有连续性,它们是按照清晰的次序、在不同的时间内刻成的。[5]马沙克还认为,刻痕排列的模式代表一个月相周期,其中包括双月闰日,因为每一周期循环会多出半天(每两个月会出现一个闰日)。最后的这一观点尚有争议,但是对于这些骨骼代表某种形式的"人工记忆系统"[6]的观点,人们已经没有异议。

维多利亚时代的旅行家将旧石器时代的人类形容为"野蛮未开化",似乎考古发现的所有不同物品并不能改变这种("野蛮未开化"的)印象,但是这种第一印象在缓慢地发生着变化。

逐渐认识

人们完全是基于一种外部视角对欧洲殖民地土著居民展开了首次研究,描述土著居民的方法与描述当地动植物的方法完全一样。有时候,与当地土著部落共同生活的传教士更了解当地人,采用不同方法来研究这一问题的第一位已知的科学家是美国行为学家弗兰克·汉密尔顿·库兴(Frank Hamilton Cushing)。库兴参与了在新墨西哥州的人类学考察,他决定"入乡随俗"并在当地居住了五年(1879—1884 年),当时他居住在祖尼部落(Zuni)并逐渐习惯了当地人的宗教仪式和习俗(图 2.3)。

13

图 2.3　穿着祖尼人服饰的弗兰克·库兴

30 年后,出生于波兰的人类学家布罗尼斯拉夫·马林诺夫斯基(Bronisław Malinowski)第一次来到新几内亚,他在美律岛(Mailu Island)展开了田野调查,尔后他来到特罗布里恩群岛(Trobriand Islands),因第一次世界大战爆发,他被困在了岛上。他与岛民们住在一起,逐渐了解了岛民,并对岛民的生活方式进行了研究(图2.4)。马林诺夫斯基首次定义了"参与观察法",这种观察法的目的是"从当地人的视角出发,根据其生活环境了解其世界观"[7]。

出乎此前的预料,人们很快发现,这种方法显然可应用于原始文化研究领域。人们首先注意到的就是土著居民对药用植物的知识是共通的。库兴本人将他所在的部落命名为 Tentasali 部落,意为"药花"部落。同一年,人类历史上的第一位女性 14

图 2.4　马林诺夫斯基与特罗布恩岛民

人类学家玛蒂尔达·考克斯·斯蒂文森(Matilda Coxe Stevenson)和她的丈夫一起到访祖尼部落并对其展开研究,在她去世的当年,她的综合性研究专著《祖尼印第安人人类植物学研究》(再版时书名更改为《祖尼印第安人及其对植物的利用》)终于出版。

1895 年,美国植物学家约翰·威廉·哈什博格(John William Harshberger)创设了"植物人类学"(ethnobotany)这一术语,用以描述研究人类和植物之间关系的科学研究领域,植物学家理查德·伊文斯·舒尔兹(Richard Evans Schultes)成为 20 世纪该学科研究的先驱,他因为曾担任一名亚马逊萨满教巫医的学徒而闻名于世。根据舒尔兹等人的研究,以东南亚森林中的部落为例,他们可以使用多达 6 500 种植物,亚马逊河流域森林的居民们可将 1 300 种不同植物用作药物。

研究人员采用类似的方法,很快就得出了结论,前文字社会显然并未因为没有文字而对数学知识一无所知。尽管一些部落群体[例如毗拉哈印第安人(Piraha Indians)]没有计数系统,但这只是特例。人们已经发现,世界上几乎其他所有的前文字社会都基于手指和身体其他部位的数目而建立了某种计数系统。[8]

当人类学家和其他领域的学者着手对土著人创作的艺术品进行研究后,人们发现了更多惊喜。据说在 20 世纪初,毕加索、布拉克等艺术家参观了巴黎人类学博物馆的展出,他们对展品中表现出的粗糙和原始力量赞赏有加,但粗糙和原始力量仅仅是表象而已。部落居民艺术品（如贝古恩兄弟发现的旧石器时代艺术品）的创作动机是否蕴含着强烈的宗教冲动，这一点备受质疑。

【注释】

［1］Wadley，L."Complex Cognition Required for Compound Adhesive Manufacture in the Middle Stone Age Implies Symbolic capacity", in Henshilwood, C. S. and d'Errico, F. (ed.), *Homo Symbolicus*: *The Dawn of Language*, *Imagination and Spirituality* (Amsterdam: John Benjamins, 2011).

［2］Lartet, E. and Christy, H., *Reliquiæ Aquitanicæ*: *Being Contributions to the Archæology and Palæontology of périgord and the Adjoining Provinces of Southern France* (London: Williams & Norgate, 1875), 97—99.

［3］De Heinzelin, J., "Ishango", *Scientific American* 206(1962), 105.

［4］Marshack, A., *The Roots of Civilization*: *The Cognitive Beginnings of Man's First Art*, *Symbol and Notation* (London: Weidenfeld and Nicolson, 1972), 45—48.

［5］Marshack, A., *The Roots of Civilization*: *The Cognitive Beginnings of Man's First Art*, *Symbol and Notation* (London: Weidenfeld and Nicolson, 1972), 21—55.

［6］Wadley, L. "Complex Cognition Required for Compound Adhesive Manufacture in the Middle Stone Age Implies Symbolic capacity", in Henshilwood, C. S. and d'Errico, F. (ed.), *Homo Symbolicus*: *The Dawn of Language*, *Imagination and Spirituality* (Amsterdam: John Benjamins, 2011), 50.

［7］Malinowski, B., *Argonauts of the Western Pacific*: *An Account of Native Enterprise and Adventure in the Archipelagoes of Melanisian New Guinea* (New York: Dutton, 1961), 25.

［8］Butterworth, B., *The Mathematical Brain* (London Papermac, 2000).

第三章　永恒之神

17 世纪,北美洲的移民开始关注岩画与"精神力量"之间的联系。雅克·马奎特神父(Jacques Marquette)是第一位记录北美洲岩画的欧洲人。1673 年,他沿密西西比河顺流而下,"我们看到高高的岩石上画着可怕的怪物,就连当地的印第安人都不敢看"[1]。19 世纪 70 年代,J.S.丹尼森曾提到,一位克拉马斯人(Klamath)告诉他,岩画"是由印第安医生绘制的,是为了让人们敬畏医生的超自然力量"[2]。

美洲之梦

20 世纪,学者对此进行了更详细的研究。美国人类学家和语言学家一起遍访美洲大陆,积累了大量素材。根据收集的素材情况,很多岩画遗址所在地可能与所谓的"降神"(vision quests)习俗有关。据当地人提供的信息,在降神的时候,人要在僻静的地方不吃不喝并进行祈祷,寻求获得超自然的力量;同时在追求灵境的过程中,动物使者则充当了通往这种灵境的精神向导。这种灵境往往被描绘成进入"超自然世界之门"的通道。[3]

每次降神结束并获得超自然力量之后,他们就往往会绘制人物、动物和一些抽象的图案,这似乎是为了纪念降神的人所完成的降神活动,"把他们的灵魂(精神)绘制在岩石上……让人们知道他们之前所做的事。灵魂,首先出现在梦境之中"[4]。除了有岩画外,这些遗址的巨石缝隙中还夹杂着白色的石英石块,另外还有"珠子、木箭、种子、浆果和特殊的石块"[5]。

这些物品看起来与三兄弟洞窟石壁上的"祭祀礼器"是一样的。南部非洲地区发现的一处布须曼人[Bushmen,也称为"闪族人"(San people)]绘制的岩画则与旧石器时代艺术存在更直接的关系。　　17

非洲岩画

1929 年,步日耶第一次踏上非洲大地,他于 20 世纪 40 年代和 50 年代在非洲工作了数年时间。在参观过当地旧石器时代遗址和研究岩画艺术之后,他坚定地认为某些遗址和岩画艺术所处的年代远远早于布须曼人所生活的年代,不可能是由布须曼人完成的。他曾参观过布兰德勃山(Brandberg)《白妇人》岩画,并且认为岩画上的人身穿的克里特岛风格的服饰肯定源自地中海地区。

在生命的最后几年里,步日耶改变了自己的观点,他承认这一艺术领域还有许多问题需要研究,但是直到他 1961 年去世之后,人们才开始尝试对此进行系统性的研究。南部非洲地区大约有 50 000 处岩画遗址,今天人们确认这些作品都是由闪族人完成的(今天,《白妇人》岩画被认为是该岩画艺术的典型代表,但是这幅岩画中的人物既非"白色"也非"妇人")。岩画完成的年代难以确定,但是有分析表明最古老的作品可能距今 27 000 年,最近的作品则是由现代人完成的。

这些岩画能为我们搭建一座通往古老历史的桥梁吗? 它们能否像阿尔塔米拉岩画一样为我们提供一种窥见岩画绘制背后关于启示性理念的一种可能性吗?

这些问题在被提出的年代,是人们难以回答的。20 世纪 60 年代,创作德拉肯斯堡山(Drakensberg)等地区岩画的闪族人已经不在当地居住。随着殖民扩张的推进,闪族人不再遵循旧的生活方式,也不再使用他们的古老语言。幸运的是,这些岩画形成的文化记录被保存至今。

1870 年,德国语言学家威廉姆·布里克(Wilhelm Bleek)和他的妻妹露西·劳埃德(Lucy Lloyd)发现了使用吸气音发音的闪族语特殊拼写方法,他们将约 1 200 页用这种已消失的语言书写而成的文本逐字逐句地翻译为英语文本。在与闪族人共同生活在喀拉哈里沙漠(Kalahari)的同时,20 世纪 60 年代语言学家们还获得了　18 一些有关文化方面的资料。分布在不同地区的族群不再创作岩画,但他们依然沿袭着布里克和劳埃德所记录的那些仪式,这些仪式似乎与古老的岩画之间存在一定的关联性。

　　起初,南部非洲岩画的研究者倾向于将岩画解读为一种"菜单",他们认为岩画是对狩猎和饮食活动的记录。在完成对所有遗址的考察之后,他们清楚地发现到目前为止岩画出现频率最高的动物是大角斑羚(体型最大的羚羊之一)(图3.1)。另一方面,考古证据表明,闪族人的主要食物是体型较小的羚羊和角马。这些表明岩画上的大角斑羚可能是服务于简单记录狩猎和饮食之外的目的,布里克和劳埃德所收集的资料以及人类学家在喀拉哈里沙漠的发现也能够证实这一点。

图3.1　德拉肯斯堡的伊兰岩画

　　上述两方面的信息材料都描述了对一种被称之为"! gi"(神力)的信仰,这是一种存在于动物世界中特别是大角斑羚身上,尤其在其血液、脂肪和汗液之中蕴含的无形精神力量。那些对岩画创作尚有记忆的人表示,绘画所使用的色素中往往会掺杂大角斑羚的血液,化学实验也证实了这一点。岩画似乎可以被看作"神力"的储存器,这种精神力量可以治病、祈雨并且对抗邪恶的灵魂。

19　　有一位老妇,她的父亲被称为"! gixa",意即"充满神力之人",他绘制了很多幅岩画,后来人们带着这位老妇来观赏她父亲的岩画。当她看到父亲的岩画的时候,"她对着父亲很久之前完成的岩画,在岩棚内跳来跳去。她抬起双手说神力会转到她的体内"[6]。

　　同时,人类学家发现"治疗"或"迷幻舞蹈"是闪族人最为重要的宗教仪式,这也是通过羚羊和其他动物体内的"神力"用于治疗疾病和其他用途的主要方式。通常,闪族人会绕着火堆和刚刚被杀死的动物尸体跳圆场舞,时间可能会持续数个小时之久。在跳舞的过程中,"神力"就会使人进入迷幻状态。死去的动物成为他们胃里的美食,神力将他们引入灵魂的世界,人会陷入极度迷幻的状态之中,进而"到达神居住的地方，为病人祈求圣灵庇护"[7]。

人种概览

北美岩画艺术中的"降神"与南部非洲岩画艺术中的"迷幻舞蹈"之间的联系促使美国的托马斯·布莱克、大卫·惠特利和南非的大卫·刘易斯·威廉姆斯决定在神经心理学实验室中寻找"出神"的状态，同时他们认为点状、"之"字形和网格状的岩画特点是当前和史前洞窟岩画的特点之一，这很可能就是出神状态中忽隐忽现的"内视现象"（entoptic phenomena，源自希腊语，意为"within vision"），在出神状态最深层的阶段中，人有时会感到自己变成了动物，经历搏斗或转变为其他客体。[8]鉴于此，他们认为画家在绘制旧石器时代岩棚岩画中的动物时，会将其作为精神世界中的动物，而岩棚内的石壁则是阻隔在现实世界和精神世界之间的"屏障"（Veil）。[9]

在上述观点似乎已经演变成对于史前艺术通说的背景下，并非所有的史前史学家都认同该观点具有百分百的说服力。进行所谓"人种概览"的研究，即发现空间或时间距离遥远文化的相似性的研究，困难在于这种比较很容易产生误导。在一些不同的文化中，代表出神状态下所看到的"内视现象"的抽象符号几乎是完全相同的，而其他可能只是在数量上的吻合，另外一些仍可能是纯粹的装饰性图案。

因此，英国考古学家保罗·巴恩（Paul Bahn）认为："既然闪族人的生活中几乎不存在现实世界与精神世界的分野，所有关于岩石表面与日常生活世界和精神世界具有关联性的空洞假设不过是西方学者的一种假想。"[10]他进一步指出，布里克和劳埃德搜集的资料与曾经在岩棚内绘制岩画并获得"神力"的见证人的说法并不完全一致，后者认为岩画艺术是闪族人生活的一种记录，并且否认绘画者本身具有额外地"神力"。

闪族人的生活方式已经改弦更张，这导致很难确定那些距今年代较为久远的岩画的意义所在。但是，几乎就在同时，人们开始认识到非洲岩画艺术的意义，人们发现了另外一处岩画遗址，这里的岩画反映了现实生活并且同样具有悠久的历史。

小猎犬号第三次航行

1840 年，由威克姆（Wickam）担任船长的小猎犬号启航，开始进行第三次水文

20

考察(达尔文和菲茨罗伊此次未随行)，在菲茨罗伊担任船长执行前一次航行任务时，威克姆担任船长。这次探险的任务是考察北澳大利亚西海岸地区，在这次航海考察中，他们登上了位于皮尔巴拉(Pilbara)海岸德布赫岛(Depuch Island)。①威克姆非常喜欢岛上发现的岩画(图 3.2)。他对岩画中"土著人对动物和鸟类准确性的把握、坚韧不拔的毅力、绘画天赋和观察能力赞叹不已"[11]。后来，他把岩画摹画下来并结集出版。

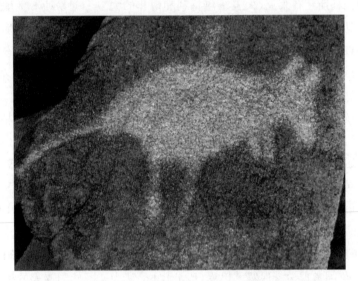

图 3.2 巴鲁普(Burrup)半岛岩画

约 50 年之后，一位名叫约瑟夫·布拉德肖(Joseph Bradshaw)的农民自称在西澳大利亚金伯利地区(Kimberley)的洞窟中发现了岩画，这是当地居民所发现的最引人注目的岩画。但是，直到 20 世纪中期，人们才认识到这些艺术作品的真正价值。例如，在 20 世纪 60 年代对皮尔巴拉地区的考察中，人们发现当地 2 000 多处遗址中存有数十万幅岩画作品。

在当时进行考察的时候，当地的土著艺术家仍在进行岩画艺术创作。19 世纪后期，有人认为所有这些岩画作品都是新近完成的。1895 年，有人将帕尔默金矿地区(Palmer goldfield)的原住民洞窟岩画视为"土著人智力水平低下的证明"，认为岩画肯定是受到了欧洲人的影响并且其历史不超过 30 年。[12]但是随着 20 世纪科学年代测定技术的发展，证明其中一些作品的历史相当久远。

① 此地位于澳大利亚西海岸，濒临印度洋——译者注。

在布拉德肖（Bradshaw）洞窟（土著人将其称为 Guion Guion）发现的黄蜂蜂巢化石用热发光法测定的年代是 17 000 年前，那么被其覆盖的岩画年代就更为久远（图 3.3）。当技术上可以确定皮尔巴拉岩画的具体年代后，非常明显的一点就是该地区不仅拥有"现存最大规模的更新世艺术资料库"，而且年代要早于"任何美洲或非洲地区的岩画"[13]。

图 3.3　布拉德肖洞窟岩画

人类学家与部落长老、仍然进行岩画创作的艺术家建立了良好的关系，他们发现继续创作出的岩画形式多种多样，蕴含的意义复杂程度很高。有些岩画可能仅具有纯粹的世俗意义，比如展示当地的食物和地理特征，描绘狩猎或记录部落会议的举办地。其他的岩画则与巫术、死亡和生育仪式有关。这些岩画中普遍蕴含着宗教思想。大多数岩画都与神圣的场地有关，并绘制了"睡梦"中的神话以及对祖先的崇拜，很多情况下，绘制和触碰这些岩画包含着神圣权力的意蕴。

这些在宗教层面并不奇怪。经过半个世纪的实地考察，人类学家和传教士取得了世界各地传统部族的信任；与他们共同生活数年，学习他们的语言、观察他们的习俗，通过这些工作，人类学家和传教士改变了对这些社会中宗教地位的看法。虽然他们采取的形式可能各式各样，但是似乎普遍存在某种超自然的信仰，而且通常比第一印象的复杂性程度更高。

例如，1956 年马林诺夫斯基的学生埃文斯·普里查德（Evans Pritchard）出版了《努尔人的宗教》一书，他指出，1861 年解散的努尔部落曾被认为"连迷信的痕迹"都没有，只有"野蛮"，但实际上他们有"非常敏感、纯净和充满智慧的宗教思想。这种思想的复杂性程度也非常高"。[14]

同样，一位田野考察工作人员与火地岛人共同生活，学习他们的语言并考察他们的习俗，在他 1924 年出版的一部专著中得出的结论认为，火地岛人已经形成了一种关于神的理念（这与达尔文和菲茨罗伊船长对火地岛人的第一印象截然相反），他们将其称为 Watauinaiwa，意即"永恒之神"。[15]

宗教在这些不同文化中所处的地位很难辨识，部分原因是宗教的泛化。似乎往往难以呈现出现代西方意义上的神圣和世俗之间的区别。人类与自然世界的实

22

际接触(如狩猎或采集植物)、医治疾病或死亡相关的仪式与宗教都存在着千丝万缕的联系。玛蒂尔达·考克斯·史蒂文森的人类学研究就是从祖尼印第安人对植物的认识开始的,他指出:"对祖尼人来说植物是神圣的,甚至天神都是大地母亲的子嗣。"[16]

现实世界在何时、何地以及如何第一次被植入了精神层面的因素? 这与最终导致科学产生的人类所特有好奇心的发展存在一定的关联性吗?

根与苗

尽管带有"人种概览"研究的固有缺陷,在几乎无法到达底部的旧石器时代地下洞穴中所发现的岩画和雕塑、洞窟墙体中的"祭祀礼器"及人类学家的各种发现,会导致难以回避这样一个结论,即这种意识可以追溯至距今久远的史前史。

作为一名天主教牧师,亨利·步日耶在其职业生涯的后期经常被邀请就史前宗教问题发表意见。虽然从本性来说他不是一个谦逊的人(他住在巴黎地区,当地人称他为"傲慢的老牧师"),但是步日耶在回答这个问题时一直非常谨慎。他倾向于将拉斯科和其他地方的岩画解释为一种生殖巫术(例如描绘母马身后有孕妇的岩画)和狩猎巫术(例如画着指向动物身体或固定在动物体内的箭的岩画)。[17]他认为,关于宗教观念最为明显的证据就是墓葬中发现的文物。

步日耶认为,有些遗址发现了所谓"真正葬礼"的证据,在骨架的头部位置放置了石头,对头部进行保护。根据在欧洲早期智人遗址中发现的证据,"有意识的下葬"可追溯至约 7 万年之前。1937 年,在卡麦尔山(Mount Carmel)地区的伊斯斯库

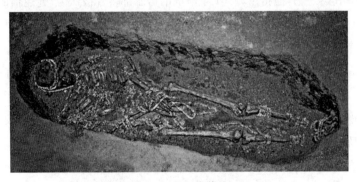

图3.4　松希尔墓葬遗址

尔(Es Skhul)洞窟发现了一处墓地(距今 10 万到 8 万年前),尸体背后放置了一块野猪下颌骨。最近的考古发掘发现了精心制作的陪葬品。在距今 28 000 年前的俄罗斯松希尔(Sungir)墓葬遗址中发现了一具年轻人的骨骸,身上覆盖着由数千个动物骨头制成的钻孔抛光骨珠(图 3.4)。

1951 年,步日耶发表了一篇论文,对头骨崇拜现象进行了专门研究,他认为头 24 骨崇拜可能就是史前宗教的起源。20 世纪 40 年代,步日耶在南非时有人曾邀请他"阐述他对《圣经》的立场",他为此出版了一本小册子进行了回应,他认为"我们不可以将宗教真理与代代相传的、具有象征意义的物体混为一谈"[18]。他谨慎地指出:"事实上,科学真理的基础不能与研究假设混为一谈。"[19]但他同时又坚持认为:"即便研究假设是错误的,这些假设也是推动研究发展的重要因素。"[20]

步日耶去世后,大量的发现使人们至少具备了一种回答人类何时、何地第一次意识到客观世界存在宗教维度这一问题的可能性。这种维度是如何出现的问题显得更加神秘。鉴于宗教与人类在客观世界中的方方面面都有着"剪不断、理还乱"的关系,但是作为一种研究假设,认为好奇心导致出现了我们所谓的"宗教"和"科学",且二者之间有共同起源的观点似乎具有一定的合理性。

【注释】

[1] Armstrong, P. A., *The Piasa: Or, the Devil among the Indians* (Morris: E. B. Fletcher, 1887), 9.

[2][3][4] Lewis-Williams, D., *The Mind in the Cave: Consciousness and the Origins of Art* (London: Thames & Hudson, 2004), 168.

[5] Lewis-Williams, D., *The Mind in the Cave: Consciousness and the Origins of Art* (London: Thames & Hudson, 2004), 176.

[6] Lewis-Williams, D., *The Mind in the Cave: Consciousness and the Origins of Art* (London: Thames & Hudson, 2004), 160.

[7] Lewis-Williams, D., *The Mind in the Cave: Consciousness and the Origins of Art* (London: Thames & Hudson, 2004), 141.

[8] Lewis-Williams, D., *The Mind in the Cave: Consciousness and the Origins of Art* (London: Thames & Hudson, 2004), 130.

[9] Lewis-Williams, D., *The Mind in the Cave: Consciousness and the Origins of Art* (London: Thames & Hudson, 2004), 148—149.

[10] Lewis-Williams, D., *The Mind in the Cave: Consciousness and the Origins of Art* (London: Thames & Hudson, 2004), 246.

[11] Wickham, C. "Notes on Depuch Island", *Journal of the Royal Geographical Society of London* 12 (1842), 79—83.

[12] Trezise, P. J., "Aboriginal Cave Paintings: Sorcery versus Snider rifes", *Journal of the Royal His torical Society of Queensland* 8(1968), 546—551.

[13] Bednarik, R. G., "First Dating of Pilbara Petroglyphs", *Records of the Western Australian Museum* 20(2002), 415—429.

[14] Evans-Pritchard, E. E., *Nuer Religion* (Oxford: Clarendon Press, 1956), 322.

[15] Steward, J. H., *Handbook of South American Indians* (Washington, DC: Smithsonian Institution, 1946), 102ff.

[16] Coxe Stevenson, M., *Ethnobotany of the Zuñi Indians*, Thirtieth Annual Report of the Bureau of American Ethnology to the Secretary of the Smithsonian Institution (1908—1909), 36.

[17] Brodrick, A. H. *The Abbé Breuil, Prehistorian: a Biography* (London: Hutchinson, 1963), 191.

[18][19] Brodrick, A. H. *The Abbé Breuil, Prehistorian: a Biography* (London: Hutchinson, 1963), 119.

[20] Brodrick, A. H. *The Abbé Breuil, Prehistorian: a Biography* (London: Hutchinson, 1963), 115.

第四章　伊甸园时刻

贝古恩兄弟并不是唯一发现远古洞窟岩画的孩子。在他们很久很久以前,有一位 10 岁左右的小孩子就曾在阿尔代什峡谷(Ardeche①)发现了大量的岩画,其意义至少不亚于在贝古恩家族领地所发现的壁画。

这些洞窟内没有雕刻,但石壁上是采用大量不同技法绘制的岩画。有一些洞窟内的岩画是用红赭石绘制而成,有一些则是用木炭绘制而成,其他的岩画仍然采用刮掉墙壁上的黄色黏土、露出下方白色石灰石并在上面作画的方式绘制。在其中一个采用刮削技术绘制岩画的洞窟内,地面泥泞不堪,上面留下了一个孩子的足迹,墙上有一个黏土手印。沿着迷宫般的洞窟前行,这个孩子似乎已经用火把做了规律性的木炭标记,以确保能够返回洞窟的入口,后来这个洞窟突然崩塌,洞口被前方的岩石封死,直至 1994 年,这个洞窟才重见天日。

这个小孩子手持火炬,火苗摇曳闪烁。岩画最引人注目的特点就是它的绘画技巧[经过 2010 年赫尔佐格拍摄的电影《被遗忘的梦想之洞》(Cave of Forgotten Dreams)宣传后,这一点已经广为人知]。一组绘有马头的岩画展示出绘画者已经具备了(扎实的)解剖学知识,这一点即便是 18 世纪专门画马的画家乔治·斯塔布斯(George Stubbs)也自叹弗如(当代不少艺术家也难以望其项背)(图 4.1)。1994年洞窟被重新发现后由考古学家接管,在步日耶神父去世之后,人们认为艺术"是以笨拙和粗糙的特点为原点的线性演变过程",这些岩画向考古学家们展示了艺术的发展过程并非如此。[1] 人类绘画的技能源自何处?是什么样的好奇心驱使

①　位于法国东南部罗纳—阿尔卑斯大区的阿尔代什省,是法国最美丽的峡谷之一——译者注。

26

图 4.1 肖维洞窟壁画——马

人们进行了细致的观察并展示出这种成果的？

人类和动物往往对彼此都会产生好奇心。手持火把的小孩穿过洞窟时，他似乎还牵着一条狗（或者一条狗尾随着这个小孩），因为狗的脚印与小孩的脚印方向是一致的。一幅绘有一头雄狮的岩画是洞窟中最大的岩画之一，猎人擅长捕杀狮子，同样狮子吃人也易如反掌。虽然动物和人类都可以观察、发现和猎杀对方，甚至互为口中之食，但至今为止，人类是唯一能够自发将其他物种赋予象征意义的物种。《圣经》描写的伊甸园故事中，是亚当为动物命名而不是动物给亚当命名，这与人们所观察到的事实是相符的。无论这种能力是逐渐发展形成的，或相对来说是突然出现的，这种赋予客体象征性意义的能力肯定是在某个地区、某一时间点才出现的。伊甸园的故事又是发生在何时、何地呢？

历史的起点

1947 年，美国化学家威拉德·利比（Willard Libby）发现了放射性碳测年法，为史前史年代测定提供了准确的框架。利比所采用的方法是以放射性同位素碳 14 恒定速率衰变的事实为基础。宇宙射线照射氮 14 时，就会分解产生碳 14。采用这种方法可以准确测算有机材料（如绘制岩画时所使用的木炭）所处的精确年代。

根据放射性碳测年法的测算，拉斯克岩画是在距今 18 000 年前完成的，阿尔塔米拉岩画则是在距今 14 000 年前完成的。根据对这个 10 岁孩子的火把所做标记的年代测算，这个孩子明显比人们造访拉斯科洞窟时留下的简单标记的时间要早，在距今约 10 000 年之前，这个孩子就参观了阿尔代什洞窟：洞窟中的某些岩画是在距今 26 000 年到 27 000 年之前完成的。这也就是说，映入这个孩子眼帘的岩画，其作者距这个孩子生活的年代就如同第一批埃及艺术家们距离我们现在所处的年代一样久远。尽管人们对岩画创作的具体日期尚存在争议[2]，很有可能它们早在以此时间为基准往前推 5 000 年之前就已经绘制完成，有一些岩画是在距今 30 000 年到 32 000 年之间绘制完成的。[3]1994 年这些岩画被重新发现之时，似乎"伊甸园故

27

事"发生的时间还要早于这些岩画绘制的时间,并且故事的发生地距离阿尔代什峡谷也非常遥远。

走出非洲 I

当人们首次在法国和西班牙发现原始人类遗骨后,人们认为欧洲就是人类的摇篮。随着发掘范围的扩大,世界各地陆续发现了原始人遗迹。1891 年,荷兰医生尤金·杜博伊斯(Eugène Dubois)在爪哇岛中部的特里尼尔挖出了介于猿和人之间物种(现在称为直立人)的头盖骨和大腿腿骨。1921 年,戴维森·布莱克(Davidson Black)在北京附近的周口店也有类似的发现。20 世纪 20 年代,相关证据表明人类起源于非洲(达尔文也曾经这样怀疑)。

佐证这一观点的第一条线索是从北开普敦一个石灰矿中挖出的一堆化石,年轻的解剖学家雷蒙德·达特(Raymond Dart)接收了这批化石。1924 年的一个星期天下午,装着化石的盒子送达雷蒙德·达特处,当时达特正在穿结婚典礼的礼服,他是这场婚礼的伴郎。他抑制不住自己的好奇心打开了盒子,发现里面是一个头骨化石,这个头骨比原始人的头骨小,但脑容量比狒狒的大,也比成年黑猩猩的头骨要大得多(图 4.2)。

正当达特被新郎拉走之时,他意识到这个头骨化石"是人类学历史上最重大的发现之一"[4]。

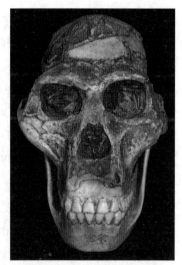

图 4.2 南方古猿头骨化石

1925 年,达特在《自然》杂志发表了一篇文章,介绍了自己的发现,他将头骨化石命名为"非洲南方古猿",即"南猿",并指出有明确的证据表明非洲是人类文明的摇篮。[5] 欧洲科学家纷纷质疑这一结论。六年之后,肯尼亚年轻的考古学家路易斯·利基(Louis Leakey)也有了发现。

有一对夫妇曾在基库尤人(Kikuyu)居住地传教,他们的儿子利基考入剑桥大学,儿子的志向是继承家业。在剑桥大学学习期间,利基转入古生物学专业学习。1925 年,他在清理两具远古人类的骨架化石时发现了这些骨架与德国考古学家汉斯·雷克(Hans Reck)12 年前发现的一具骨架之间的相似性。

28   雷克发现的骨架是从位于奥杜瓦伊峡谷(Olduvai)①陡坡的塞伦盖蒂(Serengeti)地区出土的，地质学家认为该地区是距今 60 万年前形成的。雷克认为骨架肯定与峡谷处于同一时期。因为遭到学者们的一致反对，他不得不收回他的观点，但利基对此深信不疑。他以 10 马克为赌注，表示如果他去奥杜瓦伊峡谷，他会在 24 小时内找到史前人类使用的工具。六年后(1931 年)，利基率领一支探险队到达该峡谷，雷克也一起随行。事实证明，利基这次赌赢了。

达特发现的头骨化石和利基发现的工具都不能证明他们所谓"人类起源于非洲"的观点。1931 年，达特将他发现的头骨化石带回到伦敦。他的妻子不小心将化石遗落在一辆出租车上。从一定程度上来说，他的证据从总体上失去了证明力，因为这只是一个儿童的头骨化石，专家们认为人类起源于非洲的观点仅能以成年人化石标本作为依据。起初，在奥杜瓦伊峡谷发现的证据得到了人们普遍认可，但是当利基抛弃他的妻子后，剑桥委员会开始对其道德品质进行调查，切断了对他的资金支持。当人们怀疑雷克发现的骨架化石的来源时，剑桥大学开始对他持反对态度。他的职业生涯因此而终止。

随着时间的推移，达特和利基的观点被证明是正确的。南非考古学家罗伯特·布鲁姆(Robert Broom)发起了对南方古猿成人骨架的搜寻工作。1936 年 8 月，克鲁格斯多普(Krugersdorp)附近史德克方顿洞窟(Sterkfontein)采石场的一名经理交给他一个在采石场出土的成年男性头骨化石。

利基继续在东非开展发掘工作。1959 年，路易斯的第二任妻子玛丽·利基(Mary Leakey)在一处矿床上发现了类似南方古猿的头骨，同时她还发现了一些石器工具。路易斯估计该头骨的年代为距今 60 万年前。1960 年，地球物理学家杰克·埃夫门登和加米斯·柯里特根据新的辐射测年法确定了该遗址的时间为距今 175 万年，这一结论震惊了世界各地的专家学者。

1960 年之后，该地区出土了更多的新化石，新的测年法也一直在为"人类起源于非洲"的观点提供证据支持。今天，欧洲发现的最早猿人分为直立人和尔加斯塔人(匠人)，距今约 170 万年。1974 年，唐纳德·约翰森和汤姆·格雷在埃塞俄比亚阿瓦什河谷的哈达尔地区(Hadar)发现了几乎完整的南方古猿骨骼化石。考古学家给她取名"露西"(源于披头士乐队一首歌曲的名字)，证据表明她生活在距

---

① 位于坦桑尼亚。因峡谷内发现多处早期人类遗迹而被考古学家称作"人类的摇篮"。

今 350 万年前。1976 年,玛丽·利基在坦桑尼亚莱托利(Laetoli)火山灰中发现了　29
三个南方古猿的脚印(仅在非洲发现了这种脚印)。灰层所处的年代可追溯至距今
370 万年前,这些脚印证明南方古猿可以直立行走(雷蒙德·达特就曾提出过这种
观点)。

　　与此同时,在欧洲、澳大利亚、以色列发现的解剖学意义上最早的现代人类化
石的年代分别距今 42 000 年、45 000 年和 90 000 年(尽管这些化石具有一些远古时
代的特征)。在埃塞俄比亚赫托(Herto)发现的智人化石,其年代可追溯到距今 16
万年前。1967 年,在埃塞俄比亚奥莫河基比什地区(Kibish)附近,理查德·利基
(Richard Leakey,路易斯的儿子)领导的一个团队发现了智人化石,2005 年研究人
员确认该化石的年代为距今 195 000 年。

　　这些发现与 20 世纪 80 年代加利福尼亚大学研究人员关于线粒体 DNA 基因历
史的研究成果是吻合的。在此 20 年之前,艾伦·威尔逊和他的博士生文森特·萨
里希(Vincent Sarich)就已经证明,通过所谓的"分子钟"可以确定人类和类人猿差
异出现的具体年代。20 世纪 80 年代,威尔森和另外两名博士新生马克·斯通金
(Mark Stoneking)、丽贝卡·康(Rebecca Cann)将研究注意力转向了线粒体 DNA
研究。

　　线粒体 DNA(细胞内形成微能量的一种结构)会通过母体遗传给后代,但与父
体没有相关性。因为它们不会随着代系传递而进行重组,突变会传给后代,这样一
来就可以追踪地理上相隔遥远的生物族群之间的母系谱系。加利福尼亚大学的研
究人员通过对世界各地 133 个个体进行抽样,逐渐建立了一个大型家族谱系,展示
了人类族群不同分支之间的关系以及这些分支的起源。1987 年 1 月 1 日,威尔逊、
斯通金和康在《自然》杂志上联合发表了一篇文章,文章指出,现在所有人都是一位
女性的后代(后来被称为"线粒体夏娃"),她生活在距今 14 万年到 20 万年前的
非洲。[6]

　　父系 Y 染色体非重组部分的类似技术也指向一位非洲的雄性祖先("Y 染色体
亚当"),但学者对该结论并没有形成太多共识。假设在 6 万年前,线粒体 DNA 按　30
照恒定突变速率发生突变,这与在欧洲、亚洲和澳大利亚发现的、距今大约 4 万年前
的人类骨骼化石辐射证据是相吻合的,但是与在以色列或印度发现的化石证据并
不吻合。根据科学家对突变速率的最新测算,这些化石可能追溯至距今 9 万年到
13 万年间的某一个时间点。[7]

　　虽然这一证据似乎确认了现代人起源于非洲的结论,但这并不一定意味着可

以得出"伊甸园时刻"发生在非洲的结论。第一份关于象征性思维的明显证据似乎是在欧洲和澳大利亚发现的岩画，其中最早的岩画距今约42 000年。这种"创作大爆炸"可能是人类走出非洲之后认知能力发展的结果。

走出非洲 II

1999年的一个发现挑战了这一观点。1991年，威特沃特斯兰德大学考古学家克里斯托弗·亨希尔伍德（Christopher Henshilwood）对他祖父所拥有的一些土地进行了发掘。他在位于南非南部海角地区一处石灰岩悬崖上的布隆伯斯（Blombos）洞窟发现了一些石器工具，即双面打制尖器（看起来更像矛尖）。亨希尔伍德和他的团队在洞窟中进行了一系列进一步的发掘。1999年，他们在一个远古时期的炉膛附近未翻动过的灰烬和沙子里发现一小片赭石，这片石头已经过修刮并打磨出了一个平坦的表面，上面刻着不同的十字形和直条形几何图案（图4.3）。第二年，他们发现了类似的物品和一串钻孔贝壳项链（图4.4）。根据对同一层赭石和火烧过的石头上方沙土的年代测量，考古学家认定这两片雕刻石器的时间为距今约77 000年之前，这成为目前已知人类最早的符号活动。

图4.3 布隆伯斯洞窟几何纹赭石

2007年，亚利桑那州立大学古人类学家柯蒂斯·马林（Curtis Marean）带领的一个小组在莫塞尔湾南部的派那科角（Pinnacle Point）的同一海岸处对一处洞窟进行了发掘。除了发现将采用石刀技术制作的小石刀片嵌入其他物体中制成的复杂工具以及将石器工具加热之后以使其更便于使用的证据，马林的团队还发现了废弃和磨碎的赭石色素的证据。所发现的这些证据可追溯至164 000年前。

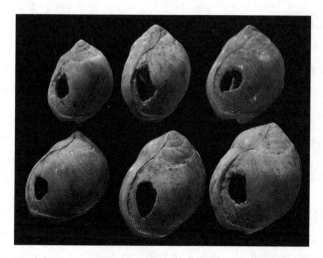

图 4.4　布隆伯斯洞窟项链

第二年,亨希尔伍德和他的团队在布隆伯斯洞窟有了另一个惊人的发现。报纸头条将这个发现称为"世界上最古老艺术家的工作室"。工作室内发现的文物包括用来混合和储存颜料的两个鲍鱼壳、磨石、石锤、一个小火坑、用来搅拌和取颜料用的动物骨骼。亨希尔伍德注意到,这些颜料的制作者"具备了基本的化学知识",并且他们明显是在"有意识地使用颜料进行创作"(图 4.5)。

图 4.5　布隆伯斯洞窟鲍鱼壳颜料盒

鲍鱼壳内的混合物是将赭石片和石英片研磨成粉末后加入液体,然后加入木炭和通过加热提取的骨髓脂肪,慢慢搅拌而形成的。后者是一种非常重要的黏合 32 剂,这种黏合剂会形成一种艳丽的红色颜料。在其中的一个鲍鱼壳中有一小块黄色矿物——针铁矿,这种矿物可制成橙色的颜料。根据放射性碳测年法进行的年代测算,大约在 10 万年前,人们就已经开始制作这种混合颜料。

东爪哇岛

2014 年,来自印度尼西亚的两份报告为人类符号活动可追溯至智人时代(甚至在智人时代之前)的观点提供了进一步的支持。

20世纪30年代,考古人员对位于苏拉威西岛著名的马洛斯卡斯特(Maros Karst)石林洞窟和岩棚进行了发掘。考古人员发现了90处人类曾经在此居住生活的证据;50年代,印度尼西亚研究人员在该地区发现了岩石艺术相关的文物。这些文物包括手模和绘有苏拉威西当地动物(包括疣猪、狒狒和鹿豚)图案的岩绘。2014年完成的年代测算证明,欧洲发现的最古老的岩石艺术与印度尼西亚发现的遗迹属于同一时期。其中一个手模距今40 000年,一个绘有鹿豚图案的岩绘距今35 000年。

《自然》杂志刊发了关于上述发现的通讯文章,文章作者认为可以得出两个可能的结论:要么"在早期人类所生活的不同地区,岩石艺术在同一时间出现",要么"在距今数万年前,岩画在第一批智人离开非洲之前就已经大量出现"。[8]

2015年,《自然》杂志刊发的另一篇通讯文章提出了一种更引人注目的可能性。这篇通讯文章中提到了对1891年尤金·杜波伊斯(Eugène Dubois)在爪哇岛东部梭罗河沿岸特里尼尔地区出土的部分贝壳化石进行的一项新分析。这些贝壳曾被类似"鲨鱼牙齿"的工具撬开过。贝壳上刻着锯齿状的"M"形图案(图4.6)。根据对贝壳内的沉积物进行的年代测算,它们的年代距今大约50万年。综合这一发现以及其他数据,通讯文章的作者得出了一项结论,即"该雕刻是由直立人完成的"[9],它们是智人的祖先。

图4.6 特里尼尔出土的带几何纹的贝壳

如果我们的祖先已经具备了符号能力,那么人类可能在多长时间之前开始大

量进行图案创作,尤其是岩画创作的呢? 苏拉威西报告的作者得出的结论认为,如 　33
果第二项假设是准确的,那么"我们可以期待,未来会发现的人类手绘作品、具象艺
术和其他形式的图案可以追溯至人类这一物种在全球扩张的最初阶段"。[10]

　　如果智人早在 20 万年前就开始了物种进化,那么谁是人类的祖先和"线粒体夏
娃"的第一批后代呢? 从第一次出现明确的象征主义的意义上来说,"伊甸园时刻"
最可能发生在哪一个节点呢?

　　迄今为止,相关证据依然很少,并且难以找到新的证据。尽管确定南非岩画所
处的年代一直被视为具有挑战性的问题,但大卫·皮埃尔斯(David Pearce)和他的
同事们在这一领域的研究取得了令人振奋的成果。截至 2015 年初,唯一可以被确
定的公元前 9700 年之前的非洲图形艺术,是从纳米比亚洪斯山脉距今 3 万年的地
层中出土的七块石匾(其中之一便带有明显可辨识的斑马图像)。[11] 而就某种象征
性表达的方式而言,则肇源于我们人类的祖先,在布隆伯斯洞窟发现的文物仍是已
知最早的现代人类的象征主义作品,尽管距今年代尚未确定。象征主义作品和图
案创作可能并不是人类在走出非洲时所保留的唯一习俗。距今年代最近的卡麦尔 　34
山伊斯斯库尔地区墓葬约有 9 万年历史。在此之前,非洲是否存在丧葬习俗呢?

　　1997 年,在埃塞俄比亚东部赫托(Herto)地
区发现了三个头骨化石,分别是两个成年人头骨
和一个儿童头骨(图 4.7)。根据挖掘、分析团队联
合队长蒂姆·怀特的研究,儿童头骨上的"切痕反
映了一种古代的丧葬习俗"[12]。人去世之后,头
骨上的皮肉被剔除并且"头盖骨表面光滑,就像是
被反复打磨过一样"[13]。其中一个成年人的头
骨周围有刻痕,似乎是在剔除皮肉时所造成的。

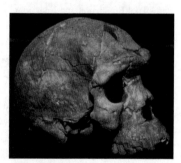

图 4.7　赫托头骨化石

这种刻痕和打磨可能就是人类学家笔下所记录的新几内亚岛居民保存和崇拜祖先
头骨的活动吗?

　　关于这一观点的证据少之又少并且争议颇多。[14] 派那科角洞窟内对岩石进行
的热处理和布隆伯斯洞窟内对岩石进行的"基础化学"处理可能是所谓"原始科学"
最早的证据,伊斯斯库尔地区的墓葬可能是所谓"原始宗教"最早的证据。我们现
在所说的科学和宗教,是如何出现令人瞩目的发展呢? 它们之间是什么关系? 从
考古遗迹中找到的证据最具说服力,但在 20 世纪 60 年代早期,学者开始从不同的
角度探讨这个问题。

【注释】

[1] Chauvet, J.-M., Deschamps, E. B. and Hilaire, C., *Chauvet Cave: The Discovery of the World's Oldest Paintings* (trans.) Bahn, P. G. (London: Thames & Hudson, 2001), 126.

[2] Combier, J. and Jouve, G. "Nouvelles recherches sur l'identité culturelle et stylistique de la grotte Chauvet et sur sa datation par la méthode du ^{14}C", *L'Anthropologie* 118(2014), 115—151.

[3] Valladas, H., Tisne'rat-Laborde, N., Cachier, H., Arnold, M., Oberlin, C. and Evin, J. "Bilan des datations carbone 14 effectuées sur des charbons de bois de la grotte chauvet", *Bulletin de la Société Préhistorique Française* 102(2005), 109—113.

[4] Dart, R. A., *Adventures with the Missing Link* (London: H. Hamilton, 1959).

[5] Dart, R. A., "Australpoithecus Africanus: the Man-Ape of South Africa", *Nature* 115(1925), 195—196.

[6] Cann, R. L., Stoneking, M. and Wilson, A. C., "Mitochondrial DNA and Human Evolution", *Nature* 325(987), 31—36.

[7] Scally, A. and Durbin, R., "Revising the Human Mutation Rate: Implications for Understanding Human Evolution", *Nature Reviews Genetics* 13(2012), 745—753.

[8][10] Aubert, M., Brumm, A., Ramli, M., Sutikna, T., Saptomo, E. W., Hakim, B., Morwood, M. J., Van Den Bergh, G. D., Kinsley, L. and Dosseto, A., "Pleistocene Cave Art from Sulawesi, Indonesia", *Nature* 514(2014), 223—227.

[9] Joordens, J. C. A., d'Errico, E., Wesselingh, F. P., Munro, S., De Vos, J., Wallinga, J., Ankjærgaard, C., Reimann, T., Wijbrans, J. R., Kuiper, K. F., Mücher, H. J., Coqueugniot, H., Prié, V., Joosten, I., Van Os, B., Schull A. S., Panuel, M., Van Der Haas, V., Lustenhouwer, W., Reijmer, J. J. G. and Roebroeks, W., "Homo erectus at Trinil on Java Used Shells for Tool Production and Engraving", *Nature* 518(2015), 228—231.

[11] Rifkind, R., Henshilwood, C. S. and Haaland, M. M., "Pleistocene Figurative *Art Mobilier* from Apollo II Cave, Karas Region, Southern Namibia," *South African Archaeological Bulletin* 10(201) (2015), 113—123.

[12] White T. D. et al., "Pleistocene Homo Sapiens from Middle Awash, Ethopia," Nature 423(2003), 742—747.

[13] Sanders, R., "160, 000-Year-Old Fossilized Skulls Uncovered in Ethiopia Are Oldest Anatomically Modern Humans", http://www. berkeley. edu/news/media/releases/2003/06/11 _ idaltu. Shtml, Accessed 7 August 2015.

[14] 近来在西班牙北部的西玛德罗斯赫索斯(Sima de los Huesos)的考古活动发现了距今 43 万年的更新世中期古人类墓葬。研究者认为这可能是"人类化石记录中最早的葬礼行为"。Sala, N. et al., "Lethal Interpersonal Violence in the Middle Pleistocene", *PLoS ONE*, 10(*2015*), eo126589, doi: 10.1371/journal. pone. 0126589.虽尚不能确定,但如果这个结论是正确的话,无疑将增加怀特观点的可信性。

第五章　灵长类动物的相似特征

　　1954 年,在肯尼亚茅茅起义①即将结束时,路易斯·利基出版了一本关于当时局势的专著。他在书中呼吁,如果教会领袖将"《新约》的基本教义和那些只不过是英国的社会习俗或人们口口相传的观点相混淆",那么将导致非洲人远离"真正的基督教"并将其推向"茅茅主义和共产主义"的怀抱。[1]实际上,关于区分"基本教义"和"人们口口相传的观点"这一问题往往是难以回答的。20 世纪 20 年代后期,利基的父亲加农·哈利·利基(Canon Harry Leakey)因为坚决反对基库尤人女性割礼的习俗而引发了一场严重的危机,此前一些传教士对这种习俗都采取视而不见的态度。

　　对于年轻的利基来说,"基本教义"和"人定教义"类似的问题是关于人类和动物之间关系的问题。在他 1937 年出版的《自传》中描述了他是如何"坚定地信仰与《创世记》中描述截然不同的进化论真理"的[2]。然而,在路易斯·利基晚年,"路易斯总是气愤地表示,他对科学的追求没有任何地方与《圣经》相冲突",并且坚持认为"他的发现,从未有与《圣经》相抵触的地方。人们之所以对《圣经》有误读,是因为人类的智慧存在局限性"。[3]基督徒[包括在坎巴(Kamba)天主教教会学校的工人]有时候会觉得动物和人之间具有相似性,对人类是独一无二的想法会有所怀疑。但是,在利基 1934 年出版的专著《亚当的祖先》中,他指出如果上帝创造了人类和动物,那么人类应该可以发现二者之间的相似之处。随着茅茅起义结束,利基开始着手研究人类和动物相似性的本质问题。

---

① 茅茅起义(Mau Mau rebellion),20 世纪 50 年代肯尼亚人民反对英国殖民者的武装斗争,茅茅是起义组织的名称。——译者注

1931 年，在对维多利亚湖附近区域进行的一次考古发掘中，考古队助理亚瑟·霍普沃德(Arthur Hopwood)发现了灵长类动物的化石，他将其命名为原康修尔猿(Proconsul)。20 世纪 40 年代中期，人们开始去了解这一物种的生存环境，利基则着手雇用观察员对黑猩猩和大猩猩居住的湖滨地区展开研究。

36

利基的天使

1956 年，利基说服了秘书罗莎·奥斯本(Rosalie Osborn)留在乌干达对大猩猩进行研究，但她四个月之后就返回了英国。1957 年，一位年轻的英国姑娘珍妮·古道尔(Jane Goodall)拜访了利基，虽然她当时没有经过任何的科学训练，但她对动物研究有着浓厚的兴趣。她参观了奥杜瓦伊峡谷并在短暂担任利基的秘书后，接受了利基的邀请，对生活在坦噶尼喀湖(Lake Tangynika)附近冈贝河(Gombe)自然保护区内的黑猩猩进行研究。[①]

三年后，迪安·弗塞(Dian Fossey)引起了利基的注意，当时她的职业是一名医生，在参观峡谷时她扭伤了脚踝，掉进了考古发掘留下的坑洞之中，后来他们在美国再次会面。1967 年，利基开始募集资金，他将毕生精力献给了卢旺达山地森林地区的黑猩猩研究工作。

比卢特·葛莱迪卡斯(Birute Galdikas)是加入研究团队的第三位成员(相比于被称为"猿人女士"，她更喜欢自称为"利基的天使")。1969 年，加州大学洛杉矶分校举办了一场讲座，讲座结束之后葛莱迪卡斯与利基进行了交谈；1971 年，在利基的支持下，她在婆罗洲丛林地区对红毛猩猩进行了长期的实地研究。

在抵达冈贝河自然保护区的几个月内，古道尔开始观察人们之前从未注意到的黑猩猩的行为，而这些行为之前被认为是属于人类所特有的行为。这些行为包括大量不同的活动，而黑猩猩与人类社交活动的相似性尤其引人注目，这为研究人类思维的核心方面如何发展的问题提供了线索。

天生的心理学家

古道尔注意到，当一只黑猩猩突然受到惊吓的时候，"它往往会抓住或拥抱附

---

① 坦噶尼喀湖是位于非洲东部的淡水湖，冈贝河自然保护区位于坦桑尼亚境内。——译者注

近的一只黑猩猩,就像是一个小女孩在看恐怖电影的时候可能会抓住同伴的手一样"[4]。当黑猩猩互致问候时,它们会用各式各样的姿势来反映它们在所在群体中的不同地位。群体中的个体之间往往存在密切的联系,但是她发现黑猩猩之间的关系"可能是非常复杂的并且社群关系处在不断变化之中——对社群关系"最佳的描述可能就是友谊"。有些关系可能"仅仅持续很短的时间",但是据观察,有些关系可以"持续数年之久"。[5]

古道尔所描述的黑猩猩之间的复杂关系与迪安·弗塞所观察到的银背大猩猩族群中成员之间的关系具有相似性(尽管与葛莱迪卡斯所研究的孤立生活的猩猩族群中成员关系相比,二者相似性较少)。1971 年,英国理论心理学家尼古拉斯·汉弗莱(Nicholas Humphery)曾对弗塞所研究的大猩猩进行了研究,他提出了这样一个问题:大猩猩大脑的大小与它们的身体以及社会互动的复杂性之间存在什么样的关系? 尽管大猩猩在实验环境下可以完成各种智力概念游戏,但是在野外只能以竹子为食的生活环境里,它们并未明显表现出使用或需要任何这种智慧的迹象。

为了解开这一谜团,汉弗莱开始反思自身的经历。他为了逃避一段失败的婚姻以及与另外一名女子的暧昧关系而来到非洲,"我头脑中都是那些我没有解决的社会关系问题"[6]。对于银背猩猩来说,是否也存在类似的问题呢?

大猩猩简单的生活方式似乎是建立在它们族群凝聚力的基础之上,这种凝聚力发挥着"黑手党保护人和专业技术学校"的功能。[7]大猩猩族群体中,年幼的大猩猩会受到保护并学习森林生活方式。但是,维持这种统一的族群并非易事。其中涉及在毛发梳理、进食和睡觉安排等活动中不断发生的小冲突,偶尔也会发生关于交配和成员身份方面的严重纷争。所有纷争都是以族群主导地位问题为中心的,这些问题可能会破坏族群的团结。事实上,这样的冲突事件极少发生,这反映出大猩猩就像是天生的心理学家,具有理解和预测其他猩猩行为的能力。大猩猩是如何做到这一点的呢?

胭脂试验

20 世纪 60 年代,发展心理学家设计了一项测试儿童自我意识的试验。心理学家将胭脂涂抹在处于睡眠中儿童的额头上,然后把儿童带到镜子前观察他们的反应,这就是所谓的"胭脂试验"。在儿童长到 1 岁时,他们对镜子中影像的反应是认为镜子中是另外一个孩子并试着与镜子中的孩子一起玩耍。在儿童长到 1 岁半的时候,他们开始认为镜子中是自己的影像。当他们看到镜子中自己额头上有胭脂时,会尝试把胭脂擦掉。

1970 年,实验心理学家戈登·盖洛普(Gordon Gallup)对黑猩猩进行了胭脂试验。他发现,与大多数其他动物不同,黑猩猩的反应与儿童的反应是一样的。对圈养大猩猩进行的其他实验似乎表明它们具备心理学家(这样说有一点误导之嫌)所谓的"心智理论"。它们好像可以进行换位思考,了解其他人的意图以及其他人如何去实现这些意图(图 5.1)。

图 5.1　心智理论

综合这些实验结果,汉弗莱认为黑猩猩通过模板或模型来认知他人的行为,它们自身认知能力可能会形成一种"心智理论"。就像生活在伦敦街区排屋中的某一间房间内的人一样,凭借他在房屋内居住的经验,尽管他不曾居住在其中特定的房间,但他可以"知晓"街区周围房屋内发生的故事,所以生物可以检视自身以及自己头脑中的想法,并以这种知识为基础猜测其他人头脑中的想法。[8]

20 世纪 90 年代,英国人类学家罗宾·顿巴(Robin Dunbar)确认大脑的大小与社会关系之间存在关联性,他指出灵长类动物大脑的大小(与它们身体的比例)和它们所生活群体的平均规模呈正相关关系。顿巴指出,根据大脑新皮质的大小,他可以准确预测灵长类群体的规模(尽管脑容量较大的猩猩属于例外)。

顿巴认为,群体规模非常大的灵长类动物需要更强的处理能力,理顺周围环境中衍生而出的更多的社会关系,并且灵长类所处的群体规模越大,它们为彼此梳理毛发的时间(从对方的头发上抓虱子和跳蚤)就越长。这不是因为对方身上有更多虱子,而是因为它们需要更长的时间来开展社交活动。相比于觅食活动,黑猩猩为彼此梳理毛发存在一个时间的限制。顿巴还认为,黑猩猩之间可能已经形成了一种语言,因为语言为它们同时与多个个体进行沟通交流提供了可能性。[9]

黑猩猩确实具备一定的语言能力(尽管在具备何种程度的语言能力方面存在争议)。两位美国科学家艾伦(Alan)和比阿特丽斯·加德纳(Beatrice Gardner)做了一个实验,他们教给一只年龄较小的黑猩猩(他们给它取名为"瓦舒")标准美国手语,黑猩猩5岁的时候已经能够识别并使用350个不同的手势符号。当瓦舒看着镜子被问道(用手语)"镜子里面是谁"时,她会用手语回应"那是我,瓦舒"(图5.2)。[10]

图5.2　瓦舒

如果自我意识使黑猩猩意识到其他黑猩猩的思想和意图,甚至是其他某种程度上的类人生物,那么它是否能超越这一点并影响黑猩猩对它所居住环境之外更广阔世界的感知?

瀑布舞蹈

1961年春末,在漫长的雨季到来之前,珍妮·古道尔在冈贝河保护区观察到一个由七只雄性黑猩猩组成的族群。这个族群刚刚抵达山脊区域时,突然响雷大作。　40

这就像是一个信号,一只雄性猩猩立起身来,得意洋洋并且有节奏地交替摇晃着双脚。在飘泼的大雨中,我能够听到它喘息的声音。然后它从斜坡上冲下来,穿过它刚刚走过的丛林。它跑了大约30码远,然后靠在低矮的树枝处,坐下来之后一动不动。

几乎就在同一时间,另外两只雄性黑猩猩追逐而来。其中一只在奔跑的时候将挡在它前方的一截树枝折断并扔向空中。另一只在到达目的地之后就站立起来,握住树枝有节奏地前后摇晃,它一跃而起抓住了一根更粗的树枝,然后荡下山坡。第四只雄性黑猩猩因为跑得过猛,它跳到一棵树上后,在几乎没有减速的情况下抓住了更粗一些的树枝,然后跳到地面上来,继续奔下山坡。最后面的两只雄性黑猩猩边吼叫边冲下山坡,开启整场表演的那只黑猩猩从树上下来,又慢慢爬回山坡去。其他的黑猩猩……则尾随而行。当它们到达山脊时,它们又以同样的气势开始了新一次的狂奔。[11]

有的雄性黑猩猩通常只会在大雨开始时才跳这种雨舞,但集体表演非常罕见。1970 年,古道尔观察到了另外一场更令人叹为观止的集体表演,她亲眼目睹了一个黑猩猩"剧团"在冈贝森林瀑布群某一条瀑布处的表演。她之前曾多次捕捉到这一画面,但之前仅有一只黑猩猩在表演(并且大多数情况下是成年雄性黑猩猩在表演)(图 5.3)。

图 5.3 冈贝森林的瀑布舞

当黑猩猩接近瀑布群中的某一条瀑布时,它的毛发会微微地竖起,这是它高度兴奋的信号。当它走近瀑布时,随着瀑布的轰鸣声越来越大,它的步伐会越来越快,毛发会变得完全直立,到了小溪后,它可能会在瀑布底下开始精彩的表演。它会站直身体并有节奏地摇晃双脚,跳到水深较浅、水流湍急的溪流中,捡起水中的大石块并投掷出去。有时它会爬到从树上垂下来的细长藤蔓上,抓住蔓藤向瀑布荡去。"瀑布舞蹈"可能会持续 10 至 15 分钟……在表演结

41

束后，表演的黑猩猩会坐在石头上望着飞流直下的瀑布发呆。[12]

黑猩猩的思维过程是什么？古道尔猜想，有没有可能是因为感受到惊奇和畏惧而引发黑猩猩的这些表演？[13]但是，舞蹈并不是黑猩猩对周围世界作出反应的唯一方式。

在长时间的降雨到来之前，古道尔曾观察到一只她称为"灰胡子大卫"（David Greybeard）的黑猩猩用长长的草杆把白蚁从蚁窝里取出来然后吃掉的场景（图 5.4）。这是她第一次观察到黑猩猩使用工具的活动。黑猩猩会将各种不同的工具用于不同的用途：用树叶收集水或清洁身体，用石头当锤子和砧板敲碎坚果以及用木棍撬取骨髓。随着新观察项目的开始和比较研究的推进，人们发现似乎不同的黑猩猩族群使用工具的文化传统也存在明显的差异。冈贝保护区内的黑猩猩使用树叶收集水来洗身体，泰伊森林①地区的黑猩猩则没有这种举动。泰森林地区的黑猩猩用木棍撬取骨髓，这一点与冈贝地区的黑猩猩也不相同。

图 5.4　冈贝河国家公园的黑猩猩正在取食白蚁

如果"瀑布舞蹈"是灵长类具备"灵长类动物的灵性"的证据，那么使用工具是灵长类动物掌握技术的证据吗？发现黑猩猩具备观察自然界的能力是否意味着这一点与早期人类的原始宗教具有相似之处？发现黑猩猩可以使用工具来改造自然界的能力是否意味着这一方面与旧石器时代人类的原始科学知识具有相似之处？

①　位于非洲科特迪瓦，其所处的泰伊国家公园于 1982 年被列入世界遗产名录。——译者注

这些相似的方面也提出了新的问题。利基收到了古道尔发出的一封令人兴奋的电报,电报中提到了古道尔的发现,他回电表示"现在我们必须重新定义'工具'和'人',或者接受黑猩猩就属于人类"[14]。如果使用工具不属于人类所具有的特征,那它属于什么呢? 如果黑猩猩和其他灵长类动物的智力发展与人类的智力具有相似性,那么它们为什么没有按照这种岩画发展的轨迹最终在阿尔代什洞窟内绘制出岩画作品呢? 如果是因为它们缺少某一根"弦",那这根"弦"又是什么呢?

【注释】

[1] Leakey, L. S. B., *Defeating Mau Mau* (London：Routledge，2004)，130.

[2] Leakey, L. S. B., *White African：An Early Autobiography*(London：Hodder & Stoughton, 1937), 161.

[3] Morell, V., *Ancestral Passions：The Leakey Family and the Quest for Humankind's Beginnings* (London：Simon & Schuster, 1995), 56.

[4] Goodall, J., *In the Shadow of Man* (London：Phoenix, 1999), 234.

[5] Goodall, J., *In the Shadow of Man* (London：Phoenix, 1999), 117.

[6] Humphrey, N., *The Inner Eye* (Oxford：Oxford University Press, 2002), 37.

[7] Humphrey, N., *The Inner Eye* (Oxford：Oxford University Press, 2002), 40.

[8] Humphrey, N., *The Inner Eye* (Oxford：Oxford University Press, 2002), 71—78.

[9] Dunbar, R. I. M., "Coevolution of Neocortical Size, Group Size and Language in Humans", *Behaviour and Brain Sciences* 16(1993), 681—694.

[10] Goodall, J., *In the Shadow of Man* (London：Phoenix, 1999), 242.

[11] Goodall, J., *In the Shadow of Man* (London：Phoenix, 1999), 52.

[12][13] Goodall, J., "Primate Spirituality", in Bron Taylor (ed.), *The Encyclopedia of Religion and Nature*, (Bristol：Thoemmes Continuum, 2005), 1034.

[14] Goodall, J., *Reason for Hope：A Spiritual Journey* (London：Thorsons, 1999).

第六章　好奇心的范围

好奇心与猫

在一只小猫眼前挂上一个线团，人们会观察到注意力高度集中时所展示的好奇心：小猫会目不转睛地盯住轻微摆动的线团，但是对拿线团的人则会视而不见。

曾经与小孩子玩过上述游戏的人却会发现一些不同之处：无论小孩子在尝试抓住摇摆的线团过程中会收获多少乐趣，当小孩子发现有人在操纵绳子的时候，这种乐趣很快就会烟消云散。

猫和孩子的好奇心在范围方面可能有所差异。那是什么导致出现了这些不同呢？

从某种程度上来说，好奇心与生命本身具有一样悠久的历史。细胞壁内侧一切物质的成长都依赖于细胞壁外侧的环境。因此，所有生物最细微的组成部分通过摄入（或持续摄入）周围环境中的物质来了解周围的环境。对于具备神经系统的生物来说，这种情况的复杂性程度会更高。它们通过包括刺入、戳碰或描述周围的环境等一切可用的手段对所处的环境进行探索。

幼年期动物的好奇心与获得捕食、猎捕或避免被捕获的生存技能之间存在着直接关系。虽然它们处在保护之下，它们的食物由成年父母提供，但它们可以探索和磨炼自己的技能从而避免在以后的生活中吃苦头。动物对它们后代的教育时间越长，在其年幼阶段未被关注的好奇心似乎就越会延续至其成年后的生活之中。

例如，灵长类动物的这种好奇心就尤为发达。圈养卷尾猴在不饿的时候会玩弄它们的手能够触及的所有物件，"似乎它们热衷于发现任何可以抽拉、撕扯或拆解的物件"[1]。

44　　婴儿在学习说话之前，会通过极其相似的方式来探索这个世界，他们会去触碰、拉扯东西并把这些东西放进自己的嘴巴里。一旦它们学会了"为什么"这个词，它们就会无休无止地提问，好奇心没有了界限限制。[2]对于"区分人类（与动物）成长的元素是什么"的问题，答案就是"语言"。

这完全是一个语言学的问题吗？加德纳观察到瓦舒和其他被教过手语的黑猩猩一样仅会通过手语来找东西。它们极少（通过手语）对周围的环境进行回应。野外黑猩猩的观察者发现，黑猩猩似乎在彼此沟通上存在很大的局限性。

珍妮·古道尔的首次发现公布 20 年之后，两位瑞士灵长类动物学家克里斯托夫（Cristophe）和哈德维格·博思切（Hedwige Boesche）对泰伊森林中的黑猩猩进行了研究。他们发现，在使用工具的文化传统方面，黑猩猩更多的是依靠自学而非传授。年轻的黑猩猩会观察年长的黑猩猩如何用工具（如石头）敲碎坚果，然后会试着模仿这种行为（图 6.1）。有时小黑猩猩的母亲会展示如何抓握坚果或石块，但是博思切发现这种传授活动极少出现（图 6.2）。从总体上来说，黑猩猩的母

45　亲似乎没有注意到它们孩子（在学习方面）所面临的困难，而是让它们反复试验和试错。

图 6.1　年轻黑猩猩试图用石锤砸开坚果

考虑到黑猩猩在社会交往方面所占用的时间，黑猩猩在教育子女使用工具方面显然是失败的。博思切对黑猩猩敲碎坚果的行为进行了 4 000 多个小时的观察，她发现，黑猩猩母亲帮助年幼黑猩猩子女的行为只出现过两次。文化发展的影响是显而易见的。圈养的黑猩猩可以熟悉使用各种不同的工具，距离珍妮·古道尔首次观察到野外黑猩猩使用工具的行为 50 年之后，人们并没有观察到（它们的）技术发生过任何的进步。正如英国考古学家斯蒂芬·米森（Stephen Mithen）所说的那样，"每一代黑猩猩"都在努力"达到上一代黑猩猩的技术水平"。[3]导致出现这种现象的原因是什么呢？

图 6.2　年长黑猩猩正在演示如何用石头砸坚果

心智教堂

米森（Mithen）是一位考古专业的学生，有一年的暑假他参加了对意大利圣维琴佐本笃会修道院的发掘工作。在这次发掘中，考古人员发现了一片古老的城墙并做了仔细的记录。由于（技术上）逐渐具备了重现建筑不同工程阶段的可能性，人们发现整个建筑建造的过程延续了一千年的时间，城墙拆了又建，城门倒了又造，并且还增加了新的楼层。20 世纪 80 年代，他对人类思维的发展产生了研究兴趣，这次经历为米森提供了一个具有说服力的类比对象。

1983 年，有两本关于人类思维结构影响力非常大的专著问世，两本书的作者分别是心理学家霍华德·加德纳（Houard Gardner）和哲学家杰瑞·福多（Jerry Fodor）。加德纳认为，思维包含了一系列他所谓的"多元智能"；福多认为，思维包含了普通"中枢突"的集合，如记忆、试验、试错推理，以及一套专门的自动"认知模块"，如视觉、触觉和语言能力等。根据上述两种理论，米森将心智类比为一个建有巨大厅堂（相当于"中枢突"）以及多个耳室（相当于"认知模块"）的教堂。根据这个类比，他提出了一种可以再现"认知教堂"建造史的方法。

米森认为，心智教堂的第一发展阶段由一般"智力中厅"主导。一般智力由一套"基本目的和决策规则"构成，可以根据经验对行为进行修正。通过一组"门"传　46

递从"与感知有关的模块"中输入的信息(图6.3)。

第二阶段中,一般心智教堂中增加了一系列专门智力"耳室"并构成一个整体,这种组合方式与12世纪罗马式大教堂从教堂中厅向外扩展的模式是相同的。所有这些"耳室"就像是某一特定的行为领域,有三个"耳室"具有特别重要的意义。其中一个"耳室"是"社会智力",包括自我认知和相关的"心智理论";另外一个是"自然历史智力";第三个"耳室"代表"技术智力",包含"制造石头工具和木制品的心理模块"。[4]

第二阶段中,这些特定智力被认为具有半独立性质。根据米森设定的类比,耳室之间没有通道连接,"墙壁很厚,几乎不可能听到教堂内其他区域的声音"[5]。米森认为,"黑猩猩群体中社会和工具行为之间的'砖墙(隔阂)'"[6]是非常明显的,这反映了一种潜在的神经学结构。黑猩猩向她的后代展示如何使用工具是一个例外,我们可将其视为"从一个耳室听到教堂其他地方传来的厚重和沉闷的声音"[7]。米森认为,黑猩猩的认知结构中缺乏内部沟通是黑猩猩和我们原始人类的祖先在技术方面只有很少一点进步的原因。

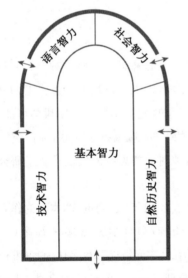

图6.3 耳室不相连通的米森心智教堂

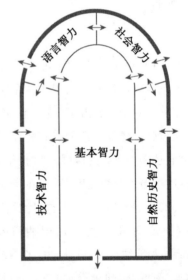

图6.4 耳室相互贯通的米森心智教堂

教堂的类比中,第三阶段出现了关键性的新发展,"耳室"的墙壁上出现了"门窗",这与从罗马传承而来的哥特式建筑具有相同的特点,"……能够在建筑内听到声音,看到光亮,出现了一种空间层面上一马平川的感觉"[8]。专门智力不再是半独立地发挥作用。与之相反,它具备了"跨知识系统映射"的可能性(图6.4)。这种

47

新的整合或"认知流动性"消除了不同行为领域的隔阂,形成了一种此前未知的协同效应。特别需要指出的是,这样一种类比模式会形成一种"类比的热情"。

具备了将思维从一个域传递到另一个域的能力就可以创造和使用符号。当工具制造和社会关系领域开始进行互动时就会出现像布隆伯斯洞窟中发现的项链一类的物件,物质对象被转化为具有社会意义的客体。米森发现了他称之为"人类革命"各方面"认知流动性"的新证据,其中从洞窟岩画到在拉尔泰出土的骨头上出现的数学符号都属于这类新证据。

米森的专著成书于1996年,他认为这种"革命性"转变发生的时间相对较晚,"介于距今3万到6万年前"[9],他还将现代人类的"反身意识"与尼安德特人的思维进行了明确区分。[10]2008年,布隆伯斯洞窟地区的考古发现导致上述较晚的时间推定不再具有可信性,直布罗陀格尔罕(Gorham)洞窟发掘成果显示,尼安德特人会使用黑色和红色的颜料以及雕刻抽象的设计图案[11],这揭示了一种更复杂的情况。所有这些与爪哇岛直立人雕刻的作品之间的相似性似乎表明,至少一部分人类物种具备了进行象征性表达所必需的能力及弗朗西斯科·德埃里克(Francesco d'Errico)所说的"多物种、多区域现象"[12]。

模块化和教堂模型的类比究竟在多大程度上有助于人们了解实际的认知架构仍然存在争议。有些研究人员专门对"一般智力"的概念进行了批判。是否真正存在"一般智力"或者像某些研究人士所说的那样"只存在专门智力,一般智力不过是一种幻想"。[13]对脑损伤个体和脑成像技术的研究都揭示了像语言或数学能力等功能具有惊人的专门化程度。此外,专门化功能可以移转,分布式功能(大脑的不同区域在"起作用")与专门化功能同等重要,无论这些模型的限制条件以及其运行机制如何,它们可以有助于说明新认知情况所产生的影响。

流动性和故障

即使是像米森所设想的相对简单的集合系统模型也面临着挑战,集合程度较低的系统,其脆弱性程度也较低。相比于集成程度低的系统,集合程度较高的系统在某一模块出现障碍(可能因故障或自相矛盾的信息输入而导致故障)时,整个系统面临失灵的可能性会更高。

如果因"认知流动性"的增加而导致出现了"此前未知的协同效应",那么"认识流动性"的下降则可能导致出现整体故障。要避免出现这种情况就需要制定全系统策略,并用这些术语对人类伦理行为的起源进行描述。在这些问题上,"人类革命"涉及"伊甸园时刻"的问题,其并不仅仅是指狭义上象征主义的起始点。如果这些说法都是准确的,从更宏大的意义来说,制造工具与使用颜料绘制象征意义明显的岩画过程中所出现的技术都属于"人类革命"的特有表征。

达尔文的燕子

《物种起源》成书十年之后,达尔文完成了《人类的由来》一书,书中有一章对他所说的"道德感"的起源问题进行了讨论。他在书中描绘了家燕(Swallow)和普通的燕科鸟类(martin)展示出的两种本能,有时候这两种本能是相互抵触的:一种是照看后代的本能,另外一种是迁徙的本能。

当两种本能出现抵触时,燕子往往会选择顺从迁徙的本能,燕子"丢下幼弱不能自存的小燕不管,让它们在巢里悲惨地死去"[14]。如果燕子的记忆长度更长一些且想象力更活跃的话,那么这些具有抵触性质的本能就可能会产生令它们痛苦

图6.5　一只年轻黑猩猩在帮助一只年老黑猩猩

的冲突。例如在迁徙过程中，雌鹿在看到自己孩子陷入麻烦的时候会踟蹰不前。达尔文认为，这种抵触以及类似的情况似乎是介于强劲有力但不经常的冲动（例如迁徙和恐慌）与他所描述的强劲程度较低但更持久的社会冲动（例如照顾后代）之间。

1975 年，荷兰灵长类动物学家弗朗西斯·德瓦尔（Francis de Waal）着手对世界上最大的黑猩猩圈养基地阿纳姆动物园（Arnhem Zoo）的黑猩猩进行研究，他的研 49 究揭示了社会冲动下黑猩猩的道德行为与人类的相似之处。根据德瓦尔和他的团队的观察，黑猩猩具有"道德情感"，包括感恩、同情、悲悯以及对不公平待遇的愤慨；同时也有"道德行为"，例如互相分享食物、解决冲突以及利他行为，例如帮助年老的黑猩猩和雌黑猩猩爬上树杈（图 6.5）。在德瓦尔开始研究的一年之前，冈贝保护区的研究人员已经观察到黑猩猩行为所表现出的阴暗一面。

四年战争

1974 年初，冈贝保护区内一个黑猩猩族群的首领被攻击性更强的对手杀死。随后，黑猩猩族群出现了分裂。16 只雄性黑猩猩撤出卡萨凯拉（Kasakela）地区并继续生活在位于该区域南部的卡哈马（Kahama）山谷地区。新首领被取代之后，它的继任者继续带领卡萨凯拉地区的黑猩猩与分裂出去的卡哈马地区的黑猩猩进行了

图 6.6　黑猩猩战争

50 长达四年的战争。在这场战争中,它们按照制定的一项策略逐一伏击了生活在卡哈马地区的黑猩猩,残忍地对它们发起了攻击,导致这些黑猩猩因伤势过重而死亡。与此同时,卡萨凯拉黑猩猩族群中的一只雌性黑猩猩出现了一种吃其他黑猩猩幼崽的反常行为。卡哈马黑猩猩族群中的最后一只黑猩猩被杀死之后,这场四年战争才宣告结束(图 6.6)。

　　黑猩猩具备同物种之间持续性战争的能力("四年战争"结束之后,在其他地区也多次发现类似的情况)提升了它们的行为与人类冲突伦理行为之间的相似性。德瓦尔团队并没有发现在黑猩猩群体中存在人类道德中某一要素的任何证据。这个要素就是亚当·斯密提出的"公正的旁观者",即在某一情势并未影响自身的前提下,对这种情况进行评估并作出判断的能力。虽然黑猩猩看到一只黑猩猩将另外一只黑猩猩摔倒在地时可能会有所反应,但是并不能表明其属于"不偏不倚的旁观者"或"具备希望生活在何种社会中的概念"。[15]

51 　　达尔文认为任何具备这些"显著的社会性本能"的动物都"极有可能"因"理智的能力发展不可避免地会取得一种道德感,也就是良心……人就是这样"。[16]这种"智力"需要抽象思维的能力以及将这种"社会性本能"和"道德感"进行整合的能力。正如米森所描述的那种"多元智力的无缝连接能力",这种能力能够形成"跨知识体系映射"。

　　来自加利福尼亚大学圣迭戈医学院的迪利普·杰斯特(Dilip Jeste)和托马斯·米克斯(Thomas Meeks)进行的最新研究提供了一些现实中的证据。人类在面临道德评判的困扰时,神经成像显示人类与有意识的抽象思维相关的前额叶皮质、与情绪相关的大脑边缘系统和扣带回皮质等区域都会产生活动(彩图 1)。[17]

　　对于这种神经系统整合的能力,英国哲学家玛丽·米奇利(Mary Midgley)提出了"整合运动"的概念,即"作为整体而不是单独的组成部分控制着个体的其他组成部分",她将其称为"人类自由的核心"。[18]

整合运动

　　米奇利认为,正是这种整合能力将智人推入了一个新的认知世界。她指出:"一旦你意识到你一直像迁徙的雨燕一样,以自己的方式破坏自己的计划,就会被
52 迫制定新的计划并努力一以贯之。"[19]对于能够回忆此前的经历并反思自身及他

人生活的生物来说，相互冲突的冲动不再以孤立的事件出现。一旦思考能力使我们意识到"动机冲突的事实，以及该冲突发生在渴求和谐一致的精神生活中"[20]那么就必须寻求通过一定的方式对这些冲突进行判断。米奇利得出的结论是，"为了做到这一点，它们需要在不同的目标中确定系统优先事项，这就意味着接受持久性的原则或规则"[21]。

米奇利指出："在我们自己或任何其他物种中一直存在动机的事实并不能使之自动具备权威性，或将其转变成道德规范。"[22]希望"公正的旁观者"的存在不是简单地被视为属于个人或群体的主观偏好。无论是从某个群体面临的不同境遇这一横向意义上说，还是从一个生命周期乃至不同代际的传承这一纵向意义上说，为了能够理解现实的本质，对某种特定规范的永恒追寻是十分必要的。为了提供一项统一的道德指南，需要找到可以作为这份指南的权威来源的东西。

这一点能否作为解释所谓人类社会的"终极追问"之意义的线索？儿童无尽的好奇心对于成年人的生活来说是昂贵的奢侈品。然而，考古学和人类学的相关证据表明，从史前社会到现代社会，人类的所有社会阶段几乎都是由追求形而上之事的故事和实践组成的。

同样的证据表明，这种"终极追问"反过来会塑造和激发人类社会探索周围物质世界的兴趣。基于这一原因，可将这种兴趣称为"次终极追问"。

【注释】

[1] Moynihan, M., *The New World Primates：Adaptive Radiation and the Evolution of Social Behavior, Languages, and Intelligence* (Princeton：Princeton University Press, 1976), 107.

[2] 莫尼汉的一个妹妹在申请牛津大学时，在做一般科目试卷的时候时间不够用，在作答试卷中"好奇心是否有范围"的题目时，她写的答案是"为什么问这个问题"，随后跳过这道题去做后面的题目。

[3] Mithen, S. J., *The Prehistory of the Mind：A Search for the Origins of Art, Religion and Science* (London：Thames & Hudson, 1996), 84.

[4][5] Mithen, S. J., *The Prehistory of the Mind：A Search for the Origins of Art, Religion and Science* (London：Thames & Hudson, 1996), 74.

[6] Mithen, S. J., *The Prehistory of the Mind：A Search for the Origins of Art, Religion and Science* (London：Thames & Hudson, 1996), 100.

[7] Mithen, S. J., *The Prehistory of the Mind：A Search for the Origins of Art, Religion and Science* (London：Thames & Hudson, 1996), 75.

[8] Mithen, S. J., *The Prehistory of the Mind：A Search for the Origins of Art, Religion and Science* (London：Thames & Hudson, 1996), 77.

［9］Mithen，S. J.，*The Prehistory of the Mind：A Search for the Origins of Art*，*Religion and Science* (London：Thames & Hudson，1996)，222.

［10］Mithen，S. J.，*The Prehistory of the Mind：A Search for the Origins of Art*，*Religion and Science* (London：Thames & Hudson，1996)，167.

［11］Rodríguez-Vidal，J.，et al.，"A Rock Engraving Made by Neanderthals in Gibraltar"，*Proceedings of the National Academy of Sciences of the United States of America III* 13(2014)，301—306.

［12］d'Errico，F.，" The Invisible Frontier. A Multiple Species Model for the Origin of Behavioral Modernity"，*Evolutionary Anthropology* 12(2003)，188—202.

［13］Walter，A.，*Evolutionary Psychology and the Propositional Attitudes* (Dordrecht：Springer，2012)，60.

［14］Darwin，C. R.，*The Descent of Man，and Selection in Relation to Sex* (London：John Murray，1871)，84.

［15］Sommers，T.，"Interview with Frans de Waal"，http：//www.believermag.com/issues/200709/?read＝Interview_dewaal，Accessed 7 August 2015.

［16］Darwin，C. R.，*The Descent of Man，and Selection in Relation to Sex* (London：John Murray，1871)，72.

［17］Meeks，T. W. and Jeste，D. V.，"Neurobiology of Wisdom：A Literature Overview"，*Archives of General Psychiatry* 66(2009)，355—365.

［18］Midgley，M.，*The Ethical Primate：Humans，Freedom，and Morality* (London：Routledge，1994)，168.

［19］Midgley，M.，*The Ethical Primate：Humans，Freedom，and Morality* (London：Routledge，1994)，178.

［20］［22］Midgley，M.，*The Ethical Primate：Humans，Freedom，and Morality* (London：Routledge，1994)，138.

［21］Midgley，M.，*The Ethical Primate：Humans，Freedom，and Morality* (London：Routledge，1994)，139.

第七章　终极追问

在距离撰写本书第一章的地方 200 码左右、靠近小河边的地方,大多数情况下,一群大雁会在夏日太阳刚下山的时候飞向天空。它们会排列成"V"字形,绕着查韦尔河(Cherwell)盘旋飞行。偶尔也会有另一群大雁从查韦尔河下游飞向天空,尽管这群大雁表演的效果稍差,但仍然会排列成"V"字形。大雁排列成"V"字形队列飞行并不是偶然的。在这个阵形中,每一只大雁都能从在它前方飞行的大雁所形成的气流滑流中找到一个位置,从而实现升力的最大化。

我们每周的早餐讨论会继续进行,我们开始发现这种鸟类利用气流飞行的现象,可能会为我们一直尝试去理解的特殊关系,即现实世界与形而上世界之间的关系,提供一种思路。尤其是它为理解我们一直在寻找的"终极追问"和"次终极追问"之间的关系提供了一种思路,同时为思考部分源自之前所发现的史前艺术宗教化的发展提供了一种新路径。

宗教人

2000 年,"宗教认知科学"(Cognitive Science of Religion,CSR)首次有了自己的称谓(目前学者已对该领域展开了研究,早在十多年前,他们就一直希望对其进行明确定义)。宗教认知科学涉及多个学科领域,其中包含人类学、认知科学和进化心理学领域的知识,其目的是研究宗教思想和行为的本质。该学科的基本出发点是宗教(基于宗教的目的,将宗教定义为与超自然化身相关的存在)是否像语言、交谈或与人类发明车轮一样属于一种基本的思维能力。

语言和交谈无处不在，但像车轮这样的发明则不然。一些文化中会出现某些发明，但在其他文化中则未必。虽然我们可能会记得我们是如何学习骑自行车或使用其他发明的，但是人在年龄很小时即已经学会语言，人们记不住是如何学会这一技能的。

从这些方面来看，与技术相比，宗教更像是一门语言。尽管在 19 世纪探险家们看来宗教似乎是无处不在的。[1] 幼儿实验表明，人类早期即已自发形成了宗教思想。[2] 这些发现提出了一个更进一步的问题："宗教是否为适应演化直接提供了某种适应性的优势（这意味着可能已经演化出现了"宗教基因"）?"或者宗教是不是其他某种能够提供适应性优势的事物的产物?

尽管有一些证据表明宗教信仰可能具有遗传的倾向，但即便"上帝基因"的假设也承认迄今为止并没有确定存在的决定人类宗教的特定基因。[3] 这一事实有点像有些人善于烹饪或制衣，但这并不能表明他们是进化选择的结果。如果能够找到与制衣直接相关联的基因编码，那将会让人大吃一惊。如果从某种意义上将宗教称为演化优势的"副产品"，那它的特质又是什么呢? 这就是宗教认知科学需要回答的核心问题。

在尝试回答这个问题的时候，宗教认知科学研究人员往往会关注所谓的"心理工具"，有时候他们会将思维类比为包含各种小工具的瑞士军刀，基于某一用途制作的工具可以被用作其他用途（例如用于清理马蹄中石头的工具可以更好地清理指甲）。在其中，主体是所谓的"心智理论"（参见第五章中的相关论述），这种理论是通过互惠的社会合作演变而来的。

如果思维具备识别其他思维对象的系统和识别其他无生命对象的系统，那么遗体和骨骼就可能会导致两种系统陷入冲突之中，出现一种"不适"。因此，就出现了人们所讨论的史前遗址中所表现出的对于某些动物物种（如大象）体型和骨骼的执念，就出现了步日耶神父所描述的"头骨崇拜"，就出现了人类学家所研究的"祖先崇拜"。

此外，这表明思维已经形成了一种探测周围世界其他思维的"传感器"，这就可以解释我们会将无法辨别物理特征的听觉或视觉反应归因于无形的客体（精神、灵魂等诸如此类）。这还可以解释一种实验发现，即为什么在所有不同文化环境中长大的孩子都会存在这样一种偏见，即认为他们周围世界中的每一个方面都是被设计出来。[4]

　　然而,在这一领域研究者看来,似乎任何上述"心理工具"都不足以解释宗教作为一种社会现象而存在的原因。正因为如此,需要具备进一步的能力,这种能力的性质与神学家所谓的"自我超越"具有一定的关联性。[5]在科学术语中,它被描述为"监控系统"[6]、"意识分岔"[7]以及"高端元表征心理理论"[8]。所有这些术语都指向思考能力。最后一个术语是宗教认知科学的领军人物之一贾斯廷·巴雷特(Justin Barrett)提出的,这个术语的指向更为具体。

　　如果我脑海中有一把长矛的影像,这就是一种表征。如果我想象我正挥舞长矛并思考如何让它变得更锋利,那这就是一种"元表征"。如果我刻意去思考我本身或他人的思维内容,用巴雷特的话来说,这就是"高端元表征思维理论"的内容。这种能够将思想视为一种客体的能力导致了巴雷特所谓的"联合注意能力"的出现。这种能力是指两个人能够具备相同的思想:"注视"一种他们谁都无法看到的某种客观事物。这种能力是所有宗教的共同先决条件。这似乎也是创设和理解象征主义的先决条件。

符号人

　　鸟鸣、狗吠、狮吼,不同种属生物的声音、气味、姿势和舞蹈形式可以传递某种信息并会引发行为反应。特意表达出来的符号包含着超出这一符号之外的信息。 56
巴雷特认为,从其意义上来讲,"元表征"包含了通过表征某种思想的物理形态,或阅读及解释所表达的内容来控制这种思想的能力。从其意义上来讲,它们包含"高端思维理论",能够触发"心理状态"(思想、观念、情感状态等),而不仅仅是触发"惯性行为"。为了理解一个符号的含义,"我需要能够知晓'它的指向含义是什么'"。可能这种能力"将符号转变成语言交流,象征主义变得更具一般性"。

　　在宗教背景下,所谓的预兆和征兆也属于同样的问题。因此,巴雷特得出的结论就是"这种情况下,可能是我们祖先制造的工具被赋予了元表征含义",他们突然之间就掌握了宗教解释、语言和象征意义的能力,"所有这一切都发生在同一时间,都是由渐进的变革而引发。如果是这样的情形,则宗教人就成为符号人,其行为举止也就与现代人无异。三者之间是同时产生并且同时演化出现的"[9]。

　　不管这是否与事实相吻合,很明显,由"元表征"和"联合注意力"共同形成文化的累积,这是现代人类所特有的特征。

其他物种也有文化传统，其中还可能涉及类似象征性的事物(尽管在时间和空间层面上似乎存在较多的限制条件)。例如，1991 年，博思切在其报告中指出，黑猩猩敲击树根的方式似乎是在告知其他黑猩猩它们所处的位置和行进的方向。[10]但是，当这只负责敲击树根的猩猩死后，这种行为也会销声匿迹。

与之不同的是，苏拉威西岛上的手模和图案似乎表明这种文化传承延续了数千年的时间并且传播范围达数千英里。可以很容易发现激发狩猎、烹饪和服装制作技能传承背后的推动因素。那么是什么推动了这种文化活动的传承呢？

宏观思考

宗教认知科学领域的另一位主要研究学者帕斯卡·波义耳(Pascal Boyer)指57 出，不能将神灵视为道德思维的特异存在，这样可能会导致将神灵置于人类社群的核心位置。不管它们可能具有的任何其他属性，即便是在他人看不见的情况下，肉眼不可见的存在仍可以分辨我们正在做的事情的善恶曲直，它们甚至可以看到我们隐秘的思想和秘密的动机，它们能够知晓事情的前因后果。人类根本无法做到，这种肉眼不可见的存在是真正的"公正旁观者"。

实际上，它们并不仅仅是旁观者。它们是道德活动的"最终守门人"，在世俗社会未能够惩恶扬善的时候，它们会代而行之。此外，它们还掌握着左右运气好坏的神秘力量，可以把我们的行为和生命中的际遇联系在一起。但是，总体上来说，并不是所有的神灵都具备这样的特征[例如巴布亚新几内亚东新不列颠省的拜宁人(Baining)尊崇两类神灵，祖先的神灵可以晓知人们的想法，而 sega 即森林之神则没有这样的能量，但是墨西哥南部尤卡坦地区玛雅人(Yucatek Maya)尊崇的神灵中包括了一种名为 Chiichi 的怪物，它"并没有多少神通广大"]，正如巴雷特所说，"神灵越是神通广大，它对宗教体系才越具有重要的意义"[11]（上述两个例证即属于此种情形）。

在诸多个人和群体实施"一体化"行动(act as a whole)的情况下，无形的神灵可以有助于解释为什么人类社会（显然是从最早时期就已经开始）会对现实世界之外的事物产生一种不断膨胀的好奇心的持续性需求。换句话说，"整合运动"作为"一体化"进程，需要更大范围内的认知努力。这时好奇心会促使所有的感觉和能力去创造一幅"整体画面"，即一个真实的整体形象。

黑猩猩在跳"雨舞"和"瀑布舞"时使用的木棒已经显示了(动物)如何将工具用

于其他目的（类似于表达惊奇和敬畏）。然而，智人的这种协同作用则产生了更为深远的影响。阿尔代什洞窟的证据表明，在尝试了解作为存在整体意义的现实世界的方方面面的过程中，早期人类发现了感知和描述世界的不同方式。

创作和匹配

58

阿尔代什洞窟最深的石室内有两片延伸的创作区域，长约 30 英尺，上面展示了绘画者的初步设想，其目的是创作更为宏大的现实场景（彩图 3）。画作背后的确切动机仍是个谜，但是在三兄弟洞窟中，最底端石室的岩石上画着的那幅牛头人身像（如岩画中的所画），便是体现某种宗教目的的有力证据（图 7.1）。但是，为了达到这一目的所使用的技术估计与 1 万年之后旧石器时代艺术家使用的展示技术是相同的。

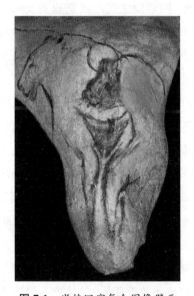 

图 7.1 肖维洞窟复合图像壁画　　**图 7.2** 肖维洞窟岩画——马（细部）

倒数第二个石室内有一处岩画，画上是四匹马的头部，这幅岩画以马头为对角轴，一匹马的头部紧挨着另一匹马的头部。第一匹马的头部位于对角轴线的最顶端，最后一匹马的头部则位于最底端。这幅岩画的创作者将石壁上的泥土刮掉形成白色的背景，然后在上面进行绘制，先用炭棒勾勒出马头，然后用擦笔画法描绘出层次感（将木炭和白色石灰石混合调成的中间色，对马头进行塑形），最后使用雕 59

刻工具进行雕刻,突出显示马的鼻孔、嘴巴等部位的轮廓和突出特征(图7.2)。

四个马头绘制的准确程度明显呈逐渐提高的趋势。第一个马头有一些歪斜和粗糙。这匹马的眼睛似乎浮动在眼窝之上,肌肉部分也只是泛泛描绘而已,仅用一笔带过。第二匹马的眼睛与头部的结构仍然有些貌合神离,但是(在绘制的时候)更突出了下巴处的肌肉。第三匹马的眼睛则被更清晰地固定在颅骨处,画面上也显示出颈部强壮的胸锁乳突肌,创作这幅岩画的作者利用雕刻工具勾勒出马的鼻孔和嘴唇。作画者下了更多的工夫描绘第四个马头,他利用上面这种绘画技术勾勒出这匹马张大的鼻孔和嘴巴,并且可以明显区分出负责咬合的肌肉部位。同时,眼睛牢牢地嵌入马头,这展示了绘画人掌握了画面底层结构的绘画笔法,其解剖学的精确性方面能够与18、19世纪专攻画马的伟大画家相媲美(彩图2)。

尽管看起来洞窟中有一些岩画是经过思考后进行的创作(先将动物的轮廓勾勒出来,而后又擦拭掉),这种将大量的图案汇集在一处的方式表明前三匹马并不是为绘制第四匹马而绘制的草图。尽管如此,四幅图之间的区别确实展示了蕴含在其中的一种绘画节奏,正如艺术历史学家E.H.贡布里希所指出的那样,这展示了60 一种"绘制和匹配"或者说"图示和修正"的节奏,艺术家所设定的这种实验过程就像是绘图的取景或"打稿",然后进行逐步修正和修改,使之更贴近现实。[12]

在不断进行这种实验的过程中,有时会形成新的表现手法。在最底端的石室内,在绘有狮群和野牛群岩画的中间位置,有一头野牛转身向画面外张望,作者按照透视画法将它的身体缩短,看起来就像是从石墙上凸出来的一样。在墙面的另一边,"一头野牛的头部完全呈现在一个平面上,可以看到野牛的整个头部,它的身体则被置于与其呈90度角的另一平面"。根据那些有幸能够进入洞窟观赏岩画的人来说,"这种透视画法产生的效果真是令人大吃一惊"。[13]

图7.3 肖维洞窟底端石室岩画中以斜前方视角绘制的野牛

用岩画进行叙事的兴趣改变了艺术的宗教功能,贡布里希认为"透视法和模式化的视觉表现技法"就是他所说的"希腊革命"核心所在。从公元前6世纪到公元前5世纪的这段时间内,这种方式和动机的组合引发了"连锁反应,……这也是人类历史中的独特之处"[14],开启了通往

"人类经验的新大陆"[15]历程。

从某种意义上来说,阿尔代什洞窟内的众多岩画,甚至包括洞窟底端的岩画,似乎都已经在约3万年前就加入了这场革命,后者采用叙事的方式,描绘了"一群狮子正在猎杀一头野牛,狮子就像是(从石壁上)冲出来一样"[16](图7.4)。然而,正如贡布里希所指出的那样,在"希腊革命"之前零星出现的暗影或短缩绘画技法,"它们没有产生任何影响。它们并没有成为在希腊革命中对传统(技法)进行改进和扩展的组成部分"[17]。我们关于旧石器时代艺术的知识过于碎片化(例如阿尔代什洞窟遗迹这样的奇迹发现),难以保证确切了解其发展进程,但是没有证据表明肖维洞窟岩画中绘制的第四个马头开启了一种新的绘画方式。

图7.4　肖维洞窟底端石室中描绘狮群狩猎野牛的岩画

"终极追问"是对现实之外的世界进行探索的尝试,也推动了洞窟艺术的发展,但是其本身并未形成"希腊革命"中所出现的"连锁反应"。如果"终极追问"是出现"连锁反应"的必要条件,但它并不是一个充分条件。数万年之后,尽管从事狩猎采集活动的小规模族群已遍及世界各地并且它们明显具备了使用新的符号沟通和技术创新能力,但是相应的证据同样少之又少。反而似乎在一段漫长的时期内,根深蒂固的传统代代相传,极少遭到挑战或发生变更。

"希腊革命"爆发之后,具象绘画产生了"连锁反应",随之而来的是整个思维世界的革命。这是激进的宗教思想转换和看待自然世界的新方式之间深层次纠葛的核心所在。这种情况并不是最后一次发生。

一系列思维革命最终催生了我们现在所说的"科学"的诞生，每一次思维革命似乎都伴随着某种宗教范式的转变。但是这些宗教方面的发展并不是伴随其爆发的革命的首要原因（尽管它们有时是一种促成因素），并且革命也不是宗教发展的附属品。相反，它们是被一种与现实世界中的滑流相似的东西连接在一起的。

滑流中前进

62 　　"滑流"这一术语可以指代各种不同的现象。最为基础的含义就是当一个物体跟在另一物体后面移动时，如儿童在大风中跟随自己的父母前行一般，受到的空气阻力会减小。在环法自行车赛中，与领头的破风车手非常接近的冲刺车手可以用较少的能量消耗保持同样的速度（随着距离拉大，这种效果会急剧减弱）。这是因为高速前进的领头自行车会形成一个跟随其向前移动的气窝将后面的自行车手包裹住，从而降低他们的阻力。

与之类似，鱼群在游弋过程中也会因鱼群前部的鱼所形成的滑流而在水中形成明显的动力优势。根据在鱼群中的位置不同，尾随鱼很可能也会从头鱼那里获得滑流动力，从而使尾随的鱼只要以较慢的尾鳍摆动速率就可以保持相同的前进速度，从而减少能量消耗。[18]更准确地说，这些明显的效果更取决于对流体动力和所处位置的把握。查韦尔河河畔的大雁飞行时保持"V"字形队列也是同样的道理。[19]

这种现象会给我们提供一种怎样思考人类好奇心的方式？

如果拉斯科或肖维洞窟内绘制的岩画展示了史前社会中仪式功能的紧迫性和重要性，那么它们也展示了那些不怎么重要的旨趣——如对动物解剖结构的细致观察与表现——是如何被那些宏伟目标的滑流裹挟前行的。然而这种滑流似乎在漫长的时间内一直保持稳定的水平，当人类社会所处的物理、地理和社会条件突然发生急剧变化时，动力的强度就会明显增加。

人类文化的首次重大发展源于人类大迁徙。当人类群体中的一小部分人离开非洲后，不同大洲物理环境的各不相同，导致不同社会的文化建构沿着截然不同的轨迹向前发展。

农耕地区的发源地有一些易于栽培的野生植物和相对易于驯养和繁殖的动物

物种,这些很容易地引发了令人瞩目的文化新发展。[20]农业的发展可以维持大量　63
定居人口的生计,允许部分劳动力从事其他的工作,如形成了刚开始只是用来记录
商业交易的书写系统。

正如岩画中所展示的那样,书写系统出现后很快被用作记录人类所从事的更
广泛的事务。故事创作和其他神灵故事文本开始出现(例如中国的甲骨文,又如美
索不达米亚平原文明祭祀时在动物肝脏上所做的明显标记),它们共同被用来解释
现实世界的方方面面,而这现实世界也是整体意义的组成部分。

无论定居文明是首先源于中国、印度、南美还是中东地区,都有证据表明为了
解释世界整体意义的这些尝试所形成的滑流,裹携着对特定物理现象的探索欲。

大英博物馆收藏了 70 块楔形文字泥板,即《恩努马—安努—恩利尔》(Enuma
Anu Enlil)楔形文字泥板。耶稣会教士约翰·斯特拉斯麦尔(Johann Strassmaier)
率先破译了这些文字,泥板上记录了天文现象,例如行星的外观;同时还记录了大
地上的现象,如瘟疫和洪水。这些记录可能是科学写作的雏形。

这类滑流效应即便不能说微不足道,但仍然被认为相对较弱。终极追问的某
些组成部分被认为已形成了更为强大的滑流(类似于大雁、鱼群以及环法自行车赛
的赛车手),从而导致关于物理世界的次终极追问得到了更快的发展。

我们在早餐时间的讨论依然继续,对我们来说,若要回答剑桥大学和牛津大学
建筑物大门铭文所提出的问题,我们似乎需要关注这些强大的滑流效应。沿着这
一思路,我们有望不仅能够知晓滑流效应如此强劲的原因,而且能够了解与之相伴
而出现的一些特定障碍。

正如我们所提到的那样,这种滑流的力量会随着速度的提高而增强。在环法
自行车赛中,要想尽可能利用前方车手形成的滑流,就必须尽可能靠近前方的车
手,与其仅保持数厘米的距离。在这样的速度下,车轮一旦碰撞就会引发灾难,因
此混乱的现象便时有发生。

"终极追问"的特定结构似乎已经形成了强大的激励性滑流,"次终极追问"所
带来的影响已经越来越蔚为壮观。寻求弥合二者之间差距的尝试——用宗教知识　64
来回应科学问题,或者用科学知识来回应宗教问题,以及由此带来的混乱是我们需
要关注的问题。

在喝咖啡的时候,我们提醒自己,我们的目标并不是要解释科学发展的过程,
或去确定在这一过程中宗教的重要作用或者其他的情况。"科学"和"宗教"能否通
过某种方式实现二者的相容,对这个关键问题的回答依然少之又少。我们并不好

高骛远，我们尝试去回答的是为什么会出现历时如此长久并且剪不断、理还乱的纠葛。

这一强大的滑流效应首先引起我们兴趣的是，文字书写何时从掌管记录《恩努马—安努—恩利尔》的祭祀人员或书记官那里转变成为社会大众掌握的一项技能。只有在这个时刻才会出现对宗教思想的新反思。这种现象背后的滑流催生了一种对研究物理世界的新兴趣。

这种思维地震的"震源中心"就是分散在爱琴海周围城邦中的少数几个人，就是那些在恰当的时间点来到这个世界上，并且自称为"爱智慧者"的古希腊哲学家。

【注释】

[1] Atran, S., *In Gods We Trust：The Evolutionary Landscape of Religion*(New York：Oxford University Press, 2002).

[2] Kelemen, D., "Are Children 'Intuitive Theists'? Reasoning about Purpose and Design in Nature", *Psychological Science* 15(2004), 295—301.

[3] Hamer, D.H., *The God Gene：How Faith Is Hardwired into Our Genes* (New York：Doubleday, 2004).

[4] Kelemen, D., "Are Children 'Intuitive Theists'? Reasoning about Purpose and Design in Nature", *Psychological Science* 15(2004).

[5] Niebuhr, R., *The Nature and Destiny of Man：A Christian Interpretation*(New York：Scribner, 1964).

[6] Mackay, D.M., *Behind the Eye*(Oxford：Basil Blackwell, 1991).

[7] Savage-Rumbaugh, E.S. and Fields, W.M., "The Evolution and the Rise of Human Language：Carry the Baby", in Henshilwood, C.S. and d'Errico, F. (eds.), *Homo Symbolicus：The Dawn of Language, Imagination and Spirituality*(Amsterdam：John Benjamins, 2011), 13—48.

[8] Barrett, J.L., "Metarepresentation, Homo religiosus, and Homo symbolicus", in Henshilwood, C. S. and d'Errico, F. (eds.), *Homo Symbolicus：The Dawn of Language, Imagination and Spirituality*(Amsterdam：John Benjamins, 2011), 205—224.

[9] Barrett, J.L., "Metarepresentation, Homo religiosus, and Homo symbolicus", in Henshilwood, C. S. and d'Errico, F. (eds.), *Homo Symbolicus：The Dawn of Language, Imagination and Spirituality*(Amsterdam：John Benjamins, 2011), 220.

[10] Boesch, C., "Symbolic Communication in Wild Chimpanzees?" *Human Evolution* 6(1991), 81—89.

[11] Barrett, J.L., *Why Would Anyone Believe in God*? (Oxford：Altamira Press, 2004), 49.

[12] Gombrich, E.H., *Art and Illusion：A Study in the Psychology of Pictorial Representation*(London：Phaidon, 1977), 24, 99.

[13] Clottes, J., *Return to Chauvet Cave：Excavating the Birthplace of Art：The First Full Report* (London：Thames & Hudson, 2003), 140.

[14] Gombrich, E.H., *Art and Illusion：A Study in the Psychology of Pictorial Representation*(London：Phaidon, 1977), 120—121.

[15] Gombrich, E.H., *Art and Illusion: A Study in the Psychology of Pictorial Representation* (London: Phaidon, 1977), 115.

[16] Clottes, J., *Return to Chauvet Cave: Excavating the Birthplace of Art: The First Full Report* (London: Thames & Hudson, 2003), 137.

[17] Gombrich, E.H., *Art and Illusion: A Study in the Psychology of Pictorial Representation* (London: Phaidon, 1977), 123.

[18] Killen, S.S., Marras, S., Mckenzie, D.J. and Steffensen, J.F., "Aerobic Capacity Influences the Spatial Position of Individuals within Fish schools", *Proceedings of the Royal Society B: Biological Sciences* 279(2012), 357—364.

[19] Portugal, S.J., Hubel, T.Y., Fritz, J., Heese, S., Trobe, D., Hailes, S., Wilson, A.M., Usherwood, J.R., and Voelkl, B., "Upwash Exploitation and Downwash Avoidance by Flap Phasing in Ibis Formation flight", *Nature* 505(2014), 399—402.

[20] Diamond, J.M., *Guns, Germs and Steel: A Short History of Everybody for the Last 13 000 Years* (London: Vintage, 1998).

第二编　神驱动的科学

第八章　米利都的石狮

公元前 423 年春季的一天，14 000 人（根据柏拉图的记载，"孩子、男人、女人、奴隶和自由人同时涌入"[1]）涌进了位于雅典卫城山下宏伟的狄奥尼修斯剧院，观看年轻剧作家阿里斯托芬（Aristophanes）新创作的一部喜剧。这部剧［剧名为《云》(The Clouds)］是当年该城邦为庆祝酒神节而上演的三部喜剧之一，在当年的节目评选中位列第三，即最后一名。可能是缺乏创新的缘故，这部剧不算成功。剧中有一些传统的粗俗笑料，但它被称为"第一部以思想为主题的喜剧"，当时恰逢希腊革命爆发，这部剧成为这场波澜壮阔革命的注脚。

第一幕是向观众介绍斯瑞西阿德斯（"Twister"，意为辗转反侧的人），他是一个农民，妻子来自上层社会，他的儿子斐狄庇得斯（Pheidippides）热衷于战车比赛，这很快导致了斯瑞西阿德斯破产。讨债的人追上家门来，威胁要把他告上法庭。斯瑞西阿德斯敦促他的儿子到隔壁的"思想所"（phrontisterion）去学习。思想所里的人都自称是"哲学家"，所以斯瑞西阿德斯认为他们会教会自己的儿子诡辩术，帮他打赢官司和逃避债务。斐狄庇得斯拒绝去学习，所以斯瑞西阿德斯只得自己去。

第二幕是向观众介绍思想所内部的情况。一位哲学家正在向农民斯瑞西阿德斯描述他同事做的一些奇怪的试验：测量跳蚤跳跃的距离、研究月球的运行轨道以及利用几何知识绘制世界地图。苏格拉底是这个团体的领军人物，他环视四周，然后目光停留在一个吊筐上，他一直坐在这个吊筐中研究太阳。他告诉斯瑞西阿德斯："在我们这里，天神不是通用的钱币。"[2]这些哲学家们崇拜"云神"，他们宣称："宙斯已死，云神才是新国王。"[3]

这个农民头脑太不灵光，根本学不会如何诡辩和颠倒黑白，斐狄庇得斯最终同意跟随哲学家学习。这导致了毁灭性的后果。没多久,斐狄庇得斯痛打了他的父亲一顿,并且说他的行为是正当的,他的论据就是法律的禁止性规定不过是人定的习俗。在这幕剧的最后一个场景中,雅典的观众们看到这位被激怒的农民手持锄头和火把,点燃了哲学家们居住的房屋屋顶,烧毁了他们的"思想所",为神灵们复仇。

24年之后,在距离狄奥尼修斯剧院几百码的地方,70岁的苏格拉底站在审判台前接受审判,他被指控犯有"不信城邦神""另树新神"和"败坏城邦中的青年"的罪行。[4]根据柏拉图的记载,苏格拉底在辩护中提到了阿里斯托芬喜剧中自己提出的这些观点。这不是唯一一部嘲弄他的戏剧。阿梅普西亚创作的《科诺斯》在酒神节比赛中夺得了第二名,这部戏看起来似乎描写的是苏格拉底的老师。《云》则是将别人的思想扣在苏格拉底头上,(尽管他没有明说)剧中都是从其他城市传播到雅典城的思想。黑白颠倒的诡辩技巧源自西西里岛和阿比得拉(Abdera)的演说家。《云》这部剧的名字就是源自科学和宗教的思想,这些思想从米利都所属希腊语殖民地爱奥尼亚越过爱琴海传播到希腊。

三条线索

米利都位于雅典以东500英里,今属土耳其,尘封已久的米利都废墟几乎没有任何明显的痕迹展示缘何在此处萌发了如此重要的思想革命。这里曾是一个繁忙的港口,现在已经缩回至海岸线之内数英里。一对大理石雕刻而成的石狮曾经守卫着港口的入口,现在它们看起来就像是田地里面的两团白棉花(图8.1)。俯瞰淤塞的港湾,在保留下来的为数不多的建筑物中,有一处是建于公元2世纪的古希腊议事厅(Bouleuterion)的台阶,台阶后面是一座建于公元4世纪的宏伟剧场。剧场内有些座位上刻着铭文"犹太人和敬畏上帝之人的座位"、"技艺高超的金匠的座位",这都是这座城市一度有着丰富文化生活的痕迹。这些遗址废墟提供了为什么这种全新的探索欲从此处诞生的线索,尽管这些线索看起来似乎是无足轻重的。

铭文线索源自他们书写的文字。公元前1400年左右,希腊迈锡尼文明发明了音节文字——线形文字B,似乎只有宫廷官员才使用这种文字(可能是因为掌握这种文字非常困难)。当写有线性文字B的文字泥板最终全部被破译出来后(结果令人非常失望),人们发现上面记载的只是关于绵羊、羊毛和亚麻的账目记录。

69

图 8.1　米利都港石狮之一

图 8.2　公元前 740 年的带铭文的酒壶

　　首次发现的刻有希腊文字的文物是一个葡萄酒酒壶（年代约为公元前 740 年）和酒杯。酒壶上刻着"此酒壶为舞姿最妖娆舞者的奖品"（图 8.2），杯子上刻着"我是涅斯托耳（Nestor）的那个好喝的杯子，用我来喝水的人，将会受到头戴美丽花冠的阿佛洛狄忒（Aphrodite）的引诱"。文物上面类似的铭文证明出现了一种新的文字。新字母出现之后，希腊文字的使用范围不再局限于政府官员，普通家庭也开始使用文字，大众也可以通过文字的形式记录自己的思想并与朋友进行交流。

　　议事厅和剧场的石阶对于其各自的建筑物来说具有同等重要的意义（图 8.3）。

图 8.3　米利都议事厅遗址

这些建筑都是举行集会和公开辩论的场所,它们反映了公元前6世纪希腊城邦的社会和政治生活。在不同的社会和经济压力的推动下,这些小城邦普通公民的权力已经开始挑战和改变君主和贵族政体。一系列新的宪制安排如雨后春笋般涌现出来。公元前508年,雅典完成了从专制到寡头再到完全成熟的民主城邦的过渡。不同城邦的公民不仅或多或少地参与了政府管理,他们还就何种宪制安排是最优的选择进行辩论。这种辩论才是最重要的。

在历史学家希罗多德看来,米利都没有建立宪制政体,它始终是暴君统治下的政体。但是,正如希腊科学史学家杰弗里·劳埃德(Geoffrey Lloyd)所指出的那样,"这并没有阻止,甚至在促进政治机构和政治意识的发展方面有所建树"[5]。关于基本原则的争论可以从政治领域转向宗教领域。劳埃德认为:"公元前6世纪和前5世纪新出现的一种批判精神可以看作当代世界自由辩论和讨论政治事务在希腊世界的映像和分支。"

最终,米利都的狮子港(以及这座城市的其他三个港口)发展成为一个财富中心(自由思考也被视为与财富伴随而生的)以及与其他文明的联络地,其本身也必然会激发好奇心(图8.4)。作为商品交易中心和著名的羊毛服装出口地,米利都建立了90个殖民地(考古学家迄今已经发现了其中的45个殖民地),其中包括位于埃及瑙克拉提斯(Naucratis)的商业结算中心。米利都位于新文化和公共辩论兴起的希腊世界东侧以及具有天文学、几何和数学传统的古波斯和古巴比伦文明的西侧,成为二者之间天然的沟通桥梁。

图 8.4 米利都港的石狮子

公元前 547 年或前 546 年左右,米利都的一位公民撰写了一部包含上述所有三大要素的著作(一位古代历史学家将作者称为"我们希腊人中以自然世界为题撰写著作的第一人")。阿那克西曼德(Anaximandros)撰写的这本著作只保存下来寥寥数行,但是熟悉这本书的人都清楚,这是希腊第一部包含散文的著作;这本书中对其他人首先提出的观点既有发展也有扬弃,并且作者(他是目前已知绘制世界地图的第一人)还了解希腊语世界之外的世界。所有上述因素成就了这本书所提出的革命性理念。这种理念认为,新的宗教思想和对自然世界的新兴趣具有两面性。

爱奥尼亚哲学家

根据对希腊宗教经典的研究,瓦尔特·伯克特(Walter Burkert)指出,希腊历史走到这个节点之前(对于世界历史来说也可能同样适用),"在公开场合谈论神灵基本上是诗人的特权"[6]。早期的散文倾向于关注更多的世俗事务,例如商业交易、法律以及其他实际生活中的沟通,并要求"据实记录"[7]。而被荷马和赫西俄德采用口传和隐喻的诗歌的体裁所叙述的故事,其中的矛盾却没有任何人觉得需要解决并达到绝对的一致。新知识出现之后,当人们第一次尝试要采用"写实散文"的手法来描述神灵故事的时候,一系列新问题开始浮出水面。

最根本的问题是关于起源的问题。一切究竟从何而来? 永恒的神灵被认为是不朽的,宙斯是"众神和人类的父亲",这种描述暗示他是万物之始祖。在关于俄耳普斯(Orphic)的诗歌中,有一行诗写道"宙斯是开始,宙斯是中间,一切皆由他来造"。在多多那(Dodona)的阳光照耀下,女祭司齐唱"宙斯过去、现在、将来都是万物之主"。[8]另一方面,公元前 7 世纪,诗人赫西俄德的诗歌《神谱》(Theogony)描述了宙斯的家谱。其中描写了他如何废黜了自己的父亲克罗诺斯。克罗诺斯阉割了自己的父亲乌拉诺斯(意为"天之神"),娶了自己的母亲盖亚(意为"大地女神")。盖亚则是生于混沌之中。

阿那克西曼德的散文对这些故事进行了大幅简化,删掉了那些看起来蕴含诗意的全部内容。对他来说,所有事物源自唯一的"本源"(arche),这一源头或原则是"没有源起且永恒不灭的"。哲学家亚里士多德收藏了一本阿那克西曼德撰写的著作,他认为这种本源"包含一切事物并指引所有一切事物",阿那克西曼德将其称为

"阿派郎"（apeiron，意为"无限定"），并认为"这就是神"（theion）。[9]

出现在散文中的这一新的"神性"概念，似乎是经过争论后才形成的。古代历史学家一致认为，第一位通过这种方式思考的人是米利都的泰勒斯（Thales），他是阿那克西曼德的朋友兼老师。他没有出版任何专著，基本上说，泰勒斯提出的唯一观点就是"万物充斥着神灵"。根据亚里士多德的观点，泰勒斯（可能是根据荷马关于"海洋之神"是"众神之父"的说法）一直坚持"水乃万物之源"的观点。[10]阿那克西曼德认同存在单一神性原则，但是似乎他对自己老师关于神性存在于一切可见的事物之中的观点有些不屑，所以他提出了自己更为抽象的"无限性"（the boundless）观点，这一观点至今看来依然非常抽象。

在米利都和其他附近城市中，这种争论一直在持续。因此，与阿那克西曼德同时代但年龄小一些的阿那克西美尼（Anaxamines）认为，神性本源实际上是"空气"（这可能是基于生命和呼吸之间的联系而得出的结论）。在附近的萨摩斯岛，毕达哥拉斯（Pythagoras）和他的追随者则认为"万物起源于数"。[11]沿着海岸往北，以弗所（Ephesus）的赫拉克利特注意到了之前学者的观点（但他有一些不以为然），他认为所谓的"神圣的逻各斯"，它可以"命令万物，引导万物"[12]，它更准确的描述是"永恒的活火"[13]。

新的论辩文化与新文字的结合使这场辩论持续了漫长的时间。引发这场辩论的似乎是对不同宗教和信仰进行比较的可能性。

根据古代历史学家的观点，泰勒斯、阿那克西曼德和毕达哥拉斯都曾在埃及学习，而毕达哥拉斯往往被认为受到波斯琐罗亚斯德教（Persian Zoroastrian）思想的影响。无论这些故事的真相是什么，泰勒斯似乎相信地球"依赖于水"的观点，这种观点是受地球漂浮在努恩（Nun，即太古之海）之上的埃及神话以及万物始于甜海（Apsu）、咸海（Ti'amat）和雾气（Mummu）组成的混沌的古巴比伦神话的影响。正如 G.S.柯克所说，在他们提出这些抽象概念时，似乎极有可能其中"关键的因素是对美索不达米亚、埃及和希腊版本（神话）进行的比较，第一次比较可能发生在公元前 7 世纪晚期和前 6 世纪早期的爱奥尼亚，尤其是米利都"[14]。

诗人色诺芬（Xenophanes）在其著作中就明确提到了这种比较。作为毕达哥拉斯的同时代人，色诺芬出生于科尔弗隆镇（米利都北部），但在色诺芬来到米底（Medes）之后，他在希腊西部地区游历了很长一段时间，并且担任了哲学家、诗人巴门尼德（Parmenides）和恩培多克勒（Empedocles）的启蒙老师。

色诺芬的跨文化经历在他（对事物）的观察中表现得非常明显，如"埃塞俄比亚人把他们的神想象成皮肤黝黑且鼻子扁平的样子。色雷斯人(Thracians)则把他们的神想象成蓝眼红发的样子"[15]。根据这一点,他得出的结论是:"假如牛、马和狮子有手,并且能够像人一样用手作画和塑像的话,它们就会各自照着自己的模样,马画出马形的神像,狮子画出狮形的神像了。"[16]与之类似,"人认为神也是生出来的,会说话,有躯体,穿戴也和人一样"[17],并且神也有同样的恶习。他抱怨道:"荷马和赫西俄德把人们一切羞耻和不光彩的行为都给了神祇。"[18]

他认为,实际上"有一个唯一的神,是诸神和人类中间最伟大的,他无论在容貌上或思想上都不像凡人"[19]。他将爱奥尼亚哲学家的思想转化为诗歌的形式,将神描述为"神永远保持在同一个地方,……神毫不费力地以他的心思摆布着一切"[20]。

居住在希腊埃里亚殖民地(Elea,现在的意大利那不勒斯南部)的巴门尼德也提出了类似的神性概念。根据亚里士多德的说法,巴门尼德是色诺芬的学生。巴门尼德创作的《自然》一诗已经残缺不全,其中有一句"存在"[根据后世哲学家埃蒂乌斯(Aetius)的观点,"存在"是指神[21]"无始无终,保持不变且在同一位置恒定不变"。[22]与之相似,恩培多克勒(他居住在西西里岛,据传他因跳入埃特纳火山口而去世)强调"(神)不能用眼睛去接近,或用手来接触……但他是神圣的和不可言传的智慧,以飞速的思想规整宇宙万物"[23]。

恩培多克勒在《自然》诗篇中指出,大自然包含四个元素——土、水、火和气,大自然是四元素按照不同比例混合而形成的。显而易见,以上提及的思想家都提出了关于"神性"的新观点并展现了对探索自然界的新兴趣。

在更早期的诗人讲述的故事中,自然界中发生的一切都可以直接归因于某一个神灵的行为。地震是由波塞冬(Poseidon)晃动地面而引起的;宙斯掌管着闪电;赫利俄斯(Helios)掌管着太阳,他驾着马和战车在天空中驰骋。当除去这些诗意的图像后,留下的则是一个令人不悦的鸿沟。如果奥林匹斯山的众神并没有任何动作,那些现象是如何发生的呢?如何用"神性"这样的术语去解释整个世界呢?如果神性本源确确实实可以命令"万物并掌控万物",那么这种情况是如何出现的呢?

从他们新奇的神学观点来看,爱奥尼亚的散文作家需要填补其中的空白,这也是他们准备回答的问题。他们不是通过关注某一次地震、特定的闪电或孤立的某一次天文事件来回答这一问题,而是通过将其视为有序的自然现象来回答这一问题。根据亚里士多德的记载,泰勒斯认为地震是浮在水面上的大地因波浪晃动所导致的结果。阿那克西曼德认为，雷声是由风和闪电造成的。他认为，太阳不是太阳神赫利俄斯的日辇，而是一个 28 倍于地球大小的圆形物体在绕着地球转动，通过"气孔"可以看到太阳。 75

正如杰弗里·劳埃德指出的那样，这种观点（可能看起来有些奇怪）是"希腊天文学关于天体机械模型的第一次尝试"[24]，阿那克西曼德接着在他的著作中提到了各种各样的机械模型，其中涉及从生命起源到风和雨起源的模型。正如劳埃德所说，这可能是为"释放众神"而作的解释。然而，尝试将显而易见的分离现象组合在一起并作为其基础、赋予其合理性的，却是将基本理性相互联系在一起的信念：万物之始，其本质是"包容万物，掌控万物"[25]。

对于经验世界中所隐含的秩序，每一位思想家都提出了不同的解读方式。阿那克西曼德认为（根据某位古代评论家的观点，他所用的术语是具有某种"诗意的"术语），"万物所由之而生的东西，万物消灭后复归于它，这是命运规定了的，因为万物按照时间的秩序，为它们彼此间的不正义而互相偿补"[26]。阿那克西美尼认为，万物源自一种神性气体，通过纯化或冷凝而形成万物："气蒸发就生成火，凝结时就变为风，然后成云，凝结化水，而后是土，硬化变成石头。"[27] 根据亚里士多德的观点，毕达哥拉斯首先从观察"数的性质蕴含在乐调、天体和众多其他事物中"[28]的特性开始，而后提出"全宇宙"是"一种和声（一种乐调或'编曲'）和一个数"[29]。在被迫离开萨摩斯之后，毕达哥拉斯以该学说为基础在意大利南部建立了一个宗教团体。

毕达哥拉斯是这些"哲学家"（这个词汇似乎是毕达哥拉斯创造的）中唯一创建了新式宗教崇拜的人。然而，正如诗人色诺芬所阐明的那样，这是一种新的神学思想，隐含着对传统神庙崇拜的批判。赫拉克利特指出，向神像祷告的人，"正和向房子说话是一样的人"。用血液来洗涤净化的传统仪式就如同"一个人陷入泥泞当中还希望用泥巴来洗干净"[30]。 76

然而，赫拉克利特并没有完全拒绝传统的宗教语言。他认为，神"既不愿意又愿意被人称为宙斯"[31]。传统宗教崇拜的基础是为世界提供一种新的一致性。他认为："人类的一切法律都因那唯一的神的法律而存在。"[32]

这些概念引发了一股包含着新的、强有力的探索欲的滑流，这似乎是对既有观念的挑战并很可能引发分歧。伴随着战火烧过爱琴海，这些新思想传播到了雅典，分歧开始出现。

【注释】

［1］Plato, *Gorgias*(trans.) Hamilton, W. (Harmondsworth: Penguin, 1960), 109.

［2］Aristophanes., *The Clouds*(trans.) Alan H. (Sommerstein, Aris and Phillips, 1973), 122.

［3］Aristophanes., *The Clouds*(trans.) Alan H. (Sommerstein, Aris and Phillips, 1973), 129.

［4］Plato, "The Apology", in(trans.) Hugh Tredennick, *The Last Days of Socrates: Euthyphro, Apology, Crito, Phaedo*(London: Pengun, 1954), 54.

［5］Lloyd, G.E.R., *Methods and Problems in Greek Science*(Cambridge: Cambridge University Press, 1991), 131.

［6］［7］Burkert, W., *Greek Religion* (Cambridge, Mass.: Harvard University Press, 1985), 305.

［8］Burkert, W., *Greek Religion*(Cambridge, Mass.: Harvard University Press, 1985), 131.

［9］Guthrie, W.K.C., *A History of Greek Philosophy* (Cambridge: Cambridge University Press, 1962), 88.

［10］Aristotle, *The Metaphysics* (trans.) Tredennick, H. (Cambridge, Mass.: Harvard University Press, 1933), 19.

［11］Aristotle, *The Metaphysics* (trans.) Tredennick, H. (Cambridge, Mass.: Harvard University Press, 1933), 45.

［12］Heraclitus, *The Art and Thought of Heraclitus: An Edition of the Fragments with Translation and Commentary*, Kahn, C.H. (ed.) (Cambridge: Cambridge University Press, 1979), 45.

［13］Guthrie, W.K.C., *A History of Greek Philosophy* (Cambridge: Cambridge University Press, 1962), 454.

［14］Kirk, G.S., *The Nature of Greek Myths*(Harmondsworth: Penguin, 1974), 200.

［15］Fr.16 in Guthrie, W.K.C., *A History of Greek Philosophy* (Cambridge: Cambridge University Press, 1962), 371.

［16］Fr.15 in Guthrie, W.K.C., *A History of Greek Philosophy* (Cambridge: Cambridge University Press, 1962), 371.

［17］Fr.14 in Guthrie, W.K.C., *A History of Greek Philosophy* (Cambridge: Cambridge University Press, 1962), 371.

［18］Fr.11 in Guthrie, W.K.C., *A History of Greek Philosophy* (Cambridge: Cambridge University Press, 1962), 371.

［19］Fr.25 in Guthrie, W.K.C., *A History of Greek Philosophy* (Cambridge: Cambridge University Press, 1962), 374.

［20］Frr.25, 26 in Guthrie, W.K.C., *A History of Greek Philosophy*(Cambridge: Cambridge University Press, 1962), 374.

［21］Drozdek, A., *Greek Philosophers as Theologians: The Divine Arche* (Aldershot: Ashgate, 2007), 50.

［22］Táran, L., *Parmenides: A Text with Translation, Commentary, and Critical Essays*(Princeton: Princeton University Press, 1965).

［23］Empedocles, *The Poem of Empedocles: A Text and Translation with an Introduction*(ed. and trans.) Inwood, B. (London: University of Toronto Press, 1992).

［24］Lloyd, G.E.R., *Early Greek Science: Thales to Aristotle*(London: W.W.Norton, 1970), 17.

［25］Lloyd, G.E.R., *Early Greek Science: Thales to Aristotle*(London: W.W.Norton, 1970), 9.

［26］Aristotle, *The Metaphysics* (trans.) Tredennick, H. (Cambridge, Mass.: Harvard University Press, 1933), 203b206.

［27］Guthrie, W.K.C., *A History of Greek Philosophy* (Cambridge: Cambridge University Press, 1962), 76.

［28］Guthrie，W. K. C.，*A History of Greek Philosophy*（Cambridge：Cambridge University Press，1962），121.

［29］［30］Aristotle，*The Metaphysics*（trans.）Tredennick，H.（Cambridge，Mass.：Harvard University Press，1933），987b928.

［31］［33］Guthrie，W.K.C.，*A History of Greek Philosophy*（Cambridge：Cambridge University Press，1962），309.

［32］Heraclitus，*The Art and Thought of Heraclitus：An Edition of the Fragments with Translation and Commentary*，Kahn，C.H.（ed.）（Cambridge：Cambridge University Press，1979），43.

第九章　转入雅典

公元前 499 年,米利都暴君阿里斯塔哥拉斯(Aristagoras)煽动希腊爱奥尼亚众城邦起义反抗波斯人的统治。这场持续了六年的起义以失败告终。正如希罗多德所说,作为"爱奥尼亚荣耀"的米利都与其他城邦一并被夷为平地,城邦的居民也成为牺牲品。之后,波斯人开始准备进攻希腊本土。

爱奥尼亚起义的难民涌入了雅典,其中有一位年轻的哲学家,名叫阿那克萨戈拉(Anaxagoras)。他可能曾在这座城市作过短暂逗留。根据他的描述,他在全部人口撤离前一年抵达雅典。难民们抛弃自己的家园,薛西斯(Xerxes)率 200 万大军将他们的故乡洗劫一空。但是,随后雅典人在与波斯人的战斗中取得了萨拉米斯海战大捷,他又回到了这座城市,在接下来的 30 年里他就在当地安家并向当地的民众宣讲新的爱奥尼亚学派思想。

就像在他之前的阿那克西曼德一样,阿那克萨戈拉写了一本书。在对苏格拉底的审判中,苏格拉底曾说可以在管弦乐队剧院以一个德拉克马(drachma,货币单位)的价格购得此书(似乎这个价格是书店价格的两倍)。这本书没有流传下来,但那些对这本书的引用内容清楚地表明,阿那克萨戈拉推进和拓展了对爱奥尼亚学派思想两个核心主题的研究:神性本源的本质以及神控制和驾驭宇宙的方式。根据历史学家普鲁塔克的观点,阿那克萨戈拉有个绰号叫"努斯"(Nous),在希腊语中的意思是"心灵或智慧"。[1] 从一定程度上来说,他之所以被起了这个绰号,部分原因是对阿那克萨戈拉智慧的尊重,但也是因为他被认为是"第一个未将财富或机遇作为世界第一位的追求事项,而是追求纯粹智慧的哲学家"。

根据一位后来的学者引述阿那克萨戈拉书中的一些段落,他认为"心智支配着

一切具有灵魂的东西"并且"支配着整个演化,它自身也是首先由此产生的"。[2] 78
尽管他没有直接谈及"神性",但这个概念似乎隐含在他提出的"心智"概念之中。
心智决定了"将来会存在的东西、过去存在过现在已不复存在的东西,以及现存的
东西",特别是,心智也控制着"分开星辰、太阳、月亮、气体和以太的那种演化
之力"。

同阿那克西曼德的观点一样,这种关于基础秩序的信条为研究各种各样的自
然现象提供了理论基础。与其之前的学者一样,阿那克萨戈拉的研究兴趣包括整
个自然世界,但他的研究中心是天文学。当有人问他因何而生时,估计他的答案就
是"为了对太阳、月亮和天体进行研究",这也是他对人类了解自然界作出最突出贡
献的领域。柏拉图曾经提及阿那克萨戈拉的观点,即"月亮的光来自太阳"[3],普鲁
塔克认为他"在书中对月亮的光亮和阴影进行了最为清楚且大胆的描写"[4]。其中
必然不仅仅涉及理论知识,还包括仔细的观察,他所提出的最具争议性的理论也与
对某一特殊天文事件的观测有关。

公元前467年,"在德美洛斯(Demulus)执政时期",一块陨石从天而降,坠落在
阿戈斯波塔密(Aegospotami)附近的色雷斯地区。根据普林尼《自然史》的记载,"陨
石"是在白天从天而降,"大小为1/3立方码,呈棕色"。这说明或证实了阿那克萨戈
拉的观点,即"天由石头构成,剧烈的旋转运动使这些石头聚在了一起,一旦运动停
止,天就会塌下来"[5]。他认为,太阳"是一块红热的金属……比伯罗奔尼撒半岛还
要大"[6]。这一思想在60年后依然存在着很大的影响。检察官莫勒图斯(Meletus)
指控苏格拉底不相信上帝是太阳,认为太阳是石头,苏格拉底回应说他必须将自己
想象成在替阿那克萨戈拉接受指控。这一指控是否确有其事尚不确定。当时并没
有相应记录,但普鲁塔克指出确实发生过这件事。

500年之后,经过细致调查,普鲁塔克撰写了《希腊罗马名人传》,其中记载了一
位名叫迪派忒斯(Diopethes)的公民提出的一项法律议案,即"忽视宗教信仰或传授
新教义,或利用这种方式怀疑伯利克里(Pericles)的人应予以公开斥责"[7]。伯利 79
克里是早期雅典民主的领军人物,根据普鲁塔克的观点,伯利克里十分赞赏阿那克
萨戈拉的思想,认为其"思想崇高并且如人们所说,'思想缥缈'",这使他"用良好的
愿望和理性的虔诚取代了野蛮和迷信"[8]。

在伯利克里执政期间,他一直是雅典反对派攻击的对象,所以普鲁塔克的说法
并非空穴来风。根据第欧根尼·拉尔修(Diogenes Laertius)《名哲言行录》一书的记
载,阿那克萨戈拉曾因其不虔诚而被谴责,"因为他宣称太阳是一块烧红了的炽热

金属"[9]。阿那克萨戈拉被迫离开雅典，经由爱琴海返回爱奥尼亚小镇兰帕斯库斯（Lampascus），他于公元前 428 年在小镇去世。据说城邦的公民设立了一个祭坛，祭奠他的心灵和真理，遵照他的请求，学校学生在其去世周年纪念日当日放假一天。

阿那克萨戈拉去世五年之后，戏剧《云》在酒神节期间上演，在这部戏中不难发现，剧中哲学家们对云神的崇拜以及苏格拉底关于太阳的观点就是对阿那克萨戈拉那玄妙思想的拙劣模仿。尽管戏剧名称的真正目标是抨击"理亏者走遍天下"的观点，这种观点与爱奥尼亚思想家们的观点没有任何联系，反倒是与一帮"智者学派"（sophists）的学者有关。这种想法之所以引起了骚动是因为它对人们实际行为方式所带来的潜在影响，这部戏剧是对这种挑战的回应，它表明雅典哲学家开始对爱奥尼亚学者的思想进行发展和拓展。

法术和咒语

诡辩者的教义与新爱奥尼亚学派思想的缘起是相同的。在当时所处的年代，希腊城邦中出现的新型政治秩序已经形成了对新型教育的需求。财富、职位和战斗技能方面的教育已经远远不足。想得到权力的人需要"能对众人演说……并说服他们"[10]。这种技能需要教师进行传授，当雅典自身已经建立起完善的民主时，雅典成为这方面人才的聚集地。柏拉图曾经在一段对话中描述了一位老师来到雅典时就如同"过节"一样；还有一段对话描写了最著名的诡辩家普罗泰戈拉（Protagoras）访问雅典时，雅典贵族欣喜若狂的表现。

普罗泰戈拉（据柏拉图《普罗泰戈拉篇》的记载）的教学范围非常广，他的目的是"使一个人在演讲能力和行动力方面成为城邦中真正的强者"[11]。进行案件辩护是其教育的核心所在，普罗泰戈拉出版了两本关于"反论"（contrary argument）的著作，他指出"任何事物都具有两面性"。这种认识很容易导致对事物的终极真理产生怀疑。因此，在《论神灵》（*On the Gods*，他唯一留存下来的著作）一书中，他提出了无神论理论可能性的问题："关于神灵，我不能确认他们的存在或其形象。"[12]

此前，人们认为雅典城市管理的法律可以最终追溯至神的旨意。与之恰恰相反，普罗泰戈拉则认为："（法律）是远古时代的立法者制定的。"法律和道德准则因社会不同而存在差异。他似乎是要说明法律和道德准则都属于不同的习俗。因此，有人认为他提出的"人是万物的尺度"的著名论断就是表明所有知识和道德价值只与个体有关。

柏拉图将普罗泰戈拉描述为一个极其推崇传统道德的人。他提出的相对性原则在尊重他人意见方面具有民主价值。这一原则的缺点在于它可能会纵容那些不守规矩的人。因此，柏拉图《高尔吉亚篇》中有一个名叫卡利克勒斯（Callicles）的人，他认为道德规则和习俗是"法术、咒语和非自然法"，并且"被占人类大多数的弱者所玷污"[13]，其目的是保护自身不被那些可能属于正义的基本法则的侵害。这也是在《云》的结尾斐狄庇得斯殴打自己父亲时所依据的原则。

这些虚构人物在现实生活中都可以找到对号入座的人。在《云》中，斐狄庇得斯给人的第一印象就是他驾着战车以及他头上披散着长发的样子。对于雅典观众来说，这种形象立即成为年轻贵族子弟所痴迷的对象［俊美的亚西比德（Alcibiades）就是其中的代表，他是伯利克里的卫士］，他们着装前卫并且具有反传统的观念（图 9.1）。

图 9.1 亚西比德像

他们在喧闹的餐厅组织活动，餐厅名字都有明显嘲笑传统宗教的意味。那些胆大的人（自称"Triballoi"或"Bongo Bongo"）会把人们摆在十字路口拜祭赫卡忒（Hecate，地狱女神）的祭品捡回来作为晚餐。[14] 霉运崇拜者（Kakodaimonista）会故意选择那些不吉利的日期聚会。他们有时候会在大街上公开聚会。公元前 415 年（戏剧《云》上演半年之后），这些俱乐部被牵扯进了一起臭名昭著的事件之中，有一天晚上，所有赫尔墨斯（Hermes）雕像都被截断，后来政府进行了调查，亚西比德被流放。

最终，政府并没有找到这起破坏行为的真凶，但是被怀疑的人包括那些在公开场合的举止行为与卡利克勒斯类似的人。其中最为臭名昭著的就是亚西比德本人，他在这起事件发生前的一个夏天曾率领规模庞大的雅典舰队抵达中立的弥罗斯岛，并要求岛上居民无条件投降。根据修昔底德的说法，雅典人宣称"正义取决于强权……强者可号令天下"[15]，弥罗斯人的反抗导致岛上所有男子都被杀害，妇女和儿童则沦为奴隶。

　　赫尔墨斯雕像毁损案中另一名同样臭名昭著的犯罪嫌疑人是克里提亚(Critias),他后来成为斯巴达傀儡政权(即三十僭主政权,Thirty Tyrants)的领导人之一,他们在雅典建立了残暴的恐怖统治。当时的一部滑稽羊人剧(Satyr Play)的某一个场景中有句台词(与卡利克勒斯谈论的"魔法和咒语"存在相似之处)——神灵不过是聪明人发明的、吓唬恶人的工具,"即便(恶人的)言行、思想处于秘密状态(也不例外)"[16]。考虑到这种对宗教道德基础持公开的犬儒主义态度以及其对人们行为产生实际影响的可能性,有些人认为有必要确认其是否可能为道德行为寻求可靠的基础就一点也不奇怪了。

82　苏格拉底式追问

图9.2　苏格拉底像

　　根据柏拉图的观点,为道德行为找到一个可靠的基础是苏格拉底自我赋予的使命,他将这一点作为《阿那克萨戈拉篇》的立论出发点(图9.2)。在柏拉图记叙的关于苏格拉底之死的文字中,苏格拉底说曾听说有人读了一本阿那克萨戈拉所写的书,便断言"心灵产生秩序,并且是万物的原因"[17]。这种思想让他兴奋异常,因为这似乎为建立"最高善"的本质提供了基础。但是,当他自己买了这本书并阅读之后,很快就对此失望透顶。

　　尽管阿那克萨戈拉提出的所有理论都根植于最终秩序的概念,但他只关心其物理原因。这些事物不可能通过自身理解所谓的善良或道义责任,也不可能扒开苏格拉底的"心肝"来了解他的道德选择。[18]他对"自己进行的物理研究感到疲惫不堪",他觉得研究物理因果关系会导致对其他领域的忽视,随后他提出了一种与此前截然不同的追问方式。

　　苏格拉底认为,每个人在做出行为的那一刻是具备充足理由的,这是这种新式研究的出发点。其次,寻找可靠的道德基础包括发现何为真正充足的理由,这是城邦民众被他所吸引背后的缘由,人们通过问答这个问题可以阐明有关美德的观点。

此外，这也是他"美德即知识"的观点价值所在。

苏格拉底发现，即便是那些最具智慧的人也很难给出满意的答案，正如柏拉图在《申辩篇》中所指出的那样，这也是导致他在雅典城不受欢迎的部分原因。但是后来的怀疑派哲学家将苏格拉底作为启发灵感的源泉，将苏格拉底的观点看作怀疑任何真正知识存在可能性的一个理由，苏格拉底本身似乎也认为无知是智慧之始，这就像"千里之行，始于足下"的道理一样。

苏格拉底乐观地认为，追求智慧是一项有价值的追求，柏拉图认为苏格拉底的观点是建立在宗教信仰的基础上的。根据柏拉图和色诺芬（他们二人对苏格拉底的描述在其他很多方面都存在差异）对审判苏格拉底的记载，苏格拉底指出"神灵"(daimonion)或者说"一种灵性般的事物"[19]，"一直伴随着我，甚至极小的事如不应做，都要阻止我做"[20]，"神明的声音向我显明，指示我应该做的事"[21]。柏拉图强调，苏格拉底认为他自己的角色是一种灵性召唤的道德"牛虻"，"我承担的责任顺从了神灵在梦中和预言中的神谕"[22]。他坚决拒绝接受陪审员要求他放弃具有同样意义的观点，即："先生们，我是你们感恩的和忠心的仆人，但是我宁可服从神而不服从你们。"[23]

阿那克萨戈拉和他之前的学者认为，一种潜在的秩序催生了所有我们所能观察到的物理进程。苏格拉底对上述观点进行了延伸，他认为这个根本秩序也是一种道德秩序。他不断质疑我们现在所谓的道德现实主义，为他的后继者继续开展物理研究提供了一种知识滑流。在一次对话中，色诺芬表示"我听到了自己的声音"[24]，苏格拉底认为"安排和维系着整个宇宙的神"已经确保了"一切美好善良的东西都在这个宇宙里头"[25]，并且说服对话者同意"这些慈爱的礼物""展示了成果中的设计工作"[26]。

正如柏拉图所说的那样，苏格拉底坚信"一个善良智慧的神灵"维持着一种道德秩序，这的确为苏格拉底本人所提出的鲜明伦理观点提供了理论基础，忍受苦难要胜过制造苦难，人不能以恶报恶。殉道者贾斯汀（Justin Martyr）在公元 1 世纪从信仰哲学转而皈依基督教，他认为苏格拉底是一位"在耶稣之前的基督徒"。但是根据与色诺芬的对话，其中还提到了研究自然的动机，鼓励人们"认识到自己展示自然的能力"，并通过这种方式来"荣耀神灵（精灵）"。[27]

【注释】

［ 1 ］Plutarchus, *Plutarch's Lives*：*The Dryden Plutarch*（London：J.M.Dent，1910），229.

［ 2 ］Barnes, J., *Early Greek Philosophy*，Harmondsworth：Penguin, 2002.

［ 3 ］Plato, *Cratylus*；*Parmenides*；*Greater Hippias*，*Lesser Hippias*，（trans.）Fowler, H. N. （London：Heinemann, 1926），91.

［ 4 ］Anaxagoras. *Anaxagoras of Clazomenae*：*Fragments and Testimonia*：*A Text and Translation with Notes and Essays*（ed. and trans.）Curd, P. （London：University of Toronto Press, 2007），84.

［ 5 ］Diogenes, L., *Lives of Eminent Philosophers*（London：Heinemann, 1972），141—143.

［ 6 ］Diogenes, L., *Lives of Eminent Philosophers*（London：Heinemann, 1972），137.

［ 7 ］Plutarchus, *Plutarch's Lives*：*The Dryden Plutarch*（London：J.M.Dent，1910），256.

［ 8 ］Plutarchus, *Plutarch's Lives*：*The Dryden Plutarch*（London：J.M.Dent，1910），230.

［ 9 ］Diogenes, L., *Lives of Eminent Philosophers*（London：Heinemann, 1972），143.

［10］Plato, *Gorgias*（trans.）Hamilton, W. （Harmondsworth：Penguin, 1960），28.

［11］Plato, *Protagoras*；*and*，*Meno*（trans.）Guthrie, W.K.C. （Harmondsworth：Penguin, 1956），50.

［12］Guthrie, W.K.C., *The Sophists*（Cambridge：Cambridge University Press, 1971），234.

［13］Plato, *Gorgias*（trans.）Hamilton, W. （Harmondsworth：Penguin, 1960），78.

［14］Humphreys, S.C., *The Strangeness of Gods*：*Historical Perspectives on the Interpretation of Athenian Religion*（Oxford：Oxford University Press，2004）.

［15］Thucydides, *History of the Peloponnesian War*（trans.）Warner, R. （Harmondsworth：Penguin, 1972），402.

［16］Guthrie, W.K.C., *The Sophists*（Cambridge：Cambridge University Press, 1971），243.

［17］Plato, *The Last Days of Socrates*：*Euthyphro*，*Apology*，*Crito*，*Phaedo*（trans.）Tredennick, H. （London：Pengun, 1954），155.

［18］Plato, *The Last Days of Socrates*：*Euthyphro*，*Apology*，*Crito*，*Phaedo*（trans.）Tredennick, H. （London：Pengun, 1954），56.

［19］Plato, *The Last Days of Socrates*：*Euthyphro*，*Apology*，*Crito*，*Phaedo*（trans.）Tredennick, H. （London：Pengun, 1954），74；Xenophon, *Memorabilia*：*Oeconomicus*（trans.）Marchant, E.C. and Todd, O.l. （Cambridge, Mass.：Harvard University Press, 2013），649.

［20］Plato, *The Last Days of Socrates*：*Euthyphro*，*Apology*，*Crito*，*Phaedo*（trans.）Tredennick, H. （London：Pengun, 1954），74.

［21］Xenophon, *Memorabilia*：*Oeconomicus*（trans.）Marchant, E. C. and Todd, O. I. （Cambridge, Mass.：Harvard University Press, 2013），649.

［22］Xenophon, *Memorabilia*：*Oeconomicus*（trans.）Marchant, E. C. and Todd, O. I. （Cambridge, Mass.：Harvard University Press, 2013），66.

［23］Xenophon, *Memorabilia*：*Oeconomicus*（trans.）Marchant, E. C. and Todd, O. I. （Cambridge, Mass.：Harvard University Press, 2013），61.

［24］Xenophon, *Memorabilia*：*Oeconomicus*（trans.）Marchant, E. C. and Todd, O. I. （Cambridge, Mass.：Harvard University Press, 2013），299.

［25］Xenophon, *Memorabilia*：*Oeconomicus*（trans.）Marchant, E. C. and Todd, O. I. （Cambridge, Mass.：Harvard University Press, 2013），305.

［26］［27］Xenophon, *Memorabilia*：*Oeconomicus*（trans.）Marchant, E.C. and Todd, O.I. （Cambridge, Mass.：Harvard University Press, 2013），307.

第十章　穿过阿卡德米学园之门

有证据表明,苏格拉底在世时,一种对自然科学研究的宗教式虔诚便已经开始兴起。欧里庇得斯(Euripides)在他所创作的戏剧中一段伴唱词中就提到,"一个人的幸福就是学会用科学研究的方式,观察到永恒的秩序和不朽自然的美丽(kosmos①)并知晓其如何成为统一的整体",并认为"这样的人不会做出邪恶或有害的行为"。[1]另一歌词片段(显然是针对上文中提到的"美丽")则是提出了一个问题:"有了这些,难道有谁还会意识不到神的存在?"[2]

图 10.1　希腊天文学家　　　　图 10.2　柏拉图像

苏格拉底宁愿死去也不愿放弃对智慧的追求,这有力地证明了对真理的理性

---

① kosmos 原意为事物按序排列之美。——译者注

追求就是一种宗教义务。后来，这种行为成了一种全新英雄主义的楷模。然而，处决苏格拉底的直接结果是导致很多苏格拉底的弟子逃离了雅典。一些弟子流亡到了附近的迈加拉（Megara）城邦。色诺芬则早早离开了雅典，成为波斯人的一名雇佣兵。柏拉图决定"逃离弥漫着的邪恶气氛"并前往意大利（图10.2）。柏拉图在意大利与塔朗多（Tarentum）地区阿尔库塔斯（Archytas）领导的毕达哥拉斯学派维持了长久的联系，阿尔库塔斯对柏拉图的思想发展产生了重要影响。

.

柏拉图与数学家

尽管阿尔库塔斯最为人所知的故事是曾派出一艘船将柏拉图从叙拉古城的暴君那里解救出来，但他本身就是一位举足轻重的人物。毕达哥拉斯学派的研究兴趣在于音律比例的和谐性；作为一名数学家，阿尔库塔斯带给毕达哥拉斯学派的是一种研究精确性和复杂性的新数学，他也是解决古代"倍立方"这一最著名数学问题的第一人。[3] 他的解决方案中没有使用常规的圆规和直尺（事实证明这种解决方法并没有真正解决问题），但方法非常巧妙。

85   阿尔库塔斯不仅是一位数学天才，他还是一名将军，一名常胜将军。他连续七次当选司令官，打破了所有前任的记录；在他的领导下，塔朗多成为了希腊最强大的城邦之一。

他在城邦管理和数学方面的天赋统一于一种哲学之中，从他著述中一些零散的段落中可以发现这种哲学思想，并且现在这些观点已经得到了认可。他提出数字科学（logisitic，逻辑）是所有科学的基础，合理的计算方法（logismos，计算）可以通过数字来表示，这些构成了城邦治理所依赖的公正性。[4]

《理想国》是柏拉图篇幅最长的一部作品，在这本书中他提出了"哲学王"的观点，他思想中的"哲学王"可能就以阿尔库塔斯为原型。在阐述教育对"哲学王"的重要作用时，柏拉图用了很长的篇幅阐述了数学的重要性。毕达哥拉斯学派的观点认为，神圣之数可以形成宇宙的和谐和秩序，这为柏拉图提供了一个模型，即苏格拉底一直在寻求的宇宙道德真理模型。数字是"形式"这一类事物最明显的例证，他认为形式是事物表象背后的终极本质；据说柏拉图在雅典建立的阿卡德米学园大门上方镌刻着一段铭文——"不精通几何学的人莫入此门"。

对柏拉图来说，数学和几何学的主要价值在于提供了一种"从变化世界转向真理和实在"[5]最简单的思维方法。毕达哥拉斯学派可能会"乐于从游听教",而天文学家则可能"观察天象",但是为了获得真正的知识,必须要承认数学和几何学居于首要的地位。因此,他认为我们应当将天文学和几何学的作用视为"提出有待解决的问题的学科,而不是关注天上的星界的学科"[6]。

根据古文献记载,公元 6 世纪,哲学家辛普利丘(Simplicius)引用了公元 2 世纪一位名为索西尼斯(Sosigenes)的作家的话,指出柏拉图通过向天文学家和数学家提出的一个问题,启动了第一个科学研究项目,这个问题就是:"假定何种均匀而有序的运动,才能描述可观察的行星运动?"[7]

欧多克索(Eudoxos)是阿尔库塔斯和柏拉图二人共同的学生,他曾尝试去解答 86 这个问题。欧多克索出生在小亚细亚克尼都斯(Cnidus),在他远渡重洋到雅典"跟随苏格拉底进行学习"之前,他曾在塔朗多学习数学。第欧根尼·拉尔修的《名哲言行录》一书描写了他在"困难的环境下"来到比雷埃夫斯(Piraeus)的过程,他每天步行到雅典聆听柏拉图的讲座,晚上返回船上睡觉。几年之后,他带领一大批自己的学生来参观阿卡德米学园,柏拉图为他举行了盛大的宴会。

欧多克索有很多值得称颂的成就。他只用了几年时间就奠定了公理几何学的基础并设计出了一个精巧的同心圆模型,一个圆处于另一个圆的内部,两个圆的组合运动可以解释月球和夜空中行星明显的不规则运动。

很快,人们发现欧多克索设计的模型不能解释所有问题。后来,希腊天文学家用"本轮"和"均轮"的模型替代了欧多克索设计的模型,对越来越复杂的"现象进行解释",直到 2000 年之后,这些模型才最终被抛弃。但是,欧多克索将几何学应用到研究天体运行的做法成为后世天文学发展的出发点。通过展示数学知识可以计算行星的运行方式,他显然证明了宗教和哲学理念所认为的世界是依据理性设计而成的观点。

《蒂迈欧篇》思想的核心是认为世界是以理性设计为基础而形成的。柏拉图重写了赫西俄德关于众神出世和创造世界的故事。蒂迈欧是主角,他是一位阿尔库塔斯式的人物,他在"治理良好的意大利城邦"[8]担任"高官尊位",他还是一名"从事自然科学研究"[9]的天文学家。尽管在阅读了众神出世的故事之后,他说"我们必须遵守习俗"并"相信前人的说法……即使他们说的不合情理和不符合逻辑",[10]在这些前人的背后,他将他所看到的称为"得穆革"(Demiurgos),即匠神(craftsman)。

蒂迈欧承认:"要找到宇宙之父和造物者是极艰难的。即使找了他,把他描述

87 出来让其他人都明白也是不可能的。"[11]尽管他并不认为"在每一细节上都十分准确一致"[12]，但是基于蒂迈欧认为匠神是至善的并且从混沌之中带来秩序这一前提，他可以对自己所谓的"宇宙论话语"（eikos logos）进行一种可能的解释。

这种"可能的解释"最为突出的特点在于认为"宇宙之父和造物者"是一位几何学家，世界万物都体现了最完美的几何特征。蒂迈欧认为，天体运行的大圆周运动轨迹最能体现这一点，此外物质的基本结构也是很明显的表现。他表示："神在缔造宇宙时所做的第一件事就是确定宇宙的形状、数量并确定其具体形式。"[13]从最为完美的三角形为起始点，根据对构成原子结构的四种元素的假设，他组合成了一些立方体（即所谓的"柏拉图立体"——四面体、立方体、八面体和二十面体，尽管他知道存在十二面体，但他并未将其纳入柏拉图立体的范围之内），并且当诸神被创造出来之后，神被赋予创造凡物的任务，这时几何学再次成为最为重要的一门知识。

蒂迈欧认为"研究人体的组成部分，应当以宇宙为模型"[14]这一原则不容怀疑。然而，当描述人体次级结构的细节时（例如描述"人体的内部三角形时……就难以自圆其说"）①。他抱着试探性的态度问："我们的解释能站住脚吗？只有得到神灵的庇护我们才能够确定。"[15]

《克里提亚篇》是《蒂迈欧篇》的姊妹篇，这篇文稿没有写完，蒂迈欧在这篇文稿中对"可能的无心之失"表达了歉意。[16]然而，他祈祷"获得知识恩赐"，但并不寻求恢复古代的智慧，而是追求"我们未来关于诸神的创造的解释是准确的"[17]。

在柏拉图最后一部著作《法律篇》中（根据第欧根尼的说法，这本书是柏拉图去世后从石蜡板拓印下来的文本），柏拉图谈到了"在我不再年轻时"[18]对行星理性运动的理解。天文学一度可能将人类引向无神论，但现在则是从理性（逻辑）的角度阐释古代的习俗。这些古代的思想家"冒着风险大胆作出的理性决定了天体运
88 行的规律和秩序的假定"[19]，已经被行星运动的"准确预测"所证实，并且现在做出这样的预测并不算难。

因此，他认为宗教信念、伦理思想和科学研究需要被视为一个综合性的知识集成体。为了"获得真正的宗教观"需要认识到"理性是掌控所有天体的超级力量"，要想"形成一致性的道德行为规则"，就必须进行必要的数学研究并"通过哲学家的

---

① 在《蒂迈欧篇》中，蒂迈欧指出造物主以等腰三角形和长边平方等于短边平方的三倍的直角三角形为基础，根据其不同的数和比例构成了水、土、火、气四种基本元素。人体是神授权给自己所造的次等神祇所创造的，而人体的次级结构，诸如骨髓、肌肉、骨骼等无不由三角形所构成。——译者注

眼睛观察其中的共同之处"。[20]

　　长期以来,用这样的方式来弥合宗教和天文学之间的鸿沟被证明是一个危险的举动(这是第七章末尾提到的"自行车赛事故"比喻的早期例子),这不是因为哥白尼、伽利略、开普勒后来提出的学说,而是整个地心说模型实际上都是错误的。但是,就当前来说,这是一个强大的模型工具。

亚里士多德的本原说

　　在阿卡德米学园一名学生的推动下,由柏拉图发起并由宗教推动的数学和天文学研究,被拓展至更广泛的科学领域,这名学生(即亚里士多德)被柏拉图称为"学园的灵魂"(图 10.3)。亚里士多德是"殖民地地区一位医生的小儿子",他来到雅典求学。17岁那年,亚里士多德成为柏拉图的弟子,此后的20 年里,他一直待在学园。

　　亚里士多德的父亲是马其顿国王的御医,根据收录公元前 4 世纪和前 5 世纪医药处方的《希波克拉底文集》的记载,我们可以看出希腊医生非常重视经验观察。大多数处方都反对对疾病进行超自然和推测性的解释,而是重点关注观察的结果(有时以病例的诊治历史为基础)。年轻的亚里士多德似乎从他父亲那里继承了对生物学研究的终生兴趣以及由好奇心驱使的经验观察力。

图 10.3　亚里士多德像

　　虽然亚里士多德在这方面的研究重点和研究方法与柏拉图存在差异,但他的研究动机仍然是神学。亚里士多德在《论动物部分》一书中讲述了一个故事:有一些拜访者想去拜访赫拉克利特,当走进他的房子里时,他们看到赫拉克利特正在火炉边烤火,这些拜访者有点迟疑,这时赫拉克利特说:"进来吧!无需多虑!诸神也在这里。"亚里士多德评论说:"我们理应毫无愧色地研究各种动物,因为每一种动物将向我们展示出某种自然和优美的东西。把握不住机会就无法达到目的。"[21]他指出:"美是某一事物出现的目的。"这样可以瞥见现实的深层次结构,从而将自然研究与范围更宏大的神学联系在一起。

亚里士多德认为，"古往今来人们开始哲理探索，都应起于对自然万物的惊异"，引导人们从"惊异于种种迷惑……逐渐积累一点一滴的解释"到"对一些较重大的问题……作出说明"。[22]这些较重大的问题包括对"第一原理和原因"的思考，即他提出的"第一哲学"或神学。其他的问题可能更接近"非本质特征"，但是没有一个显得"更光荣"或"神圣"。[23]他对于这个问题的思考促使他提出了存在"不动的原动者"或"目的因"的观点，即他所提出的"本原"，"可知宇宙和自然世界所依存"的原理。[24]

他认为"本原"就是"神"（ho theos），并且他还认为"神是一个至善而永生的实在"。[25]神的思想是至善的，所以亚里士多德得出结论认为这种思想是神圣的思想（因为神是至上的，"他的思想是对思想的思想"[26]）。亚里士多德有时会在他的著作中显示出对流行宗教的鄙夷，但是这个观点对他来说非常重要。尽管这可能看起来似乎神圣王国完全脱离了人类王国，但是事实上，根据亚里士多德的观点，二者是统一的。

亚里士多德在伦理学讲座的结尾部分指出，"人类存在的终点"是幸福。幸福是一种活动，其中包含对"人类最好的部分"的活动，他将"人类最好的部分"称为"理观"（theoria），即冥想或学习。这种活动为人类提供了关于"何为高贵和神圣的"知识，"实际上它本身就是神圣的"或者至少"是人类最为神圣的部分"。[27]

90　　亚里士多德认为："神被我们看作享得福祉的和幸福的。但是我们可以把哪种行为归于他们呢？"他认为，将神的行为看作如签订合同或进行货币交易一样公正和慷慨，是非常不合理的。"所以，神的活动，那最为优越的福祉，就是沉思。因此，沉思作为人与神最为近似的活动，也是最幸福的。"[28]这是他一直奉行的原则。亚里士多德一生中很大一部分时间都奉献给了这种沉思。

亚里士多德的著作提到了500多种动物、鱼类和昆虫。他著作中很多栩栩如生的描写（这一点备受达尔文推崇）源于他亲身实践的解剖工作。柏拉图去世之后，亚里士多德也离开了雅典，他在希腊诸岛游历了一段时间，在著作中详细描绘了莱斯沃斯岛（Lesbos）皮拉（Pyrra）潟湖的海洋生物，他在当地生活了数年之久。几年之后，亚里士多德成为马其顿王腓力的幕僚，担任青年亚历山大的导师，后来亚历山大继承王位，亚里士多德返回到雅典，（可能是获得了亚历山大大帝的财力支持）在吕克昂（Lyceum）建立自己的学园，邻近雅典城外供奉阿波罗和缪斯的吕克昂神庙。

亚里士多德在吕克昂过着一种学院式的生活，致力于追求他所理解的"理观"

(theoria)。在亚里士多德关于逻辑的一系列论述（即《工具论》）中，他对获取可靠知识的方法进行了讨论，他提到了对某一事物特定问题的、被广泛接受为真理的认识进行审视的重要性。他还指出收集数据和现象的重要性。这既是他自己的工作，也是追随他的学者们的特点。

欧德莫斯（Eudemus）撰写了几何学与天文学史专著，美诺（Meno）撰写了医学史专著，泰奥弗拉斯托斯（Theophrastus）撰写了物理学史专著。泰奥弗拉斯托斯追随亚里士多德来到雅典，最终接替亚里士多德担任吕克昂学园的负责人，后来他撰写了两本植物学论文集（是亚里士多德《动物调查》的续篇）并完成了《论火》和《论石头》两部著作。斯特拉托（Strato）接替泰奥弗拉斯托斯继续推进亚里士多德对力学的研究，但他不同意亚里士多德所提出的存在真空的观点。

与其他学园相比，在学者与创始人的关系方面，吕克昂学园允许学者有更大的思想自由。亚里士多德将他所收藏的自然历史类卷轴和文献带到了雅典。这些资料成为位于吕克昂学园中心位置的学园图书馆和博物馆馆藏的基础，也成为学园的学者工作和开拓自身研究思路的基础。学园在鼓励提出质疑的同时，也为他们提供资源，这证明亚里士多德创建的学园促进了对知识的探索。

这段辉煌的时间十分短暂。公元前322年，即亚里士多德回到雅典12年后，亚历山大大帝突然去世，雅典人揭竿而起，反抗马其顿王国的统治。作为马其顿王国的王室幕僚，亚里士多德受到了监视，像苏格拉底一样，他也因为不敬神而遭到起诉。但是与苏格拉底不同，亚里士多德选择战略性撤退，回到他母亲的故乡卡尔西斯（Chalcis），他宣称（这样做是为了）"不使雅典人第二次对哲学犯罪"。同年，亚里士多德去世。

在亚里士多德去世之后，在各式各样的学派中，没有一个学派像亚里士多德学派一样形成了直接带动自然研究的神学滑流。斯多葛主义和伊壁鸠鲁主义是后来出现的两大哲学学派，两大学派都是不太关注知识的哲学流派，而是关注他们所谓的"不动心"（apatheia）。

生活的艺术

根据第欧根尼·拉尔修的记载，季蒂昂的芝诺（Zeno of Citium）是一位塞浦路斯商人，他在一次海难中幸存下来。后来他来到雅典的一家书店，找到了一本关于苏格拉底的书，故而想拜会苏格拉底，后来他被引荐给犬儒派哲学家克拉特斯（Crates），芝诺被克拉特斯的道德教义所吸引并拜克拉特斯为师。芝诺在阿果拉（Agora）的画廊（希腊语 Stoa Poikile）开始独立讲学后，他的学生们最初被称为"芝诺学派"，后来被称为"斯多葛学派"。他的作品都没有流传下来，但是正如第欧根尼所说的，他的教学宗旨却被流传下来；他死后，为了纪念他，雅典人树立了一座雕像，上刻的铭文说他的行为"与他的教义完全一致"。

斯多葛学派认为哲学是他们所描述的"修行"（askesis），即如何在生活中将专业知识付诸实践或运用专业知识。爱比克泰德（Epictetus）是后来罗马斯多葛学派的一员，他曾经是一名奴隶，他认为："哲学并不保证人外在的任何事物，否则它就会承认超出该事物范围之外的事项。"同样，正如木材是木匠的材料一样，"生活艺术的材料就是每个人自己的生活"[29]。如何在逆境之中生活（"有病然而幸福，处于危险然而幸福，临于死亡然而幸福，颠沛流离然而幸福，含诟忍辱然而幸福"[30]）是斯多葛学派最具特色的思想之一，这也是基督教思想家对斯多葛学派特别感兴趣的原因之一。

斯多葛学派的思想根植于一种独特的神学和物理学概念。根据斯多葛学派的第三位领军人物，也是推动斯多葛学派取得最大发展的克利西波斯（Chrysippus）的说法，"宇宙本身就是神，是神灵魂的普遍流露"[31]。他认为，顺应自然的生活意味着遵循逻各斯（logos），即如初生之火一般赋予宇宙生命的理性精神。为了捍卫斯多葛学派的观点，克利西波斯对物理学、数学和逻辑学也有特别的见解，他著作等身，号称多达700多部。尽管这种哲学研究的广度属于自然研究"范围之外的事项"。

伊壁鸠鲁学派同样关注"不动心"（peace of mind）。与斯多葛学派不同，他们认为"不动心"是自然研究的一个原因。认识到自然现象是由物理原因所导致的，这是一种让人解除神灵迷信疑惑的方法。因此，伊壁鸠鲁学派的追随者发起了第一次哲学运动，他们认为自然研究不是一种表达虔诚的方式，而是一种将宗教焦虑边缘化的手段。

哲学疗法

伊壁鸠鲁是雅典人，他在萨摩斯岛长大，似乎曾师从哲学家那可塔尼斯（Nauctanius)。那可塔尼斯是阿布德拉（Abdera）哲学家德谟克利特的追随者（图 10.4）。德谟克利特认为宇宙中仅存在两种事物——"原子和虚空"，原子是最小的、不可分割的微粒，虚空是原子移动的空间。世界万物都是由原子和虚空组成的，并可用两者进行解释（理查德·费曼认为，如果发生了某些灾难性事件，所有的科学知识被损毁，如果人们需要将最言简意赅的知识传给下一代，那么这句话将是"万物由原子构成"[32]）。

图 10.4　伊壁鸠鲁像

对于伊壁鸠鲁来说，这一学说最重要的意义在于无需求诸神灵即可解释万物。瘟疫、闪电和地震是由自然原因导致的，而不是神灵发怒的结果。诸神平静安和，不会通过任何方式干涉人类事务。灵魂也不过是一个脆弱的原子，若肉体不存，灵魂也就无法依附。因此，无需惧怕死后的审判。

根据伊壁鸠鲁的说法，研究自然的唯一原因就是消除宗教焦虑。"气象知识所能达到的唯一目的就是……确保不受干扰的自由和安全的信念，这与其他（物理）知识的作用是一样的。"[33]实际上，"如果我们对某些天体现象的疑惑……一点都没有干扰到我们……那我们就不需要自然科学"[34]。由此看来，伊壁鸠鲁是一个非常焦虑的人。正如他的一位传记作者所说，尽管他流传下来的著作屈指可数，但位于赫库兰尼姆（Herculaneum）的一座别墅图书馆中收藏的关于自然的系列讲座就有 37 卷。这些很可能是罗马诗人卢克莱修所撰写的、关于伊壁鸠鲁学派的诗歌《物性论》（*Rerum Natura*）的资料来源。

伊壁鸠鲁除了坚持原子和虚空学说之外，他对发现真正的物理解释可能性也持怀疑态度。他认为，天象可以有多种解释。例如，月相的盈亏可以有多种不同的原因，其中需要特别注意的一种解释就是："对于一个人来说，如果不理解某一事物的可能性和不可能性，那么他才会基于这一原因而想了解那些不能被理解的事物。"[35]

杰弗里·劳埃德认为："这段话以及很多类似的段落体现出一种非科学、实际上是反科学的观点，享乐主义表现得淋漓尽致。他认为，如果一项研究无助于实现'不动心'，那么这项研究就是徒劳无益的。他不再研究某一现象的几种解释中究竟哪一种是正确的问题，指责那些滥用相关解释的研究者首先是教条主义……其次是陷入了迷信和神话之中。然而，很久之前，那些伊壁鸠鲁所不认同的天文学家已经对月相进行了准确的解释。"[36]

伊壁鸠鲁哲学学说中的反科学观点与后来阿卡德米学园哲学怀疑论有一些共同之处。在泰奥弗拉斯托斯和斯特拉托去世后，吕克昂学园似乎在这方面也鲜有建树。然而，亚里士多德创建的吕克昂学园的辉煌时代却没有被世人所遗忘。

希腊化世界

亚历山大大帝通过征服四方，向整个当时已知的世界输出了希腊哲学知识。泰奥弗拉斯托斯的学生、法莱卢(Phalerum)的德米特里乌斯(Demetrius)被迫离开雅典，公元前307年他来到托勒密一世统治下的、新建成的埃及城市亚历山大。根据史学家斯特拉波(Strabo)的观点，德米特里乌斯说服了托勒密一世拨出资金并以亚里士多德建立的吕克昂学园为蓝本修建了一座图书馆和博物馆。此后，这个国家出资建成的机构成为一个人才聚集地，吸引了来自希腊语世界的学者并成为希腊科学的中心。

尽管博物馆在其漫长的历史进程中并没有完全与某一哲学学派联系在一起，但伯克特认为它是在公元前5世纪第一个阐明"宇宙和星体宗教"的机构，成为"希腊化时代宗教式启蒙的主要形式"。[37]公元2世纪，亚历山大伟大的天文学家托勒密在他的第一部著作《天文学大成》(Almagest)中指出："这项研究灌输给他的追随者以神圣的美，使人逐渐能够具备这种品质，并且在其灵魂中也会形成神圣的美。"[38]他的这一表述呼应了700年前阿里斯托芬所模仿的"玄妙思想"。

这两种神学的动机都不局限于天文学。公元2世纪著名的医生盖伦(Galen)曾经在亚历山大求学，在他撰写的解剖学专著《论身体各部位的功用》曾经提到，"这是一部神圣的著作，我向我们的造物主致以真诚的赞美"，并且他认为"真正的虔诚"不在于供奉神灵而在于"发现……并向世人展示造物主的智慧、力量和善良"。[39]盖伦遵循了自亚里士多德以来哲学和宗教传统的直接指引。

托勒密和盖伦提到的"神性美""智慧、力量和善良"的神性特点推动了人类对自然世界的研究，在此后的700年中不断地被人们所引用。借助希腊自然哲学的强大滑流，涌现了一批令人印象深刻的成果，其中包括公元前3世纪亚历山大首席图书管理员埃拉托色尼(Eratosthenes)对地球和太阳周长的精确计算。

　　然而,在希腊哲学的传播过程中,它与一种起源完全不同的宗教传统建立了联系。希腊哲学与三种亚伯拉罕宗教——先是犹太教,然后是基督教,再后来是伊斯兰教建立了联系,从根本上对神性秩序和物质世界之间的关系进行了重新界定。

【注释】

[1][2] Guthrie, W.K.C., *The Sophists*(Cambridge: Cambridge University Press, 1971), 233.

[3] Huffman, C.A., *Archytas of Tarentum: Pythagorean, Philosopher, and Mathematician King* (Cambridge: Cambridge University Press, 2005), 342—401.

[4] Huffman, C.A., "Archytas", in Zalta, E.N. et al (eds.) *The Stanford Encyclopedia of Philosophy*, 2011 (https://plato.stanford.edu/entries/archytas/).

[5] Plato, *The Republic*(trans.) Lee, H.D.P. (Harmondsworth: Penguin, 1955), 292.

[6] Plato, *The Republic*(trans.) Lee, H.D.P. (Harmondsworth: Penguin, 1955), 298.

[7] Lloyd, G.E.R., *Early Greek Science: Thales to Aristotle*(London: W.W.Norton, 1970), 84.

[8] Plato, *Timaeus and Critias*(trans.) Waterfield, R. (Oxford: Oxford University Press, 2008), 6.

[9] Plato, *Timaeus and Critias*(trans.) Waterfield, R. (Oxford: Oxford University Press, 2008), 15.

[10] Plato, *Timaeus and Critias*(trans.) Waterfield, R. (Oxford: Oxford University Press, 2008), 29.

[11] Plato, *Timaeus and Critias*(trans.) Waterfield, R. (Oxford: Oxford University Press, 2008), 17.

[12] Plato, *Timaeus and Critias*(trans.) Waterfield, R. (Oxford: Oxford University Press, 2008), 18.

[13] Plato, *Timaeus and Critias*(trans.) Waterfield, R. (Oxford: Oxford University Press, 2008), 46.

[14] Plato, *Timaeus and Critias*(trans.) Waterfield, R. (Oxford: Oxford University Press, 2008), 93.

[15] Plato, *Timaeus and Critias*(trans.) Waterfield, R. (Oxford: Oxford University Press, 2008), 72.

[16][17] Plato, *Timaeus and Critias* (trans.) Waterfield, R. (Oxford: Oxford University Press, 2008), 103.

[18] Plato, *The Laws*(trans.) Saunder, T.J., (Harmondsworth: Penguin, 1970), 316.

[19] Plato, *The Laws*(trans.) Saunder, T.J., (Harmondsworth: Penguin, 1970), 527.

[20] Plato, *The Laws*(trans.) Saunder, T.J., (Harmondsworth: Penguin, 1970), 528.

[21] Aristotle. *On the Parts of Animals* (trans.) Ogle, W. (Oxford: Clarendon Press, 2001), 645a621.

[22] Aristotle, *The Metaphysics* (trans.) Tredennick, H. (Cambridge, Mass.: Harvard University Press, 1933), 13.

[23] Aristotle, *The Metaphysics* (trans.) Tredennick, H. (Cambridge, Mass.: Harvard University Press, 1933), 15.

[24] Aristotle, *The Metaphysics* (trans.) Tredennick, H. (Cambridge, Mass.: Harvard University Press, 1933), 149.

[25] Aristotle, *The Metaphysics* (trans.) Tredennick, H. (Cambridge, Mass.: Harvard University Press, 1933), 151.

[26] Aristotle, *The Metaphysics* (trans.) Tredennick, H. (Cambridge, Mass.: Harvard University Press, 1933), 165.

[27] Aristotle, *Nicomachean Ethics* (trans.) Rackham. H. (Cambridge, Mass.: Harvard University Press, 1968), 613.

［28］Aristotle，*Nicomachean Ethics*（trans.）Rackham. H.（Cambridge，Mass.：Harvard University Press，1968），628.

［29］Epictetus，*Discourses*，*Fragments*，*Handbook*（trans.）Hard，R.（ed.）Gill，C.（Oxford：Oxford University Press，2014），33.

［30］Epictetus，*Discourses*，*Fragments*，*Handbook*（trans.）Hard，R.（ed.）Gill，C.（Oxford：Oxford University Press，2014），120.

［31］Cicero，*De Natura Deorum*，I，XV，39（trans.）Rackham，H.（Cambridge，Mass.：Harvard University Press，1933），41.

［32］Feynman，R.P.，Leighton，R.P. and Sands，M.，*The Feynman Lectures on Physics*（Reading：Addison-Wesley，1965），1—2.

［33］Epicurus，*The Epicurus Reader：Selected Writings and Testimonia*（trans. and eds.）Inwood，B. and Gerson，L.P.，Cambridge：Hackett，1994），19.

［34］Epicurus，*The Epicurus Reader：Selected Writings and Testimonia*（trans. and eds.）Inwood，B. and Gerson，L.P.，Cambridge：Hackett，1994），33.

［35］Epicurus，*The Epicurus Reader：Selected Writings and Testimonia*（trans. and eds.）Inwood，B. and Gerson，L.P.，Cambridge：Hackett，1994），22.

［36］Lloyd，G.E.R.，*Greek Science after Aristotle*（London：Chatto & Windus，1973），25—26.

［37］Burkert，W.，*Greek Religion*（Cambridge，Mass.：Harvard University Press，1985），329.

［38］Lloyd，G.E.R.，*Greek Science after Aristotle*（London：Chatto & Windus，1973），115.

［39］Lloyd，G.E.R.，*Greek Science after Aristotle*（London：Chatto & Windus，1973），151.

第三编　相遇在亚历山大

第十一章　两名学生

2005 年,在亚历山大城纳比丹尼尔街(Nabi Daniel)和哈里亚街(Harriya)交会处〔亦称孔-艾尔迪卡遗址(Kom El-Dikka)〕附近进行的考古发掘发现了属于公元 5 世纪到 6 世纪的、包含 20 个讲厅的大型建筑群遗址(图 11.1)。人们并没有找到铭文证据确定遗址的年代,但是基本可以确认遗址是公元 5 世纪末、6 世纪初的一所著名学校,一位基督教徒和一位异教徒曾在这里开始他们的学习生涯。

图 11.1　孔-艾尔迪卡演讲厅遗址

两个年轻人都曾就读的这所学校,当时的哲学家赫拉波罗(Horapollo,他的父亲曾在著名的国家博物馆任教)是它的负责人,主讲柏拉图哲学的阿摩尼阿斯(Ammonius)教授每周五上午举行研讨会,两个年轻人都是研讨会的成员。有时候,研讨会的讨论氛围有些难以驾驭。基督徒和异教徒之间的唇枪舌剑导致辩论充满了火药味。然而,后来给人们留下更深刻印象的不是这种火药味而是辩论持续的漫长时间:辩论来来回回持续了一千多年的时间。

辩论方的身份和辩论主题凸显了辩论者之间的分歧;这是两位专业的哲学家 100
之间的争论,他们讨论更多的是世界的本质而不是上帝的角色。在研讨会上,这两名学生落座之后,异教徒和亚伯拉罕追随者之间的争论随即上演,当时这一争论已经延续了数个世纪之久,同是生活在地中海周边的民众,对上帝角色和人类生活目的的观点可谓截然不同。

亚伯拉罕和本原

为什么两种不同的宗教观会导致对自然世界的看法截然不同呢?

柏拉图和亚里士多德时代以来的哲学宇宙宗教观与亚伯拉罕一神论的核心观点乍看起来有很多共同之处。哲学家们抛弃了民间神话(及其对自然现象以及诸神不道德行为的解释),关注"独一"和"善良",犹太教、基督教和后来的伊斯兰教都强调了类似的概念。虽然这些不同的思想传统可能得出了看上去类似的结论,但是它们的发展历程的出发点各不相同,它们之间的任何融合进程都异常艰难。

虽然希腊哲学和犹太宗教都包含着革命性的新思维方式,但这些(思维)革命之间的差距却非常悬殊。赫拉克利特指出,神"既愿意又不愿意被唤作宙斯",这不仅体现出"哲学家对传统宗教批评的暧昧",也反映出这种外界批评的意义所在。苏格拉底之前的哲学家共同体中,毕达哥拉斯已建立起自己的宗教崇拜,但(一直遭受迫害的)毕达哥拉斯学派未能将这种宗教崇拜传承下来。

苏格拉底去世之后,大多数哲学家对传统宗教的批评都变得非常谨慎。柏拉图在他的最后一部著作中指出,"任何一个有智慧的人都不会篡改……古老的传 101
统",这些古老的传统"已经形成了神圣的……图像、祭坛和寺庙"[1],基本上没人会对传统大肆抨击。传统宗教的核心是祈祷、宗教职业、祭祀、舞蹈和竞赛,这些亘古未变。在整个希腊化的世界中(后来是罗马帝国),神职人员、献祭者和预言家继续维护着古老的图像、祭坛和寺庙,新加入的因素仍然是以传统的奥林匹亚诸神(或罗马文化中对应的诸神)为主。

与之不同的是，亚伯拉罕宗教一神论从一开始就彻底改变了当时宗教生活的核心。作为以色列信仰宣言的《施玛篇》开宗明义："以色列啊，你要听！耶和华我们神是独一的主。"随后就是命令式的要求："你要尽心、尽性、尽力爱耶和华你的神。"[2]并且随后告诫"不可随从你们四围国民的神"[3]。然后，这些禁令之间的冲突（后来的基督教和伊斯兰教也如出一辙）成为犹太族宗教生活叙事的核心，在（犹太教）陷入危机的时期更是如此。

除此之外，不同的发展过程形成了关于神与自然世界关系的不同概念。从巴比伦流亡（通过暴力将犹太教与其寺庙、礼拜场所进行隔离）开始，先知著作一直强调不同民族所信奉的神之间本质的区别，其他宗教的诸神与太阳、月亮和星星相对应，以色列至高无上的上帝则积极地与他的子民共同超然于整个自然王国之外。最终，这种新的宗教思想形成了强大的滑流，推动了所有次终极追问的发展。

另一方面，希腊各哲学流派的追随者尝试重新诠释而不是挑战传统宗教，他们通过强调宇宙的永恒性和天体的神性部分地达到了这一目的。

可见的神

柏拉图认为，因为行星运动遵循理性的数学公式，不会发生改变（经过几个世纪的观察，未曾发现其发生过改变），所以宇宙是"完美的、活着的有机体"，是永恒不变的、本身拥有灵魂和思想的理性存在。[4]恒星"是肉眼可见的，是被创造的众神"[5]。亚里士多德还认为，宇宙并非创造物，它是无始无终的。即便是认为存在解构"一个伟大的、可见的神"的可能性，那也是一种"可怕的、否认神存在的"无神论主义。[6]

有人认为，根据地球环境的变化和衰退，可以将宇宙分为两个领域：位置较低的地球和位置较高的星空。二者之间的分界线就是月亮，虽然月亮沿着符合数学公式的轨道运行，但是其光线会发生变化（正如阿那克萨戈拉所说的那样，月亮的光线来自太阳）。月球下方的天体按照直线移动，运动存在偶然性。在其上方是月球外部的区域，恒星和行星并不是由地球上的四种元素土、水、火和空气所构成的，而是由第五种神圣的元素构成，这些天体受理性的控制，按照完美的几何圆周轨迹运动。

这种宗教和哲学的结合可以通过巧妙的寓言将传统的神话故事纳入其中。特别指出的是,斯多葛派哲学家完成了一些细节性工作,他们指出宙斯是天神,阿波罗是太阳神,阿尔忒弥斯则是月亮神。

然而,随着时间的推移,这种哲学方法开始更多地呈现出一种自成一统的宗教特征。公元 3 世纪,亚历山大的哲学家阿摩尼阿斯·萨卡斯和他的学生普罗提诺(Plotinus)提出了一种柏拉图式学说(即现在所称的新柏拉图主义),这种学说认为,哲学研究是一种对灵性的学习,引导灵魂回归于神。公元 5 世纪末、6 世纪初,一些新柏拉图学派学者进一步拓展了这一学说,其中包括提出了通过准神式的灵修,即神通术(Theurgy,"神圣之术"),提升灵性学习的观点。

在这一时期,基督教成为罗马帝国的国教,但信仰基督的罗马皇帝在很长一段时间内需要仰仗异教徒来管理帝国事务。公元 4 世纪,哲学家德米斯提乌斯(Themistius)连续辅佐了六位罗马皇帝管理国家事务,其中五位皇帝都是基督徒。哲学学校仍然是基督教徒和异教徒主要的教育中心。

当时最为激烈的争论都发生在基督徒内部(双重性灵论和单一性灵论的争论: 103 双重性灵论认为基督存在人和神两种本性,单一性灵论则认为只存在一种本性),但从学校的设置来看,在学校内部,基督徒学生和异教徒学生之间关系紧张一点也不奇怪。亚历山大学校的这两位学生(如果二人之间的学术生涯存在交集的话)彼此之间交集甚少。后来这种情况发生了改变,尽管并不是朝着好的方向改变。在一本名著中,一位学者(异教徒)对另一位学者(基督教徒)的著述进行了猛烈抨击。

这种冲突具有如此鲜明的特点的原因,不仅在于冲突发生地,而且在于他们所使用的辩论手段。但是他们每个人的思维都是以自己的宗教观念为基础的,二人的假设是一致的,即认为宗教的真理以及通过理性和观察发现真理是这一严密体系的组成部分。因此,二人之间的争论不是用一方的观点攻击另一方的观点,而是通过一系列严密论证的哲学观点去攻击另一方。虽然之后这些相互争论的思潮依然存在,但它们有共同的缘起:曾作为这所学校学生的两位学者,对所学理念所持的观点不同。

亚历山大学派

这两名学生的名字分别是西西里的辛普利丘和约翰·菲洛波努斯(John Philoponus)。不管孔-艾尔迪卡古罗马剧场遗址(Kom al-Dikka)发现的建筑物是否一直是这两名学生求学的学校,庞大的遗址建筑群彰显了学校所在城市当时的文化地位。规模宏大的亚历山大图书馆和国家出资修建的博物馆成为此后 800 多年间古典文化的知识中心,它的地位就如同今天的牛津大学或哈佛大学一样,这些是因为它不惜重金吸引人才而成就的。

当一位专门研究柏拉图哲学的教授去世后,亚历山大市政府当局仍继续向其遗孀阿德西亚(Aedesia)支付薪水。靠这笔钱,阿德西亚带着她的两个儿子返回雅典并跟随哲学家普罗克鲁斯(Proclus)学习(他曾经与阿德西亚订立了婚约)。亚历山大市政府当局的慷慨之举得到了回报。她的长子阿摩尼阿斯(后来担任辛普利丘和菲洛波努斯的导师)完成学业之后返回亚历山大,并继承了他父亲的学术衣钵。

学术职务并不总是按照家族谱系进行传承的。新柏拉图学派一般是按照从导师到学生的师徒关系进行传承,反映出这种学术研究的宗教式特征。这种学术研究被认为具有一定的宗教式回溯的意味,是因为它首先是对亚里士多德思想进行研究,而后过渡到对柏拉图思想研究的更高阶段。在每周五上午举行的学术研讨会上,阿摩尼阿斯会向他的学生强调他所解释的是“我们伟大的导师普罗克鲁斯,即柏拉图继任者”的思想[7],并向学生们明确指出,对亚里士多德思想研究的目的是“升华到万物的共同原则(本原),并且意识到其本身是独一无二、善良、非物质、不可分割、无限和无穷式的存在”[8]。

在研讨会上,辛普利丘、约翰·菲洛波努斯与阿摩尼阿斯之间更像是师傅和弟子的关系,而不是教师和学生的关系。学生们称老师为“父”,有些学校还要求学生向老师宣誓效忠并穿上特殊的学术长袍(在今天看来,为什么会形成这种教授—学生关系是一个有趣的问题[9])。在亚历山大,教授坐在讲厅内较高的位置。在孔-艾尔迪卡古罗马剧场遗址发掘出的 20 个讲堂中,学生们坐在环绕墙壁的阶梯式长椅上,围成马蹄状,演讲人在马蹄状圆环顶端,坐在位置被抬高的座位或高座上,主持讲演过程(图 11.2)。

座次布局与教学方法是相互适应的。普罗克鲁斯的一部著作就名为 *Sunanagnosis*,意思就是“与导师一起诵读”,老师希望学生们能够在注释方面多下工夫,然后在一些情况下可以发表观点;在阅读的过程中,导师会对经典文献进行讲解。特拉雷斯的阿斯克勒庇俄斯(Asclepius of Tralles)是这所学校的一名学生,他出版了亚里士多德的注释性著作《阿摩尼阿斯的观点》,约翰·菲洛波努斯则以“赫梅厄斯(Hermeias)之子阿摩尼阿斯举办的研讨会学说注释”为题出版了四本专著。这些

图 11.2　孔-艾尔迪卡的讲台

著述表明年轻的菲洛波努斯在学校内可能受到某种程度的偏爱。如果确实如此，则可能是他的名字暗示了他的出身的缘故。

语法学家约翰

105

　　"Philoponus(菲洛波努斯)"的字面意思是"工作狂"，这是几位多产哲学家的绰号，但菲洛波努(Philoponoi)也是亚历山大附近伊顿修道院基督教团体的名称，菲洛波努公会的成员住在一起。(图 11.3)菲洛波努斯到底是因为上述哪种背景而得名现在并不清楚，但是基督教名字约翰尼斯(Johannes)则非常明显地表明菲洛波努斯 106 生于一个基督教家庭。

　　他似乎曾被任命在学校讲授语法(Grammatikos)。他以此为题撰写过两本著作。后来，他转向了哲学研究。辛普利丘嘲笑他说，当菲洛波努斯以希律王室(Herodian)语法学家的身份"面对我们"的时候，他在评价亚里士多德物理学方面还不够格，在哲学领域他是一位后生。菲洛波努斯早期的作品几乎没有任何迹象表

111

图 11.3 *伊顿修道院*

明他明确反对他老师所提出的宗教假设，但是公元 529 年，这位"语法学家约翰"出版了《反对普罗克鲁斯永恒世界论》一书，书中不仅反对老师阿摩尼阿斯（及神圣的普罗克鲁斯）的观点，而且对亚里士多德哲学思想中最基本的原则进行了猛烈抨击，这让他的学生非常惊讶。

【注释】

[1] Burkert，W.，*Greek Religion*（Cambridge，Mass.：Harvard University Press，1985），334；Plato，*The Laws*（trans.）Saunder，T. J.，（Harmondsworth：Penguin，1970）.

[2] Deuteronomy 6：4.

[3] Deuteronomy 6：14.

[4] Plato，*Timaeus and Critias*（trans.）Waterfield，R.（Oxford：Oxford University Press，2008），21—22.

[5] Plato，*Timaeus and Critias*（trans.）Waterfield，R.（Oxford：Oxford University Press，2008），29.

[6] Burkert，W.，*Greek Religion*（Cambridge，Mass.：Harvard University Press，1985），330.

[7] Ammonius，H.，*Ammonius on Aristotle：On Interpretation 1—8*（London：Duckworth，1996），11.

[8] Ammonius，H.，*On Aristotle Categories*（London：Duckworth，1991）.

[9] "现在的时代思潮中，自由主义者占据主导地位，这是一种原子论的自由主义，认为任何人都有责任参与他人的道德养成，以及，尤其是成年人塑造处在青春期晚期的、他人的孩子道德的观点，这种观点不仅令人难以置信而且需要认真审视。"Biggar，N.，"What Are Universities For? A Christian View" in Highton，M.，Rowland，C. and Law，J.（eds.）*Theology and Human Flourishing：Essays in Honour of Timothy J. Gorringe*（Eugene：Cascade Books，2011），238—250.

第十二章　网格式城市

当时亚历山大城所处的历史阶段类似于不同宗教思想之间相互冲突阶段的情形。

公元前 322 年左右，亚历山大大帝建成了希腊式城市亚历山大，成为埃及的新首都，他手下的将领托勒密在希腊人占领朱迪亚（Judea）之后运送了 12 万犹太人俘虏来到亚历山大。亚历山大城的建筑师狄诺克莱特斯（Deinocrates）设计了网格式平行街道的布局，城中设有地下排水渠，这些网格式布局将城市划分为五个区域，分别以字母进行命名：其中希腊人居住在阿尔法（Alpha）区和贝塔（Beta）区，犹太人和其他移民居住在东北部的伽马（Gamma）区和德尔塔（Delta）区，埃及当地人则居住在艾普斯龙（Episilon）区。多元文化开始兴起，到了罗马人统治亚历山大的时候，这座城市中的犹太人数量已经超过了居住在耶路撒冷的犹太人的数量，成为古代世界第二大城市和文化最多元化的城市。

亚历山大城市的多元化是导致摩擦频发的原因之一，并且因为骚乱多发而臭名昭著。其中最为严重的一次骚乱发生在公元 38 年，当时犹太哲学家斐洛（Philo）率领一个代表团抵达罗马，向罗马皇帝卡里古拉（Caligula）上书（没有取得成功）痛陈信仰异教的亚历山大学派对犹太人进行攻击并在犹太教教堂竖起皇帝雕像的行径。根据基督教历史学家尤西比乌（Eusebius）的说法，公元 202 年，塞维鲁（Severus）皇帝在位时期，亚历山大城针对基督教徒的迫害活动频率明显上升。亚历山大教导学院（也被称为 Didascalium）被迫关停，学院院长亚历山大的克莱门特（Clement）在报告中提到："每天都有基督教徒被焚烧、施刑或斩首。"[1]罗马皇帝戴克里先（Diocletian）统治时期，埃及爆发的迫害运动进一步加剧，公元 303 年一项法令颁布后,基督教堂被尽数摧毁,圣书被付之一炬,非属政府雇员的基督徒统统被贬为奴隶。

公元 313 年,罗马皇帝君士坦丁颁布(宗教)包容法令之后,骚乱暂时偃旗息鼓;然而,公元 391 年罗马皇帝狄奥多西一世(Theodosius I)颁布的法令再度引发骚乱。在亚历山大城牧首提阿非罗(Theophilus)的监督之下,所有异教徒神庙被拆除,其中就包括著名的塞拉匹斯(Serapis)神庙。24 年之后,柏拉图学派的第一位女性领军人物哲学家希帕蒂娅(Hypatia)被狂热的基督徒暴徒野蛮杀害。

当时正坐在一个很高的座位上(授课)的希帕蒂娅(就像孔-艾尔迪卡古罗马剧场遗址出土发现的座位一样)被人拖走并杀害,她被杀害不太可能是因为她的教学工作,而是因为她卷入了牧首和帝国长官之间的权力斗争,当地的政治生态可能是她遇害的原因,当时的一位历史学家认为是因为她"对亚历山大教堂的大不敬"[2]。

然而,亚历山大城多元化更为积极的方面在于,在这个环境中可以相互发现不同的文化。

国之贤士

公元前 3 世纪,托勒密二世(Ptolemy II)选拔了 72 名犹太学者,将《摩西五经》翻译成希腊文本并由亚历山大图书馆收藏。该译本被称之为"七十士译本",后历经两个世纪最终完成,其中增加了希伯来《圣经》的其他典籍的译本。受过教育的希腊人可以阅读希伯来《圣经》,受过教育的亚历山大犹太人也开始熟悉希腊的文学和哲学知识。

上文谈及亚历山大骚乱时提到的犹太哲学家斐洛也是一位尝试在两种文化间搭建知识桥梁的重要人物。对于"上帝圣谕",七十士译本将其翻译为希腊语"逻各斯"(logos),赫拉克利特和其他希腊哲学家曾用这个词来指代宇宙的理性原则。因此,斐洛(他与耶稣生活在同时代)认为,"神的影子就是他的逻各斯,它就如同在创造世界时神所使用的一个工具"[3]。

在关于《创世记》的讨论中,斐洛认为虽然一些细节是"象征性而非绝对准确的"[4],但这些故事不能仅仅被视为"异想天开的编造",它们反映了一些显而易见的思想,"蕴含了一些寓言性真理"[5]。《创世记》提到上帝创造万物时,非常明确地指出"行星的运动",这体现了"定律和章法",上帝是永恒不变的,他"缔造了每一样东西和每一个国家"[6]。他认为,将神理解为"规制万物之因","哲学从此而生,这 109 是人类生活中注入的最大的善"。[7]

这种对待哲学的积极态度与公元5世纪左右犹太教对《耶利米哀歌》的评述是相互呼应的,认为"世界上所有民族都有智慧"[8],《巴比伦塔木德》(*Babylonian Talmud*,公元3世纪到5世纪期间编译完成)中提到"周期及行星科学"是上帝的恩赐,并且要称颂上帝"注意到世界各国的贤士"。[9]

真理之河

在早期的基督教思想中也发现了类似的沟通桥梁。《约翰福音》第一句就是将《创世记》翻译成的希腊哲学术语:

> 太初有道(logos),
> 道与神同在,
> 道就是神。
> ……万物是藉着他造的。

这句话出现在"道成了肉身,住在我们中间,充充满满地,有恩典,有真理"这项惊人的宣告之前。与之类似,早期皈依基督教的教徒贾斯汀曾对斯多葛派和柏拉图哲学思想进行了研究(并且在他皈依之后仍继续穿着代表哲学家的长袍,一直到他公元165年殉难为止),他认为耶稣对于"每一个种族的人都是共担者的道:与道共生的人就是基督徒,即便这些人之前被认为是无神论者;希腊人中,苏格拉底和赫拉克利特就是这类人"[10]。

基督教堂和犹太教堂内都会发现这种思想导致的融合趋势。斐洛所提出的联系并没有被犹太社区中的一些人所接受,他本人被称为"文字的诡辩者"[11],然而在公元3世纪,非洲地区的一些基督教徒社区也有了类似的龃龉之感。迦太基作家德尔图良(Tertullian)曾提出了一个著名的问题:"雅典和耶路撒冷的共同点是什 110 么?学园和教堂的共同点又是什么?"[12]"哲学家和基督徒之间的共同点是什么?希腊学校的学生和神的学生的共同点又是什么?"[13]他的答案是"耶稣基督降生之后,我们不必再秉持任何好奇心,传道人来到之后,我们不必再去探究"[14]。

亚历山大的克莱门特与德尔图良是同时代的人，对同样的问题，他给出了截然不同的答案。克莱门特认为"哲学的特点是通过探究发现真理和事物的本质"[15]，然而"唯一的真理"如同"奔腾不息的河流，四面八方的溪流汇入其中"。[16]因为上帝是所有真理的源泉，"哲学从某种意义上讲是神圣旨意的工作"[17]。正如传授《摩西五经》的圣保罗被视为将犹太人转化为基督教徒的教士，哲学也可以被视作将"希腊人的灵魂"转变为基督教徒的"教士"。

在后续的几个世纪中，这一原则成为决定推动次终极追问滑流强度发展的关键性因素；同时，由克莱门特担任院长的亚历山大教导学院也起到了重要作用。学院教授的科目中，除了神学，还包括数学、医学、人文科学以及除了伊壁鸠鲁之外所有希腊哲学家的哲学思想。克莱门特讲授的《劝勉篇》（即"劝导希腊人"）仍沿袭了贾斯汀所建立的传统，通过讲述希腊文学和哲学的百科全书式知识，指出希腊神话的荒谬之处，并提示（学生）注意希腊哲学家所提出的、与基督教义相近的思想。

当塞维鲁和戴克里先发动的迫害运动结束后，学院重新开学，多位卓越的领军人物继续了这一悠久的历史传统，其中就包括奥利金（Origen）和盲人狄底谟斯（Didymus）。奥利金的学生曾说："他要求我们通过阅读所有古代哲学家和宗教诗人的典籍来学习哲学……对我们来说，无所禁止、无所隐藏，可以阅读所有一切书籍。我们可以学习所有的理论，无论是希腊哲学抑或是非希腊哲学，无论是精神领域抑或是世俗领域，无论是神灵抑或是凡人的思想。"[18]尽管狄底谟斯在 4 岁时就失明了，但他被推崇为当时最为博学的大儒，他熟悉所有希腊科学的知识。他设计了一种木制盲文，学校的盲人学生可以使用这种方法进行阅读和写作，这比路易斯·布莱叶的发明要早 1 500 年。

111　　尽管直到公元 398 年，迦太基公会议（Council of Carthage）仍禁止人们阅读异教书籍，但是亚历山大学派的观点最终成为北非的主流学说。公元 396 年，奥古斯丁担任希波（Hippo）主教。奥古斯丁认为，基督徒关于"恒星的运动和轨道，……其大小和相对位置，预测日食和月食，日历和海洋周期……动物、灌木、石头以及其他事物的种类"等诸如此类的"胡说八道"是"可耻和危险的"。[19]相反，他认为异教徒哲学家发现的真理应该拿来为我所用而不是视而不见，他说："如果那些被称为哲学家特别是柏拉图学派学者的观点与我们的信仰能够相互包容，那么我们就不应该担心，应该将其视为窃取的知识，（知识）应该为我们所用。"[20]

哲学和传说

亚历山大学派的包容性有时会有意识地回避一些问题。学者辛奈西斯（Synesisus）曾经在亚历山大跟随希帕蒂娅学习，直到辛奈西斯去世之前，他给希帕蒂娅的信中都称希帕蒂娅为"母亲、姐姐、老师"。当他被迫担任托勒迈斯（Ptolemais）主教时，他承认自己的良心遭受了谴责。他不能放弃对世界永恒或理性灵魂先在的哲学信仰，也不能接受复活只不过是一种"神圣而神秘寓言"的说法。然而，他认为，"普通人"与哲学几乎没有共同语言，而"神圣的真理处于隐藏状态……粗俗的生活需要另外一种体系"。因此，他认为可以接受这一职位，但条件是他可以"在家继续研究哲学，在外传播圣音"[21]。辛奈西斯似乎没有按此行事，但是异教徒哲学家对基督徒学生做了一些妥协，结果却是"风箱中的老鼠——两头受气"。

达玛修斯（Damascius）是阿摩尼阿斯的一位异教同事，他曾经指责阿摩尼阿斯为了经济利益而与基督教当局进行妥协。此外，基督教徒扎卡赖亚斯·斯克拉斯提克斯（Zacharias Scholasticus）则对阿摩尼阿斯设立的思想所（phrontisterion）颇有微词，认为经常光顾思想所的年轻人正在从基督教徒转变为信奉希腊文化，"因为他善于摧毁他们的灵魂，将上帝和真理从他们头脑中抹去"[22]。扎卡赖亚斯也是阿摩尼阿斯研讨会的成员，并且还描述了热烈的课堂辩论。"当时很多出现在课堂上的人……倾向于赞同我们的观点或者基督教的观点。"在另一场讨论的记录中，阿摩尼阿斯则"要求他的学生离开讲堂，这样他们就不会被辩论所说服，从而再一次成为基督徒"[23]。

年轻的菲洛波努斯在这些争议中支持哪一方呢？在他早期的《学派观点注释》一书中，他特别注意到阿摩尼阿斯认为亚里士多德相信神创论的事实；但是在这些书中，他似乎也接受存在理性灵魂的观点，并认同亚里士多德第五种"永恒"元素的观点。直到公元529年菲洛波努斯出版《驳普罗克鲁斯》一书，当时阿摩尼阿斯已经退休或去世，他开始提出自己关于基督教哲学与众不同的观点。

雅典学派

在雅典学派形成之前，菲洛波努斯的学生辛普利丘已离开亚历山大。在此40

多年之前，即公元485年，学校发生了一场骚乱。在此期间，一位基督徒学生因言语之间对自己老师有所轻慢而遭到一群异教徒学生的殴打，后来被一些菲洛波努的学生救出。随后，情势直转急下，阿摩尼阿斯的同事达玛修斯被迫出走亚历山大并逃到雅典，公元520年左右，他开始担任雅典柏拉图学园的负责人。离开亚历山大之后，辛普利丘在雅典跟随达玛修斯学习。

与亚历山大发生的骚乱情况不同，历史上雅典学园一直以来都持反对基督教的立场。

阿摩尼阿斯的老师普罗克鲁斯第一次抵达雅典时，他脱下自己的鞋子并当着"所有人的面"敬拜月亮女神，当地的哲学家（其中应该包括当时学园的负责人普鲁塔克）都对他的行为敬佩有加。[24]据他的学生马里纳斯（Marinus）说，他在"中午、黎明和黄昏"三时敬拜太阳。[25]此外，他还倡导"神通术"（Theurgy）。他参加"迦勒底祷告会"的同时，也认同"祛除神性的上衣"，并写了一本关于看到"发光的赫卡式幽灵"（Hecate，幽灵和魔法的女神）[26]的小册子。他倡导的哲学宗教不仅局限于这种虔诚的行为。在他编写的哲学著作中，内容都是直接反对基督教观点的。

113

普罗克鲁斯《永恒的世界》一书中提出了"十八条论据"，其中明确提到了基督教，但是有意思的是，他认为任何否认世界永恒性的人（基督教徒的观点即是如此）都是"极端狂妄的"。[27]他至少有一次曾被迫离开雅典。最后，公元529年，查士丁尼皇帝彻底关闭了雅典学园。

包括达玛修斯和辛普利丘在内的七位哲学家踏上了流亡之路，但他们并不是没有回来的希望。在他们的著作中，这些哲学家们表达了一种信念，即基督教不过是过去式。他们似乎已经笃信这种假设。1975年，在对雅典"哲学家之家"的发掘中出土了一些雕像，这些雕像肯定是建筑物的装饰部件，它们被小心地放入了一口井中，这样做可能是期待未来有一天能够更华丽地展现在世人面前（图12.1）。这些雕像从未被修整过。

图12.1 在雅典"哲学家之家"的井中出土的雕像

【注释】

［1］Clement of Alexandria，*The Writings of Clement of Alexandria Volume II*，Roberts，A.，and Donaldson，J. (eds.)(Edinburgh：T. and T. Clark，1869)，70.

［2］Lindberg，D. C. and Numbers，R. L. (Eds.)，*God and Nature：Historical Essays on the Encounter between Christianity and Science*(Berkeley：University of California Press，1986).

［3］Hillar，M.，*From Logos to Trinity：The Evolution of Religious Beliefs from Pythagoras to Tertullian*，(New York：Cambridge University Press，2012)，57.

［4］Philo，*The Works of Philo：Complete and Unabridged*(trans.) Yonge，C. D. (Peabody：Hendrickson，1993)，1—52.

［5］Philo，*The Works of Philo：Complete and Unabridged*(trans.) Yonge，C. D. (Peabody：Hendrickson，1993)，157.

［6］［7］Philo，*The Works of Philo：Complete and Unabridged*(trans.) Yonge，C. D. (Peabody：Hendrickson，1993)，53.

［8］转引自 Sacks，J.，*The Great Partnership：God，Science and the Search for Meaning*(Hodder & Stoughton Ltd，2011)，351。

［9］Sacks，J.，*The Great Partnership：God，Science and the Search for Meaning*(Hodder & Stoughton Ltd，2011)，351.

［10］Cleveland Coxe，A. *The Ante-Nicene Fathers：Translations of the Writings of the Fathers Down to A D. 325*，vol.I：*The Apostolic Fathers，Justin Martyr，Irenaeus*(New York：Christian Literature Publishing Co，1885)，178.

［11］Philo，*The Works of Philo：Complete and Unabridged*(trans.) Yonge，C. D. (Peabody：Hendrickson，1993)，391.

［12］［14］Tertullian，F. Q. S.，*Quinti Septimi Florentis Tertulliani Opera* (eds.) Reifferscheid，A. and Wissowa，G. (Vindobonae：Hoelder-pichler-Tempsky，1890)，Book 7.

［13］Tertullian，F. Q. S.，*Quinti Septimi Florentis Tertulliani Opera*(eds.) Reifferscheid，A. and Wissowa，G. (Vindobonae：Hoelder-pichler-Tempsky，1890)，Apologeticum 46.

［15］Cleveland Coxe，A. *The Ante-Nicene Fathers：Translations of the Writings of the Fathers Down to A D. 325*，vol.I：*The Apostolic Fathers，Justin Martyr，Irenaeus*(New York：Christian Literature Publishing Co，1885)，366.

［16］Cleveland Coxe，A. *The Ante-Nicene Fathers：Translations of the Writings of the Fathers Down to A D. 325*，vol.I：*The Apostolic Fathers，Justin Martyr，Irenaeus*(New York：Christian Literature Publishing Co，1885)，Book 5.

［17］Cleveland Coxe，A. *The Ante-Nicene Fathers：Translations of the Writings of the Fathers Down to A D. 325*，vol.I：*The Apostolic Fathers，Justin Martyr，Irenaeus*(New York：Christian Literature Publishing Co，1885)，349.

［18］Clarke，M. L.，*Higher Education in the Ancient World*(London：Routledge & K. Paul，1971)，126—127.

［19］Augustine. *Ancient Christian Writers*，vol.I：*The Literal Meaning of Genesis*(trans.) Taylor，J. H. (S. J. New York：Paulist Press，1982)，41—44.

［20］Augustine，*On Christian Doctrine*(Indianapolis：Bobbs-Merrill，1958)，75.

［21］Synesius，*The Letters of Synesius of Cyrene*(trans.) Fitzgerald，A. (Oxford：Oxford University Press，1926).

［22］［23］Sorabji，R.，*Aristotle Transformed：The Ancient Commentators and Their Influence*(London：Duckworth，1990)，240.

［24］Marinus of Samaria，*The Life of Proclus or Concerning Happiness*(trans.) Guthrie，K. S. (Yonkers，NY：Platonist，1925），26.

[25] Marinus of Samaria，*The Life of Proclus or Concerning Happiness*（trans.）Guthrie，K. S.（Yonkers，NY：Platonist，1925），39.

[26] Marinus of Samaria，*The Life of Proclus or Concerning Happiness*（trans.）Guthrie，K. S.（Yonkers，NY：Platonist，1925），45.

[27] Philoponus，J.，*Against Proclus*：*On the Eternity of the World*，6—8（trans.）Share，M.（London：Duckworth，2005），2.

第十三章　勤奋的杰克

　　约翰·菲洛波努斯的《驳普罗克鲁斯》一书面世的同一年发生了很多事件，这些事件并不仅仅是巧合。

　　不幸的是，这本书的序言和结尾部分都已佚失，所以我们无法知道菲洛波努斯写这本书的缘由。公元 10 世纪，不少穆斯林学者指出，菲洛波努斯只是假装不认同亚里士多德的观点，"以免重蹈苏格拉底的覆辙"；有些人说他被基督教徒收买，所以才攻击异教徒哲学家。但是，书中没有任何内容让读者有理由去怀疑作者的虔诚。不过，菲洛波努斯确实采取了一种独特的写作方法。

从前提展开

　　虽然这本书的受众是基督徒，但菲洛波努斯很少引用《圣经》经文，而只是对经文进行说明。他认为，"从对方事先已经接受的观点展开的反驳是最好的反驳"[1]，这就是他的写作策略。菲洛波努斯可谓人如其名，他对普罗克鲁斯提出的 18 点论据逐一进行了研究，通过深入的哲学分析彻底证明了不管在何种情况下，普罗克鲁斯的前提均无法推导出他的结论。但即便是在论战之中，菲洛波努斯也没有承认这样一个前提，即柏拉图和亚里士多德从未反对过基督教的教义。

　　新柏拉图学派哲学家倾向于将柏拉图和亚里士多德的著作看作具有相互协调性的金科玉律（尽管事实上普罗克鲁斯和他的老师明确表示不认同亚里士多德的观点，这意味着事实上他们也不认同柏拉图的观点）。但是，菲洛波努斯不断引用

柏拉图"少谈苏格拉底,更多关注真理"[2]的劝诫,亚里士多德提到,虽然柏拉图很
器重他,但他认为"我爱我师,但我更爱真理"[3]。菲洛波努斯通常不进行诋毁,但
他指责普罗克鲁斯武断地掩盖了两位哲学家之间明显的差异,因为柏拉图认为世
界有始,而亚里士多德则认为没有。

然而,即使从他的反对方的立论前提出发,也无法阻止菲洛波努斯挑战普罗克
鲁斯和亚里士多德学说的基本前提。

普罗克鲁斯著述中提出的根本观点是认为万物是与造物主相像的:如果造物
主是无限和永恒的,那么天地宇宙亦是如此。这些不足以使菲洛波努斯指出该论
断存在任意性的判断。以亚里士多德的观点作为自己立论的出发点,菲洛波努斯
提醒我们,亚里士多德本人曾指出不存在现实的无限(因为总归会找出比这个无限
更大的存在),人们无法数尽无限(因为不可能到达终点)。但是菲洛波努斯指出,
"如果世界没有起点,如苏格拉底所说,那么此前存在的人数就是无限",那么我们
就可以"否定这种无限的观点,(而按照苏格拉底的观点)这是不可能做到的"。[4]此
外,如果"把那些存活于苏格拉底时代一直到现在的人数加上,那么数字肯定大于
无限"[5]。这是亚里士多德关于永恒宇宙定义核心中的矛盾之处,800 年来从未有
人注意到这一点。

物理解释

虽然《驳普罗克鲁斯》是菲洛波努斯第一部引起公开争议的著作,但这并不是
他第一次挑战亚里士多德关于宇宙本质的观点。大约在公元 517 年[6],菲洛波努
斯在对亚里士多德《物理学》的评述中就已经对亚里士多德所提出的整个运动理论
提出了质疑。对于为什么在标枪投掷出去之后仍会继续运动或为什么一支箭射出
之后会继续飞行的问题,亚里士多德给出的答案是由空气的特有属性所导致的,他
认为运动的物体必须被施动,运动的物体和施动者必须存在接触,抛出的物体将其
前方的空气挤出后,空气会绕到物体的后方将其向前推进。

菲洛波努斯认为这种观点十分荒谬。他说,如果这是真的,那么军人都不需要
手持枪矛,只需要将枪矛平放在胸墙上,然后用许多风箱鼓风让其运动。实际上这
种方法是无法奏效的。相反,他认为某种"无形的运动能量"[enérgeia,在中世纪,人
们将其称为"冲力"(impetus)]从抛掷者直接传导至标枪上。

115

116

根据这种假设,空气是导致运动速度变慢而不是产生运动的原因,真空中不存在运动的观点是毫无根据的。亚里士多德认为,不可能存在真空状态,但在同一篇评论"虚空推论"的标题下,菲洛波努斯以一种叫水钟的工具(clepsydra,现在人们将其称为"移液管"[7])为证据,指出虚空有一种确定的力。在同一标题下,他反对亚里士多德关于根据观察认为从同一高度抛下的大石头比小石头下降得更快(后来伽利略重复了这个实验)的观点,他指出"两个不同重量的物体从既定高度抛落,二者几乎在同一时间触及地面"[8]。

在《驳普罗克鲁斯》这本书中,菲洛波努斯表现出了一种偏好,即他所称的给予"这些问题最科学(phusikos,此处是指物理学而非形而上学)的解释"[9]的偏好。因此,亚里士多德认为星体运动的最终动力是"欲望",菲洛波努斯则将其旋转比作离心机内的水一般"做圆周式旋转"的机械运动(mêchanêma)。[10]他将亚里士多德提出的"第一性物质"抽象概念替换为更为具体的"三维延伸"概念。

亚里士多德认为地球由四种元素组成,天体则是由第五种神圣元素"以太"构成,这种元素总是作圆周式运动,菲洛波努斯也对这一观点提出了反对意见。相反,他认为:"天体与地球生物的构成元素是完全一致的。"[11]最后一个论据是他在数年后撰写的《驳普罗克鲁斯世界永恒论》续篇《驳亚里士多德世界永恒论》一书中展开的进一步论证。这是一部非常有影响力的著作,但留存下来的仅仅是他的反对者引用他书中的一些段落,其中大部分段落都是他的学生辛普里丘所引用的。

流亡的辛普利丘

希腊历史学家阿加提亚斯(Agathias)记录了离开雅典学园的七位哲学家的名字:"叙利亚人达玛修斯、西西里人辛普利丘、弗里吉亚人优拉米阿斯(Eulamias the Phrygian),吕底亚人普洛斯卡瑞斯(Proscarius the Lydian)、腓尼基人赫米阿斯(Hermias the Phenicia)和第欧根尼以及吕底亚人普锐斯卡尼斯(Priscanius the Lydia)……他们是我们现在所处时代最高贵的人。"[12]阿加提亚斯进一步指出,这七个人一起离开拜占庭帝国并担任波斯哲学王科斯罗伊斯(Chosroes)的宫廷幕僚。

但是,这些哲学家很快发现在波斯野蛮君主制下的生活并不适合他们。公元532 年,查士丁尼大帝与科斯罗伊斯签署条约,条约在最后约定哲学家们"可以回到自己习惯的环境中并且在免受恐惧的情况下生活"[13]。尽管他们的实际去向已无从考证，但他们似乎受到了条约保护。

一种颇有影响的说法是他们在靠近波斯边境的哈兰（Harran，土耳其城市）地区的一所新柏拉图学派学校内安顿了下来（公元 10 世纪，一位穆斯林旅行者在一所学校或学园建筑的门环上发现了一段反映柏拉图观点的铭文）。

不管辛普利丘究竟最后在何处安顿下来，他肯定是在一个能够到某一座图书馆查阅资料并能够写作的地方，在这段时期，他完成了对亚里士多德思想评述的鸿篇巨著，书中也包含了他对自己学生观点所进行的批判。

辛普利丘在这本书的序言部分表示，他对亚里士多德的《论天》（De Caelo）进行了评述。他在对相关观点的抨击中指出，他三次向我们申明，对于一个"据我所知，我从未见过"的人没有任何个人敌意（但事实并非如此）。[14]对菲洛波努斯并未点名道姓地展开批评。他仅仅是指称"语法学家"或"此人"（但其实也包括很多侮辱性的言辞，诸如"初出茅庐的人""乌鸦"或"对着宙斯的神鸟嘶吼的寒鸦"）。普罗克鲁斯认为，基督教是"芸芸众生和老百姓（hoi polloi）"[15]信仰的一种宗教，辛普利丘的态度也与之类似，他指出菲洛波努斯的著作只是迎合那些"未受过教育的人……他们总是对那些不同寻常的事情津津乐道"[16]。甚至于读这些书就如同跌入"奥吉厄斯①的粪池之中"[17]。相反，他的目的是捍卫亚里士多德关于"虔诚的宇宙概念"[18]的观点。

辛普利丘的宗教动机在他的评述中表现得非常明显，即以祈祷者对"整个宇宙缔造者"的祷告作为终结。他对菲洛波努斯认为天体与"大地"由相同元素构成的"大不敬"观点感到尤为震惊。

菲洛波努斯指出，一些地球上的物体也具有天体所具有的透明性和发光的特118 点，例如"大气、水、玻璃和一些石头"也是透明的，"火苗……萤火虫、鱼鳞或其他类似的东西"也是发光的。[19]辛普利丘引述《圣经》中的内容并采用菲洛波努斯的论证方法（以对手的立论前提为基础）进行了回应。辛普利丘说，"即使是他十分尊崇的大卫也提出了相反的观点"，因为他说"天体是上帝荣耀的宣示"……而没有提及"萤火虫"和"鱼鳞"。[20]

根据阿加提亚斯的记载，这些哲学家离开波斯之后，辛普利丘和其他六位哲学

---

① 奥吉厄斯是希腊神话中埃利斯的国王，太阳神赫利厄斯之子，他养了 3 000 头牛，牛棚在 30 年内从未打扫过，牛粪，堆积如山，臭气熏天。——译者注

家"以最为舒心和愉悦的方式度过了余生"[21]。
菲洛波努斯在亚历山大的命运则充满了坎坷。
完成《驳普罗克鲁斯》和《驳亚里士多德》之后，他
完成了《论世界偶然性》的论文集（现已佚失）。在
这三部曲中，他试图在亚历山大学派中提出一种
独特的基督教哲学思想，但他的追随者却寥寥无
几（图 13.1）。

图 13.1　安提基齐拉机器（An-
tikythera machine）：公元前 2 世
纪的天体机械计算机

菲洛波努斯仍然担任语法老师，从未被委任
哲学教席职位。阿摩尼阿斯校长的职位先由欧
托基奥斯（Eutochius）取代，后由坚决维护学校异
教传统的哲学家奥林匹奥多罗（Olympiodorus）继任。在这段时期，菲洛波努斯撰
写了迄今发现最为古老的、评述亚里士多德观点的论文，后来他继续撰写了两篇关
于尼科马可（Nicomachus）算术学著作的评论，但是这三部曲并没有引起更多的争
论。此后，他重新将研究重心转回他早期一部神学书籍作品中所涉及的主题。

【注释】

[1] Philoponus, J., *Against Proclus*：*On the Eternity of the World*，6—8（trans.）Share，M.（Lon-
don：Duckworth，2005），118.

[2] Philoponus, J., *Against Proclus*：*On the Eternity of the World*，6—8（trans.）Share，M.（Lon-
don：Duckworth，2005），103.

[3] Philoponus, J., *Against Proclus*：*On the Eternity of the World*，6—8（trans.）Share，M.（Lon-
don：Duckworth，2005），35—36.

[4][5] Philoponus, J., *Against Proclus*：*On the Eternity of the World*，6—8（trans.）Share，M.
（London：Duckworth，2005），24.

[6] 在即将出版（2016 年出版）的一本书中，理查德·索拉布吉（Richard Sorabji）指出该时间并不是成书
时的时间。

[7] Philoponus, J., *On Aristotle Physics*，4.6—9（trans.）Algra，K. and van Ophuijsen，J. M.（Lon-
don：Bristol Classical Press，2012），12.

[8] Philoponus, J., *Corollaries on Place and Void*（trans.）Furley，D. J. and Wildberg，C.（London：
Duckworth，1991），59.

[9] Philoponus, J., *Against Proclus*：*On the Eternity of the World*，6—8（trans.）Share，M.（Lon-
don：Duckworth，2005），6—8，23.

[10] Philoponus, J., *Against Proclus*：*On the Eternity of the World*，6—8（trans.）Share，M.（Lon-
don：Duckworth，2005），12—18，30.

[11] Philoponus, J., *Against Proclus*：*On the Eternity of the World*，6—8（trans.）Share，M.（Lon-

don：Duckworth，2005），12—18，48.

[12][13] Agathias，*The Histories*（trans.）Frendo，J. D.（Berlin：W. de Gruyter，1975），80.

[14][16] Philoponus，J.，*Against Aristotle：On the Eternity of the World*，（trans.）Wildberg，C.（London：Duckworth，1987），39.

[15] Sorabji，R.，*Philoponus and the Rejection of Aristotelian Science*（London：Duckworth，1987），60.

[17] Philoponus，J.，*Against Aristotle：On the Eternity of the World*，（trans.）Wildberg，C.（London：Duckworth，1987），86.

[18] Philoponus，J.，*Against Aristotle：On the Eternity of the World*，（trans.）Wildberg，C.（London：Duckworth，1987），40.

[19] Philoponus，J.，*Against Aristotle：On the Eternity of the World*，（trans.）Wildberg，C.（London：Duckworth，1987），74.

[20] Philoponus，J.，*Against Aristotle：On the Eternity of the World*，（trans.）Wildberg，C.（London：Duckworth，1987），75.

[21] Agathias，*The Histories*（trans.）Frendo，J. D.（Berlin：W. de Gruyter，1975），81.

第十四章　开天辟地

《论创世》(*De Opificio Mundi*)是一本评述《创世记》故事的书。菲洛波努斯在这本书的前言部分解释了写作的缘由。

他写这本书是为了向自己的朋友塞吉阿斯(Sergius)主教[后担任安提阿(Antioch)牧首]和学生阿塔纳西乌斯(Athanasius,拜占庭皇后狄奥多拉的侄子)致以谢意。他在书中写道,有一段时期,人们不仅在反驳异教徒永恒论者方面,而且在积极维护摩西对于《创世记》的解释方面向他施加了温和的压力,但菲洛波努斯对塞吉阿斯说:"你给我的压力是巨大的,敦促我并且几乎是让我用尽全身气力来完成这部著作。"[1]这是什么意思呢?

雅典学校关闭之后,基督徒不可能向菲洛波努斯施加压力去证明亚历山大学派继续存在的正当性。当然,他的评述给人一种"两线作战"的印象。这本书在反驳异教徒哲学家批评《创世记》的言论的同时,用了更大的篇幅反驳某些基督教徒对《创世记》的解释。

他与前者争论的核心在于与物质世界相关的上帝的本质和目的。他与后者辩论的核心则变为《圣经》的本质和目的。

《创世记》的故事是否提出了和诸如波塞冬撼动地球、赫利俄斯驾驶战车在天穹巡视等异教神话一样的问题,是否有指向现实世界之外的意蕴和力量? 回到公元 1 世纪,犹太哲学家斐洛提到,对他的观点持异议的犹太人认为《圣经》中的科学内容是一种"文字诡辩"。500 年之后,菲洛波努斯将他的一位反对者视为同时代的"诡辩者",尽管他从来没有提到这位反对者的名字,但是几乎可以肯定的是,这位反对者就是亚历山大僧侣科斯马斯·印第科普莱特斯(Cosmas Indicopleustes)。

120 《基督教地志》

印第科普莱特斯(字面意思为"云游到印度的人")曾经是一位商人,他根据自己的航线绘制了多幅世界地图,这些地图是已知最早的世界地图。他将这些地图收录进了附带精美插图的《基督教地志》(*Christian Topographia*)一书,正如这本书的题目一样,这并不是一本简单的地图册。这本书的第一部分是"反对那些希望宣称基督徒关于天空是圆形的认识和猜想与异教徒的认识具有相似性"的观点。[2]科斯马斯不认同"异教徒"关于球形天空包围着圆形地球的观点,他认为地球是平的,其上方的天空就类似于一个盒子(分为上下两层),天空就如同华盖一样,他将天空比喻为浴室的拱形天花板(彩图 4)。

后来,神学家摩普绥提亚的狄奥多西(Theodosius of Mopsuestia)认为,摩西在旷野上建造的会幕其实是"全世界的一种模式"[3]。根据流传最广泛的《圣经》文本(例如《以赛亚书》中将地球称为"上帝的脚凳"),印第科普莱特斯并不认同那些不到教堂礼拜的人所信奉的理论,他认为这些理论是"虚构的、天方夜谭式的诡辩",并描绘了一位"学识渊博"的基督教徒(听起来有点像菲洛波努斯),他因认同不同的观点而"渴望进行区分却被蒙蔽"。虽然"反对异教徒的观点",但他"同意异教徒所持的天圆说……且(天空)一直处在旋转之中"[4],他并不认同天使"控制发光体和恒星运动"[5]的观点。

121 冲力理论

菲洛波努斯通过指出《创世记》中的问题而不是去解决这些问题开始展开评论。他的结论就是这部著作的目的并不是提出一种科学的宇宙论,而是"向那些愚昧无知、迷信崇拜太阳、月亮和星星的埃及人传授上帝的知识"[6],这是他在书中反复多次论证的一个问题。

反对菲洛波努斯的异教徒哲学家指责,他虽然"认为摩西在没有理解现象的前提下进行物理学研究"[7],但是在他自己的哲学著作中(通过"各式各样的三段论和读者难以理解的复杂问题"[8])仍认为世界的确存在一个起始点。《创世记》中的确存在关于起点的说法(他认为《创世记》经文中"起初"就是指时间和空间的起点)，但是除此之外，它"展示了上帝创造世界的事实，却并没有说明世间万物是如何而来的问题"[9]。《圣经》中的比喻是为了让我们升华从而让我们亲近神，故而对此不能进行机械理解。

因此，科学研究就有了用武之地。根据克莱门特确立的原则，他认为，"不管是尊崇谁发现的真理，都是尊崇基督和真理"[10]，他提出了一个口号："寻求真理的举动应当纯粹洁净。"[11]

在实践中，这意味着如果你想知道地球是扁的还是圆的，天是箱状的还是球状的，你都需要进行一些观察。因此，他建议读者在太阳刚下山之后的清朗无月的夜晚，在高处观察星象。他们应当把出现在东方地平线、西方地平线和星空中央的星星记录下来。尔后，在黎明之前返回来再进行观察，重复观察并记录变化的情况。

从菲洛波努斯对天体的理解来看，他是亚历山大时期最伟大的天文学家托勒密的门徒。托勒密曾是一位占星师[他的《占星四书》(Tetrabiblos)共包含四部分天文学研究的内容，几乎与他的天文学著作《天文学大成》不分伯仲]，但菲洛波努斯在第四部分的结尾部分指出，对基督教真理的一项重要辩护在于需要切断与占星术之间的联系。

在菲洛波努斯的所有著述中，普遍存在着对托勒密所描述的、用"尽可能最简洁的假设"解释现象方法的偏见。因此，他不假思索地否定了科斯马斯关于天使控制恒星运动的观点。"难道他们是在拉着或是推着恒星运动？"他指出，《圣经》中没有这样的说法。但正如他在哲学著作中所指出的那样，传统的异教理论同样没有提出一个令人满意的答案。亚里士多德耗费大量精力将动力学划分为一系列相互不关联的领域。因此，抛物运动就被解释成是基于空气的原因所导致的，而天体的运动也被类比动物的方式解释为按照"欲望"驱使而产生的运动。四种元素依照其内在本质而做上下运动，第五种元素则是按照神圣而完美的圆形轨迹移动。

为了在概念性领域中进行了探索，菲洛波努斯在其关于真空的早期论述中，主张使用一种名为"假设"的思想实验。[12]而现在，在他关于创造的讨论中，他主张使用另一种思想实验。鉴于上帝是无所不能的，与其思考天体的运动是否源于天使的推拉，不如提出这样一个问题："上帝作为太阳、月亮和星星的创造者，难道就没有给予它们一定的冲力(kinetiké dunamis)让它们像轻重物体一样按照一定的惯性运动？"[13]他只用了寥寥数语就拓展了该理论的适用范围，从元素的运动拓展到了动物的运动等其他所有运动种类。换句话说，在他哲学著作中所提出的运动理论

122

已经将天体囊括在内,亚里士多德的诸多运动理论便可为一个统一理论所取代。

徒劳无功的约翰

菲洛波努斯完成对《创世记》的评述之后,他在其他关于神学的研究著作中试图对当时两大最为复杂的神学问题进行类似的澄清,即基督的本性和三位一体性质的问题。这个研究领域充满危险。对于前者,他认为基督具有单一属性,被称为基督一性论(与之相对的是基督两性论,其中包含人性和神性)。对于后者,他提出的三位一体论的理解则被批评者认作"三神论"。

123 　　他认为,对这些问题展开激烈争辩的大多数人"只是口头上相互攻击",他认为"虔诚的特质便是,热爱真理的每一个人都可以弥合因……争议性的语言所导致的分歧"[14]。故而对此他深感失望。他的这两个立场后来均遭到了谴责,公元 680 年(他去世之后 100 年左右)召开的君士坦丁堡第三次公会议将菲洛波努斯的著述正式列为异端邪说。正如他的名字具有一语双关的含义,会议评价他是"mataiponos",即"徒劳无功的人"。

这个双关的名字一语成谶。后世不仅忽视了菲洛波努斯的神学著作,而且由于人们厌恶他的名字,也将他在其他领域的著作抛到了九霄云外。但人们并没有彻底遗忘菲洛波努斯。人们对他提出的冲力以及反对世界永恒论所进行的间接引述说明这些理论仍具有影响力。

对于我们本书的主题来说,他向我们展示了一种不断重复的模式。

随后的几个世纪中,伴随着世界不同地区的发展,希腊哲学知识再次展现了它的影响力。在希腊哲学复兴时期,亚伯拉罕诸教在全盘接受和直接拒绝继承传统之间的态度十分暧昧。在这种交替之中,再次出现了一次整合进程。

与之前在亚历山大的情况一样,人们发现利用哲学所提供的工具可以对哲学假设进行批判,将此前所认为的希腊科学精华与这一时期所认为的希腊哲学糟粕进行区分。在这个过程中,拒绝承认天体具有神性的观点与坚持认为神灵控制世界的观点一直形影不离。这导致出现了引人注目的思潮,例如次终极追问的新趋势以及菲洛波努斯统一动力学的概念(他认为上帝律法统管天地万物)的重新发现。

因此,虽然公元 6 世纪末产生辛普利丘和菲洛波努斯思想的整个文化环境即将被抛弃,但是此前曾是同窗的两位学者之间(通过一系列不同的形式)的辩论刚刚拉开序幕。

【注释】

［1］Sorabji, R., *Aristotle Transformed*：*The Ancient Commentators and Their Influence*(London：Duckworth, 1990), 258—259.

［2］Indicopleustes, C., *Kosma Aigyptiou Monachou Christianike Topographia*(The Christian Topography of Cosmas, an Egyptian Monk)(London：Hakluyt Society, 1897), 7.

［3］Indicopleustes, C., *Kosma Aigyptiou Monachou Christianike Topographia*(The Christian Topography of Cosmas, an Egyptian Monk)(London：Hakluyt Society, 1897), 5.

［4］Indicopleustes, C., *Kosma Aigyptiou Monachou Christianike Topographia*(The Christian Topography of Cosmas, an Egyptian Monk)(London：Hakluyt Society, 1897), 274.

［5］Indicopleustes, C., *Kosma Aigyptiou Monachou Christianike Topographia*(The Christian Topography of Cosmas, an Egyptian Monk) (London：Hakluyt Society, 1897), 323.

［6］Philoponus, J., *Joannis Philoponi De Opificio Mundi Libri*(Lips：Lipsiae, 1897), i, 1；iii, 42；iv, 17；Sorabji, R., *Philoponus and the Rejection of Aristotelian Science*(London：Duckworth, 1987), 51.

［7］Philoponus, J., *Joannis Philoponi De Opificio Mundi Libri*(Lips：Lipsiae, 1897), i；Elweskiöld, B., *John Philoponus against Cosmas Indicopleustes*：*A Christian Controversy of the Structure of the World in Sixth-Century Alexandria*(Lund：Lund University Department of Classics and Semitics, 2005), 17.

［8］Philoponus, J., *Joannis Philoponi De Opificio Mundi Libri*(Lips：Lipsiae, 1897), i, 7—9.

［9］Philoponus, J., *Joannis Philoponi De Opificio Mundi Libri*(Lips：Lipsiae, 1897), iii, 134；Sorabji, R., *Philoponus and the Rejection of Aristotelian Science*(London：Duckworth, 1987), 51.

［10］Philoponus, J., *Joannis Philoponi De Opificio Mundi Libri*(Lips：Lipsiae, 1897), iii, 3.

［11］Philoponus, J., *Joannis Philoponi De Opificio Mundi Libri*(Lips：Lipsiae, 1897), iii, 17.

［12］Martin, C., "Non-reductive arguments from impossible hypotheses in Boethius and Philoponus", *Oxford Studies in Ancient Philosophy* 17(1999), 279—302.

［13］Philoponus, J., *Joannis Philoponi De Opificio Mundi Libri*(Lips：Lipsiae, 1897), I, 28—29.

［14］Lang, U. M., *John Philoponus and the Controversies over Chalcedon in the Sixth Century*：*A Study and Translation of the Arbiter*(Leuven：Peeters, 2001).

第四编　漫长的辩论

第十五章　智慧宫

　　围攻亚历山大的战事持续了六个月,随后希腊基督教文化被一扫而空。3月,哈里发欧麦尔(Umar)的军队兵临亚历山大城。9月,科普特教会(Coptic Church)宗教领袖投降求和。第二年,穆斯林军队彻底占领埃及。

　　根据基督教历法,这一年是公元642年。根据哈里发刚刚制定的新纪年方法,这一年是伊斯兰教历第20年。欧麦尔制定了伊斯兰历法,他将先知穆罕默德迁徙至麦地那的当年确定为伊斯兰教历元年。从伊斯兰历法制定之日到穆罕默德去世之间的十年内,穆罕默德统一了整个阿拉伯半岛,而穆罕默德去世十年内,统一归于伊斯兰教的旗帜之下的阿拉伯各部落占领了波斯、萨珊(Sassanian)和拜占庭帝国的大部分领土,改写了世界政治格局。

　　在此后50年的时间里,政治大动荡引发了深刻的文化大变革。公元690年左右,哈里发阿卜杜勒·麦利克(Abd-al-Malik)颁布法令,规定在幅员辽阔、多文化和多语言的帝国内,官方文件只能用阿拉伯语书写。在一代人的时间之内,曾经在中东作为通用语言使用了一千年,并且不仅作为日常交流的媒介而且还作为神学、哲学和科学辩论语言的希腊语被(阿拉伯语)取代。

　　60年之后,先知的叔叔阿拔斯的后人以伊拉克为主体建立了阿拔斯王朝并推翻了倭马亚王朝的统治。公元762年,他们将首都从古大马士革搬到了新建成的国际大都市巴格达。巴格达位于帝国的地理中心,新都城的影响遍及四方。从这里开启了一个在国际范围内全新的,且彻底整合不同思想的时期。

知识虽远在中国，亦当求之

阿拉伯统治者哈里发与他们当时所统治的古代文明地区的思想碰撞的时间比伊斯兰教与犹太教、基督教的碰撞要早一个多世纪。伊斯兰教的教义认为，穆斯林应该是那些"主降示经典的人"[1]。但是，"你们的主给你们的《摩西五经》和《福音书》"[2]属于新启示的组成部分，因为他（用重复句式）指出"天地万物的国权只是真主的，他对于万事是全能的"[3]。

根据这一基本观点，先知的弟子所记录的先知圣训数次提到"穆斯林有责任去追求知识"的说法。泽尔·宾·胡白世（Zirr bin Hubaish）曾记录下这样一段文字："我听安拉的使者说：'如果人出门是为了追求知识，天使都会降低他们的翅膀来赞许他的行为。'"[4]"追求知识是每个穆斯林的一项义务"[5]这种说法有多处可以佐证，另外一句圣训则告诫穆斯林："知识虽远在中国，亦当求之。"[6]在这种推动力的作用下，所有次终极追问都可能会取得进展，虽然以上说法在公元12世纪遭到了质疑，但公元8世纪的巴格达则是严格遵守了这项要求。

团城

在巴格达市中心团城城墙的圆周四等分处建有四扇大门，分别朝向大阿拔斯帝国的东、西、南、北四个地理方位。在建城伊始，城市的统治者就表现出对国家内部各种思想极大的包容性。辅佐过多位哈里发的巴尔马克家族（Barmakid）成立的协议会（majalis）或沙龙都鼓励开展哲学和宗教辩论。辩论参与方包括基督教、犹太教、拜火教以及伊斯兰教的学者，正是在这种环境中，希腊语、波斯语以及梵语文献首次被翻译成阿拉伯语文本。

从中国引进的造纸术改变了这种情况。公元794年，巴格达建成了一家造纸作坊（paper wiraqah），同时伴随着新的阿拉伯语书写方式的快速发展，阿拉伯文字发展的影响与希腊字母文字发展的影响旗鼓相当。大量的图书馆拔地而起，图书贸易应运而生。到公元9世纪初，引进翻译外国文献成为在国家资助下的一项工

图15.1 阿拔斯图书馆的学者。出自穆罕默德·卡西姆·哈利利的《麦嘎玛特》插图。

程(图15.1)。

翻译的文献不仅仅局限于文学作品。波斯学者艾尔·花剌子模(al Khwarzimi)撰写的《印度计算法》一书介绍了印度数字、数字"0"和小数点的使用方法。他后来撰写的《对消与还原》一书(*al-Kitab al-mukhtasar fi hisab al-jabr wa'l mu-qabala*)介绍了线性代数和二元方程求解的问题。

根据当时的记载,艾尔·花剌子模"一直全职……为马蒙(Ma'mun)服务"[7],工作地点就在马蒙建成的智慧宫内。

智慧宫

阿拔斯帝国哈里发曼苏尔(al-Mansur)在波斯人居住地的中心且靠近古都泰西封(Ctesiphon)的位置修建了巴格达城,他借鉴了周边的不同文化并适应了这种文化环境。伊朗萨珊王朝时期,波斯律法书籍被编辑为韵文并被收藏在书库(haza'in)之中。人们称这些书库为"智慧宫"(buyut al-hikma)。

波斯萨珊王朝的统治延续了400多年(公元226—663年)。萨珊王朝的国教是拜火教,它自封为强大的帝国皇帝阿契美尼德(Achaemenid)的继承者,亚历山大大帝曾征服该王国,之后,毁坏了大量拜火教的文献,其中包括拜火教的圣典《阿维斯陀经》(*Avesta*)。萨珊王朝的历任君主都为自己设定了搜集、记录和修订历史文化文献的任务。这项事业的核心就是将散落在他们文化中的碎片化片段重新翻译成波斯语。

一篇关于拜火教信仰的文章中指出,琐罗亚斯德本人不仅是宗教而且是科学和哲学真理的创始人。因此,在萨珊王朝的宗教经典《宗教行事》(*Denkard*)中就指出,"知识之本在于宗教教化……应当由那些言谈充满智慧之人(将知识)传授给全世界的人们……他的话则应当被视为对《阿维斯陀经》的阐述,即便其不是从《阿维斯陀经》中得到的启示亦当如此"[8]。

这一原则和实践都被转化为新伊斯兰帝国的意识形态。新都建成之后，曼苏 130
尔邀请印度学者代表团来访并分享他们的知识。根据公元10世纪的一位历史学家
的记载，苏曼尔是"第一位将外国语言文献翻译成阿拉伯文本的哈里发"[9]。他的
继任者哈伦·拉希德（Harun al-Rashid）进一步推进了外国文献翻译工作，拉希德的
儿子哈里发马蒙又在此基础上进一步向前推进了这项工作。

实际上，不少翻译工作都是由基督徒完成的，哈里发马蒙组织了两个翻译团
队，其中一个团队的负责人侯奈因·伊本·易司哈格（Hunayn ibn Ishaq）就是一名
聂斯托利派基督徒。聂斯托利派教徒是认同两性论的基督徒，有一点像新柏拉图
学派的哲学家，他们于公元451年被列为基督教的异端，故而被迫逃到波斯。侯奈
因被尊崇为"翻译家的最高长老（Sheik）"，他将116种文献翻译成了阿拉伯语。为
了进一步扩大翻译工程，马蒙派出学者代表团远赴君士坦丁堡和埃及搜集文献
资料。

智慧宫在翻译工程中扮演的角色目前并不清晰。可以肯定的是，智慧宫作为
文献存储库和帝国的官方机构实现了翻译工作的制度化。但是，当哈里发马蒙任
命数学家和天文学家担任智慧宫的工作人员后，智慧宫就开始扮演了不一样的角
色：马蒙要求他们绘制一幅新的世界地图、测量地球周长并建立一个天文观测台。

结构式星空

《古兰经》对那些不信仰伊斯兰教的人提出了
这样一个问题："难道他们就没有仰望他们头顶的
星空——我们如何创造它、装饰它以及（为什么）
它没有破裂？"[10]除了让人们观察天空之外，《古
兰经》对穆斯林祈祷的时间和朝向做出了要求，这
是穆斯林进行天文研究的一个具体动机。

穆斯林每天进行五次礼拜，需要精确的计时，
这意味着在钟表时代到来之前需要非常精确的
天文观测。麦地那时期，祈祷者在礼拜时的朝向
从原先朝向耶路撒冷变为朝向麦加。《古兰经》要
求："你们无论在哪里，都应当把你们的脸转向禁

图15.2　早期阿拉伯星盘

131　寺。"[11]自此之后,这成为区别新宗教身份的标志。帝国幅员辽阔,确定方位需要解决棘手的球面几何学和精确观测恒星参照点问题。整个伊斯兰世界清真寺的官方计时人员(Muwaqqits)都必须是合格的天文学家。公元 9 世纪,巴格达在这方面的能力被提升到了一个新的水平。

　　根据哈里发曼苏尔的命令,训练有素的波斯天文学家易卜拉欣・艾尔・法萨里(Ibrahim al-Fazari)将印度天文学典籍《印度天文表》(*Bramaguptra*)翻译成了阿拉伯文,即《信德罕德》(*Sindhind*)。曼苏尔的继任者哈伦・拉希德命令艾尔・法萨里制作了目前已知的第一个阿拉伯语星盘(图 15.2)。在拉希德的支持下,天文学家开始在巴格达附近的沙姆阿斯余(Shamasiyyu),进行天文观测。拉希德的儿子马蒙则要求天文学家在智慧宫架设起天文观测设备,并建成了一座设施完备的天文台。马蒙还命令在大马士革卡西恩山(Mount Qasioun)修建了一座类似的天文台。在随后的几个世纪中,整个伊斯兰世界利用巨型六分仪和四分仪进行了连续的、规模更大且更为壮观的天文观测活动(图 15.3)。

图 15.3　天文学家塔基乌丁在加拉塔的观测所,1581 年

对托勒密《天文学大成》一书的翻译催生了伊斯兰世界第一本天文学著作《信 132 德及印度天文表》（*zij al-Sindhind*）的诞生。尽管整个翻译工程所涉及的典籍来自世界各地，但是翻译成阿拉伯文的希腊典籍给伊斯兰世界带来了最为深远的影响及挑战。"追求知识"的命令意味着对这些知识不应视而不见，但是如何将这些知识与《古兰经》的启示融为一体呢？在努力整合的过程中，当年辛普利丘和菲洛波努斯在亚历山大进行的辩论再次吸引了人们的目光。

【注释】

［1］［2］Koran，5.67.

［3］Koran，4.125.

［4］"Sunan ibn Majah"，*The Book of Sunnah*（即《伊本马哲圣训集》），Chapter 1，Hadith 226.

［5］Al-Tirmidhi，Hadith 74（related by Ibn'Adiyy, al-Bayhaqi and al-Tabarani）（即《提尔米济圣训集》）.

［6］Al-Bayhaqi，"Anas"，in *Shu'ab al-Iman* and *al-Madkhal*；"Ibn'Abd al-Barr" in *Jami' Bayan al-'Ilm Fadlih*；以及在《为了追求知识而旅行》（*al-Rihla fi Talab al-Hadith*）的序言中提到的，"穿越三重封锁的艾尔·阿提布"。

［7］Gutas，D.，*Greek Thought，Arabic Culture：The Graeco-Arabic Translation Movement in Baghdad and Early abbasid Society*（*2nd-4th / 8th-10th Centuries*）（London：Routledge，1998），58.

［8］Gutas，D.，*Greek Thought，Arabic Culture：The Graeco-Arabic Translation Movement in Baghdad and Early abbasid Society*（*2nd-4th / 8th-10th Centuries*）（London：Routledge，1998），37.

［9］Gutas，D.，*Greek Thought，Arabic Culture：The Graeco-Arabic Translation Movement in Baghdad and Early abbasid Society*（*2nd-4th / 8th-10th Centuries*）（London：Routledge，1998），30.

［10］"Surah 50：Qaf"，Saheeh International，https://archive.org/details/QuranSaheehInter-national-TranslationEnglish，accessed 7 August 2015.①

［11］Koran，2.144.

---

① Surah，章节；Qaf，《古兰经》章首字母。——译者注

第十六章　亚里士多德之梦

巴格达书商

　　公元 10 世纪，巴格达书商伊本·奈迪姆（ibn al-Nadim）编制了包含"阿拉伯和非阿拉伯国家现存阿拉伯语典籍"的索引，其中他共提到了 70 多位翻译家。他在索引中将图书分为十类，其中六类与伊斯兰教相关，另外四类与世俗社会相关。在世俗社会的书籍索引中，他指出"国家关于哲学和其他古代科学书籍的藏书如此丰富"的一个原因在于，哈里发马蒙梦见一个男人"天庭饱满，两片眉毛连在一起，双眼布满血丝……坐在他的床上"，他问这个男人是谁，这个男人回答说："我是亚里士多德。"[1]（彩图 5）

　　在这个梦的后半部分中，亚里士多德向哈里发保证，理性和（伊斯兰教）启示之间没有任何冲突。他请求哈里发调配国家资源将古希腊哲学典籍翻译成阿拉伯语文本，因为"知识无国界；智慧不分种族或国籍。将思想拒之门外就是阻碍神的意旨"[2]。

　　这个梦境最早的场景可能是马蒙向亚里士多德提出的一个问题："哲学家先生，什么才是最好的演讲？"亚里士多德回答说："根据个人判断来决定。"[3]按照这种说法，这个梦的主题并不是关于在帝国版图之外寻求智慧知识，而是关于伊斯兰思想中的一个争论不休的问题。

凯拉姆经院哲学

随着阿拉伯语成为不同宗派哲学和神学辩论的语言媒介，它开始发展出本语言的专业词汇以适应这种情况。例如，"kalam"一词原指"单词"或"演讲"，但是《古兰经》中的"kalam Allah"则指"真主的话"，而"ilm al kalam"是指"科学之语"，134 "kalam"一词从此开始指代通过辩证寻求神学原理的学科［后来，在伊斯兰教思想中，研究 kalam 的学者就被称为教义学家（mutakallim）］。早期，kalam 是指穆斯林与基督教徒以及其他非伊斯兰教宗教人士进行辩论的回应，但是不久之后，这个词汇也用于指代伊斯兰教内部的辩论。

第一次辩论发生在公元 8 世纪的巴士拉，据说起因是一位名为瓦绥勒·伊本·阿塔（Wasil ibn Ata）的学者不认同他老师关于犯有罪行的穆斯林地位的观点。由 135 此形成了伊斯兰经院哲学穆尔太齐赖派（Mu'tazila school of kalam，i'tazala 是"分开"或"撤回"的意思，这可能是该学派名称的词源）。该学派认为理性信仰（'aqli）高于传统信仰（naqli），并且认为理性应当是分辨是非的最终裁判者。

尽管一些传统学者将该学派视为异端学说，马蒙却推崇穆尔太齐赖神学学说（并在晚年强力推行这一学说）。大约 200 年后，该学派只保留下了极少量的书面文献，据说聂斯托利派主教蒂莫西（Timothy）曾为哈里发曼苏尔翻译了亚里士多德的《论题篇》（其重要性在于其中包含了如何就论题展开辩论的有益建议）。自此开始，对于哲学和科学文献的需求迅速扩大，哈里发马蒙统治时期，伊斯兰教首次对希腊哲学遗产展开了认真的研究。

暂且不论伊本·奈迪姆所讲故事的出处，这个故事准确地描述了哈里发的两个翻译团队之一的负责人的态度。这个人就是阿布·亚古柏·金迪（Abu Yūsuf Ya'qub al-Kindī），他被上文提到的书商称为"阿拉伯人的哲学家"（图 16.1）。

图 16.1　阿布·亚古柏·金迪

阿拉伯人的哲学家

金迪是一位渊博的学者，据纳迪姆的记载，金迪撰写了 300 部左右的书籍，大部分著作主题涉猎广泛，其中算术类著作 11 本、几何学著作 11 本、球面三角学著作 8 本、天文学著作 19 本、气象学著作 13 本以及药学著作 22 本。他与花剌子模共同倡导将印度数字引入阿拉伯世界，并率先开展了关于密码学的研究。《论第一哲学》(On First Philosophy)是他最著名的著作，也是阿拉伯世界第一部哲学著作。

亚里士多德是这本书的主人公。金迪引用了亚里士多德的话："我们必须感谢那些真理之父，因为有了他们(真理之父)才有了后代(子孙)的存在。"[4]他还认同克莱门特的观点，他在这本书的第一部分就提到，"不管真理来自何处，我们都不应因为推崇真理或掌握真理而感到羞耻。哪怕它来自遥远的异国和外国人……他们均因真理而荣耀"[5]。

136　　金迪在一本论文集中对亚里士多德的所有著作进行了总述，他认为亚里士多德提出形而上学理论的目的是"确认上帝的唯一性(tawhid，塔维德，即认主独一)……诠释他的美名以及论证他是宇宙的代表"[6]。这一观点并没有限制金迪提出一些不同的观点。在《论第一哲学》的第二部分中，他驳斥了亚里士多德关于世界永恒的观点，并且重新引述了菲洛波努斯《驳亚里士多德》一书中的观点，似乎他对这些观点很熟悉(尽管他没有提到菲洛波努斯，也没有提醒读者注意这不是亚里士多德的观点)。

巴格达的亚里士多德学派

虽然金迪担任其中一个翻译组的负责人，但他并没有读过希腊语著作。侯奈因·伊本·伊斯哈格担任另一个翻译组的负责人，后来他的儿子伊斯哈格·伊本·侯奈因(Ishaq ibn Hunayn)接替他担任该职务，正是这些聂斯托利派基督徒推进了翻译工作，将亚里士多德全集翻译成阿拉伯语文本。在这些人中，阿布·比歇尔·玛塔·尤努斯(Abu Bishr Matta Yunus)曾跟随马·马里(Mar Mari)学习了亚里士多德学派的学说，但学习的内容是叙利亚语版而不是希腊语版的亚里士多德著作。玛塔·尤努斯的学生中,阿布·纳斯尔·穆罕默德·法拉比(Abu Nasr al-Farabi)被伊斯兰学者称为"第二导师"("第一导师"是亚里士多德)。

法拉比和金迪一样也是一位多产的学者,他撰写了117部著作,内容涉猎广泛,从科学、哲学到社会学无所不包,他还撰写了一本音乐学专著。他与此前学者的不同之处在于,他认为亚里士多德形而上学观点的主题是形而上学本身而不是神。从这一角度来看,上帝符合绝对存在的原理,法拉比认同新柏拉图学派学者所提出的、永恒宇宙形成的首要原因是一系列级联式发散所形成的溢出(overflowing)。①

法拉比意识到,这一观点在古时就已经被批判过。在《驳语法学家约翰》(Yahya al-Nahwi)一书的前言部分,他指出:"人们质疑菲洛波努斯反驳亚里士多德的目的,或是为了维护其自身宗教信仰的观点而进行辩护……或是为了避免这样一种嫌疑,即他所反对的立场是与他同信一种宗教的教徒和统治者所赞同的。"[7]约30年之后,伟大的学者伊本·西纳[Ibn Sina,西方称之为阿维森纳(Avicenna)]对此观点进行了类似的批判。

飞人

阿维森纳出生于布哈拉附近的一个村庄(约公元980年),当时阿拔斯帝国正处于群雄割据的状态,帝国已经开始分裂,他一生曾服务于多个不同的政权。阿维森纳是一个神童,10岁时已经能够背诵《古兰经》,他跟随一位印度菜贩学习了印度数学,还学习了医学知识(根据他的自传,他认为这不是"艰难和棘手的科学知识"),并在18岁时成为了一名合格的医生,他因为医治好了萨曼王朝埃米尔的恶疾而名扬天下。他对当时关于医学知识的著作《医典》(al-Qanun fi'l-tibb)进行了编译和系统化汇编,这本书在此后的700年间一直被作为标准的教科书,这让他的声誉经久不衰(彩图6)。

阿维森纳十几岁时就开始刻苦攻读亚里士多德的《形而上学》一书,他通读过好多遍并在清真寺里祈祷希望得到开示。他在自传中指出,作为向穷人的感恩施舍,他在一个集市小摊上花了三个迪拉姆买了一本法拉比对《形而上学》的简评,读

① 这是新柏拉图学派学者普罗提诺的观点,认为神是宇宙之本原,从神中流溢出理性,又从理性中流溢出灵魂,再由灵魂中流溢出物质世界——译者注。

完这本简评之后，他有了拨云见日之感。

在《论治疗》（*Kitab a-Shifa*）一书中（实际上这不是一本医学著作），阿维森纳对

138 法拉比关于《形而上学》的主题是"存在"的观点进行了进一步论证，对"偶在"（其存在和不存在之间没有冲突，存在的原因是他物而非其自身）和"必在"或谓"因其本身而必然存在"（wajib al-wujud bi-dhatihi，存在的原因在于其本身）进行了区分。因为无穷追溯原因的观点是不可能被接受的，故而必在（其必须是唯一的，既无相对物，亦无对立物）是必须存在并且指向神的存在。他设计了著名的"飞人"思想试验，他设想人悬浮在空中且被祛除了所有的感官体验后的场景，此时人仍可以感知自身的存在。他认为这说明灵魂是不依赖于肉身的本质存在。

相比于《古兰经》关于宇宙自生的观点，阿维森纳提出的"必在"概念（与法拉比的观点类似）与亚里士多德提出的永恒宇宙的观点更为接近。然而，阿维森纳并没有完全接受亚里士多德的观点，他认同传递动力（mayl）的观点而不认同亚里士多德的运动理论，他提出以"实验"（tajriba）的概念取代亚里士多德的归纳法，他认为"它（亚里士多德的归纳法）不会形成它所声称可以提供的、绝对普遍性和必然的前提"[8]。但是，同阿维森纳一样博学聪慧的学者对阿维森纳的理论依赖亚里士多德物理学学说这一点提出了质疑。

《问答集》

波斯数学家、天文学家阿布·赖伊罕·艾尔·比鲁尼（Abu Rahyan al-Biruni）撰写了《问答集》（*Al-As'ila wa-l-Ajwiba*）一书，他在书中公开回应了阿维森纳的观点。比鲁尼将阿维森纳称为"智慧的人"，并向他提出了 18 个问题，阿维森纳对问题进行回答后，比鲁尼对这些回答提出了进一步的质疑，尔后阿维森纳的得意门生阿布·赛义德·艾尔·马苏米（Abu Said al-Ma'sumi）对这些反驳进行了回应。

艾尔·比鲁尼生于波斯花剌子模［即现在的希瓦（Khiva）地区］，他年轻时在花剌子模学习数学、天文学和物理学知识。他的成就之一就是准确估算了地球的周长。后来，他进一步拓展了自己的研究领域（他最著名的著作《印度志》一书被认为是第一部人类学研究专著），但是他始终认为自己是一位实证研究者而不是哲学家

139 （彩图 7）。因此，他认为哲学家基于形而上学构建的物理学理论并不能成为数学天文学家可以采纳的有效证据。通过大量的实验［"我所打碎的烧瓶足以装下加云河

(Jayun)的河水"[9]〕,他的结论就是没有有效的证据证明可以排除真空存在的可能性。同样,他还认为不存在一种内在的物理原因,导致行星按照圆形而非椭圆形轨迹运行。

比鲁尼提出的前十个问题都涉及亚里士多德《论天》的内容。他提出的第二个问题是亚里士多德为何如此坚持世界具有永恒性的传统观点,他用了大段篇幅对这个问题进行了论述,因为"对于那些不是顽固不化、坚持谬论的人来说,这属于一个众所周知的事实"。虽然他提出的问题涉及范围广泛,但是他的这18个问题都是特意呼应普罗克鲁斯关于世界永恒性的18项辩护和约翰·菲洛波努斯提出的18项反驳理由。阿维森纳认为:"这就如同仅仅是因为菲洛波努斯是一位基督徒,所以采用菲洛波努斯反对亚里士多德的观点。"[10]他接着指出,只要读过菲洛波努斯所撰写的其他著作,就会发现他其实是认同亚里士多德的观点的。

比鲁尼对下面这一建议提出了质疑:"智慧的人,我认为你还没有读(菲洛波努斯撰写的)《回应伯利克里》(*Response to Pericles*)一书,(伯利克里认为)世界是永恒的,你也没有读他撰写的关于亚里士多德粉饰过的理论的书籍或者他对亚里士多德思想评述的书籍。"事实上,他认为:"约翰·菲洛波努斯远不能(称得上)被人误 140 以为是在耍恶作剧;亚里士多德对自身不忠实的粉饰更符合这种称谓。"[11]

阿维森纳、比鲁尼以及同时代的、大多数时间生活在埃及的伊本·艾尔·海塞姆(Ibn al-Haytham)都对希腊哲学持这种颇为挑剔的态度。

疯子哲学家

伊本·艾尔·海塞姆最著名的著作是《光学宝鉴》(*Kitab al-Manazir*)。《光学宝鉴》在西方得到了广泛传播,他对13世纪的罗杰·培根、德·维特罗(De Witelo)以及16、17世纪的开普勒和笛卡尔都产生了全面影响。在这本书中,伊本·艾尔·海塞姆整合了欧几里德几何学中关于视觉是从人眼睛中发出的笔直垂直视线(即所谓的"发出说")的观点,与盖伦传统医学(解剖)的知识以及亚里士多德关于视觉是光线从外进入到人眼睛中(即所谓的"进入说")的观点。他得出结论的方式及其结论内容都产生了巨大的影响。

伊本·艾尔·海塞姆生于巴士拉。根据一个13世纪故事的说法,他曾前往埃 141 及说服法蒂玛王朝哈里发哈基姆(al-Hakim)修建尼罗河大坝以治理洪水泛滥。在对阿斯旺地区进行短暂调研之后，他意识到自己的建议是不切实际的。为避免喜怒无常的哈基姆对他进行惩罚，他于是装疯，自1011年起一直到1021年哈里发去世都一直被软禁在一间屋子里。

如果这个故事是真实的，那么它有助于解释恃才傲物的伊本·艾尔·海塞姆为什么会持有戒心。在他简短的自传中，他介绍了他年轻时在对大量宗教观点进行研究之后最终选择数学和亚里士多德哲学的经历。根据他的理解，探索知识是宗教生活核心所在，"我不断地追求知识和真理，我的信念就是获得荣耀、接近神，没有比这更好的方法去追求知识和真理"[12]。他早期的一篇论文题目就是《所有世俗及宗教问题均为哲学科学之成果》（现已佚失）。

但是，在他生命的后期，他写道："发现真理的道路充满荆棘。神不能确保科学家不犯错误。"[13]《光学宝鉴》的基础不是第一原则和形而上学公理的经典模型，而是对实验的系统性描述并佐以几何证明。后来证明，恰恰是这种将实验和数学相结合的方法对西方世界产生了深远影响，对伊本·艾尔·海塞姆来说，这也是他对希腊文献进行批判的一个视角。

他在《质疑托勒密》（*Al-Shukuk 'ala Batlamyus*）一书中指出，"真理源于不确定性"，科学家难免犯错。因此，他认为："寻求真理不是去研究古人的著述、认同其禀性并对其深信不疑，而是要对理念以及对从古人那里所学的知识提出质疑，要进行辩论和论证，而不是认同人的本质是充满各种缺陷和瑕疵的说法。因此，一个人的使命是审视科学家的著述……将自己作为他所阅读过的书籍的挑战者，他应该根据自己的思想从各个方面去质疑所学的全部内容。人还需要在苛刻的验证过程中质疑自己，这样他才可以避免陷入偏见或扮演老好人的角色。"[14]（20世纪诺贝尔奖得主理查德·费曼也提出了类似的观点，他说："不要欺骗自己，你自己正是最容易欺骗的人。"[15]）

伊本·艾尔·海塞姆去世50年后，这种质疑发生了更为激进的反转。

142

【注释】

［1］Ibn al-Nadim, M., *The Fihrist of al-Nadīm: A Tenth Century Survey of Muslim Culture*(trans. Dodge, B. (New York: Columbia University Press, 1970), 583.

［2］Masood, E., *Science & Islam: A History*(London: Icon, 2009), 57.

［3］Gutas, D., *Greek Thought, Arabic Culture: The Graeco-Arabic Translation Movement in Baghdad and Early abbasid Society*(*2nd-4th／8th-10th Centuries*)(London：Routledge，1998)，97.

［4］［5］Al-Kindi，*The Philosophical Works of al-Kindī*(eds.) Admanson，P. and Pormann，P. E. (Karachi：Oxford University Press，2012)，12.

［6］Al-Kindi，*The Philosophical Works of al-Kindī*(eds.) Admanson，P. and Pormann，P. E. (Karachi：Oxford University Press，2012)，295.

［7］Mahdi，M.，"Alfarabi against Philoponus"，*Journal of near Eastern Studies* 26(1967)，233—260.

［8］McGinnis，J.，"Scientific Methodologies in Medieval Islam"，*Journal of the History of Philosophy* 41(2005)，307—327.

［9］Berjak，R. and Iqbal，M.，"Ibn Sina-al-Biruni Correspondence(5)"，*Islam and Science* I(2005)，57—63.

［10］Berjak，R. and Iqbal，M.，"Ibn Sina-al-Biruni Correspondence(2)"，*Islam and Science* I(2003)，253—260.

［11］Berjak，R. and Iqbal，M.，"Ibn Sina-al-Biruni Correspondence(5)"，*Islam and Science* I(2005).

［12］Plott，J. C. (ed.)，*Global History of Philosophy*，*vol.2*(Delhi：Motilal Banarsidass，2000)，465.

［13］Sabra，A. I.，"Ibn al-Haytham：Brief life of an Arab Mathematician：Died circa 1040"，*Harvard Magazine*(2003)，54—55.

［14］Sabra，A. I.，"Ibn al-Haytham：Brief life of an Arab Mathematician：Died circa 1040"，*Harvard Magazine*(2003).

［15］Feynman，R. P.，"*Surely you're Joking*，*Mr. Feynman*!"：*Adventures of a Curious Character* (New York：W. W. Norton，1985).

第十七章　安萨里朝圣之旅

公元 1095 年，巴格达尼扎米耶经学院（Nizamiyyah College）院长阿布·哈米德·穆罕默德·伊本·穆罕默德·安萨里（Abu Hamid Muhammad ibn Muhammad al-Ghazali）辞去教职，他捐出自己的钱财后，踏上了寻找宗教的确定性的朝圣之旅。在这期间，他表示再也不为政治当局服务或在国立学校担任教职。公元 1096 年，他出版了《哲学家的矛盾》（*Tahâfut al-Falâsifa*）一书，在书中对一系列哲学学说进行了研究分析。尽管他含蓄地接受了其中许多哲学思想，但是他仍尝试证明世界永恒和否认奇迹的思想并不符合哲学家理性论证标准的要求。

10 世纪和 12 世纪，通过吸收希腊哲学知识形成的伊斯兰哲学（被称为"法尔萨法"，falsafa）达到了高峰。尽管有统治者的大力支持，但是吸收希腊哲学知识并不是没有反对的声音。在哈里发马蒙生命的最后几年里，他设立了"米哈奈"（Mihna，异端审判机构），对拒绝接受哈里发所偏爱的、理性主义者穆尔太齐赖提出的神学思想的学者进行审判和关押。这种宗教审判导致一些人极端反感穆尔太齐赖神学思想。许多神学家在私下都反对这种做法。公元 912 年，一位 40 岁的穆尔太齐赖神学家公开反对他老师艾尔·杜拜（al-Dhubbai）所认同的穆尔太齐赖神学思想并接受了一种更为传统的正统观点。

艾什尔里

根据后来的一些记载，阿布·艾尔·哈桑·艾尔·艾什尔里（Abu al-Hasan al-

Ash'ari)遵照了他在斋月期间做的三个梦的指引,梦里先知指示他要遵循传统。因为正统派不赞成任何形式的凯拉姆(理性观点),但是当艾尔·艾什尔里准备不再信奉凯拉姆学说时,在第三个梦中(根据故事的情节),先知告诫他要坚持传统而不是放弃凯拉姆学说。

无论故事的真相是什么,这的确是艾尔·艾什尔里遵循的研究路径。根据保存下来的大量文献(据说他撰写了100—300本书)的说法,他利用哲学论据来捍卫《古兰经》中关于神的观点。艾尔·艾什尔里不同意本质存在性是非人格绝对存在的唯一属性,穆尔太齐赖学派神学家则支持这一观点,艾尔·艾什尔里认为虽然《古兰经》中提到神的手、脸时采用的是拟人化的描写(正如穆尔太齐赖学派的观点),且这种描述不是具象化的和字面意义上的,但它们指向了本质不可知的神的真实属性。

同时,他也同样强烈反对拘泥于文字字面解释的扎西里学派(Zahirite school)。在一本内容篇幅较短的专著《教法优先》(*Istihan al-Khaud*)中,他写道:"有些人以无知为荣,对理性问题的讨论则成为他们的沉重负担,因此他们选择迷信和盲从(taqlid)。他们谴责那些试图理顺宗教原则的人是'革新者'。他们认为,对于运动、休息、人体、偶然事件、空间、原子、原子跳跃、神本性的讨论属于革新性的内容,并将其认为是一种罪恶。"[1]

艾尔·艾什尔里认为,既然先知从来没有讨论过这些事物,那么这种讨论本身就是一种"革新"。

矛盾

200多年之后,安萨里的专著中也采用了与艾什尔里神学派类似的研究方法。他以哲学作为工具,对那些狂妄自大的哲学家进行了全面的驳斥,这些哲学家试图通过展示自身优于先知启示的证据来证明自己已经确定了神和宇宙本质。

安萨里在这本书的序言中明确指出,他对问题的探讨不会掩盖哲学家们所取得的"实实在在的成果"。对于如月食一类的现象,他认为:"那些认为因负有宗教义务而不去相信这类事物的人,才是对宗教的真正不公并且会动摇宗教的发展。对于这类问题,天文学和数学的证据无可辩驳。"[2]"对于已经对数据进行过筛选的人,如果你告诉他们这些事物与宗教信条是背道而驰的,那你只会动摇他们对这些

144

数据之外的宗教信仰。"神学家们不应该在这些问题上做出承诺，即"我们感兴趣的只是神创造的事物，而不管他们是以什么形式运行"。[3][4]

145　　安萨里指出，哲学家关于神和宇宙性质观点的前提只有约二十几条没有得到证实。在这些观点中，他首先对世界永恒性的问题进行了探讨（在《驳普罗克鲁斯》和《驳亚里士多德》中他进行了最为详细的论述，其中一些观点存在重复）。他在坚持认为真正的论证不能与真主启示相冲突的前提下，多次指出这些观点不仅仅适用于那些严格限定的现象。他认为，虽然《古兰经》指出"你们不会找到主的习惯的任何变化"，但这种暗示真主行为有序的观点（在他之后的著作中，他将宇宙的运转比作水钟）并不能作为否认神灵自由或认为其所有行为都具有必要性的基础。

　　相反，他认为，即使是在可能出现奇迹的有序世界中，不管是因神直接干预还是因未知的自然进程所导致的奇迹，"这些事物是通过（神的）能量而创造的，其中存在人们没有发现的奇妙和怪诞的东西"[5]。

　　安萨里在自传《从错误中解脱》中描述了他离开巴格达之后的流浪生活以及他如何找到了确定性（后来他在自己的家乡塔斯修建了苏菲派修道院）的过程。尽管他离开了公众视野，但是他对于法尔萨法的批评在东罗马帝国仍然有很大的影响力。捍卫古典亚里士多德学说立场的主要支持力量不是源于巴格达，而是源于伊斯兰学者在西方世界的新的聚集中心。

鲁萨法的一棵棕榈树

　　公元 750 年，倭马亚王朝发生政变，阿拔斯王朝成立，整个倭马亚家族遭到血洗。一个名叫阿布杜勒·拉赫曼（Abd al-Rahman）的少年幸存下来。他的逃亡之路充满了戏剧性，他曾涉水穿过幼发拉底河、步行穿越埃及和北非，身后则是紧追不舍的阿拔斯王朝卫兵，他最终到达西班牙［40 年之前，北非柏柏尔部落（Berber tribe）入侵该地区并建立了伊斯兰政权］。他在西班牙成功登上埃米尔大位并建都科尔多瓦城。

　　拉赫曼的远大抱负是在安达卢西亚（Andalusia）重建倭马亚家族政权。为了实现这一目标，他在城外修建了鲁萨法宫（Rusafa palace），花园中种满了从叙利亚引进的植物，其中就包括一棵棕榈树（在一首非常有名的诗歌中，他将自己比作这

146

株流落异乡的棕榈树）。更重要的一点在于，他为当时最大的一座图书馆的建立奠定了基础，使科尔多瓦成为一个文化和学术中心。文化交流延续了整整一个世纪，在 11 世纪初，当时的知识文化中心从巴格达转移到了伊斯兰教统治下的西班牙。

　　1090 年，一个名叫穆拉比德（Almoravid）的摩洛哥柏柏尔部落占领科尔多瓦，结束了倭马亚家族哈里发的统治。穆拉比德王朝认同对伊斯兰教进行比较清教徒式的解释，但这并没有阻止由倭马亚王朝开创的知识文化繁荣发展的局面，其繁荣程度较之以前有了更大的提高。著名的诗人、音乐家和天文学家伊本·巴贾（Ibn Bajja）曾担任穆拉比德王朝统治者的股肱大臣。他是一位著名的诗人、音乐家和天文学家，也是安达卢西亚第一位哲学家。他后来被拉丁作家称为阿维帕斯（Avempace）。他撰写了很多评论文章，其中包括对亚里士多德《物理学》的评论，他在评论中引用了语法学家约翰的观点，根据菲洛波努斯著作中的记载，他再次提出了一种冲力理论。根据相关记载，阿维帕斯因为吃了别人下过毒的茄子而去世。后来，他的很多著述也佚失了。他关于《物理学》的评述被伊本·路世德（Ibn Rushd）保存下来，路世德当时可能是阿维帕斯的一名学生，西方人将伊本·路世德称为阿维罗伊（Averroës）。

　　作为一名法官、医生和哲学家，相比于阿维帕斯，阿维罗伊的观点更接近古典亚里士多德学派。他在《矛盾的矛盾》（*Tahâfut al-Tahâfut*）一书中为亚里士多德的运动理论辩护并回应了安萨里《哲学家的矛盾》一书中的观点，坚持认为亚里士多德已经展示了世界的永恒性，而安萨里自己提出的学说应当仅被视为一种宗教和哲学学说。因为“真理与真理之间不能相互矛盾”，哲学家对于真理的理解是最深刻的，哲学家对神圣经文的解释具有最高的效力。

　　同阿维罗伊一样，同时代的一位学者也承担了希腊哲学与宗教经典文献整合的工作。穆斯林将这位学者称为穆萨·伊本·迈蒙（Musa ibn Maymun），他所在的（犹太）社区则被称为“拉姆巴姆”（Rambam，他的希伯来语名字 abbi Mosheh ben Maimon 的缩写），后世将其称为“摩西·迈蒙尼德”（Moses Maimonides）。

拉姆巴姆

迈蒙尼德和阿维罗伊都是在科尔多瓦长大的。1130 年，柏柏尔部落的一支阿

151

尔摩哈德人（Almohads）攻陷了穆拉比德王朝统治之下的安达卢西亚。阿尔摩哈德王朝①（改变了之前实行的宽容政策）宣布了一项政策，即"不允许存在犹太教堂和基督教堂"，要求犹太人选择皈依（伊斯兰教）或流亡。迈蒙尼德一家选择流亡。他们在北非停留了一段时间后来到了埃及，在那里他成为了苏丹萨拉丁（Saladin）的御医并担任犹太社区首席拉比。

他的主要著作中体现出了这种文化沟通的能力。尽管《米示拿律法》（Mishneh Torah）对犹太人法律和伦理进行了百科全书式的汇编，但他的著作《迷途指津》（Dalalatul Ha'irin）则是写给那些遵守托拉（Torah）的宗教人士，"他们已经学习了哲学知识，但是哲学学说和托拉字面意思之间的抵触让他们备受困扰"[6]。

在这本书的前言部分，他指出神只"通过寓言、比喻和意象的手法来表现创设万物的深奥义理"，根据详细的文本分析，第一卷的大部分篇幅都是表明《圣经》拟人化的表述（如"上帝之手"等），绝不能从字面意思进行理解。他认为，一方面"在具备证明性科学知识后，我们需要理智地研究文本"[7]。另一方面，他坚持认为我们只能断言什么不是神，神学语言的目的不是对神进行定义，而是"描述人的心灵对理解上帝所能达到的最大限度"[8]。

迈蒙尼德在埃及所表现出的跨文化沟通能力与阿维罗伊在西班牙的表现可谓旗鼓相当。

全新的世界

阿维罗伊职业生涯的后半段是担任阿尔摩哈德王朝哈里发优素福（Yusuf）的宫廷医生。有一次，优素福抱怨说他很难理解亚里士多德的学说，为此阿维罗伊撰写了三个系列评论（每一系列的难度各不相同），内容涵盖了亚里士多德的全部学说。尽管之前认为阿维罗伊的著作标志着伊斯兰哲学的衰弱，但最近有学者指出12—13世纪哲学大爆炸的背景恰恰是伊斯兰教义学的发展和希腊哲学在后来的萨非王朝（Safavid）统治时期的重新复兴。[9]

尽管阿维罗伊的评述在伊斯兰世界的影响相比于安萨里或阿维森纳著作的影响要小得多，但是在西方拉丁文明圈中，他的这些评述都被认为开启了认识新世界

---

① 这个由柏柏尔人联盟建立的王朝存续时间为1130—1269年。——译者注

的一扇窗。

在此 100 年之前，即公元 1085 年，与科尔多瓦图书馆齐名的托莱多（Toledo）图书馆已落入基督教国王阿方索六世之手。在此很久之前，希腊文献就已经被翻译为阿拉伯语版本，直到此时才首次从阿拉伯语翻译为拉丁语，西方基督教学者开始弥补已经延续了 500 多年的文化赤字。

【注释】

[1] Al-Ash'arī, Abū al-Hasan' Alī ibn Ismā'il, *Risālat Isti h sān al-khaw d fi'ilm al-Kalām*（Haydarabad al-Dakan: Matba'at Majlis Da'irat al-ma arif al-nizamiyah al-ka'inah bi-al-Hind, 1925）.①

[2] Al-Ghazzālī, *Al-Ghazzālī's Tahafut al-Falasifah*（*Incoherence of the Philosophers*）（trans.）Kamali, S. A.（Lahore: Pakistan Philosophical Congress, 1963）, 6.

[3] Al-Ghazzālī, *Al-Ghazzālī's Tahafut al-Falasifah*（*Incoherence of the Philosophers*）（trans.）Kamali, S. A.（Lahore: Pakistan Philosophical Congress, 1963）, 8.

[4] 对于这个问题，安萨里的观点与奥古斯丁极其相似，奥古斯丁在 700 年之前就曾经写道："通常来说，即便是非基督徒通过理性和经验都知道关于大地、苍穹和世界其他元素、恒星的运动、轨道甚至其大小和相对位置、可预测的日食和月食、年度及四季循环的一些知识。现在，异教徒听到基督徒只能大致了解《圣经》的含义，在这些问题上胡言乱语，这方面则是一个可耻和危险的问题。我们应该采取一切措施防止出现这种尴尬的情况，即人们羞辱基督徒天大的无知并嘲笑其一文不值。"参见 Augustine, *Ancient Christian Writers*, vol.I: *The Literal Meaning of Genesis*（trans.）Taylor, J. H.（S. J. New York: Paulist Press, 1982）.

[5] Al-Ghazzālī, *The Incoherence of the Philosophers*: *A Parallel English-Arabic Text*（*Tahā fut al-falāsifah*）（trans.）Marmura, M. E.（Provo, UT: Brigham Young University Press, 2000）, 222.

[6] Maimonides, M., *The Guide for the Perplexed*（New York: Dover, 1956）, introduction 2.

[7] Maimonides, M., *The Guide for the Perplexed*（New York: Dover, 1956）, book II, 29.

[8] Maimonides, M., *The Guide for the Perplexed*（New York: Dover, 1956）, book I, 58.

[9] Adamson, P., *Classical Philosophy*: *A History of Philosophy without Any Gaps*, Volume 1, Oxford: Oxford University Press, 2014.第二卷于 2016 年出版，参见 http://www.historyofphilosophy.net.

① 《伊斯兰教基础说明》。——译者注

第十八章　双城记

基督教时代,希腊文化源头在西方的消失可追溯至公元 406 年那个令人痛苦的冬天。当时,莱茵河已经结冰,日耳曼部落越过莱茵河进入罗马帝国。四年后,哥特人占领罗马。公元 455 年,罗马再次被汪达尔人攻陷。公元 476 年,罗马帝国年轻的末代皇帝罗慕路斯·奥古斯图卢斯(Romulus Augustulus)遭日耳曼国王鄂多亚克(Odvocar)的逼宫而被迫退位。数个世纪以来,受过教育的罗马人可以说一口流利的希腊语,但是侵入帝国西部的野蛮部族则只说自己的语言。拉丁语作为教会语言幸存下来,但是希腊文化知识则迅速消亡。

图 18.1　波伊提乌在他的《音乐入门》(*De Institutione Musica*)中的画像

公元 6 世纪初,基督教哲学家波伊提乌(Boethius,与约翰·菲洛波努斯同时代的罗马人)启动了将亚里士多德全部著述翻译成拉丁文的工作。在他被东哥特国王狄奥德里克(Theodric)关押期间(他被怀疑与君士坦丁堡政权密谋造反),出版了多部算术和音乐方面的短篇著作并完成了亚里士多德一些逻辑学专著的翻译工作。在波伊提乌被处决之前,他在监狱内开始撰写他的代表作《哲学的慰藉》,但未能最终成书。翻译工作随着他的去世而中断,在此之后的 500 年中,他所翻译的文献成为西方基督教世界所了解的全部希腊思想。(图 18.1)

贫瘠的拉丁文化

1085 年,托莱多的沦陷迅速改变了局势。托莱多城中有大量会说阿拉伯语的基督徒,他们与说拉丁语的学者合作翻译典籍,最初翻译的主要是数学和天文学典籍。在接下来的一个世纪中,托莱多吸引了来自全欧洲的学者。这些学者中最著名的就是克雷莫纳的杰拉德(Gerard of Cremona),据说他来到托莱多的原因就是"看中了各个研究领域丰富的文献,并且他对拉丁语学术圈中相关研究领域文献的匮乏心痛不已"[1],他决定学习阿拉伯语并着手进行翻译。杰拉德翻译了大量文献,其中很多都是亚里士多德的著作,其他的还包括金迪、法拉比和阿维森纳的著作。 150

12 世纪初,新兴的新式教育机构将上述某些翻译文献列为核心学习课程。

在此之前,欧洲贵族主要是在宫廷内接受教育。担任教会或管理职位的人则是在教堂或修道院接受教育,律师或医生等专业人员则是通过招收学徒来传道授业。1158 年(距杰拉德第一次到达托莱多 12 年之后),根据巴巴罗萨皇帝的授权,博洛尼亚法学院成为一所拥有自治权力的机构。其他学院也紧随其后申请成为拥有自治权力的机构。1200 年,位于塞纳河左岸的修道院学校和巴黎圣母院教堂学校联合组建成立巴黎大学,法兰西国王授予了这些学校类似的自治权力。此后 20 年中,英国牛津和剑桥建立了多所大学并被授予皇家特许权,这为我们在今天接受的教育奠定了基础。13 世纪,欧洲各地都建立了类似的机构。

这些新成立的自治型大学吸引了此前在其他地方接受教育的年轻人。这些大学机构具有独立于教会和国家的优势,它们(很大程度上是在无意间)种下了新理念的种子:即教育不再是为了直接满足工具性的目的,而是向自由探索的好奇心开放的教育理念。在这种背景下,杰拉德以及其他学者翻译的文献中思想的影响力进一步扩大。

年轻人的迅速涌入和新思想导致新式大学所在的城镇在社会和知识层面愈发紧张,甚至偶尔会出现暴力事件。

牛津和巴黎

1209 年 12 月,牛津城居民和大学师生之间的紧张关系首先爆发,此后又发生

151　了多起类似事件。一名学生与另外两名学生共同租住了一处房屋，这名学生与女房东发生了激烈的争执，随后他杀掉了女房东（女房东是牛津当地的一名妇女）并逃离了牛津。面对愤怒的当地民众，治安法官逮捕了其余两名学生并依据世俗法对他们处以绞刑。为了抗议这一武断霸道的行径（即学生应受教会法约束），70 名教师和上百名学生迅速从牛津出走，这对牛津的经济产生了影响。

　　同年，巴黎大学一位讲师的棺木被人们挖了出来，他的 10 名学生在巴黎城门处被烧死。这名讲师的名字叫阿马利克（Amalric），在此之前，他在神学院讲授的亚里士多德讲座吸引了大量听众。他在讲座中提出了一个新观点："一切皆神。"1204年，阿马利克的异端思想遭到了批判。但即便是在他去世之后，他提出的思想仍在传播，在他的学生被烧死之后的第二年，巴黎主教颁布法令，规定"不得在巴黎公共或私人场合诵读亚里士多德有关的自然哲学著作"[2]。

　　新式教育机构的大量出现导致在某一机构出现问题时，教职人员会转投其他机构。很多离开牛津的学者定居在剑桥小镇并在剑桥成立了一所新大学。当巴黎严禁教师传授亚里士多德的学说时，新成立的图卢兹大学在传单中则宣传该大学会讲授那些在巴黎禁止讲授的亚里士多德《论自然哲学》的内容。[3]

　　教育机构之间的竞争为大学解决自身冲突提供了强大的动力。尽管教皇批准了禁止传播亚里士多德学说的禁令，但是教会很快就认识到这是一纸荒唐的禁令。1231 年，教皇格里高利赦免了不遵守该禁令的人并承认"巴黎禁令中涉及的相关著作……既有精华亦有糟粕"，并且指出这些书籍应进行"仔细且审慎"的审查以确保"弃其糟粕，取其精华，并尽快研习之"。[4]

　　1214 年，一群师生返回牛津城成立了大学，这所大学获得了皇家特许并选举产
152　生了校长。大学的首任校长虽然能力出众，但他不久就陷入了社会与知识分子之间的紧张关系。

大头鲍勃

　　关于罗伯特·格罗斯泰斯特（Robert Grosseteste）是否被授予了校长之职尚存在不同的观点（有种说法是他只是被授予教长一职），但他履行了与后来的校长同样的职权，他参与了学校规章的制定和行政管理工作并为制定大学成立初期的规章制度和大学章程做出了贡献。后来，他曾担任林肯区的主教，在他的职业生涯

中,他在参与教会政治方面表现非常积极,并且是一位精力充沛的改革家(他80多岁的时候曾前往教皇法院并指责教皇将教会引向了歧路)。这只是他人生的一个侧面。除了担任公职之外,他还是一位多产的作家。(图18.2)

他出版了约120本著作,主题涉及法国诗歌、神学、科学和房地产管理[这部分内容包含在一本名为《圣罗伯特街》(*Les Reules Seynt Robert*)的小册子中],"Grosseteste"在诺曼法语中是"大脑袋"的意思,他的博学与12世纪伟大的阿拉伯学者不分伯仲。他最重要的贡献在于对当时刚刚可以接触到的希腊语和阿拉伯语文献进行了深入

图18.2　罗伯特·格罗斯泰斯特认林肯主教的画像(13世纪)

研究。他60岁的时候自学希腊语并翻译了亚里士多德的《尼各马可伦理学》《论天》及辛普利丘对该书的评述。

在此之前很长一段时间内,他在牛津期间完成了西方世界第一部评述亚里士多德《后分析篇》的拉丁语专著。亚里士多德这部著作的主题是关于我们如何获取有效的科学知识,他认为,只有知道了某一事物的成因后才能认识这一事物。相对于格罗斯泰斯特所提到的"分析与综合"过程,亚里士多德的观点是根据主观观察就可以掌握一般性原理,而根据这些原理进行的证明和三段论推理又可以预测并获得更进一步的知识。

格罗斯泰斯特认为,由于人的内心黑暗,我们不会自动从感觉印象中推理出一般性原理。在童年时期,我们推理重复性经验之间的联系,但是理性的因素促使我们去研究和测试这些关联的有效性。他以阿维森纳关于人食用旋花科植物后会(通过腹泻和呕吐)排出红色胆汁这一观测为例。格罗斯泰斯特建议,若要发现这种关联性背后的原因而不仅仅是一种巧合,可以进行"对照实验":排除所有已知可以形成红色胆汁的食物,然后让一个人吃旋花科植物来看他会有何反应。根据这个实验(实验并不是愉快的体验)证明"通过感觉获知观察性(实验性)的一般原理"[5]是具有可能性的。

格罗斯泰斯特对于这种获取真理的方法并没有太多的论述,他本人也不是实验专家。但是他对物理现象尤其是光现象非常感兴趣。他的评述中大段引用了前人关于星星闪烁问题的评述。[6]

153

格罗斯泰斯特对光的研究兴趣在他对亚里士多德《物理学》的评注和他自己的著作《论光》中得到进一步的延续，他在书中尝试去确定亚里士多德提出的抽象概念"原初质料"（prime matter）和"第一形式"的物理内涵。他提出了一个问题，即在物理世界中有什么东西能够实现从单点向三维空间的瞬时传播？很明显，唯一的答案就是光。昏暗的教堂中，一支蜡烛发出的光可以照射到每一个角落。因此，他得出的结论就是光既是"原初质料"，也是"第一形式"：其他所有宇宙万物都是基于这一基本的物理事实而形成的。

从神学角度上来看，这个观点似乎与《圣经》开头部分提到的"要有光"完全一致，格罗斯泰斯特在他的《创世六日》（Hexaëmeron）一书中对《创世记》中上帝在六天时间内创造万物的故事进行了评述。但是与他同时代的学者掩盖了基督教义和亚里士多德关于永恒世界学说之间的冲突，在《创世六日》中，他强烈反对将二者进行统一整合，他指出："将亚里士多德转变成一位基督徒是毫无意义的……这样做会令他们自身变成异端。"[7]

格罗斯泰斯特并没有因袭批判世界永恒性的传统观点，即无限不能增益的观点。人们通常将格罗斯泰斯特视为西方拉丁文化圈中第一位认识到所谓"非对等性无限"可能性的学者：所有偶数之和是无限大，所有奇数和偶数之和也是无限大，后者肯定要大于前者，因为"后者与前者之差就是所有奇数之和"[8]。相反，他认为亚里士多德关于世界没有起点的观点是因为他没有充分理解神并非一种实践性存在，即神的存在超越了时间维度。

由于光线是神所创造的物理世界的组成部分，同时这一观点在神学方面的重要性也可以从物理学的角度进行理解，格罗斯泰斯特在《论光》《论彩虹》《论太阳热量》以及《论颜色》一系列著作中都讨论了这个问题。

亚里士多德曾认为彩虹是因为光遇到水滴发生反射而形成的。格罗斯泰斯特通过学习金迪撰写的一本书中所提到的使用透镜聚焦太阳光线而导致物体燃烧的概念，纠正了这一误解。但当他尝试对此进行定量分析时，却没有成功，其原因主要在于他将整块云彩视为一块棱镜而产生折射现象。[9]尽管如此，他还是展示了棱镜所包含的潜在作用，指出人们如何"利用棱镜在较远距离阅读极小的文字或数清沙子或种子的数目，抑或看清任何形式的微小物体"[10]。他对这些物理现象的研究方法产生了深远而持久的影响。

欧几里得以及后来的海塞姆都已认识到可以通过数学和几何知识解释光的反射和折射现象。对于格罗斯泰斯特来说，循着这一方法，他认为数学是神创造世界的核心工具。他经常引用《智慧篇》中的观点，即"神已将万物数量、质量和大小安排妥当"[11]。他还认为人类所有的尺度都具有关联性——将某一有限的事物与另一有限事物进行比较。对神来说，无限亦是有限，神心可存无限，绝对尺度是存在的。（彩图 8）

这意味着数学和几何学不仅可以解释光这种物理现象，而且适用于其他所有的物理现象。例如格罗斯泰斯特在关于颜色的简明而又重要的研究中，提出无穷多的色彩都可以用三个独立的维度表现出来（这就类似现代几何学中的三维色彩映射的原理）。 155

通过理性得以达致的关于颜色的理解，一位"通晓自然科学和光学的深度及原理"的"能干"的研究者通过"实验活动"（experimento）也能达致。[12]

亚里士多德认为自然哲学和数学从本质上是存在差异的，但格罗斯泰斯特认为："线、角度和数字是最有用的工具，因为一旦离开它们，则无法理解自然哲学。"[13]因此，他认为："通过几何知识所得出的规则、根源和基础，专注于自然现象的研究者能够知晓自然效应的形成原因。"[14]

从这个意义上来讲，格罗斯泰斯特是一位"破风者"（Slipstreamer）。詹姆斯·麦卡沃伊（James McEvoy）在一本关于格罗斯泰斯特的著作中写道："格罗斯泰斯特对自然事物有着真实而极深的兴趣。毫无疑问，他的部分动机源自宗教信仰。"[15]他认为神学经文和自然都是由同一个造物主创造的，所以他期待二者是一致的。正因为如此，他似乎认为科学知识是理解上帝言词含义的钥匙。 156

格罗斯泰斯特将他的书赠予了牛津方济各修道院图书馆，他为这家机构的发展倾注了很多心血，图书馆保存了格罗斯泰斯特的书籍并延续了他著作的影响力。

修道士和修道院

13 世纪初，教皇准许两位年轻人建立修道院传经布道，他们便是意大利人弗朗西斯科·博马顿（Francesco Bemadone）和西班牙人多米尼克·德·古兹曼（Dominic de Guzman）[后人将他们奉为圣人，分别称之为圣方济各（Saint Francis）和圣多明我（Saint Dominic）]。他们不是那些当时身处富裕乡村地区的与世隔绝的祈祷者，而是在城镇中布施和指导老百姓如何按照基督教教义生活的修道士。

1221 年，一群多明我会士到达牛津并定居在圣艾尔代茨街（St. Aldates）附近的一个小社区。三年之后，一群方济各会士也来到牛津，他们在圣埃博思（St. Ebbes）附近修建了一所房子。随后，两个群体在牛津城外修建了两所规模很大且邻近的修道院，即现在牛津警察局的所在地。

尽管圣方济各多方接济贫穷的人，努力摒弃知识分子的高傲，但他们的继任者认为修道士若没有学养，布道不会有什么成效。罗伯特·格罗斯泰斯特是这个方济各会小社区的第一位讲师，也许格罗斯泰斯特在大学的某个地方的讲座吸引了一位叫罗杰·培根（Roger Bacon）的年轻学生。培根后来写道："除了罗伯特勋爵之外，没有人真正精通科学……他精通数学和透镜知识……并且熟练掌握多种语言，能够理解古时圣贤、哲学家和智者的著述。"培根大概是受到格罗斯泰斯特的朋友亚当·马什的影响，他在晚年加入了方济各会，亚当当时担任牛津方济各会会长。培根获得学位之后移居巴黎，当时讲授亚里士多德学说的禁令刚刚被废除。

157 沉默的公牛

1240 年左右，罗杰·培根抵达巴黎，受到当地熟悉亚里士多德著述的人们的热烈欢迎。巴黎是当时希望学习新知识的人们向往的圣地。大约五年之后，一位性格安静、长相富态的多明我会修道士（他就是托马斯·阿奎那，他的同学将他称为"沉默的公牛"）也来到这座城市学习亚里士多德学派的知识。

托马斯·阿奎那是意大利贵族兰道夫·阿奎那之子，他离家出走（家族希望他能够成为出人头地的传教士）并加入多明我会。多明我会注意到了他的学习潜力，将他送到巴黎跟随大阿尔伯图斯（当时已经非常有名）学习，之后他追随大阿尔伯图斯来到科隆。

大阿尔伯图斯是当时最博学的多明我会讲师。他熟悉亚里士多德及阿拉伯评注学者的著述，并且撰写了自然哲学相关领域的著作，内容涉及猎鹰、矿物学以及化学等，他还是砷的发现者。尽管他指出亚里士多德并非完人，同时他提醒人们"他肯定也会犯与我们众人一样的错误"[16]，他认为："自然科学的任务不仅仅是接受我们被告知的信息，而且要求我们知其所以然。"[17]但他也意识到亚里士多德所有著述中所蕴含的价值应当与基督教的启示融为一体。这是他赋予自己得意门生的重任。几乎就是在阿尔伯图斯第一次见到托马斯时，就意识到托马斯极具天赋。有一次，他提到"我们称呼这个小伙子是沉默的公牛"，"但是我告诉你们，整个世界都会听到他的吼叫"。

　　阿奎那承担的任务并非没有先例。他曾获准引述拉比摩西的著述,并按照其先例,在谈及神的终极根本性方面使用"否定式"(via negativa)的阐释方法。但是,在论及自然世界时,阿奎那认为自然界还有许多可被我们认知的事物。神创造的人类是一种完全意义上的"理性动物",他们追求亚里士多德所提出的"最高的善",他们内心所具备的神圣理性足以获取"相关的自然知识"。[18]

　　除此之外,人们需要通过《圣经》超自然的启示来获取恩典和救赎的知识。但是,他认为通过上帝赋予我们的理性可以指引我们经由"自然启示"获得关于上帝存在的基础知识。因此,他通过发展亚里士多德"不动的原动者"(unmoved mover)和阿维森纳的"必然存在"(necessary being)概念,提出了对运动、因果、存在及秩序的五种方式(quinque viae)的理性反思,可以让人们断定存在某种不受其他事物掌控的事物,某种并不由其他事物所决定的存在:一种作为世界秩序之源的必然存在,"我们称其为上帝"。

　　阿奎那在整合亚里士多德哲学思想与基督教教义的工作中遇到了两方面的挑战:一方面是某些方济各会士对哲学价值的质疑,另一方面是阿维罗伊学派学者要求对亚里士多德观点进行严格解释的主张。阿奎那遇到的后一项挑战即 1268 年被召回巴黎担任教廷顾问一职后所面对的,在大学中兴起的"拉丁阿维罗伊主义"思潮的影响。

　　在巴黎大学,这一思潮最狂热的支持者是布拉班特的西格尔(Siger of Brabant)。西格尔在讲座和论文中支持阿维罗伊所确认的、以亚里士多德学派为中心的立场:自然法是一种必然,神也不能予以变更,世界是确定且永恒的,即便是宗教信仰与之相左,所有这些观点在哲学上也都是正确的。尽管阿奎那对阿维罗伊非常尊重(他将阿维罗伊称为"唯一的评注家"),但阿奎那对这种解释持强烈怀疑的态度。

　　公元 6 世纪,像亚历山大学派学者那样交流的形式重新出现,对于西格尔的论文《论世界永恒性》,阿奎那在自己的同名论文中进行了回应,他认为从哲学角度来说,既不可能证明世界的永恒性,也不可能证明世界存在一个起点。1272 年,阿奎那离开巴黎,两年后他去世(在那不久前,他参加了一次祷告仪式,之后,他所有的作品都被"视同草芥")。恰巧在他离开之前,这场争论开始出现官方的声音,巴黎主教埃蒂安·唐皮耶(Etienne Tempier)参与了这场辩论。

来自巴黎的谴责

1270 年，唐皮耶对 13 项论断进行了抨击，其中包括"世界是永恒的"以及"人类行为不受上帝旨意的约束"。1277 年，谴责名单拓展至 219 项，涉及的论断从"寓言是神学的基础"到"上帝不能同时维持存在三维以上的空间形态"。唐皮耶坚决反对缺乏一致性的观点，因为这间接意味着"存在两种相互矛盾的真理……这就如同基督教《圣经》的真理和受谴责的异教徒的真理能够并存一样"。他在确定上帝的自由意志方面非常积极：这种自由意志在菲洛波努斯的佚失著作中被称为"世界的偶然性"。

唐皮耶的名单中包括经阿奎那所确定的二十几个论断，因此在阿奎那去世之后的几年，有人怀疑他是异端。但是，1323 年（经过多明我会士数年的积极呼吁）教皇约翰二十二世宣布阿奎那被封为圣人，谴责名单被匆忙修改。

阿奎那声誉日隆，这暗示着当时存在一种潜在的社会和知识激荡，这对同时代在巴黎的罗杰·培根的职业生涯产生了更为直接的影响。

【注释】

[1] Burnett, C., "The Coherence of the Arabic-Latin Translation Program in Toledo in the Twelfth Century", *Science in Context* 14(2001), 249—288.

[2] Hannam, J., *God's Philosophers：How the Medieval World Laid the Foundations of Modern Science*(Thriplow：Icon, 2009), 79.

[3] Easton, S. C., *Roger Bacon and His Search for a Universal Science*(New York：Russell & Russell, 1952).

[4] Hannam, J., *God's Philosophers：How the Medieval World Laid the Foundations of Modern Science*(Thriplow：Icon, 2009), 81.

[5] Grosseteste, R., *Commentarius in Posteriorum Analyticorum Libros*(ed.) Rossi, P. (Firenze：L. S. Olschki, 1981), 215.

[6] 格罗斯泰斯特所引用的内容很可能是源自 12 世纪初拜占庭帝国公主安娜·科穆宁娜(Anna Comena)资助的学者的评述。拜占庭时期，在亚历山大大帝去世后的几个世纪里，哲学思想传统基本消失殆尽。安娜逆转了这一趋势，尽管宫廷中有人怀疑聚集在她周围的学者们会教授哲学知识。在这些学者中，有一位是以弗所的米哈伊尔(Michael of Ephesus)，公主要求他评述亚里士多德的著作。米哈伊尔(他抱怨说写作过程严重损害了自己的视力)将他可能找到的材料都统统纳入他的评注之中。这些碎片化的资料包括他收集的菲洛波努斯著述中的几页纸(尽管他当时并没有意识到

这一点），格罗斯泰斯特所引用的就是这几页纸上的内容。

［7］Grosseteste，R.，*Hexaëmeron*（eds.）Dales，R. C. and Gieben，S.（Oxford：Oxford University Press for the British Academy，1982），61.

［8］Baur，L.，*Die Philosophischen Werke Des Robert Grosseteste Bischofs Von Lincoln：Zum Erstenmal Vollständig in Kritischer Ausgabe Besorgt Von Ludwig Baur*（Münster：Aschendorff，1912），52—53.

［9］Dinkova-Bruun，G.，Gasper，G. E. M.，Huxtable，M.，McLeish，T. C. B.，Panti，C. and Smithson，H.，*The Dimensions of Colour：Robert Grosseteste's De Colore*（Durham：Pontifical Institute of Mediaeval and Renaissance Studies，2013），31—32.

［10］Baur，L.，*Die Philosophischen Werke Des Robert Grosseteste Bischofs Von Lincoln：Zum Erstenmal Vollständig in Kritischer Ausgabe Besorgt Von Ludwig Baur*（Münster：Aschendorff，1912），75.

［11］Wisdom of Solomon 11：20.

［12］Dinkova-Bruun，G.，Gasper，G. E. M.，Huxtable，M.，McLeish，T. C. B.，Panti，C. and Smithson，H.，*The Dimensions of Colour：Robert Grosseteste's De Colore*（Durham：Pontifical Institute of Mediaeval and Renaissance Studies，2013），19.

［13］Baur，L.，*Die Philosophischen Werke Des Robert Grosseteste Bischofs Von Lincoln：Zum Erstenmal Vollständig in Kritischer Ausgabe Besorgt Von Ludwig Baur*（Münster：Aschendorff，1912），59—60.

［14］Baur，L.，*Die Philosophischen Werke Des Robert Grosseteste Bischofs Von Lincoln：Zum Erstenmal Vollständig in Kritischer Ausgabe Besorgt Von Ludwig Baur*（Münster：Aschendorff，1912），65.

［15］McEvoy，J. J.，*Robert Grosseteste*（Oxford：Oxford University Press，2000），80.

［16］Pedersen，O.，*The First Universities：Studium Generale and the Origins of University Education in Europe*（Cambridge：Cambridge University Press，1997），281.

［17］Albertus，M. S.，*Book of Minerals*（Oxford：Clarendon Press，1967），69.

［18］Aquina，T.，*The Summa Theologica：Complete Edition* I—II（trans.）Fathers of the English Dominican Province（New York：Catholic Way Publishing，2014），Q109，119.

第十九章　强压之下的沉默

托马斯·阿奎那对大阿尔伯图斯颇为敬重，并追随他来到科隆。罗杰·培根与这位伟大的德国神学家曾一起在巴黎教书，但对大阿尔伯图斯并没有留下多么深刻的印象。尽管他承认大阿尔伯图斯是一个非常有耐心的人，并且学识渊博，但他注意到了大阿尔伯图斯著作中存在四个瑕疵："第一，无以复加的幼稚虚荣；第二，过于虚伪；第三，冗繁拖沓；第四，他忽视了哲学最有用且最美丽的部分。"[1]（培根并不是一个喜欢兜圈子的人。）

他对大阿尔伯图斯的尖刻批评并非毫无道理。在他所处的中世纪，自由探究面临着危险。究竟能够在何种程度上允许自由探究问题？究竟能够在多大程度上不受限制地探究终极追问的问题？

罗杰·培根所谓"哲学最美丽的部分"可能是他从一位神秘的法国士兵皮埃尔·德·马立克（Pierre de Maricourt，又称 Maricourl Peregrinus，意为"朝圣者彼得"）那里学来的。

朝圣者彼得

尽管彼得取得了巨大的成就，但让人们记住他的唯一一件事是 1269 年 8 月 8 日他致信塞季瑞斯·德·福考克特（Sygereus de Foucaucourt），信中提交了一篇关于磁性的论文。这篇论文首次对磁极现象进行了论述并描述了枢轴罗盘的制作方法，"通过它的指引……人们能够到达世界上的任何角落"。与彼得的发现同样彪炳史册的是他得出这些发现的方法。

在信的开头，彼得告诉塞季瑞斯，"这一领域的研究者……必须要有出色的动手能力"。在信的第一部分，他就如何用一系列实验支持自己的观点作了详细说明，"将一小根针或铁片折断……然后将其放在磁极所在的位置上"。

培根是否与彼得相识学界尚有不同的意见，但是在培根最著名的论著中描述了一位取得了与彼得的成就非常相似的人。[2]他指出"除了彼得大师之外，欧洲没有其他人能够真正理解这些实验"，他还描述了这位"实验大师"如何"通过实验……获得自然界"的知识，这位"实验大师"甚至尝试了"魔术师使用的幻觉和技术……确保不遗漏任何他应当掌握的知识……以便他能知晓自己在何种程度上指斥错误和幻觉"。[3]

培根返回牛津之后，他的研究似乎也采用了这种方法。培根在后来的研究成果中描述了自己"抛弃了惯常的研究方法之后"，在 20 年的时间内他潜心研究所谓的"智慧"，在"秘本书籍、大量的实验和数学表格"上花费了超过 2 000 英镑（大约相当于今天的 100 万英镑）。[4]

培根之所以对研究工作抱有很高的热情，部分原因是他感到这些研究有着巨大的潜力。他提出了建造机械动力船的可能性，"……无畜力……可前行的车"、"机械动力驱动的飞行器"以及"供人在海底或河底前行的装置"。[5]在他后来的研究成果中，他对自然哲学的发现如何推动福音传播的问题展示出了极大的研究热情，这种愿望促使他将自己的发现供献给教会，这可能是他决定加入牛津方济各会并担任小兄弟会修士的原因。此外，可能是因为培根希望追随罗伯特·格罗斯泰斯特的脚步，从而担任牛津方济各会主席一职，也促使他加入教会。

但是他的职业生涯偏离了这个轨道。在加入教会几年之后，他就搬到了巴黎方济各会修道院，据他自己的说法："我的修道院长和我的兄弟们……将我关押起来，不允许任何人来探望我，担心将我的作品泄露给除修道院长和他们自己以外的人。"[6]这件事的具体细节尚不清楚，但是因为言论控制的潜在要求而关押培根这件事却很快对阿奎那的名气产生了影响。

言论控制有时会产生实用效果。就像今天一样，煽动性言论会以惊人的速度传播而成为公共秩序问题。宣誓接受修道士誓约的约束之前不久，1251 年在培根前往巴黎旅行时，他亲眼目睹了所谓"牧人十字军"（pastoreaux）暴乱分子横穿整个城市的大游行。尽管十字军的主体由牧人组成，但是他们的领导人（被称为"匈牙利的领主"）声称他们是从圣母玛利亚那里获得的契约，他们有权收复圣地。培根曾回忆说："亲眼看到（这个人）张开的手臂，如同捧着圣物"，"他赤足而行……周围聚集着一帮手持武器的武士"。[7] 最后这个细节非常重要。牧人十字军横扫法兰西，他们不仅建立了自己的教堂，设立自己的教皇、主教和牧师，并且开始攻击并迫害神职人员、大学学生和犹太人。

尽管军队可以镇压这样的乌合之众，但是如何管制煽动这些乌合之众的宗教思想呢？教会对教义思想的控制问题，以及与之相关的，教会能否采用世俗的力量来进行这种控制的问题不仅影响了培根的生活，而且也对未来科学与宗教的总体 163 关系产生了影响。自从公元 312 年君士坦丁皇帝将基督教定为国教之后，一直到 13 世纪，这个问题困扰了基督教将近 900 年的时间。

上帝的猎犬

当年罗马皇帝将基督教定为国教，终结了对基督徒的迫害，这给基督教领导人发挥自身的影响力和行使他们的权力绘就了未来的蓝图。这时就出现了这样一个问题，即教会如何回应教会内外提出的挑战或质疑的观点？关于这一点存在两种可能性模式。

根据希伯来《圣经》的记载，当以色列人征服迦南后，他们收到的命令就是消灭迦南人的一切宗教信仰。迦南人因采取"惨绝人寰的方式""将自己的儿女用火焚烧，献于他们的神"[8]，而遭到种族灭绝。针对那些重拾这些宗教习俗的人，以色列人也规定了严厉的惩罚措施。对放弃对主的信仰并崇拜其他神灵的人与通奸者一样要被处以石刑。

这些命令就如同降示给背离真理之路者的永恒的教训，但是以色列的先知并没有将其作为上帝最后的口谕或上帝本性的终极表现。包含这些命令的宗教典籍中也包含了其他的命令，如"要爱人如己"[9]"要尽心、尽性、尽力爱耶和华你的神"[10]。在这些经文中，神被视为对人进行终极关爱的父母："永生的神是你的居所，他永久的臂膀在你之下。"[11] 这些表述都是超越法律条文的神灵的怜悯与同情。以色列的先知对这些表述所隐含的意义进行了极大的拓展。

因此，对于这些天选之民所犯下的罪孽来讲，先知何西阿（Hosea）赦免了自己妻子的通奸行为，这被视为等同于神赦免了这个民族的精神通奸行为。与之相类似，对于其他民族信仰的虚假神灵，《诗篇》的作者认为即便是以色列的敌人，如"生在那里（锡安）"[12]的巴比伦人、埃及人、非利士和推罗人，先知以赛亚则预见到，未来上帝也会庇护大地上的所有子民："埃及我的百姓，亚述我手的工作，以色列我的产业，都有福了。"[13]

希伯来《圣经》中的这些预言故事成为基督教徒创作的《新约》中的核心部分，并在《新约》中进行了清晰的描述，他们认为将悔罪和赦免的信息"从耶路撒冷起直传至万邦"[14]是自身的根本使命。《福音书》中的教义教导人们不可复仇、用善抑恶，这种信念就是上帝不是靠暴力征服而是自我牺牲的布道来实现自己的意旨。在教会里，道德纪律只能在没有团契的情况下才能执行。不存在强制执行的可能性。基督教出现之后的前三个世纪中，有证据证明存在这种理解和践行（《圣经》）的模式。

例如，德尔图良（公元160—225年）在写给迦太基执政官的信中说："这是一项基本人权，这是一项天赋之权，即每一个人可以根据其信仰选择崇拜的神灵。一种宗教信仰不得压制另一种宗教信仰……指引我们的是自由意志而非强力征服。"[15]与之类似，公元308年拉科坦提厄斯（Lactantius）写道："不得使用暴力和做出伤害行为，因为宗教不能通过暴力强力推行；宗教必须通过言语而非拳头进行传播。折磨和虔诚对意志的影响……存在天壤之别。真理不能够与暴力混为一谈，正义也不能与残忍混为一谈。"[16]

在拉科坦提厄斯看来，宗教在人类生命中的中心地位没有任何差异，他认为，"宗教至大，人们必须要不惜一切代价来捍卫宗教"，但他指出："宗教不是靠牺牲个人来捍卫而是抱着必死之心进行捍卫；不是依靠残暴来捍卫而是通过十足的耐心来捍卫。"他的结论就是，"如果你想用流血和酷刑来捍卫宗教，那么这不是捍卫宗教而是玷污和亵渎宗教。因为没有什么事物像宗教一样是属于自由意志范畴的一个问题"。[17]

这种观念并没有伴随罗马皇帝转变宗教信仰而烟消云散。公元4世纪，普瓦捷的希拉里（Hilary of Poitiers，公元300—368年）、他的门徒都尔的马丁（Martin of Tours，公元316—397年）、他的老师圣奥古斯丁、米兰的安布罗斯（Ambrose of Millan，公元340—397年）都强烈反对使用暴力迫害异教主教培利司理安（Pricillian）和他的追随者。公元5世纪，约翰·克里索斯托（Johnny Chrysostom，公元347—407年）等人仍然认为基督教徒"通过纠纷和暴力来纠正错误"是不正确的，"而是要以劝说、理性和和善来拯救人性"。[18]

公元396年，希波的奥古斯丁（公元354—430年）写道："我绝不会将一个人强行带入基督圣餐会。"[19]但是后来他的态度却开始改变。大约12年后，他开始证明使用暴力强制的理由。另外，非洲主教米里夫（Mileve）的欧普塔图斯是第一个引用《圣经》中《申命记》的经文来反对基督教异端团体多纳图斯派的基督教徒（Donatists）。奥古斯丁曾给这个基督教教派的领导者写过威胁信，为了写这封信，他绞尽脑汁，在修辞技巧上花了很大心血。

奥古斯丁在神学领域的威望使得他的论点成为使用国家暴力确保实现宗教统一的现成论据。1095 年，教皇乌尔班二世组织十字军踏上"解放"耶路撒冷的征途，这成为这种思想的一种外在表现。50 年之后，克莱尔维奥克斯的伯纳德（Bernard of Clairveaux）号召基督教徒发动圣战，推翻伊斯兰教的统治。这些反抗伊斯兰教的十字军最终整编成"阿尔比十字军"（lbigensian crusade）。1209 年，他们对基督教的异端清洁派（Cathars）展开了攻击。

教皇之所以开始指派"审判官"或宗教法官对异教徒进行个案审判，很大程度上是因为十字军对异教徒的攻击。新的多明我会和方济各会的宗旨似乎也是为了实现这一目的。

此前，多明我会和方济各会关注布道和树立先贤的榜样而不是强制推行教义。1219 年收复达米埃塔（Damietta）之后，苏丹马利克·艾尔·卡米（Malik al-Khami）召开了一次会议，允许方济各会修士居住在伊斯兰教徒居住区域内并可以进行善意的"静寂式布道"（Silence preaching）。与之类似，1204 年多明我会在与阿尔比异端教徒的斗争过程中形成的策略就是鼓励基督徒争取更好的生活条件并进行自我教育，从而确保他们能够反驳异端教徒所提出的论据。尽管如此，多明我会教徒的知识取向似乎特别适合开展新的审判式工作。他们随后的所作所为使得他们赢得了一个拉丁双关语的称谓——Domini canes，即上帝的猎犬。

166 纳博讷章程

方济各会成员从未能证明他们适合审判式的工作，主要原因是他们自身的内部分裂和不时出现的异端化倾向。方济各会的分裂在早期就表现得非常明显，属灵派（Spirituales）认为应保持绝对的安贫乐道，放任派（Relaxati）则认为修士虽然应当清贫如洗，但方济各会作为一个机构可以像牛津大学修道院一样拥有自己的财产。方济各会教长帕尔马的约翰允许方济会教徒杰拉德·德·伯格（Gerard de Borgo）传道《永恒的福音书》时，该教会就已表现出明显的异端倾向。这预示着将会出现一个博爱的时代，一个不再需要教会的时代。根据杰拉德的观点，方济各会将会引领这个时代的到来。

1257 年,博纳文图拉被任命为方济各会总理事。他首要关注的事项之一就是弥合教会内部的分裂,阻止修行滑向异端的境地。他采取的措施就是在纳博讷(Narbonne)章程中为教会制定一系列新规则。这些规则包括未经明确许可,任何教会成员不得收藏书籍;未经教会领导人员批准,不得出版任何书籍。

培根远走巴黎与这些重要事件可能并无瓜葛(可能是因为他在批评牛津共济会最资深的学者康尔沃郡的理查德的愚蠢行为时,使用了侮辱性言论),但是他在法国期间受到的这种限制很可能是适用纳博讷章程规定的直接结果。

这种强压下的沉默持续了大约十年之久。在培根担任首席主教并进行直接干预后,他才从这种状态之中解脱出来。

【注释】

[1] Clegg, B., *The First Scientist*: *A Life of Roger Bacon*(London: Constable, 2003), 120.

[2] 但也有观点认为此说出自对培根著作的旁注。参见 Grant, E., "Peter Peregrinus", in *Dictionary of Scientific Biography*(New York: Scribners, 1975), 10: 532。

[3] Clegg, B., *The First Scientist*: *A Life of Roger Bacon*(London: Constable, 2003), 33.

[4] Clegg, B., *The First Scientist*: *A Life of Roger Bacon*(London: Constable, 2003), 37.

[5] Clegg, B., *The First Scientist*: *A Life of Roger Bacon*(London: Constable, 2003), 42.

[6] Clegg, B., *The First Scientist*: *A Life of Roger Bacon*(London: Constable, 2003), 74.

[7] Clegg, B., *The First Scientist*: *A Life of Roger Bacon*(London: Constable, 2003), 75.

[8] Deuteronomy 12: 31.

[9] Leviticus 19: 18.

[10] Deuteronomy 6: 5.

[11] Deuteronomy 33: 27.

[12] Psalm 87: 4.

[13] Isaiah 19: 23.

[14] Luke 24: 47.

[15] Tertullian, F. Q. S., *The Writings of Quintus Sept. Flor. Tertullianus* vol. III (eds.) Kaye, J., Thelwall, S., Holmes, P. and Wallis, R. E.(Edinburgh: T. & T. Clark, 1882), 142.

[16] Lactantius, *The Works of Lactantius* vol. XXI (trans. and ed.) Fletcher, W.(Edinburgh: T. & T. Clark, 1871), 399—400.

[17] Lactantius, *The Works of Lactantius* vol. XXI (trans. and ed.) Fletcher, W.(Edinburgh: T. & T. Clark, 1871), 400.

[18] Chrysostom, J., *Apologist*(Washington, DC: Catholic University of America Press, 2001), 400.

[19] Forster, R. and Marston, P., *God's Strategy in Human History*(Eugene, OR: Wipf and Stock, 2001), 333.

第二十章　实验科学

1266 年 6 月 22 日，罗杰·培根收到了一封印有教皇克莱门特四世印记的信（现梵蒂冈档案馆保存有一份该书信的当代复制本），信中要求他"暂且无需遵守（方济各会）的禁止性规定……将目前完成的著作和修订"呈送给教皇。在此三年之前，培根致信当时的红衣主教吉·德·富克（Guy de Foulques）并收到了积极的回应。在富克担任教皇之后，他需要根据信中的要求收集 30 余年来研究和思考的成果。

伟大的著作

起初，他完成了《大著作》（*Opus Majus*）一书，在这本书制作抄本之时，他又完成了《小著作》（*Opus Minus*）和第三部著作《中著作》（*Opus Tertium*）。他至少将这三部书中的前两部和两件礼物，即一幅世界地图和一副透镜呈送给了教皇。

最初，呈送给教皇的物品并没有什么明显的用意。《大著作》一书开篇即对智慧的重要性进行了一般性讨论，如治理教会、转变异教徒及压制邪恶之行。对于为什么难以获得智慧的问题，培根提出在获得智慧的过程中存在四大障碍：屈从毫无价值的权威、因袭习惯、流行的偏见及对自身智慧的虚夸。他指出"智慧之人……虚心若愚"，正是因为如此，他们才"会谦逊地接受别人的指导"。[1]其中特别包括希腊哲学。培根在对教会与希腊思想家的历史进行了回顾之后，接着在第二部分中对哲学和神学的关系进行了更宏大的思考。

　　他的出发点(与他之前的思想家相似)是认为既然所有的智慧都源自上帝,那么智慧就不会存在相互矛盾之处:"不管真理是在何处被发现的,它都应归于耶稣基督"[2]。但是因为关注点各不相同,所以《圣经》有的经文对现象进行了描述,并"从发现的有效原因"中揭示事物的终极起源。[3]举例来讲,《圣经》中对彩虹的意义进行了描述,但是"哲学家们并没有清楚地理解"产生彩虹的物理原因。[4]比如罗伯特·格罗斯泰斯特就对发现这种现象的原因非常感兴趣。

　　正如很多基督徒作家一样,培根认为希腊哲学的最初起源来自(通过迦勒底人和埃及人)希伯来人的先祖,这对他是很有帮助的,但这并不意味着他能够掩盖希腊哲学自身所具有的特质。他的结论是从某种程度上说,"哲学是……通过学习和艺术对神圣智慧的展现"[5]。他指出:"有智慧的人会很容易从其他人那里接受许多普遍性的理性真理,尽管他本人可能对这些真理视而不见。"[6]因此,基督教徒应该"不只收集哲学家关于神圣真理的言论,而应该更超前,将哲学理解为一种整体的力量"[7]。具备哲学知识的基督教徒"可以整合所有的权威机构、不同的思辨以及各式各样的观点",并且完成这种工作不是仅仅为了实现"全面的哲学",而是因为"所有真理"都是"神圣的真理"。[8]

　　根据这种模式,培根随后继续阐述了追求智慧过程中需要使用的两个主要工具。第一个工具是语言知识,第二个工具是数学知识(未来的几个世纪中,更加凸显了这一观点的全部意义)。

　　培根在《大著作》第二卷中指出,语言学习对于准确的希腊语、阿拉伯语哲学文献的翻译和《圣经》文本的翻译至关重要(更不用说语言学习在实践中是一种"外交"活动)。他在《大著作》第四卷中指出,数学是通往其他所有科学领域的"大门和钥匙"[9]。"基本原理的演示""离开了数学"就难以清晰,"……因此,逻辑必然要依赖数学"。[10]天文学对数学的依赖"非常明显",而光学研究亦是如此。他坚称"离开数学知识,人们将无法了解世间万物"[11]。数学对于占星术(当时占星术被认为是一门科学)和教堂的日常活动(例如修改历法),也非常重要。如果教会要履行在全世界布教的使命,数学对于测算经度和纬度来说也是必备的知识(因此,书中有一章关于地理学的章节以及一幅世界地图)。

　　《大著作》第五卷全部是关于光学的内容,培根对光学领域特别着迷(因此其中包含了关于棱镜的内容)。他极力阐述透过棱镜的光线所带来的益处,与格罗斯泰斯特类似,他指出,人们"在非常远的距离之外"可以通过透镜"观察到极小的字母符号",并且使"太阳和月亮离我们更近"。[12]除此之外,一种新的"几何图形画法"

168

169

使描绘诸如"世界的罪恶将被滔天的洪水摧毁"这类宗教艺术成为可能[13],50年之后,乔托(Giotto)创作的圣弗朗西斯巴西利卡式教堂的壁画被视作对这一观点的首次实践。

他关注的重点仍然是推动科学发展的手段。因此,他首先对眼睛的物理结构进行了详细的研究并结合自己进行的一些实验描述了反射和折射现象。随后,他在第六卷中对实验科学的性质进行了更全面的研究。

170 测量彩虹

培根认为,经验分为两种。一种是精神层面的内在经验,"来自(上帝的)恩典",另一种是"通过外部感官感知"的经验。人们"通过精心制作的仪器"来获取对天堂中事物的经验,"通过其他科学家获取的经验"来获取那些不属于我们周围世界事物的经验。[14]他主要关注后者的研究。他所谓"实验科学"(De Scientia Experimentali)的核心特征是"通过实验的手段检验其他的科研成果"[15]。为了进行说明,他回到了彩虹的例子。

他认为,自然哲学家关于诸如彩虹和光晕现象的理论或"判断",通过"实验科学可以证明"[16]。首先,他通过对可见的物体进行研究,发现彩虹的颜色顺序都是一致的,并且发现当阳光穿过"被正确塑形的同质晶石和其他透明石材"[17]时,当"阳光穿过……磨坊水车洒下的水滴时,当在夏日的清晨,观察草地的露珠"时也会出现这种特性。[18]通过这些"陆地上的事实",实验者得以利用"相应的工具"研究天空中的现象。[19]

随后,培根阐述了测量工具(据推测是在以星盘为基础制成的)的使用方法,"实验人员……根据地平线以上太阳和彩虹的高度可以计算出彩虹在地平线上最高的高度为42度,这是彩虹所可能达到的最高高度"[20]。

培根首先发现了这个现象。他继续指出,彩虹中的每一颗水滴都相当于一面凸透镜在发挥作用,因为它们形成了一个近似连续的镜片组合。他意识到自己关于彩虹成因的解释还远不能令人满意,"因为我还没有完成所有必要的实验"。[21][50年后,多明我教会修士弗莱堡的狄奥德里克(Theodric of Freiburg)用一个装满水的球体展示了雨滴可以通过双折射形成主虹和副虹。[22]]他工作的意义在于他"不是仅仅对已有的成果进行综述",因为"不能仅通过实验得出理性的结论"。最

171

后他提出要"进行科学研究"。[23]

培根对自己关于实验科学的论述进行了总结,他指出作为一位"哲学出身的校长"应该将科学和对技术的追求结合起来,造福基督世界。1267 年,他将自己的著作呈送给了教皇,大概也是希望克莱门特教皇能够担纲这一角色。1268 年底,克莱门特教皇于 11 月去世的消息传遍了整个欧洲。

教皇去世之后,关于培根的命运并没有明确的记载。他完成了《哲学研究集》一书,其中对教会和社会方方面面的腐败行为进行了猛烈抨击。这可以解释为什么一个世纪后成书的《方济各会 24 任会长编年史》中将培根称为因"备受怀疑的创新"而被关押的神学大师。

1274 年,博纳文图拉接替吉罗拉莫·德·阿斯克利(Girolam D'Ascoli)担任方济各会会长,他对大量异端修士实施了监禁。他的继任者雷蒙德·德·高夫莱德(Raymond de Gaufredi)是一位慈悲的人,1290 年他担任会长之后才将这些修士释放出来。没有直接的证据证明培根曾经被监禁过,但是直至 1292 年他返回牛津方济各会修道院的这一段时间中没有任何作品问世,这一点似乎验证了他曾被关押的事实。

虽然培根的实验科学的宏大发展计划未能成为现实,但是他提出的两个观点在牛津和巴黎都得到了强有力的支持。他提出的第一个观点是强调数学是通往其他所有科学领域的钥匙,第二个观点是他深信反射和折射定律是他所阐述的自然宇宙法则(leges communes nature)的组成部分。

【注释】

[1] Bacon, R., *The Opus Majus of Roger Bacon*(London:Oxford University Press,1928), Part I, Chapter X, 25.

[2] Bacon, R., *The Opus Majus of Roger Bacon*(London:Oxford University Press,1928), Part II, Chapter V, 43.

[3][4] Bacon, R., *The Opus Majus of Roger Bacon*(London:Oxford University Press,1928), Part II, Chapter VIII, 51.

[5] Bacon, R., *The Opus Majus of Roger Bacon*(London:Oxford University Press,1928), Part II, Chapter XIV, 65.

[6][7] Bacon, R., *The Opus Majus of Roger Bacon*(London:Oxford University Press,1928), Part II, Chapter XIX, 73.

[8] Bacon, R., *The Opus Majus of Roger Bacon*(London:Oxford University Press,1928), Part II,

Chapter XIX，74.

[9] Bacon，R.，*The Opus Majus of Roger Bacon*(London：Oxford University Press，1928)，Part IV，Chapter I，116.

[10] Bacon，R.，*The Opus Majus of Roger Bacon*(London：Oxford University Press，1928)，Part IV，Chapter II，120.

[11] Bacon，R.，*The Opus Majus of Roger Bacon*(London：Oxford University Press，1928)，Part IV，Chapter III，128.

[12] Bacon，R.，*The Opus Majus of Roger Bacon*(London：Oxford University Press，1928)，Part V，Chapter IV，582.

[13] Bacon，R.，*The Opus Majus of Roger Bacon*(Oxford：Clarendon Press，1897)，219.

[14] Bacon，R.，*The Opus Majus of Roger Bacon*(London：Oxford University Press，1928)，Part IV，Chapter I，585.

[15] Bacon，R.，*The Opus Majus of Roger Bacon*(London：Oxford University Press，1928)，Part IV，Chapter II，587.

[16][17] Bacon，R.，*The Opus Majus of Roger Bacon*(London：Oxford University Press，1928)，Part IV，Chapter II，588.

[18] Bacon，R.，*The Opus Majus of Roger Bacon*(London：Oxford University Press，1928)，Part IV，Chapter IV，589.

[19] Bacon，R.，*The Opus Majus of Roger Bacon*(London：Oxford University Press，1928)，Part IV，Chapter IV，590.

[20] Bacon，R.，*The Opus Majus of Roger Bacon*(London：Oxford University Press，1928)，Part IV，Chapter IV，592.

[21][22][23] Bacon，R.，*The Opus Majus of Roger Bacon*(London：Oxford University Press，1928)，Part IV，Chapter XII，615.

第二十一章　宇宙法则

1294 年,罗杰·培根去世。从 14 世纪开始,培根在牛津和巴黎的追随者开始以不同的途径运用宇宙法则的数学化理解方式来研究物质世界。特别是牛津大学墨顿学院的很多学者都采用了这种方式开展研究。

墨顿学院计算家

托马斯·布雷德沃丁(Thomas Bradwardine)当选墨顿学院研究员之后,又担任了神学教授及牛津大学校长,他职业生涯的最后一份工作是担任坎特伯雷大主教(Archbishop of Canterbury,仅任职数月)。教皇十分赏识布雷德沃丁并称他为"博学者"(Doctor Profondus)。布雷德沃丁认为,任何不借助数学知识去研究物理学的学者"将永远找不到智慧之门"[1]。1328 年,布雷德沃丁完成《论比例》一书, 其中他提出了一个表示施加在物体上的力、反作用力以及所产生的速度之间关系的数学公式。布雷德沃丁还推测认为重量不同的物体在真空中的降落速度是相同的。

当时,墨顿学院年轻学者理查德·斯温斯黑德(Richard Swineshead)被人们称为"计算家"。1350 年,他完成了自己的著作《算术》(*Liber calculationum*),书中包含了布雷德沃丁定律的 50 多种数学变形,并且他尝试对热量和速度等不同物理量的变化速率问题进行了数学分析。

此外,墨顿学院逻辑学学者海特斯伯里的威廉(William of Heytesbury)在其著作《逻辑谜题解题规则》中提出了一个公式，实际上这个公式是对客观事实的回应并且该回应经受住了时间的检验。这个公式就是"匀速运动定理"或称"墨顿定理"。根据该定理，海特斯伯里指出"一个移动的物体在某一时间范围内移动的距离恰好等同于它按照平均速度在相同时间内移动的距离"[2]。这也就是说，不考虑风等阻力因素，一匹马从起步匀速加速至每小时 8 英里的时间内就可以赶上一辆运动速度稳定在每小时 4 英里的马车。

这种以数学方法研究物理学的做法很快就得到了巴黎学者的响应，巴黎学者将运动理论与传统的亚里士多德理论进行了结合。12 世纪下半叶，安萨里的《哲学家的目标》（*Maqasid al falasifa*）一书被翻译成拉丁语版本（即 *Logica et philosophia Algazelis arabis*）。在这本书中，安萨里讨论了阿维森纳根据菲洛波努斯学说提出的强迫力（impressed force）理论。14 世纪中期，巴黎出现了一位该理论的新拥护者。

布里丹时代

让·布里丹（Jean Buridan）于 1328 年担任巴黎大学校长并在 1340 年再次担任该校校长，他是确定"强迫力"（impressed force）概念拉丁语称谓的第一人。对于强迫力，菲洛波努斯将其称为 kinetiké dunamis，阿维森纳将其称为 mayl，布里丹则称174 之为 impetus（冲力）。根据上帝"以一定的尺度、数目和重量处置一切"的原则，他指出冲力的大小与重量和速度呈比例关系。他同意菲洛波努斯的观点，认为空气阻力将会降低物体移动的速度而不会助推物体向前移动，但是他的观点又超出了菲洛波努斯的观点，认为在真空中物体运动没有阻力，物体将会一直保持运动。

安萨里和阿维森纳都不知晓菲洛波努斯基督教神学著作《论创世》（*De Opificio Mundi*）中的内容，布里丹也不可能通过任何其他渠道获悉其中的内容。然而，基于与亚历山大时代的前辈学者相同的前提，他也是沿着相同的思路进行研究。

布里丹提出，万能的造物主赋予万物同一种运动规律。布里丹在对亚里士多德《物理学》的评注中指出，冲力可以作如下解释：一个人为了跳得更远会"退后一段距离以便跑得更快，故而人通过跑动便会获得让他跳得更远的冲力"。与亚里士多德的观点相反，他指出"这个人的跑跳并没有让他感到是空气推着他前进而是感觉到他前方的空气对他形成了强大的阻碍"。根据《圣经》中《创世记》的内容，他立即将这种观点拓展到对天体运动的解释。

> 因为《圣经》中并没有说明存在某种特定的智能推动天体的运行,似乎没有必要确定存在这种智能,因为答案是上帝创造了世界,上帝按照自己的意愿推动天体的运行并赋予其冲力,上帝此后不必再做任何动作,由冲力推动天体的运行,上帝则作为这一切的共同代表。[3]

最后一点对布里丹研究自然科学的方法来说至关重要。布里丹在一本关于亚里士多德天体和地球相关问题著述的书籍中指出,"如果上帝是永恒的存在,则他至少是这个世界运行和秩序的原因所在",并且,他将这一观点与这样一种信条联系在一起:"自然哲学中,人们应当考虑过程和因果关系,就好像这两者是自然而然地发生着一样。"[4]

让·布里丹最聪慧的学生尼古拉斯·奥热默(Nicholas Oresme)发展了他的很多思想观点。奥热默可能生于一个农民家庭,他后来担任查理五世(Charles V)的首位导师并在后来担任其经济顾问,他在利雪(Lisieux)主教的任上去世。奥热默在很多其他领域都所作出了贡献,他是一位杰出的数学家,提出了用图表来表示运动的观点。他以纵轴(他称之为"纬线")表示速度,横轴(他称之为"经线")表示时间,绘制了代表加速度的曲线。他根据计算数轴上数字的大小从几何学层面证明了墨顿定理。

与格罗斯泰斯特的观点一样,奥热默认为数学秩序是上帝创造的世界的一个基本组成部分,但是他认为上帝创造世界是随心而行。他在《天空与世界认知》(*Livre du Ciel et du Monde*)一书中指出,亚里士多德所认为的地球静止不动、其他行星和恒星围绕地球运动的观点是无法证明的。他认为地球是转动的天体,这种观点更具可能性且更符合现实情况;最后他得出的结论认为,尽管《圣经》认为地球是静止不动的,但是他认为《圣经》中的很多段落倾向于将这一观点视为"不能从字面上理解的通俗语言的普通用法"[5]。

与布里丹的观点一样,奥热默认为:"创造天体时,上帝为天体设定的运动的可能和能力,与上帝为地球上万物的运动能力所设定的阻力是一样的。"他认为:"这种情况就像是制作钟表的人,将钟摆拨动一下后,钟摆就可以自己继续保持摆动状态。"[6]

牛津和巴黎教会领导人发表的声明似乎正向 17 世纪机械哲学快速靠拢。阻碍其发展的障碍不是宗教裁判,而是一只黑鼠。

黑鼠

1348 年春，因卡法城（Kaffa，围城的鞑靼人将感染有瘟疫的尸体扔到城内导致黑死病疫情暴发）沦陷而逃难的商人将黑死病（黑鼠身上的跳蚤和受感染的人身上均携带该病菌）带到了热那亚和威尼斯。瘟疫传入欧洲之后以惊人的速度蔓延。热那亚的船将瘟疫带到了马赛。当年夏天瘟疫传播至巴黎，9 月英格兰出现了疫情。在 50 年的时间内，欧洲 1/3 到一半的人口因瘟疫而去世。

托马斯·布雷德沃丁在第一波瘟疫疫情中去世，让·布里丹可能是在第二波疫情中去世的。尽管大学、城市的疫情不像乡村那样严重，但是被疫情摧毁的小学教育很快产生了冲击效应（有些地区的文化面临着灭顶之灾）。15 世纪的一位作家指出，"布里丹时代"在 14 世纪末走到了终结。

枪与书

欧洲的经济和知识从这场灾难中重新复兴的速度非常缓慢并且呈碎片化。瘟疫远没有销声匿迹，它仍肆虐了数代人的时间（最后一次瘟疫疫情大爆发是在 18 世纪）。然而，随着人口逐渐增加和经济逐步发展，在 15 世纪中期几乎同时发生的两大事件的刺激之下，欧洲人的精神生活开始重新焕发生机。

第一个事件是拜占庭帝国的灭亡。

1453 年，苏丹穆罕默德二世（Sultan Mehmet II）在匈牙利工程师乌尔班（Urban）的帮助下建造了一门巨炮，他凭借这门巨炮最终成功攻陷了东罗马皇帝狄奥多西（Theodosius）修建的宏伟城墙并占领了君士坦丁堡（数代穆斯林军队曾在这里折戟沉沙）。这起灾难性事件的附带效应就是西欧出现了大量会说希腊语的学者，他们积极投身于教育和翻译工作，就如同 20 世纪 30 年代犹太科学家逃离纳粹的威胁而涌入牛津和剑桥，让这两所学校受益颇多一样。仅仅用了数十年的时间，是否掌握希腊知识再次成为欧洲人接受过良好教育的标志，人们四处寻找和搜集希腊语手稿。拜占庭帝国灭亡两年之后，另一个事件导致这些文字不再仅以手稿的形式为人们所保存。

1455 年,约翰内斯·古腾堡(Johannes Gutenberg)印刷了第一批对开本的《圣经》。在此数年之前,古腾堡用硬质金属冲头制作了易于铸造且质地较软的铜质字模,发明了一种包含大量字模的活字系统。该系统通过一个农用螺旋压榨机将油墨印刷在纸张上。1453 年他发明了一整套印刷工艺系统。两年之后,他印刷的对开本《圣经》向世界展示了这项技术的巨大应用潜力。

在几十年的时间内,使用这种印刷系统的印刷作坊在欧洲已经遍地开花。印刷作坊开始大量印刷其他种类的书籍,人们制作了特殊的字体,古老的希腊语手稿也出现了希腊语印刷版本,对于那些尚未发现希腊语文本的书籍,则是印刷了其拉丁文译本。这些突然出现的新文本都是柏拉图的著述以及其他关于挑战亚里士多德那广为人知的自然哲学研究方法的书籍(其中包括菲洛波努斯的著作)。

这种反正统好奇心的新刺激遭遇到了一种新形式的裁判所。为了回应古腾堡印刷技术对宗教化欧洲的撕裂效应,教会在罗马建立了"神学院"(Holy College)。神学院的任务就是对任何可疑的新思想展开调查。在这个过程中不可避免地出现了冲突和龃龉的情况。

苏格拉底认为追求真理是一种宗教义务,克莱门特、菲洛波努斯、金迪和培根都认同这一观点;这种观点对次终极追问浸于宗教动机的滑流之中的深度影响甚大。其结果就像德尔图良所指出的,"宗教强迫不是宗教的组成部分",也像拉科坦提厄斯所坚持的,"真理和暴力之间没有联系",这二者同等重要但很难恪守。对现实世界的观察与对宗教信条的卫护的冲突越来越清晰且戏剧化。

一方面,这种冲突是亚里士多德学派科学思想和《圣经》直译主义(biblical literalism,由权力当局所支持)之间冲突的扩大化表现。另一方面,这种冲突是对亚里士多德学派科学思想和《圣经》直译主义基督教批评传统的回归,因为光学仪器的改进而导致的新发现使这种回归具备了可能性。

前者暂时性的胜利导致了天文学研究的停滞不前。后者最终的胜利则引发了与前者暂时性胜利恰恰相反的结果。

【注释】

[1] Hannam, J., *God's Philosophers: How the Medieval World Laid the Foundations of Modern Science*(Thriplow: Icon, 2009), 176.

［2］Hannam，J.，*God's Philosophers：How the Medieval World Laid the Foundations of Modern Science*(Thriplow：Icon，2009)，180.

［3］Clagett. M.，*The Science of Mechanics in the Middle Ages*(Madison：University of Wisconsin Press，1959)，536.

［4］Buridan，J.，*Iohannis Buridani Quaestiones super Libris Quattuor de Caelo et Mundo*(Cambridge，Mass.：Mediaeval Academy of America，1942)，164.

［5］Hannam，J.，*God's Philosophers：How the Medieval World Laid the Foundations of Modern Science*(Thriplow：Icon，2009)，187.

［6］Oresme，N.，*Le Livre du ciel et du Monde*(eds.) Menut，A. D. and Denomy，A. J.(trans.) Menut，A. D.(Madison：University of Wisconsin Press，1968)，289.

第五编　一目了然的宇宙

第二十二章　反对亚里士多德

1613 年的一个清晨，本笃会（Benedictine）修士贝内代托·卡斯泰利（Benedetto Castelli）刚刚迈出比萨美第奇宫的门槛（他在这里出席了一次盛大的早餐会），就被门童叫了回来。早餐时，贝内代托·卡斯泰利修士回答了柯西莫·美第奇大公（Grand Duke Cosimo de Medici）向他提出的几个问题。大公原本希望了解本笃会（当时他担任比萨大学数学教授）通过望远镜观测到的天体的信息。他所观测到的天体是木星的四个卫星，卡斯泰利的老师伽利略·伽利雷（Galileo Galilei）早在四年前就发现了这些天体并将其命名为"美第奇星"。卡斯泰利是一名忠诚的学生，他利用早餐会的机会向美第奇大公详细阐述了他老师关于"这些天体运动的证据"。

当他返回宫殿之后，卡斯泰利被引荐给柯西莫的母亲克里斯蒂娜公爵夫人，当时宫内正在举行一场聚会，参加聚会的人包括公爵、公爵夫人、公爵母亲以及比萨大学逻辑学和哲学教授柯西莫·波斯卡利亚（Cosimo Boscaglia）。在早餐会期间，"波斯卡利亚博士与夫人（公爵母亲）谈话时"告诉她"地球运动的观点令人难以置信并且也是站不住脚的，特别是《圣经》中的说法明显与这一观点背道而驰"。[1]正因为这一点，公爵夫人反对卡斯泰利神父的观点。

一千年前，约翰·菲洛波努斯在论述基督教哲学时，他发现自己是在就两个对立面展开论证：一方面是反对辛普利丘对亚里士多德学派教条式的解释，另一方面是反对科斯马斯·印第科普莱特斯提出的《圣经》直译主义。到了 17 世纪初，亚里士多德学派思想已经深刻地融入基督教神学，以至于这两个对立面在某种程度上已被弥合。像波斯卡利亚这样的哲学家就毫不犹豫地以《圣经》直译主义作为支持亚里士多德和托勒密宇宙学观点的不可辩驳的论据。

为了应对这种情况,身为本笃会修士的卡斯泰利发现自己必须"扮演神学家"。184 后来他认为他满含"自信与尊严"的所作所为足以让自己的老师感到欣慰。但是伽利略并不确定他从前的这位学生所说的一切是否有必要。因此,他给卡斯泰利寄了一封长信并打算让社会大众知晓这封信的内容。在这封信里,他认为亚里士多德学派哲学家在关于某一物理问题上尝试将《圣经》经文作为"不可抗拒且令人生畏的武器"来吓唬他们的对手是错误的。正确的方法则是通过"一千次实验和一千次必要的证明"[2]为自己的论证提供支持。

伽利略通过望远镜观察得到的最新发现(波斯卡利亚没有对此提出过异议)就做到了这一点。伽利略在比萨大学花费时间得到的这些发现(刚开始他还是一名大学生,后来担任了教职)成为反对亚里士多德学派观点的有力证据。在他未公开发表的笔记中,他提到了菲洛波努斯的著作,在此 50 年前,菲洛波努斯的书籍首次印刷出版。

菲洛波努斯思想的复兴

菲洛波努斯及其他人的著作重见天日主要应归功于红衣主教贝萨里翁(Cardinal Bessarion)的推动。15 世纪 50 年代末,他所在的主教宫成为罗马希腊文化的前哨。来自拜占庭帝国受过教育的难民被雇用来开展翻译工作,他们将古希腊语的文稿翻译成拉丁语文献,而贝萨里翁(他生于特拉布宗,在担任红衣主教之前曾担任东正教都主教)则组织了一支十字军,目标是将拜占庭从土耳其人的统治之下解放出来。贝萨里翁推动的十字军行动最终功败垂成,但是他在文化领域取得了丰硕的成果。后来,他在 1468 年将自己的希腊语藏书捐赠给威尼斯,成为圣马可图书馆(Biblioteca Marciana)的镇馆之宝,该图书馆拥有当时西欧规模最大的藏书。

在意大利建成希腊语文献图书馆的第一人并不是贝萨里翁。1397 年,拜占庭学者赫里索洛拉斯(Chrysoloras)来到佛罗伦萨,向一群热心学习希腊语的学生教授希腊语。他的学生盖利诺·达·维罗纳(Guarino da Verona)跟随他回到拜占庭继续学习,后来他将 50 本古希腊手稿带回到了意大利。1423 年,乔瓦尼·奥里斯帕 185 (Giovanni Aurispa)从拜占庭带回了 238 本古希腊手稿。此外,波吉奥·布拉乔利尼（Poggio Bracciolini）曾到法国、德国和瑞士修道院图书馆遍寻古希腊手稿。贝萨里翁的努力远远超过这些人。他耗费 3 万弗罗林①巨款，收藏了 800 多份古希腊手稿，其中包括所有保存下来的菲洛波努斯的著述。梵蒂冈图书馆于 1475 年编制的最早的一份图书目录中收录了菲洛波努斯的手稿，同时著名的皮科·德拉·米兰多拉（Pico della Mirandora）图书馆也收藏了菲洛波努斯的手稿。皮科的侄子詹弗朗切斯科（Gianfrancesco）在他最重要的著作中曾提及他叔叔的图书馆中收藏的文稿，他指出"在逍遥学派作者中，希腊作者是最杰出的学者"。

15 世纪 90 年代，叔侄二人受到当时狂热的修士吉洛拉谟·萨伏那罗拉（Girolamo Savonarola）的影响，他的讲经布道活动风靡佛罗伦萨，早期的这种经历让詹弗朗切斯科坚信所有人类的哲学思想都是毫无用处的。在他后来的职业生涯中，他不遗余力地抨击当时流行的亚里士多德学派的观点，他以菲洛波努斯的观点为论据，认为在真空环境下的运动理论不存在不合理之处并指出"亚里士多德的教条观点是不正确的"[3]。

1504 年，菲洛波努斯对《后评述篇》的评注首次出版。1535 年《驳普罗克鲁斯》出版时，这本书的编辑对"撞上好运气从事该项工作以及能够将其提供给公众而感到欢欣鼓舞"[4]。同年，对《物理学》的评注出版，该书的拉丁语版本在 1546 年至 1581 年之间重印达九次之多。

这些新发现的著作并非都受到了人们的欢迎。亚里士多德观点的捍卫者基本上是采取辛普利丘的思路来反对菲洛波努斯的观点。尽管有些人将菲洛波努斯称为"基督徒菲洛波努斯"[5]，但其他人并未采用这种称谓。弗朗西斯科·博纳米奇（Francesco Buonamici）是伽利略在比萨大学的一位老师，他在一篇关于运动的著述中指责某些"亚历山大学派哲学家""在与亚里士多德学派进行争论的时候希望自己被视为基督徒"，这样做的结果就是他们"同时沦为伪哲学家和伪'基督徒'"。[6]

同一时期，根据伽利略在关于运动问题的手稿笔记中的记载，他非常赞同菲洛波努斯的观点。他曾多次引用菲洛波努斯的观点（引用次数超过了引用柏拉图观点的次数），认为菲洛波努斯是"受命于真理"而揭露亚里士多德观点谬误的群体中的一员，他关于"真空运动"和"强迫力"的所有论述与菲洛波努斯的观点都是相吻合的。伽利略非常赞同菲洛波努斯的观点，将菲洛波努斯列入"通过信念而非实证"[7]即可获知真理的学者名单之列。然而有时,他也会直接复制亚历山大学派实验观察的结果。

在比萨大学期间,伽利略最反对的是比萨大学教师吉罗拉莫·包罗(Girolamo Borro)的观点。包罗认为,在自然科学研究中,崇尚使用数学知识进行科学研究的柏拉图主义已经蔚然成风,他对此持强烈反对的态度。他强调亚里士多德关于观察和经验重要性的观点,但这些观点似乎在实践中缺乏一定的严密性。

187

亚里士多德曾表示,同一质料但不同重量的物体下降速度与其重量呈正比。包罗在未经测试证实的前提下即接受了该观点,但是也提出了自己的理论(内部含较多空气的物体下降速度会更快),他反复将重量大致相同的木块和铁块从自家位置靠上的窗户扔出去(这导致比萨城街道险象环生),他的学生们总是"忠实地"汇报说首先着地的是木块。

与之相反,伽利略在他的笔记中多次提到了一个术语"检验"(periculum,即测验或实验),在他的经验中,当木块与铅块"从高塔上同时下落,铅块应当是遥遥领先,这是我反复试验过的(De hoc saepe periculum feci)"[8]。进而他呼吁"更加严谨的假设"。他做了从高处将同种质地但重量不同的物体抛下的实验(根据他的学生维维亚尼的说法,实验地点是在比萨斜塔)。他发现每次这些物体几乎是在同一时间着地,这与一千多年前菲洛波努斯的论断是一致的。

1592年,伽利略从比萨搬至帕多瓦并担任帕多瓦大学的数学教授。在帕多瓦大学的这段时间内(后来他回忆这是他一生中最为幸福的一段时光),伽利略在一种新观测工具的帮助下,对亚里士多德所绘制的世界图景进行了更广泛的抨击。

《星际使者》

在从帕多瓦前往威尼斯的旅途中,伽利略听到了一则新闻,"一位荷兰人组装了一支小望远镜,观察者通过这种装置可以用肉眼看到遥远距离之外的物体,感觉就像是近在眼前"[9]。罗伯特·格罗斯泰斯特和罗杰·培根在牛津大学提出用透镜折射来达到这种效果的观点最终被汉斯·利伯希(Hans Lipperhey)和查卡里亚斯·詹森(Sacharias Jansen)这两位荷兰眼镜制造商变成了现实。伽利略立即开始着手磨制自己的透镜镜片并成功地大幅提高了放大倍数。如此一来,伽利略觉得自己有理由宣布他本人就是这种望远镜的"发明人",他开始在帕多瓦制造这种望远镜并尝试将其销往威尼斯城邦(图 22.1)。

当他用这个仪器观察夜空时,他很快发现了相关证据,证明天体并不像亚里士多德所认为的那样完美和一成不变。正如《驳亚里士多德》一书中所指出的那样,所有的迹象表明,构成天体的元素与构成地球的元素完全一致。月球"并不是一个完美、没有凹凸和精确的球面体(而由众多哲学家组成的一个学派认为月球和其他天体是完美的球体),恰恰与之相反,这些天体都是坑坑洼洼、凹凸不平,上面有大量的凹陷和凸起区域,这一点就像地球的表面一样,这些天体表面差异巨大,分布着高山和深谷"[10]。(图 22.2)处于天体中心位置的一个凹坑"看上去……就像波西米亚(Bohemia)的一个地方一样"[11](图 22.3)。

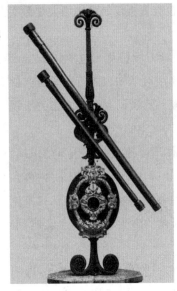

图 22.1 伽利略的望远镜

188

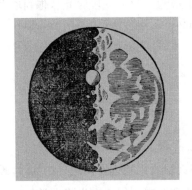

图 22.2 伽利略绘制的月球

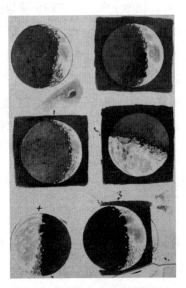

图 22.3 月球及五种月相的图示,根据伽利略研究结论制作的铜版画

他最具戏剧性的发现(时间在 1610 年 1 月)揭示了我们所处的世界与一个(太阳系中的)行星之间的相似性:"我们所看到的四颗卫星围绕着木星转动(就如同月

球围绕地球转动一样）。"[12]伽利略通过一组图
表对他的观测结果进行了详细说明，这些观测结
果让他得出了上述结论（图22.4）。这就是所谓的
"星际使者"（Starry Message），很快他以此为书名
出版了一本著作，在其中介绍了他的发现。他这
本书的结尾部分指出："敬爱的读者会急切盼望尽
快看到续本。"1612年，他公布了更多的发现，进
一步动摇了宇宙是一个完美几何王国的观点。当
时伽利略声称太阳上存在黑点（maculae），黑点按
照圆周形状运动，土星长着"耳朵"（后来证明是光
环），金星像月球一样也存在相位变化。

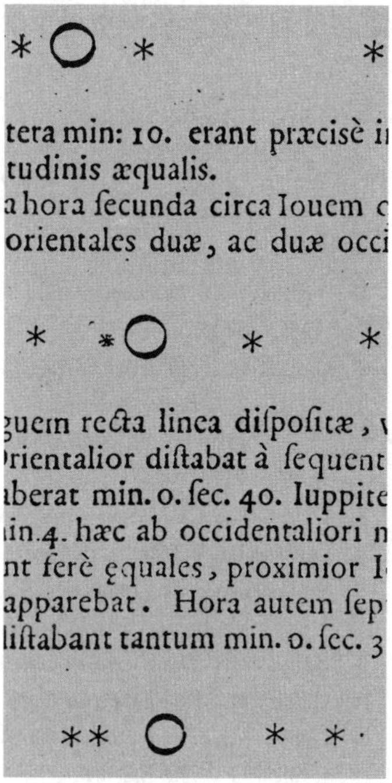

《星际使者》的出版让伽利略成了国际名人。
英国驻威尼斯大使亨利·沃顿爵士（Sir Henry
Wotton）向国内的报告中指出："（《星际使者》的）
作者是在赌博，要么超越前人的成就，要么给后人
留下笑柄。"[13]情况很快就变得明朗起来，伽利
略属于前者。1611年伽利略访问罗马时，他受到

图22.4 伽利略关于"美第奇星"
（木星的卫星）的记录

了上层人物的接待。枢机主教罗伯特·贝拉明曾询问罗马学院（Collegio Romano）
的学者能否确认伽利略发现的真实性，他们后来（在新的望远镜制作完成之后）确
认了这一点。

伽利略的望远镜就架设在枢机主教班迪姆（Bandim）奎利那雷宫（Quirinal）的
花园里，他在这里向一群追随者展示了他的发现。同时，人们为伽利略举行了多场
宴会，其中的一场宴会就是由林琴学院（Academia de Lincei）举办的。林琴学院于
1603年由蒙蒂切利（Monticelli）侯爵创建，该学院致力于推动自然科学和数学领域
的研究。伽利略被选任为该学院的第六名成员（正是在这所学院，他组装的设备首
次被称作"望远镜"）；此后，伽利略的签名一般都写作"伽利略·伽利雷·林琴奥"
（Galileo Galilei Linceo）。

对伽利略来说，最尊贵的荣耀是他本人在耶稣会罗马学院发表了支持自己发
现的公开演讲，王公贵族、红衣主教均聆听了这场演讲。当时最著名的耶稣会天文
学家克里斯托弗·克拉维斯（Christopher Clavius）称赞伽利略是"第二个托勒密"，
并在他自己的教科书中列举了伽利略的新发现，他指出："天文学家应该考虑如何

重新排列这些天体模型以反映这些(伽利略发现的)天象。"[14]

【注释】

[1] Galilei, G., *Discoveries and Opinions of Galileo* (trans.) Drake, S. (New York: Doubleday, 1957), 151.

[2] Galilei, G., *The Essential Galileo* (Indianapolis: Hackett, 2008), 106—107.

[3] Sorabji, R., *Philoponus and the Rejection of Aristotelian Science* (London: Duckworth, 1987), 219.

[4][5][6] Sorabji, R., *Philoponus and the Rejection of Aristotelian Science* (London: Duckworth, 1987), 213.

[7] Galilei, G., *On Motion, and on Mechanics: Comprising De Motu* (*ca.* 1590) (trans.) Drabkin, I. E. and Drake, S. (Madison: University of Wisconsin Press, 1960), 49.

[8] Wallace, W. A., "Dialectics, Experiments and Mathematics in Galileo", in *Scientific Controversies* (eds.) Machamer, P., Pera, M. and Baltas, A. (New York: Oxford University Press, 2000), 106.

[9] Galilei, G., *The Essential Galileo* (Indianapolis: Hackett, 2008), 49.

[10] Galilei, G., *The Essential Galileo* (Indianapolis: Hackett, 2008), 52.

[11] Galilei, G., *The Essential Galileo* (Indianapolis: Hackett, 2008), 56.

[12] Galilei, G., *The Essential Galileo* (Indianapolis: Hackett, 2008), 84.

[13] Smith, L P., *The Life and Letters of Sir Henry Wotton*, Vol.I (Oxford: Clarendon Press, 1907), 486—487.

[14] Hannam, J., *God's Philosophers: How the Medieval World Laid the Foundations of Modern Science* (Thriplow: Icon, 2009), 313.

第二十三章　自由的哲学思考

距离伽利略访问罗马约 70 年之前，即 1543 年，弗龙堡教堂（Frombork Thedral）的波兰神父尼古拉·哥白尼（Nicholas Copernicus，）出版了《天体运行论》一书，他［与里修大主教（Bishop of Lisieux）的观点一致］指出，地球和其他行星均围绕太阳转动。哥白尼在刚拿到首次印刷出版的《天体运行论》之后不久就去世了，但是他的思想（这是他一生天文观测和数学计算的成果）却广为传播。1533 年，教皇的秘书约翰·维德曼司泰特（Johann Widmanstetter）将哥白尼理论细分为一系列讲座，向教皇克莱门特七世和两位红衣主教进行了介绍，教皇和红衣主教都听得饶有兴致。

伽利略可能是从博纳米奇那里第一次了解到哥白尼学说。他早期的著作中并未表现出他已经接受了该学说，但是他在 1597 年改变了自己的立场。伽利略在与他的哲学家朋友雅各布·马佐尼（Jacobo Mazzoni）的通信中，通过展示简单的三角学知识证明了马佐尼对哥白尼观点的反对意见是站不住脚的。两个月之后，伽利略在给一位德国天文学家的信中指出，他在多年以前就信奉了哥白尼学说，但是因为担心被指责而守口如瓶。当伽利略的同僚催促他联合起来宣传他们的主张时，伽利略却三缄其口，直至通过望远镜找到的证据才使他有了足够的底气来表达自己的主张。在伽利略就他们所关注的事项公开相关发现和结论的时候，对他来说，是"神的恩典"将证据送到了他的手中。

智慧之光

伽利略从未想过在现代世俗世界中被视为一位英雄，但这是他生命和思想的

一部分。伽利略先是在瓦隆布罗萨圣玛利亚修道院(Santa Maria di Vallombrosa)
接受教育,如果不是他的父亲让他退学,他可能会像卡斯泰利一样成为一名牧师
(事实上,他去世时的身份就是一名牧师,自 1630 年开始,他就留着僧侣式的光头,
根据他自己的说法,他每天都要修习日课[1])。伽利略在他最早的讲座《论但丁地
狱的形状、位置和大小》中,利用数学知识对隐秘世界的宗教诗篇进行了详细阐释。
无独有偶,在他后来关于可见世界的研究中,他经常使用宗教术语。

　　《星际使者》开篇写道:"上帝的恩典第一次启发了我的心灵,使我设计出了望
远镜。"[2]该书出版三年之后,他撰写的《太阳黑子通信集》(Letters on Sunspots)由
林琴学院出版,他在这本书中延续了这一说法。伽利略在给梵蒂冈主教皮耶罗·蒂
尼(Piero Dini)介绍《太阳黑子通信集》的一封书信中写道:"一个人不要失去信心,尤
其是当人们用真诚和圣洁的热忱去敬拜神的时候,神的善会向谦卑的思想灌输巨大
的智慧。"[3]伽利略在《太阳黑子通信集》一书中指出,虽然数学的特性"如电光石火
般闪过神的心灵",但是数字化的例证证明"人类的心灵是上帝最卓越的作品之
一"[4]。这并不是否认人类智慧的脆弱与局限性。在第三封关于太阳黑子的信中,他将
"我们如同盲人一样在不纯净和由物质构成的太阳之中寻找"的智慧之光与"上帝掌
握的、作为恩典赐予人类的真正纯净和完美无瑕的太阳以及所有其他真理"进行了比
较。[5]尽管如此,伽利略认为对"神的善"的笃信会形成一种基本的知识乐观情绪。

　　伽利略回忆在帕多瓦生活的那段时光时,曾经提到"一天清晨,我的脑海中闪过
一个想法,在我沉浸于这个想法之后,我进行了确认,然后……我将其认定为一种大
自然运转方式的奇妙实例"[6]。这种经验具有可预期性。伽利略认为,通过"神的恩
典",我们"可以更好地探究其他更具争议性的自然界物质特性",并且同样的恩典"会
将我们提升至人类劳作的终极目标,即神圣造物主的慈爱……并将让我们坚定这样
一种希望,即我们能够学习作为智慧之光和真理源泉的神所掌握的其他真理"[7]。

　　教会本不应该陷入谴责哥白尼主义这条死胡同,这使伽利略这位因神学知识
而乐观的学者尤为焦虑。

宗教裁判

　　1542 年,作为打击新出现且发展迅速的路德会异端势力的一项举措,教皇保罗
三世(Pope Paul III)设立罗马宗教裁判所(Roman Holy Office of the Inquisition),人
们面临宗教裁判的风险陡升。第二年,他拿到了一本哥白尼撰写的《天体运行论》。

教皇保罗将这本书送给了多名我会修士乔凡尼·托洛萨尼（Giovanne Tolosani）。托洛萨尼在1544年出版的《关于〈圣经〉的真相》（*On the Truth of Holy Scripture*）一书的附录中辱骂哥白尼是一个蠢货和傻瓜。但是在此后的70年内，哥白尼的著作并没有被列入宗教裁判所的《禁书索引》之内。

哥白尼主义面临宗教裁判的第一个信号是1612年11月佛罗伦萨多名我会修士尼克罗·劳里尼（Niccolò Lorini）完成的一项报告，他在报告中指出，"哥白尼的观点，不论其称谓是什么，与《圣经》的意思是相左的"[8]。第二年冬季的某一天，卡斯泰利与美第奇大公共进早餐。在此一年后，即1614年12月20日，佛罗伦萨多名我会的另一名修士多马索·卡契尼（Tommaso Caccini）在新圣母玛利亚教堂讲坛发表了关于《圣经》的演讲，他在演讲中对哥白尼主义进行了谴责，同时将"数学"（意思可能是指占星术）亵渎为一种魔法。

当多名我会修士劳里尼阅读了伽利略《致卡斯泰利的信》之后，认为这封信是对卡契尼修士观点的回应，他将一份并不准确的副本交给了罗马宗教裁判所秘书、红衣主教史丰旦（Sfondrati）。在信中，劳里尼代表他在圣马可的所有多名我会信众抱怨"伽利略主义者"正在佛罗伦萨散布各种"无理"邪说。卡契尼来到罗马之后，亲自到访宗教裁判所，再次提出他的诉求，并且他还添油加醋地说伽利略一直与德国异端保持着通信。

但是伽利略并不是孤家寡人，有些牧师就支持伽利略的观点。在卡契尼造访罗马之前，伽利略收到了罗马地区总传教长的一封信，信中对伽利略所遭受的无端指责表达了歉意，并且卡梅里特修道士安东尼奥·弗斯卡利尼（Antonio Foscarini）在刚刚完成的一部著作中论证了哥白尼和《圣经》经文的兼容性。同时，伽利略开始利用自己的个人关系进一步推动哥白尼学说的传播。2月，他将一份准确无误的《致卡斯泰利的信》交给了自己在梵蒂冈的朋友皮耶罗·蒂尼，请求蒂尼将其转交给红衣主教贝拉明（他当时担任教皇的耶稣会神学顾问），蒂尼照做了。同时，在卡斯泰利的帮助下，他将《致卡斯泰利的信》篇幅进行了扩展，并形成了篇幅更长的《致塔斯卡尼大公爵夫人克莉丝蒂娜的信》。

致公爵夫人的一封信

伽利略在《致卡斯泰利的信》中指出，科学与《圣经》之间不存在冲突。《圣经》

193

指引我们找到恩赐之路,但是这并不意味着"这位带给我们感官、语言、智慧的神希望我们将它们,和通过它们获得的信息废而不用"[9]。接着,他指出如果哥白尼理论是正确的,根据《约书亚记》中的段落,上帝让太阳静止而使得白昼延长(哥白尼理论的反对者援引这一点指出哥白尼理论与《圣经》表述存在冲突)才更能说得通(根据托勒密的理论,由于原动天①带动太阳东升西落,而太阳自身相对原动天的运动方向则是自西向东。因此,根据这一理论,如果太阳静止,那么白天的长度应该变短而不是变长)。

这一详细的注释违反了 1564 年特伦托公会议(Council of Trent)所发布的训令,其中规定除非所有神父一致同意,《圣经》不得采用其他任何方式进行解释。1615 年,伽利略在佛罗伦萨的朋友、红衣主教巴贝里尼(Barberini)给了他一些善意的劝告,劝说伽利略不要解释《圣经》经文以免激怒神学家。因此,伽利略在给公爵夫人的信中就省去了详细的解释而是重点从哥白尼主义的研究不偏不倚的角度证明哥白尼的学说与神父们传经布道的观点是一致的。

像此前一样,伽利略指出,"只要他们(他的反对者)仍停留在哲学领域,那么他们在捍卫自身立场方面就缺乏自信心";进而,他们"妄图假借宗教的外衣和《圣经》权威的解释来掩饰他们论点的谬误"。[10]尽管遭受污蔑,但是哥白尼"不仅是一名天主教徒"[11],还是一名牧师和主教,对他自己来说,唯一的目标就在于"如果这些反思……让神圣的教会在评议哥白尼理论体系中有所裨益,那么这种理论就应当予以接受……如果不能有所用益,那么我的文章尽可撕碎烧毁,因为我不希望也不假装希望从中获得什么好处,这不是虔诚的天主教徒所为"[12]。

随后,伽利略引用了圣奥古斯丁的大段论述。奥古斯丁曾说:"根据《圣经》的经文,人们也会习惯性地追问宇宙的形状和布局究竟为何。事实上,很多人都对这些问题进行过讨论,但这些作者缺乏更谨慎的态度,对于这些人来说,所谓的永恒是没有意义的。"[13]在另一段话中,他曾提到"一些信众也提出了关于宇宙运动的问题,即宇宙是运动还是静止的"问题,但是所得到的回应是"这些问题应当通过非常微妙和苛刻的论据进行论证,确定其是非曲直,但是我没有时间来承担和推动对这些问题的研究",而应该将重点放在教导人们"获得救赎"上。[14]奥古斯丁的立场几乎与"一位身居高位的主教"(几乎可以肯定是指红衣主教巴罗尼奥)的立场一模一样,"圣灵的本意是教导一个人如何进入天堂而不是知道天堂如何运转"[15]。然

---

① premium mobile,托勒密天动说中带动所有天体转动的天球。——译者注

而,随后伽利略提出了疑问,"那么,对于这个问题而言(即关于哥白尼学说与《圣经》观点的冲突与调和),一个人怎可认为两种观点必须非此即彼才是至关重要的,进而将其中之一誉为信仰的原则,而将另一斥为谬误的观点呢?""一种观点……怎么能够既被判定为异端,又被说成是与灵魂救赎毫无干系呢?"[16]①

《圣经》的《传道书》经文本身就指出:"神造万物,各按其时成为美好,又将永生安置在世人心里。然而神从始至终的作为,人不能参透。"因此,伽利略认为:"在我看来,人们不能与这一观点相左,并且不能阻碍对世间万物和其本性进行的哲学自由思考,好像确信这些问题早已被发现并被解读。"[17]如果要这样做,如果要"禁止对世界的追问",伽利略认为那么就"不仅要禁止哥白尼及其追随者的著述",而且还要"彻底禁止所有的天文科学……限制人们去观察宇宙"。[18]然而,这样做会"与《圣经》数以百计的圣言相左,这些训导教导我们,神的荣耀至高无上,不可思议地体现在他所创造的万物之中,通过神的恩典,宇宙万物一览无余"。[19]

谁能来做这件事呢?伽利略承认,"没有人能够怀疑罗马教宗掌握许可或谴责的绝对权力",但是没有一种生灵拥有决定事物"是真是假,与其本质和事实是否相左"的权力。[20]伽利略的结论是"简而言之,当我们对真理还有所疑惑时,宣布一种学说为异端学说是令人难以置信的"[21]。秉持着这种信念,将不要惹事的劝说抛在脑后,伽利略踏上了前往罗马的行程,去洗刷自己的名声并亲自阐述哥白尼思想。他成功地做到了前者,但是对于后者,他最终说服了红衣主教奥尔西尼(Orsini)将其直接引荐给教皇。

然而,这一策略适得其反。保罗五世倾向于直接谴责哥白尼主义,但有人说服 196 教皇将这个案子交由宗教裁判所处理,1616 年宗教裁判所将哥白尼的著作列入《禁书目录》,"直至其修订之后方可解禁"。同时,红衣主教贝拉明会见伽利略,他给了伽利略一份证书,根据一份未签字的会见记录的记载,他要求伽利略承诺不以任何方式坚持、教授哥白尼学说或为其辩护。

在接下来的八年中,伽利略在公开场合均遵守了贝拉明所设定的限制条件。新教皇被选举出来之后,这项强制性禁言(与 400 年前罗杰·培根面临的情况一样)

---

① 伽利略之所以提出这样的问题,是因为在公开场合,他希望通过巧妙的运用基督教的思想体系维护哥白尼学说,以减少当时来自教会的阻碍。他引用奥古斯丁的观点,指出神的本意是让人进入天堂,而哥白尼的学说是让人知道天体是如何运行的,通过这两个反问,伽利略希望公众明白,哥白尼学说和基督教思想是在两条线上运行,是并行不悖,不相冲突的。但实际上伽利略的这种观点带有诡辩性质,罗马教宗并没有被伽利略说服。——译者注

出现了明显的松动。

【注释】

［ 1 ］Heilbron，J.L.，*Galileo*（Oxford：Oxford University Press，2010），299.

［ 2 ］Galilei，G.，*The Essential Galileo*（Indianapolis：Hackett，2008），49.

［ 3 ］Blackwell，R.J.，*Galileo，Bellarmine，and the Bible：Including a Translation of Foscarini's Letter on the Motion of the Earth*（London：University of Notre Dame Press，1991），212.

［ 4 ］［ 5 ］Machamer，P.K.，*The Cambridge Companion to Galileo*（Cambridge：Cambridge University Press，1998），187.

［ 6 ］Machamer，P.K.，*The Cambridge Companion to Galileo*（Cambridge：Cambridge University Press，1998），198—199.

［ 7 ］Galilei，G.，*Discoveries and Opinions of Galileo*（trans.）Drake，S.（New York：Doubleday，1957），124.

［ 8 ］Sharratt，M.，*Galileo：Decisive Innovator*（Oxford：Blackwell，1994），109.

［ 9 ］Galilei，G.，*The Essential Galileo*（Indianapolis：Hackett，2008），106.

［10］Galilei，G.，*The Essential Galileo*（Indianapolis：Hackett，2008），111.

［11］Galilei，G.，*The Essential Galileo*（Indianapolis：Hackett，2008），112.

［12］Galilei，G.，*The Essential Galileo*（Indianapolis：Hackett，2008），115.

［13］Galilei，G.，*The Essential Galileo*（Indianapolis：Hackett，2008），118.

［14］［15］［16］Galilei，G.，*The Essential Galileo*（Indianapolis：Hackett，2008），119.

［17］Galilei，G.，*The Essential Galileo*（Indianapolis：Hackett，2008），121.

［18］Galilei，G.，*The Essential Galileo*（Indianapolis：Hackett，2008），127.

［19］Galilei，G.，*The Essential Galileo*（Indianapolis：Hackett，2008），128.

［20］［21］Galilei，G.，*The Essential Galileo*（Indianapolis：Hackett，2008），140.

第二十四章　知识自由

菲利奥·巴尔贝利尼（Maffeo Barbarini）以压倒性的优势当选教皇，即乌尔班八世。当选教皇八个月之后，他欢迎伽利略以贵宾身份访问梵蒂冈。巴尔贝利尼出生于伽利略的故乡佛罗伦萨的一个大商人家族，伽利略于1610年（在其对木星卫星假意谄媚地进行命名之后）以教廷哲学家和数学家的身份返回佛罗伦萨美第奇宫。从这种意义上说，新教皇是伽利略天然的盟友。事实上，在此很久之前，巴尔贝利尼担任红衣主教时就十分赞赏伽利略的其他思想观点。

1620年8月，巴尔贝利尼写了一首名为《有害的奉承》（*Adulatio Perniciosa*）的诗歌，对伽利略的修辞技巧推崇备至。三年之后，伽利略将自己的最新著作送给巴尔贝利尼以表谢意。伽利略在《试金者》（*Il Saggiatore*）的扉页上向三个人表达了感谢，其中巴尔贝利尼位居这三人之首。据说甚至在伽利略拿到自己的书之前，这位罗马教皇已经对这本书非常痴迷，在吃饭的时候都手不释卷。

《试金者》

1618年8月，天空中出现三颗彗星，引发了一场争论，《试金者》代表了伽利略在这场争论中的最新观点。罗马学院的耶稣会士利用伽利略望远镜观察到了彗星。罗马学院数学教授奥拉齐奥·格拉西（Orazio Grassi）发表了一份报告，指出彗星位于月亮和太阳中间，他的论据是物体距离越远则通过望远镜放大的倍数就越小，这一观点备受争议。伽利略是在一封信中第一次听说了这个报告，信里提醒他有些人（尽管不是耶稣会士）认为这一报告推翻了哥白尼体系。这已经足够让他发起（或者至少推动他发起）反击。他曾经的学生马里奥·古迪西（Mario Guiducci）出
198 版了《论彗星》（可能大部分内容都出自伽利略本人之手），书中驳斥了亚里士多德学派关于宇宙和地球对比的观点，并指出人们不可能确定彗星的具体位置。格拉西撰写了《天体平衡》一书进行回应[使用了他的学生洛萨里奥·萨斯（Lothario Sarsi）的名字作为笔名]。伽利略采用与朋友维尔日尼奥·切萨里尼（Virginio Cesarini）通信的形式撰写完成了《试金者》一书，对"萨斯"的观点进行了抨击。

哥白尼理论并不是往来交锋的全部论题，却与这些交锋的背景密不可分。《试金者》几乎可以算作伽利略关于自然哲学研究方法的宣言。正如他的传记作者所说，如果他不直接支持哥白尼体系，他也会"传授一种研究方法，这种方法不可避免
199 地将改变所有自然哲学的面貌，迟早会形成一个真正关于宇宙研究的系统并对亚里士多德学派物理学思想造成毁灭性打击"[1]。

宣言

《试金者》开篇描述了伽利略因其发现而遭受虐待的情形。随后，剩余的大部分内容都是证明萨斯的论断只是猜想而已，并且指出他并不了解望远镜的工作原理。但是在这些具体论断中，有一些属于更原则性的叙述。

其中之一就是对耶稣会士公开信仰亚里士多德主义的攻击。伽利略认为萨斯的著作认识到"在哲学思考中，对于一些著名学者的观点，应具有坚定的理念来坚持自己的见解"，似乎哲学如同虚构小说一样，真相并不重要。但是，他想告诉萨斯"这并非事物存在的基础"。在对格罗斯泰斯特等人学说的著名重述中，伽利略断言：

> 人类的目光一直以来都在关注着宇宙这部鸿篇巨作，而哲学是它的组成部分。但是，一个人得先掌握语言以及字母组成的文字之后才能理解这本书。这部巨作以数学语言写就，而它的字母便是三角形、圆形和其他几何图形，如果离开这些，人类完全不可能读懂它。[2][3]

萨斯似乎认为"人的知识有可能受他人的奴役"，"所有哲学家都可能会被束缚于四壁之内"，伽利略则肯定地认为"他们（的知识）在飞翔，就如同老鹰一样孤独地

飞翔"。[4] 后来他以一种更加尖锐的方式回到了这个主题。他指出,有一种使人看清"自然事实中被强行塞进多少人为权威"的简单方法,便是实验。"我不能不感到惊讶,"他写道,"萨斯竭力通过神圣见证来证明的事物,而我在任何时候都是通过实验的方法来进行证明。"[5] 萨斯可能会表示不希望自己因为不信任、反对圣人而成为冒犯圣人的一员,但伽利略却认为:"我不愿自己成为在自然和神面前的无知和堕落的一个人。因为如果他们赋予了我意识和理性,那么我为什么因为人的一些错误而拒绝这些伟大的恩赐呢?为什么我要盲目且愚蠢地相信那些我希望自己去相信的事物,将自己的智慧受制于那些像我一样会犯错误的人呢?"[6] 200

这最终让伽利略去思考所谓"第一性"和"第二性"的问题。它们之间的差异根植于我们的感官之中,它们是事物的基本属性(他以我们被羽毛逗弄的感觉与羽毛的构造为例对这个问题进行了说明)。他指出,将一种事物简单地命名为"热"并不能作为对其性质的根本性解释,必须从客观事物深层次的"微粒"特征中才能发现事物的性质。但是,他意识到他的思考已经远远超出了他所能够展示的事物,他不希望"让自己被无边无际的大海所吞噬,这样一来我可能就无法返回港口"[7]。

乌尔班教皇十分欣赏伽利略的这份宣言书,这让伽利略备感鼓舞。1624 年,怀着能够说服教皇改变教会对哥白尼主义态度的愿望,伽利略踏上了前往罗马的行程。两人第一次见面时,他们交谈了一个小时。随后,教皇又接见了他五次。最后一次接见时,教皇送给了他一幅画和几块奖牌,承诺为他的儿子提供养老金,并在同一天向大公递送了一份官方证明。

乌尔班教皇并没有撤销 1616 年颁布的法令(尽管他后来向卡斯泰利承认,如果当时他担任教皇则不会制定该法令)。他也没有颁布许可令,要求人们忽略 1616 年法令。但是,这些会见使伽利略感觉只要他不宣称哥白尼主义是真理,那么他就可以自由讨论这两种相互对立的体系。

此前乌尔班教皇曾给伽利略提出过建议,没有任何数学模型能够就该问题提供一个确定性的答案。亚里士多德本人曾经指出,数学不能够作为自然哲学领域的一种工具(仅可在"二级科学"中作为一种工具,如力学),亚里士多德学派自然哲学家认为数学(与物质世界之间并不存在直接关联)和天文学截然不同。数学模型可以做出预测(但现象除外),但是不能提供物质原因的真正解释。[8] 因此,乌尔班 201 教皇提出应当描述这两种立场而不是选择支持某一种观点,并且指出他自己所持的观点并应予证明。

伽利略备受鼓舞,并重返佛罗伦萨。八年之后,伽利略出版了《关于两大世界体系的对话》一书。

【注释】

［1］Sharratt，M.，*Galileo：Decisive Innovator*（Oxford：Blackwell，1994），139.

［2］Galilei，G.，*Discoveries and Opinions of Galileo*（trans.）Drake，S.（New York：Doubleday，1957），238.

［3］对于次终极追问来讲，这似乎是一个反复出现的主题，至少对于物理学来说，数学和几何是关键性的知识技能。将其描述成一种语言就意味着它是可以被翻译的。但是数学如同语言一样，它是一种必须经过学习才能掌握的方法。这是一种思考的方法，不可以被转换为一种非数学式的语言，就如同一曲交响乐也不能转换为一座雕塑一样。Briggs，G. A. D.，"The Search for Evidence-Based Reality"，in Welker，M.（ed.）*The Science and Religion Dialogue：Past and Future*（New York：Peter Lang Edition，2014），201—215.

［4］Galilei，G.，*Discoveries and Opinions of Galileo*（trans.）Drake，S.（New York：Doubleday，1957），239.

［5］Galilei，G.，*Discoveries and Opinions of Galileo*（trans.）Drake，S.（New York：Doubleday，1957），271.

［6］Galilei，G.，*Discoveries and Opinions of Galileo*（trans.）Drake，S.（New York：Doubleday，1957），272.

［7］Galilei，G.，*Discoveries and Opinions of Galileo*（trans.）Drake，S.（New York：Doubleday，1957），279.

［8］Harrison，P.，*The Territories of Science and Religion*（Chicago：University of Chicago Press，2015），110f.

第二十五章 辛普利丘重生

伽利略《关于两大世界体系的对话》一书采用了对话的写作模式,记录了就两种世界体系问题展开的为期四天的讨论。讨论在威尼斯宫进行,参与讨论的三人中,一位叫沙格列陀(Sagredo,是伽利略的一个朋友),他是一位十分聪明的外行人,起初他对其他人之间的争论持中立立场。另一位叫萨尔维阿蒂(Salviati,也是伽利略的一个朋友),伽利略的观点通过萨尔维阿蒂表达了出来(图 25.1)。

第三位主人公是辛普利丘,在书中他是一位哲学家,其"在领悟真理方面最大的障碍,看来是他解释亚里士多德而获得的声誉"。伽利略告诉我们,"因为他极端爱好辛普利丘的注释,我想最好是用他那么崇敬的作者的名字称呼他"[1]。

第一天的讨论以亚里士多德《论天》为中心,这也是历史上辛普利丘反对菲洛波努斯学派的著名评述。萨尔维阿蒂提议对亚里士多德

图25.1 伽利略《关于两大世界体系的对话》(书名页)

关于自然中存在两种截然不同物质的学说进行评述,即天体物质是永恒的、不变的,其他物质是暂时的、可破坏的。但萨尔维阿蒂后来所提出的观点遭到作为"亚里士多德学说的豪迈战士和辩护者"的辛普利丘的批评。

辛普利丘在这场论战中拼尽了全力,但是当萨尔维阿蒂介绍了伽利略通过望远镜观测到的发现,并引用这些关于天体变化的明显证据的时候(如太阳黑子的运动和月球表面处处是陨石坑),辛普利丘陷入了困境。辛普利丘尝试坚持亚里士多德是根据第一原则进行论证的,但是萨尔维阿蒂则针锋相对,认为如果亚里士多德("他喜欢采用合理的经验作为论据")能够使用望远镜的话,他也会改变自己的观 203 点。"辩论时间"一过,沙格列陀就建议到一艘贡朵拉小船(Gondola)①上享受傍晚的习习凉风,第二天再继续辩论。

辩论已经证明亚里士多德体系的基本假设是错误的,辩论重新开始后,辩题就转变为太阳是围绕地球转还是地球围绕太阳转。第二天的辩论就哥白尼体系的共同性反对意见(比如,如果地球移动,那么将会产生飓风,将人们从地面上吹到天上去)进行了讨论。第三天的讨论则是继续展示哥白尼体系相比于其他学说可以更好地解释行星运动。

204 在最后一天即第四天的辩论中,伽利略介绍了潮汐现象,他误以为这种现象是支持哥白尼主义的确凿证据。即便是辛普利丘本人都承认这是一个有力的论据,但是他提醒其他人"这一学说是我从最聪明的人那里学习而来,有必要记录下来"[2],即如果神希望"让水元素往复运动,我们会通过其他方式观测得到"[3]。如果他们承认神可以做这一切,那么他们就必须得承认"对任何人来讲,改变和限制神圣力量以及智慧并形成一种他们自身特定的设想都是过分鲁莽的"[4]。所有人都同意"圣公会教义",按照他们的惯例,三个人停止了讨论,"我们在贡朵拉上待了一个小时,享受习习的凉风"[5]。

强烈的怀疑

1632 年 2 月,《关于两大世界体系的对话》出版,旋即于 8 月遭禁。9 月,托斯卡

---

① 水城威尼斯的一种特殊的水上交通工具,这种小船两头翘起呈月牙形,适于在威尼斯狭窄的水道中穿行——译者注。

纳大使拜访教皇时，发现教皇乌尔班"勃然大怒"。伽利略通过辛普利丘之口对教皇言论的滑稽模仿已让形势糟糕透顶，但是当他与已故的红衣主教贝拉明未经签字的会谈记录公布于世之后，罗马教廷开始怀疑伽利略存在蓄意隐瞒和欺骗的行为。伽利略被紧急传唤至罗马，他以年事已高和身患疾病为由不愿前往，当局就威胁将他戴上枷锁押解至罗马。

随后，伽利略在宗教裁判所接受审判，他坚称 1616 年之后没有教授或认同哥白尼主义。法官拒绝相信这些明显不真实的说辞并且发现他"具备异端的重大嫌疑"。伽利略的著作遭到公开谴责，他穿着悔罪的衣服被迫跪在地上公开宣称放弃此前的信仰。尽管伽利略被正式监禁，但允许将他首先押送至锡耶纳主教宫，后来他被押送至他位于佛罗伦萨郊外阿瑟特里（Arcetri）的别墅并被软禁。

伽利略返回阿瑟特里之后，立即着手《对话》第二部的创作，书中萨尔维阿蒂和沙格列陀与辛普利丘重新展开辩论。

【注释】
［1］Galilei, G., *Dialogue Concerning the Two Chief World Systems—Ptolemaic & Copernican*(Berkeley: University of California Press，1953)，7.
［2］［3］［4］［5］Salusbury, T., *Mathematical Collections and Translations*（London: London，1661），424.

第二十六章 创造

锡耶纳主教阿斯卡尼奥·皮科洛米尼（Ascanio Piccolomini）鼓励伽利略继续开展研究。在他的鼓励下，伽利略从抑郁的阴影中走了出来，重新研究他早期研究过的运动问题并以对话的形式展示了新旧两种思想的交锋（图 26.1）。

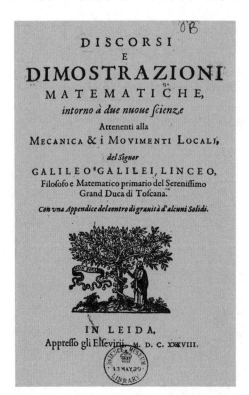

图 26.1 伽利略《关于两种新科学的数学推理》（书名页）

《关于两种新科学的数学推理和证明》（*Discourses and Mathematical Demonstrations Concerning Two New Sciences*）开篇即以一种极为平实的方式对"著名的威尼斯兵工厂"所遇到的几个常见问题提出了思考，如为什么船梁折断就会导致船体断裂（图 26.2）。[1] 对于物质强度的研究是"两种新科学"首次进行研究的课题，乍一看这似乎与伽利略复杂程度更高的研究工作毫无关联。

书中的人物萨尔维阿蒂仍充当伽利略思想的代言人并继续抨击亚里士多德学派的观点。在《关于两种新科学的数学推理和证明》一书中，伽利略开始反对"自然界由两种截然不同的物质

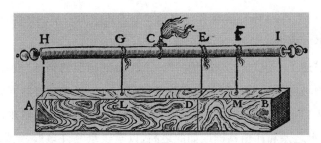

图 26.2 《关于两种新科学的数学推理》中，关于断裂点的示意图

组成"的观点。因此，他首先指出"因为我认为物质不可改变且保持恒定，很明显，只有通过简单而纯粹的数学，我们才能够严谨地思考物质恒定不变的特性"[2]。

宇宙和炮弹

在针对亚里士多德学派物理思想的基本原理进行经验性驳斥之前，第一次讨论首先以一系列数学论证作为起点。为了呼应菲洛波努斯关于水钟的论证，萨尔维阿蒂展示了真空产生力的可能性："将两片平面玻璃……紧密贴合"，尽管它们可以在水平方向移动，但"如果你尝试在垂直方向拉动它们，你将会遇到巨大的阻力"[3]。后来沙格列陀引用了亚里士多德解释坠落物体的一段表述打断了谈话：

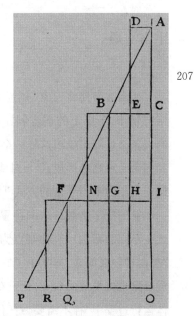

207

> 辛普利丘先生，请停一下，我本人已经通过经验证明如果一颗重为 100 磅、200 磅或更重的普通炮弹从高度为 200 码的位置坠落，同时一个重量为 0.5 磅的火枪弹也从同一高度坠落，在炮弹到达地面的时候，火枪弹坠落仅相差极短的距离。[4]

这一问题属于伽利略第二门新科学的讨论范围，即对物体运动的研究。这本书中所叙述的每一次辩论、每一项数学论据都是以清晰描述的物理演示为支撑。在第三次对话中，伽利略利用尼古拉

图 26.3 《关于两种新科学的数学推理》中关于平均速度的示意图

斯·奥热默(Nicholas Oresme)制作的平均速度示意图演示了物体降落的距离与所耗费时间的平方成正比关系(图 26.3)。

随后他描述了一组对比实验,他将"一个光滑的圆润的铜球"沿着一个内衬羊皮纸的凹槽斜坡向下滚动。为了给每次滚落计时,在铜球滚落的同时,他使水从容器的一个小口中往外流,"每次滚落计时完成后,都会精确测量水的重量"。他发现"这些水重之差和比值精确度如此之高,以至于重复许多遍,结果都没有明显的差别"。[5]

在最后的对话即第四天的对话中,伽利略开始探讨弹丸运动问题。

亚里士多德认为,在没有其他物体推动的条件下,任何物体都不会发生运动,伽利略并不赞同这一观点。伽利略用惯性原理替代了菲洛波努斯的冲力理论:"假设从水平方向投射而出的弹丸没有任何摩擦力,该物体将沿同一平面向前移动,只要这个平面没有中断,则该物体将按照同一轨迹永远向前运动。"[6]随后,他继续表示,以炮弹作为抛射物进行研究,炮弹运行将按照两个原理运动:惯性使其保持向前运动;重力使其向下坠落,因此它的运动轨迹就被称之为抛物线。沙格列陀指出,这些原理适用于宇宙万物,既适用于炮弹,也适用于行星。

208 宇宙法则

菲洛波努斯将天象与"萤火虫或鱼鳞"进行类比,暗示物质和运动遵循相同的宇宙规律,历史上的辛普利丘反对这一观点的神学基础在于:"一个具有正常思想的人怎么可能想象出这样一个奇怪的上帝……让自然界中的元素从另外一些元素和剩余元素之中形成。"[7]对他来说,从这个角度来理解宇宙似乎是"一个愚蠢的人调查真相的不同寻常的方式"[8]。

亚伯拉罕诸教都认同神置身于客观宇宙"之外"(辛普利丘对神置身于外的方式有不同的看法),这种观点为菲洛波努斯的论据提供了动力,即太阳、月亮、行星"都由神创造而来,神赋予了它们某种运动的动力"[9]。让·布里丹和尼古拉斯·奥热默也持类似的观点,让·布里丹认为神制定的规则约束了天体运行的轨道,天体运行过程中"神不需要做任何事情,只是作为世间万物的共同代表而存在"[10],他认为"当神创造宇宙万物的时候,他赋予了宇宙万物运动的特性和能量……就像是制作钟表的人,将钟摆拨动一下后,钟摆就可以自己继续保持摆动状态。"[11]

让·布里丹和尼古拉斯·奥热默的观点可谓殊途同归。尽管他们思想的直接影响不能一笔略过,但是每一种思想的轨迹都恰恰符合类似的原则,都描述了一个类似的曲线。与之类似,伽利略(他极少参照他人的知识成果)是否在前人实验的帮助下得出了这个结论尚不能确认。很明显的一点在于伽利略认为自己的科学思想研究方向与他对神学的理解是一致的。

只有这一次,辛普利丘认为"在这些真实和美丽的结论背后肯定蕴藏着一些巨大的奥秘,其中一个奥秘就是与创造宇宙相关的……并且还与第一因相关"。对于这个问题,萨尔维阿蒂的回应是"我完全赞成你的这一观点",只是他在回答时提醒辛普利丘说:"对于这种思想的反思属于一种比我们掌握的科学更高的科学。"研究自然科学的学生必须自己是"从采石场开采出大理石的工人,而将石头雕刻成雕塑杰作的是那些天才的雕塑家"。[12] 即便是当沙格列陀指出适用于炮弹的原理也可能适用于行星的观点时,萨尔维阿蒂仍持谨慎的态度,他表示:"他不希望谈论这个问题,免得很多新发现引发的憎恨让他的处境如火上浇油一般。"[13]

在写作《关于两种新科学的数学推理和证明》的时候,伽利略的处境已是如履薄冰。为了规避申请宗教裁判所相应许可的麻烦,他让一位荷兰新教徒印刷商出版了这本书。他做出这样的决定本身就是一种预兆。关于客观世界本质的次终极追问是否属于教会管制的范围?是否必要或可能抹杀"自然的学生"和"更高层级的科学"研究之间的空间?但是作为虔诚的天主教徒,伽利略对"知识自由"的坚持[14]和"对客观世界进行自由思考"[15]的倡议,对于伽利略的反对者(如卡契尼)和一些支持者(如与他有书信往来的一些德国人)来说,似乎与席卷欧洲一百多年的宗教运动的核心关注有着密切的联系。

【注释】

[1] 本书的作者之一,作为一名牛津大学的纳米材料学家,对伽利略的这一部分著作有着特殊的感情。

[2] Galilei, G., *The Essential Galileo* (Indianapolis: Hackett, 2008), 296.

[3] Galilei, G., *Dialogue Concerning the Two Chief World Systems—Ptolemaic & Copernican* (Berkeley: University of California Press, 1953), 16.

[4] Galilei, G., *Dialogue Concerning the Two Chief World Systems—Ptolemaic & Copernican* (Berkeley: University of California Press, 1953), 92.

[5] Galilei, G., *Dialogue Concerning the Two Chief World Systems—Ptolemaic & Copernican* (Berkeley: University of California Press, 1953), 213.

［6］Galilei，G.，*The Essential Galileo*(Indianapolis：Hackett，2008)，357.

［7］Jaki，S. L.，*Science and Creation：From Eternal Cycles to an Oscillating Universe*(Edinburgh：Scottish Academic Press，1986)，131.

［8］Jaki，S. L.，*The Relevance of Physics*，Chicago(London：University of Chicago Press，1966)，417.

［9］Philoponus，J.，*Joannis Philoponi De Opificio Mundi Libri*(Lips：Lipsiae，1897)，28—29.

［10］Clagett. M.，*The Science of Mechanics in the Middle Ages*(Madison：University of Wisconsin Press，1959)，536.

［11］Oresme，N.，*Le Livre du ciel et du Monde*(eds.) Menut，A. D. and Denomy，A. J.(trans.) Menut，A. D.(Madison：University of Wisconsin Press，1968)，289.

［12］Galilei，G.，*Dialogue Concerning the Two Chief World Systems—Ptolemaic & Copernican* (Berkeley：University of California Press，1953)，194.

［13］Galilei，G.，*Dialogue Concerning the Two Chief World Systems—Ptolemaic & Copernican* (Berkeley：University of California Press，1953)，262.

［14］Galilei，G.，*Dialogue Concerning the Two Chief World Systems—Ptolemaic & Copernican* (Berkeley：University of California Press，1953)，272.

［15］Galilei，G.，*The Essential Galileo*(Indianapolis：Hackett，2008)，121.

第六编　自然的牧师

第二十七章　新纪元

1676 年春天的一个傍晚，有几艘游船抵达道赛特花园剧院（Dorset Garden Theatre)门前的石阶处，船上的时尚达人（包括英国国王查理二世），来观看托马斯·沙德韦尔(Thomas Shadwell)的新喜剧《学究》(The Virtuoso)（图 27.1）。戴假发的喜剧迷们下船时心中可能期待欣赏一出通俗喜剧，但是沙德韦尔感兴趣的则是能够给人以思想启迪的戏剧[他的同行剧作家约翰·德莱顿（John Dryden)说他是"沉闷之王"]。与戏剧《云》相似，他的剧情中暗中讽刺了扬言要革新知识生活的思潮。

图 27.1　托马斯·沙德韦尔的《学究》(书影)

道赛特花园剧院是当时伦敦设施最先进的剧院,剧院配备的"机器房"所形成的剧院效果使这出极具话题性的戏剧非常适合在这个舞台上呈现(图 27.2)。这出戏也是一部讽刺性的戏剧。10 年前,道赛特花园剧院所在地因为火灾被烧成一堆废墟,现在的剧院是在测绘局长克里斯多佛・雷恩(Christopher Wren)和城市测绘师罗伯特・胡克(Robert Hooke)负责的重建项目的组成部分,这二人中的某一位可能参与了剧院的设计工作中,两个人都是当时著名的"学究"(virtuosos)。

214

图 27.2　泰晤士河畔道赛特花园剧院(基于 1681 年版画于 19 世纪重新印制的版画)

"virtuosos"本意是指那些对古董感兴趣的人,但是后来这个词汇的含义发生了变化。到 17 世纪后半期,"virtuosos"开始指代那些研究自然现象的人。很明显,沙德韦尔戏剧的主人公正是这样的自然科学的爱好者(1676 年,这些人看起来仍是行端古怪的一群人,就如同 2000 年前观众看待阿里斯托芬戏剧的主人公一样)。

发光的牛排

第一幕是一幅滑稽的场景,两个翩翩少年想亲近两个天性活泼的女孩,尼古拉斯・吉姆克莱克爵士(Sir Nicholas Gimcrack)是这两位未成年女孩的监护人,爵士的性格压抑且虚伪,他也是戏剧《学究》的主角。第二幕是将观众的视角转移到尼古拉斯爵士的房间内，他在房间内的"桌子上学习游泳"，并且他告诉这些年轻人他"只对游泳的特定部分感兴趣"而不是"亲自下水去游"，因为"我很少去利用知识。这不是我行事的方式。知识是我的终极目标"。[1]

事实证明，他所有的实验都采用了这种研究方法。在这出戏的结尾，一群愤怒的丝带编织工将尼古拉斯·吉姆克莱克爵士的房屋团团围住，抗议他发明的纺织机导致他们丢掉了工作，吉姆克莱克爵士则辩称"我从没有发明这种像奶油干酪机一样的机器。我们学问家从没有发现过有用的东西，这不是我们行事的方式"[2]。最终，当他自己破产并且被所有人抛弃之后，他决定"学以致用"并寻找所谓的"点金石"。

沙德韦尔戏剧中表现出讽刺思想的目的在于吸引他的忠实观众。自"实验哲学"的概念出现之初就将"学以致用"作为中心主题，考虑到这一点，查理二世在剧院重新开张的同一年授予皇家协会特许权。三年之后，佩皮斯（Pepys）在日记中写道，国王"在格雷沙姆学院……一两个小时内笑声不断"（皇家协会设在格雷沙姆学院）"他们入座之后就开始笑，其他什么事情都没干"。[3]

第二个星期，皇家协会实验主任罗伯特·胡克也去欣赏了这出戏，但他并没有觉得多么有趣。根据古典作家马里纳斯（Marinus）的记载，在《云》这出戏结束之后，观众中有人高喊"谁是剧中的苏格拉底"，一位哲学家站起身来之后又默默低下了头。胡克更是一个敏感的人。他在1676年6月2日的日记中写道："和杰弗里、汤皮恩一道去看戏。在剧院碰到了奥利弗。小狗太讨厌。上帝赋予我复仇的权利（Vindica mea deus）。几乎人人都在指指点点"。[4]

胡克之所以产生这种感觉是有原因的。与阿里斯多芬不同，沙德韦尔做足了自己的"家庭功课"。吉姆克莱克爵士做的输血实验、整夜用显微镜观察"蚂蚁的基本构造"以及用瓶子收集空气都是参照了当时雷恩、胡克本人以及胡克之前的上司罗伯特·波义耳所做的实验。在他引用的所有实验中，可能最为直接的就是第五幕中提到的"发光的牛排"。

1672年，波义耳的仆人吃惊地发现储藏室中的小牛牛腿肉出现了发光现象，随后波义耳在《皇家学会学报》发表了论文《关于发光鲜肉的一些观察》。在这出戏中，肉所发出的光亮度非常高，以致尼古拉斯表示说："靠着猪腿肉的光线我都读完了一部《日内瓦圣经》。"[5]沙德韦尔描写的这个笑话（或者说是形象生动的描写）可谓一石多鸟。它不仅提到了波义耳为人所熟知的虔诚和一些皇家协会会员对清教徒的怜悯，而且还暗示他们之间存在千丝万缕的联系。英国学者自始就通过一种激进的新方式将其新哲学思想与所谓的《日内瓦圣经》经文摘录联系在一起。

宗教改革纪念日

这种新方式可以追溯至约 250 年前。1517 年 10 月 31 日是路德教会的"宗教改革纪念日",年轻的德国神学家马丁·路德在这一天将《九十五条论纲》张贴在维滕贝格诸圣堂的大门之上。对路德本人来说,12 年前 7 月的一天,当他骑马返回大学时,一道闪电击中了马匹旁边的地面,这件事成为了他生命的转折点。他变卖了自己的书籍,离开大学并进入了一所修道院。僧侣生活使他走向了崩溃的边缘,在修道院长的建议下,他重返校园;他首先是在维滕贝格大学学习,后来留在该校任教。

在讲授保罗致罗马人书信①的时候,路德对"救赎"的理解就是因信念而由上帝赐予的恩典,而不是因为美德而获得的奖赏。这一发现不仅将他自己从个人的桎梏中解脱出来,而且令他越来越坚信即便是《圣经》经文中最为核心的教义解释,也不能单单因为传统或背后有教皇权威的支持而为人所信服。不久之后,他自己的教学活动中也体现了这种新的理念。1513 年 8 月,他开始就《诗篇》开展了一系列讲经活动。他安排大学印刷作坊为自己的学生印刷了宽边幅的《圣经》文本,上面不再充斥着过去教廷的注释和评论,而是刻意留出空白让学生们写下自己的注解和评论内容。

四年之后,因教皇出售所谓的"赎罪券"(上面写着免除因罪恶而应遭受惩罚的书面声明)而引发了路德与教会当局之间的冲突。路德的《九十五条论纲》条条都反对出售"赎罪券"的行为(所得钱财是为了修建新的圣彼得大教堂)。《九十五条论纲》被转交给马格德堡(Magdeburg)红衣主教并由其转送至罗马教廷,使路德的行为从一种私人抱怨演化成公共问题的关键并不像传说的那样,是在维滕贝格诸圣堂的大门上张贴这份《九十五条论纲》,而是该文件因新的印刷媒介流布四方。1518 年 1 月,路德的朋友将《九十五条论纲》拉丁语文本翻译成了德语文本。两周 217 之内,德语印刷文本就已传遍整个德意志;两个月后,文本传遍全欧洲。

当路德被要求参加一系列会议和接受讯问时,他再次对教廷当局提出了申诉。

---

① 即《新约·罗马书》。——译者注

路德撰写的《致德意志基督教贵族公开书》（是路德后续一系列出版物的第一本）开篇即指出，根据《新约》的观点，每一个受洗的基督教徒都是"君尊的祭司"："鞋匠、铁匠、农民等，每个人在受到主的召唤时都有自己的处所并发挥自己的功用，他们与甘于奉献的牧师和主教是类似的。"[6] 因此，路德认为只有教皇一人可解释《圣经》的观点是毫无根据的。

1521 年，路德在"沃木斯会议"（Diet of Worms）上接受了最终审讯，会议结束后路德的思想被宣布为非法思想。此后，他便被萨克森选帝侯（Elector of Saxony）藏匿在艾森纳赫的瓦特堡楼梯下方的一个房间内。路德在这个房间内完成了《圣经》德语文本的翻译工作，并将德语版的《圣经》传播到了鞋匠和铁匠等普通民众手中，让他们借助《圣经》实现自己的祭司使命。他通过这种方式树立了榜样并迅速为人们所效仿。

1526 年，以路德翻译的《圣经》为蓝本，第一本完整的荷兰语版《圣经》出版。同年，威廉·廷代尔（William Tyndale）出版了他翻译的《新约》英文版。1530 年，第一部法文版《圣经》出版；1535 年，迈尔斯·科弗代尔（Miles Coverdale）出版了英文版《圣经》。廷代尔翻译的《新约》英文版在英格兰被列为禁书，但是在亨利八世与罗马教廷决裂之后，英国所有教堂中都配备了廷代尔翻译的《新约》英文版。亨利八世的女儿玛丽女王即位后开始扭转英格兰宗教改革的方向，廷代尔等学者纷纷逃往欧洲大陆，不少人来到日内瓦着手《圣经》新英文版的翻译工作。

1560 年，《日内瓦圣经》翻译完成并于 1575 年在英国出版。这部《圣经》的印刷字体为罗马字体并且使用了新式的斯特法努斯（Stephanus）编页系统，书中包含地图、插图、交叉引用和注释：所有这些做法都是为了让没有接触过《圣经》的人能够自行理解并解释《圣经》文本，这恰恰是路德所追求的《圣经》解读方式（图 27.3）。《日内瓦圣经》出版后立即成为最流行的英文版《圣经》。一个世纪之后，即英国国王詹姆斯钦定的《英王钦定版圣经》出版 60 年后，《日内瓦圣经》仍然是清教徒首选的《圣经》版本。

路德的一系列著述所引发的直接政治影响远远超出了他的预想。1525 年，上斯瓦比亚农民组织的 50 名成员撰写了一篇檄文，他们宣称"我们都是可怜之人，但基督拯救了我们所有人，从牧羊人到最高权力者都概莫能外。因此，根据《圣经》经文，我们是自由之人，我们渴望获得自由"[7]。最初，路德同情这些农民，他认为"像这样永久性地对人们进行课税和奴役是不可忍受的"。但是当路德看到农民们以他的名义在修道院内实施暴行和焚烧图书馆等种种行径之后，他（后来态度

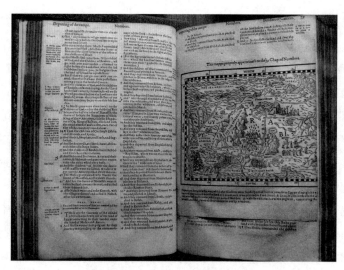

图 27.3　《日内瓦圣经》(书影)

日益转向镇压起义和反犹太主义)发表了一本小册子《反对农民的集体抢劫与杀害》(*Against the Murderous Thieving Hordes of Peasants*)。

这场骚乱拉开了欧洲大动乱时代的序幕。个体的反抗可以被镇压,但是思想一旦解放就不会那么容易被压制。大致在路德写作的同一时间,在乌利希·慈运理(Ulrich Zwingli)的领导下,日内瓦也爆发了一场宗教改革运动,与宗教改革类似的思想传遍了整个欧洲,这表明一种看待世界的新方式出现了。据说路德在吃饭的时候曾经说过:"我们正处在新时代的黎明,因为我们正开始恢复对亚当堕落之后所遗失的对外部世界的认识……我们现在正以正确的方式来看待万物。"[8]尽管这些运动很快产生了政治影响力,但是关于《圣经》的新思维方式并没有立即在其他领域生根发芽。

一个荒谬的问题

24 岁的维滕贝格大学数学教授格奥尔·约阿希姆·雷提克斯(Georg Joachim Rheticus)被批准休进修假,他休假的唯一动机与科学并无太多关联。维滕贝格大学校长、马丁·路德的得力助手菲利普·墨兰顿(Phillip Melanchthon)同意了格奥尔·约阿希姆·雷提克斯提出的休假申请,部分原因是为了让他不要成为路德的绊脚石(雷提克斯的一位朋友曾写过批判路德的诗歌)。虽然他曾经打算让雷提克斯针对天文学开展进一步的研究,但是墨兰顿的兴趣不在于推动天文学研究的进一步发展,而是致力于提升占星术的科学性。他在一封推荐信中称雷提克斯"首先是一位占星家"。

起初,雷提克斯跟随纽伦堡的学者学习。后来,他从纽伦堡来到瓦尔米亚(Warmia)天主教区,著名的天文学家哥白尼就曾在当地的弗龙堡大教堂担任牧师。他在这趟旅程中并非没有碰到危险。当时但泽(Dantiscus)主教刚刚驱逐了该地区所有的路德教徒,不久之后还出台了严厉的反路德教会法。

哥白尼自己的观点似乎比较温和。在哥白尼的鼓励下,他的朋友蒂德曼·吉泽(Tiedemann Giese)发表了110篇论文,其中虽然承认路德的一些诉求是正义的,但却敦促路德与罗马教廷进行和解。雷提克斯至少赢得了哥白尼的信任并留在哥白尼身边近两年的时间。在这段时间中,他撰写并出版了《关于哥白尼〈天体运行论〉的第一份报告》(*Narratio Prima*)一书,书中对哥白尼理论进行了简要总结,他还帮助哥白尼出版了《天体运行论》这部伟大的著作(图 27.4)。

1541 年,雷提克斯回到维滕贝格。人们对于新理论纷纷嗤之以鼻。根据曾经与路德共进晚餐的安东尼·劳特巴赫(Anthony Lauterbach)的说法,路德曾经提到"某位占星家新秀",他试图证明地球自身在移动,而不是天空、太阳和月亮在移动。他的回答十分保守,"聪明的人不会认同这种说法……我相信《圣经》中《约书亚记》里面的说法,主让太阳而不是地球静止不动"[9]。同时,墨兰顿告诉采访者说:"许多人认为应当支持这种荒谬的事情,就像那个(波兰)天文学家所说的地球转动、太阳是静止的。"[10]

然而,人们的蔑视与官方的谴责是存在差异的。路德推动的《圣经》阅读民主化运动意味着一个人对《圣经》的解读并不必然胜过另外一个人的解读。这种终极好奇心的解放会产生巨大的影响。这一原则也适用于哲学领域。很快,这变成了一种现实。

220

图 27.4 哥白尼《天体运行论》(书影)

【注释】

［1］Shadwell，T.，*The Virtuoso*（London：Edward Arnold，1966），Act II，scene ii，47.

［2］Shadwell，T.，*The Virtuoso*（London：Edward Arnold，1966），Act V，scene iii，119.

［3］Pepys，S.，*Pepys' Diary*（ed.）Kenyon，J.P.（London：Batsford，1963），1663—1664.

［4］Hooke，R.，*The Diary of Robert Hooke*，*M.A.*，*M. D.*，*F. R. S.*，*1672—1680*（London：Taylor &. Francis，1935），235.

［5］Shadwell，T.，*The Virtuoso*（London：Edward Arnold，1966），Act V，scene ii，110.

［6］Eliot，C. W.，*The Harvard Classics* vol.36（New York：P. F. Collier &. Sons，1910）.

［7］Lotzer，S and Schappeler，C.，"The Twelve Articles of the Upper Swabian Peasants（March 1525）"，in Baylor，M. G.（ed.），*The German Reformation and the Peasants' War*：*A Brief History with Documents*（Boston：Bedford/St Martins，2012），77.

［8］Spitz，L. W.，*The Renaissance and Reformation movements*（Skokie：Rand McNally，1971），582.

［9］Repcheck，J.，*Copernicus' Secret*：*How the Scientific Revolution Began*（London：Simon &. Schuster，2009），159.

［10］Repcheck，J.，*Copernicus' Secret*：*How the Scientific Revolution Began*（London：Simon &. Schuster，2009），160.

第二十八章　路德教派占星师

1595 年 7 月 19 日,格拉茨教会学校(Stiftsschule)一位年轻的路德教派数学老师体验到了一种神圣启示,对他来说这种神圣启示似乎是揭示了宇宙深层次几何美学。这一经历如此鼓舞人心(这改变了他余生的轨迹),以至于他立即泪流满面并向上帝发誓要"将这次关于主的智慧的美好经历公之于世"[1]。

这位年轻的老师就是约翰尼斯·开普勒(Johannes Kepler),在他学习成为一名路德教派牧师期间(时间距离上一章提到的雷提克斯冒险旅程之后约 50 年),

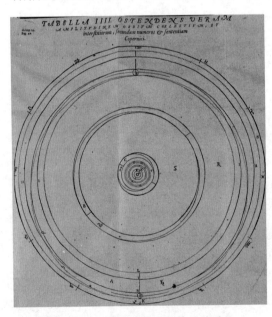

图 28.1 开普勒对哥白尼系统的图注

他的神学教授迈克尔·马斯特林(Michael Maestlin)向他介绍了哥白尼理论。这个理论不仅看起来是真实可信的,而且让他"欣喜若狂"。同时,在他脑海中浮现出很多问题。他认为在"世界的……宏大秩序"中可以发现神圣启示的"不竭宝藏"[2](图 28.1)。

开普勒出版的第一本书《宇宙的奥秘》(*Mysterium Cosmographicum*)中将雷提克斯撰写的《关于哥白尼〈天体运行论〉的第一份报告》列入附录内容。

在给伽利略送去这本书后,伽利略在回应中承认自己是一位秘密的哥白尼主义者,但是当开普勒向伽利略提出"同心协力使运货马车将货物送达目的地岂不是更好"的建议时,伽利略却缄默不语。

开普勒和伽利略对待新理论的神学态度殊途而同归。如同几年后伽利略的所作所为一样,开普勒在《新天文学》(*Astronomica Nova*,1605)一书中指出,我们应该"将圣灵视为神的使者,不应该将他作为物理学课堂的研究对象"。同时,开普勒在致伽利略的公开信中说,他同意伽利略《太阳黑子通信集》中的观点,即数学能力是神的宝贵礼物:"神的心中永远闪耀着几何学的光辉。人所具备的几何学能力是证明人作为上帝形象的理由之一。"[3]

因此,大约 20 年后,开普勒出版了《哥白尼天文学概要》(*Epitome of Copernican Astronomy*)一书(他在其中宣布"我以哥白尼关于世界的假设为基础建立了我的整个天文学体系"),他认为:"通过谨慎的态度探寻(上帝)所创造的一切事物的数目、大小和质量,既是一项权利,也是一项义务。"[4]

神的祭司

开普勒立志成为一名牧师,对胸怀鸿鹄之志的开普勒来说,搬到格拉茨并担任一名数学老师似乎是一个挫折。但是两年后,他就有了不同的看法。开普勒在得到关于几何学的启示之后,给马斯特林的信中提到他热切地希望成为一名神学家,以及他持续了很长一段时间的焦躁情绪,"但是现在我透过自己的痛苦发现通过天文学仍得以赞美上帝"[5]。开普勒在《哥白尼天文学概要》一书的致谢中更加强有力地表达了同样的观点。开普勒在这本书中告诉读者应该将这本书理解为一首赞美诗,他"是神的自然之书的祭司",这本书也是为了向万物之主致敬。

"自然之书"并不是一个新的概念。13 世纪,博韦的文森特(Vincent of Beauvais)认为神是创造万物之主,神的"万物之书"可"供我们阅读"。[6]尽管如此,他自称为一名天文学家和"神的祭司"。开普勒采用独具特色的路德教派的方式推动了这一传统的发展。

1598 年,开普勒在给马斯特林的一封信中写道:"我是一名路德教派占星师。我的任务是去其糟粕,取其精华。"[7]1607 年,开普勒在写给一位天主教朋友的一封信中,他对罗马教廷作为上帝的仆人,却在束缚上帝交给人类的智慧这样一种趋

222

223

势进行了批判。在《新天文学》一书的序言中，开普勒认为"尽管应尊重教会的博学之士"，但是拉科坦提厄斯否认地球是圆形的观点、奥古斯丁否认地球另一侧有人居住的观点以及当前"宗教法庭"（Holy Office）否认"地球在宇宙中移动"的观点都是错误的。[8]教会权威可能在神学中占有一席之地，但哲学"体现的是理性的影响"。他基于经验提出了这种观点。

天文学革新

作为一个年轻的数学老师，开普勒对几何美学的感受源自对哥白尼理论中六颗行星如何按照不同的轨道环绕太阳转动这一问题的理解。他深信这并不是神的无心之举，"几何学……源自神的思想"[9]，而神所造就的人性"应该也具备神的思想"，[10]他曾突发奇想，认为六个行星的分布轨道相当于欧几里得所描述的五个规则的几何体，几何体之间依次嵌套在一起。开普勒被这个假设所体现出的美学所

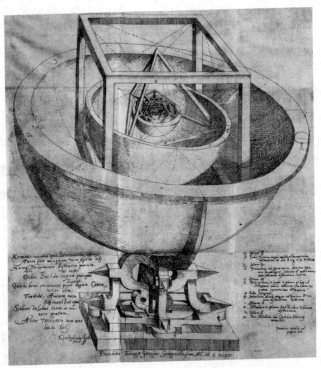

图 28.2 开普勒《宇宙的奥秘》一书中，对于嵌套几何体宇宙模型的图示

吸引（即便这并无任何现实根据），以至于他为了这一假设耗费了毕生精力（图28.2）。

尽管如此，开普勒并没有完全将自己局限在毫无结果的猜测之中，反而激励自己开展了进一步的研究。开普勒认为"每一种哲学思辨都应当以感官经验为出发点"[11]，他意识到如果没有更精确的天文观测，就不可能更好地理解行星运行的轨道。幸运的是，他很快就实现了更精确的天文观测。

224

开普勒在《宇宙的秘密》一书实现了他公开自己理论的誓言，也引起了丹麦伟大的天文学家第谷·布拉赫（Tycho Brahe）的关注。此前，第谷·布拉赫用了30年的时间撰写和编制关于行星运动轨迹的观察报告，他邀请开普勒来到布拉格一起从事这项工作。尽管开普勒刚开始有些不情愿，但是宗教迫害使他不得不离开格拉茨，他决定接受这一邀请。年轻的数学家开普勒抵达布拉格一年之后，第谷·布拉赫突然去世，神圣罗马帝国皇帝鲁道夫二世（Emperor Rudolf II）提出要购买第谷·布拉赫所有的天文观测资料，以便开普勒能够遍览这些资料。

开普勒根据这些记录所做的第一项工作是确定火星的运行轨道，确保能够准确预测其位置（图28.3）。他打赌他可以在八天内完成这项任务，但是他很快发现"第谷·布拉赫的天文学知识给了我太多的羁绊以至于几乎让我不知所措"[12]。经过70多次辛苦艰难的重复计算后（图28.4），他似乎解决了这一问题，但是仍然存在恼人的错误。根据开普勒的计算结果，火星在某一个节点的位置竟然比其本应所在的位置偏离了8度。如果这些观测结果都是准确的话，那么一些基本的假设必定是错误的。

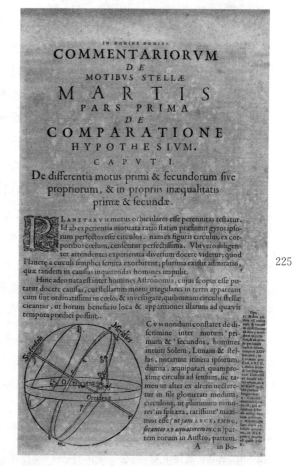

225

图28.3　开普勒《新天文学》中关于火星轨道的讨论

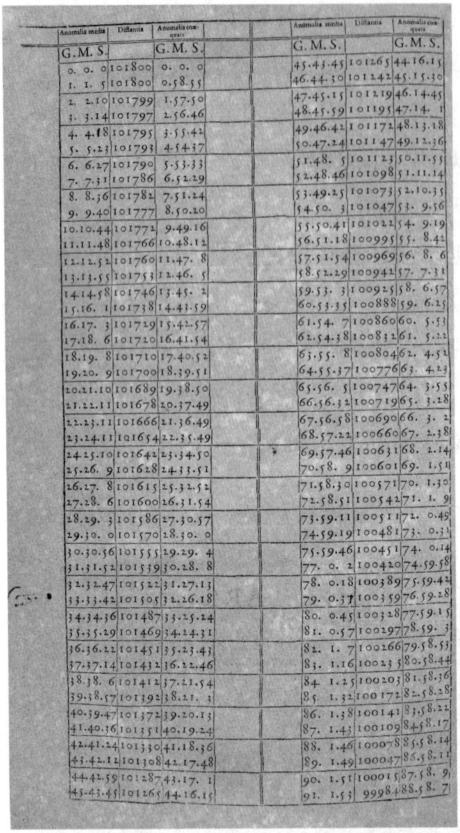

Anomalia media	Diſtantia	Anomalia coæquata
G.M.S.		G.M.S.
0. 0. 0	101800	0. 0. 0
1. 1. 5	101800	0.58.55
2. 2.10	101799	1.57.50
3. 3.14	101797	2.56.46
4. 4.18	101795	3.55.42
5. 5.23	101793	4.54.37
6. 6.27	101790	5.53.33
7. 7.31	101786	6.52.29
8. 8.36	101782	7.51.24
9. 9.40	101777	8.50.20
10.10.44	101772	9.49.16
11.11.48	101766	10.48.12
12.12.52	101760	11.47. 8
13.13.55	101753	12.46. 5
14.14.58	101746	13.45. 2
15.16. 1	101738	14.43.59
16.17. 3	101729	15.42.57
17.18. 6	101720	16.41.54
18.19. 8	101710	17.40.52
19.20. 9	101700	18.39.51
20.21.10	101689	19.38.50
21.22.11	101678	20.37.49
22.23.11	101666	21.36.49
23.24.11	101654	22.35.49
24.25.10	101642	23.34.50
25.26. 9	101628	24.33.51
26.27. 8	101615	25.32.52
27.28. 6	101600	26.31.54
28.29. 3	101586	27.30.57
29.30. 0	101570	28.30. 0
30.30.56	101555	29.29. 4
31.31.52	101539	30.28. 8
32.32.47	101522	31.27.13
33.33.42	101505	32.26.18
34.34.36	101487	33.25.24
35.35.29	101469	34.24.31
36.36.22	101451	35.23.43
37.37.14	101432	36.22.46
38.38. 6	101412	37.21.54
39.38.57	101392	38.21. 3
40.39.47	101372	39.20.13
41.40.36	101351	40.19.24
42.41.24	101330	41.18.36
43.42.12	101308	42.17.48
44.42.59	101287	43.17. 1
45.43.45	101265	44.16.15

Anomalia media	Diſtantia	Anomalia coæquata
G.M.S.		G.M.S.
45.43.45	101265	44.16.15
46.44.30	101242	45.15.30
47.45.15	101219	46.14.45
48.45.59	101195	47.14. 1
49.46.42	101172	48.13.18
50.47.24	101147	49.12.36
51.48. 5	101123	50.11.55
52.48.46	101098	51.11.14
53.49.25	101073	52.10.35
54.50. 3	101047	53. 9.56
55.50.41	101022	54. 9.19
56.51.18	100995	55. 8.42
57.51.54	100969	56. 8. 6
58.52.29	100942	57. 7.31
59.53. 3	100925	58. 6.57
60.53.35	100888	59. 6.25
61.54. 7	100860	60. 5.53
62.54.38	100832	61. 5.22
63.55. 8	100804	62. 4.52
64.55.37	100776	63. 4.23
65.56. 5	100747	64. 3.55
66.56.32	100719	65. 3.28
67.56.58	100690	66. 3. 2
68.57.22	100660	67. 2.38
69.57.46	100631	68. 2.14
70.58. 9	100601	69. 1.51
71.58.30	100571	70. 1.30
72.58.51	100542	71. 1. 9
73.59.11	100511	72. 0.49
74.59.19	100481	73. 0.31
75.59.46	100451	74. 0.14
77. 0. 2	100420	74.59.58
78. 0.18	100389	75.59.42
79. 0.37	100359	76.59.28
80. 0.45	100328	77.59.15
81. 0.57	100297	78.59. 3
82. 1. 7	100266	79.58.53
83. 1.16	100235	80.58.44
84. 1.25	100203	81.58.36
85. 1.32	100172	82.58.28
86. 1.38	100141	83.58.22
87. 1.43	100109	84.58.17
88. 1.46	100078	85.58.14
89. 1.49	100047	86.58.11
90. 1.51	100015	87.58. 9
91. 1.53	99984	88.58. 7

图 28.4 开普勒《新天文学》中的计算结果

226 对于开普勒来说,承认如下可能性是他路德教派神学观的组成部分,即:"神的善使第谷·布拉赫成为一个细心的观察者,他观测中出现偏离 8 度的错误则是对善本身的背叛";他认为似乎只有"通过善意的方式"认识和使用"神的善……最终才能找到天体运动的真实形式"。事实上,后来他才认识到"偏离 8 度"的问题"照亮了整个天文学的革新之路"。[13]

227 本书第十章提到自从欧多克索解决了柏拉图提出的行星视运动①问题之后,行星按照完全相同的圆形轨道自行匀速移动的观点就被接受为一个基本公理。为了"与天文学家的实际观测结果一致"所设立一系列次级"本轮"②的概念,带来了几个世纪的麻烦。哥白尼认为,行星围绕太阳而不是地球转动,他主要通过发明"太阳系"这一概念而形成了一幅行星运动的统一画面,但是他并没有质疑这个基本公理的真实性。现在,开普勒成为 2 000 年来质疑这一基本公理的第一人。

开普勒抛弃了天体匀速圆周运动的公理,他(经过多年的艰苦计算)得出的结论是,火星和地球都围绕着太阳按照椭圆形轨道运动,它们越靠近太阳速度就越快,距离太阳越远速度就越慢(图 28.5)。他认为,之所以出现这种情况,不是因为火星和地球的自身运动,而是因为它们受到来自太阳的物理作用力(他猜测这种力可能是一种磁力)的影响(图 28.6)。适用于火星的正确理论必然适用于所有行星,所以当他确定了火星运动的轨迹后,他提出了普适性的行星运动规则,即"行星以太

① 行星视运动,是指观测者所见的,行星在天球上的位移,根据不同参照系,可分为恒星视运动和太阳视运动。——译者注

② 本轮即周转圈,在托勒密宇宙模型中,行星自身会循着这个被称为"本轮"的圆周运行,而本轮的中心则循着均轮绕地球运行,该模型可以解释行星逆行的问题。——译者注

阳作为一个焦点按照椭圆形轨道运动"[14]。他宣称自己的目标是"展示宇宙系统并不具备神性,而是一种类似钟表发条的装置,因为几乎所有的行星运动都是由一种单一而纯粹的磁力引发的"[15]。

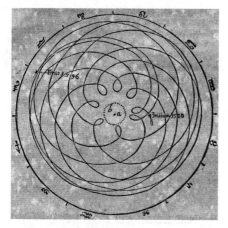

图 28.5　开普勒《新天文学》中关于火星视运动的轨道图示

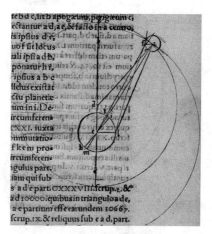

图 28.6　开普勒《新天文学》中关于行星轨道的图示

《世界的和谐》

为了实现这一目标,开普勒于 1619 年发表了他最完整的研究成果。这一年,他在个人生活方面承受了极大的压力,当时他遭到路德教派教友的攻击,他的母亲则因为巫术而受到审判。开普勒从形而上学的观念出发,认为几何学是"神圣思想的一部分……万物起源之前即如此"[16]。他在《世界的和谐》第一卷中提出了正多边形的"几何和谐性",在第五卷中提出了"行星运动和谐论"(图 28.7)。从《世界的和谐》第二卷到第四卷,开普勒展示了"事物的几何属性为造物主提供了装饰整个世界的模板"[17],所以他在第三卷中讨论了音乐中的和声比例问题,在第四卷中讨论了占星学中星体的和谐布局问题。

开普勒一生都致力于制作星象图,但是与其他方面的研究一样,他制作星象图 228 的方法亦是独树一帜(图 28.8)。作为"一名路德教派占星师",开普勒指出行星在塑造我们性格方面发挥了一定的作用,但我们并不受这些影响的支配。开普勒在《世界的和谐》第四卷中指出:"我的命主星不是处于与火星呈和谐相位且处于第七宫位置的上升的水星,而是哥白尼和第谷·布拉赫,如果没有他们的观测,我目前的

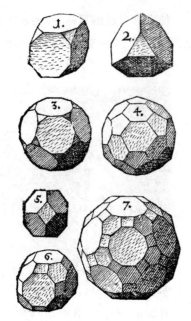

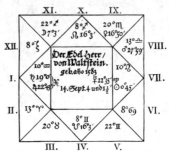

图 28.7　开普勒《世界的和谐》中
关于正多面体的图示

图 28.8　开普勒为华伦斯坦将军
制作的星象图

研究成果都将埋葬在黑暗之中。"[18]最终，开普勒完成了《世界的和谐》第五卷，他指出这本书是"一次神圣的布道，是一首真正赞美创造万物之神的赞美诗"，并且他在书中宣布了他的最新发现。

自从在格拉茨体验过神圣的启示之后，开普勒就一直坚信行星围绕太阳的不同公转周期是受某一更为深层次的和谐原理的支配。现在他最终发现了真相。1618 年 3 月 8 日，开普勒脑海中浮出一个想法，即各个行星与太阳的距离和围绕太阳的运行速度之间存在精确的数学关系。起初，他觉得自己肯定是犯了一个错误，但是"最终，5 月 15 日这个想法重新浮现在脑海中，这次它征服了我心中的黑暗"。

尽管他知道这可能只是一个梦想，但是他发现"十七年来我对第谷观测结果的研究和我当前的思考是如此契合"以至于"两颗行星之间的公转周期比恰好等于平均距离比值的 1.5 倍，这一点是完全确定且准确的"。[19]这一发现即现在的开普勒第三行星运动定律（直接导致牛顿发现了万有引力定律），让他的所有希望变成了现实。在发现这一定律的同时，他祈祷道："主啊，你依照和谐性在地球上建造教堂，同样你也依照这种和谐建造了宇宙。"[20]

事实证明，不是由于这种世界和谐的景象，而是由于开普勒绘制的简明和准确的鲁道夫星表（Rudolphine Tables），最终使人们接受了开普勒的理论。根据计算的结果，鲁道夫星表绘制和预测了行星的运动轨迹，其中没有任何评注和对理论的解释。对于"想对自己的理论进行测试的天文学家、需要特定时期星座图的占星师、想要标明游星位置的日历制造商，还有那些必须确定地理位置的海员"[21]来说，鲁 229
道夫星表很快就凸显了它的作用。

正如沙德韦尔所说，17世纪的自然研究成果中，真正能发挥实际作用的研究成果可谓凤毛麟角。然而，"学以致用"的思想是一种理想，这种理想已经引发了人们的争论，这似乎与新的神学改革运动如出一辙。

【注释】

[1] Repcheck, J., *Copernicus' Secret*: *How the Scientific Revolution Began*(London: Simon & Schuster, 2009), 63.

[2] Repcheck, J., *Copernicus' Secret*: *How the Scientific Revolution Began*(London: Simon & Schuster, 2009), 61.

[3] Kepler, J., *Gesammelte Werke*(ed.) Caspar, M.(München: C. H. Beck, 1937).

[4] Caspar, M., *Kepler*(New York: Dover Publications, 1993), 381.

[5] Caspar, M., *Kepler*(New York: Dover Publications, 1993), 375.

[6] Harrison, P., *The Bible*, *Protestantism*, *and the Rise of Natural Science*(Cambridge: Cambridge University Press, 1998), 44.

[7] Kepler, J., *Gesammelte Werke*(ed.) Caspar, M.(München: C. H. Beck, 1937), 184.

[8] Kepler, J., *Gesammelte Werke*(ed.) Caspar, M.(München: C. H. Beck, 1937), 18—36; Harrison, P., *The Bible*, *Protestantism*, *and the Rise of Natural Science*(Cambridge: Cambridge University Press, 1998), 112—113.

[9] Kepler, J., *Gesammelte Werke*(ed.) Caspar, M.(München: C. H. Beck, 1937), 18—36.

[10] Caspar, M., *Kepler*(New York: Dover Publications, 1993), 93.

[11] Caspar, M., *Kepler*(New York: Dover Publications, 1993), 67.

[12] Caspar, M., *Kepler*(New York: Dover Publications, 1993), 127.

[13] Caspar, M., *Kepler*(New York: Dover Publications, 1993), 128.

[14] Caspar, M., *Kepler*(New York: Dover Publications, 1993), 134.

[15] Caspar, M., *Kepler*(New York: Dover Publications, 1993), 136.

[16] Caspar, M., *Kepler*(New York: Dover Publications, 1993), 271.

[17] Caspar, M., *Kepler*(New York: Dover Publications, 1993), 265—266.

[18] Caspar, M., *Kepler*(New York: Dover Publications, 1993), 279.

[19] Caspar, M., *Kepler*(New York: Dover Publications, 1993), 286.

[20] Lindberg, D. C. and Numbers, R. L.(Eds.), *God and Nature*: *Historical Essays on the Encounter between Christianity and Science*(Berkeley: University of California Press, 1986), 220.

[21] Caspar, M., *Kepler*(New York: Dover Publications, 1993), 326—327.

第二十九章　实验哲学

　　1522 年 1 月初，当时路德正躲在瓦特堡，应维滕贝格大学校长安德烈亚斯·卡尔施塔特(Andreas Karlstadt)的要求，维滕贝格市议会命令清除城市教堂内的所有绘画。路德返回维滕贝格后，他要求人们停止破坏维滕贝格教堂的壁画[画家老卢卡斯·克拉纳赫(Lucas Cranach)是路德的朋友]，但是很快其他地区再次出现了破坏教堂壁画的现象。

　　两年后，日内瓦宗教改革的领导人乌利希·慈运理(Ulrich Zwingli)积极鼓励信徒们捣毁瑞士教堂中的雕像并清除教堂的壁画。慈运理说道，"苏黎世的教堂绝对是明亮的。"但是对于大量的老教堂建筑来说，新的"提亮"工程是整体性毁坏运动所带来的、唯一正面的副效应。

　　圣像破坏运动传遍了整个欧洲，这几乎成为新教改革最激进的成果。几个世纪以来，基督教教会通过树立圣像来显示罗杰·培根所描述的"巨大的恩赐"，现在这种行为却被看作偶像崇拜的表现形式，崇拜圣像是一种罪恶。尽管路德个人持反对意见，但清除教会中摆放的圣像不仅仅顺从了第二条诫命的要求，而且也被视为一种阅读经文的激进方式，这是路德在第一次向学生们发放页边留有空白的《诗篇》时所发出的信号。

　　这种姿态体现出来的不仅仅是对此前权威的简单抛弃和摆脱教父评注和注解的宣言。路德越来越深信应该根据"尽可能简单的意思"来理解经文，他坚持从字面含义理解就是"最高、最好、最强"的[1]，这也包意味着抛弃更具想象力的、寓言式解读的悠久传统。

自然的寓意

　　公元 3 世纪,伟大的神学家、亚历山大教导学院(Didascalium)的负责人奥利金(Origen)认为可以通过三种不同的含义来理解经文。第一种是字面意义,直观地从历史的角度进行理解。第二种是道德意义,向我们展示应该如何生活。第三种是寓意,指向一种永恒的神学真理。在随后的几个世纪中,对普通寓言式解读(可以指向任何事物)与"神秘性阐释"("神性意义")进行了区分,形成了第四种方式。

　　这四种意义构成了解读《圣经》的"四驾马车"(quadriga),成为中世纪人们阅读《圣经》的标准解释方法。因为"神性阐释"被认为是理解《圣经》最重要的方法,从寓意和神秘意义进行的解读越来越多,并且因为教会的牧师被认为是具有特殊权威的一个群体,所以随着时间的递延,解读的数量在不断累积,这些解读所形成的注释和评论已经有超过《圣经》原文的趋势。

　　寓意解读的对象并不仅限于《圣经》。因为上帝创造了自然,也是《圣经》的作者,所以对于自然和《圣经》可以用同样的解释方法。与奥利金同一时代的匿名作者(可能是奥利金的门徒)撰写了《自然史》(*Physiologus*)一书。《自然史》一书借鉴了普林尼(Pliny)和艾利安(Aelian)的著作内容,是一部"关于动物、植物和石头的篇幅短小但内容全面"[2]的著作,书中所描述的自然界中的任何事物特征都具有一定的寓意。例如,鹈鹕用自己的鲜血喂养子女具有基督赎罪牺牲的寓意,而蛇蜕皮现象则具有"为了供养基督并为他提供衣物"的寓意(图 29.1)。[3]

图 29.1　鹈鹕用血液喂养幼鸟

　　《自然史》一书产生了巨大的影响力。E.P.伊文斯认为:"除了《圣经》之外,没有哪本书像《自然史》一样流传如此广泛和久远。"[4]这本书成为了解中世纪动物、宝石和草药品种的基础文献。《自然史》所采用的寓意写作范式融入了文艺复兴色彩的"宏观宇宙与微观宇宙"思想(即认为世界的方方面面都能在人体中找到对应部位)以及"药效形象说"(这种观点认为自然界的每一种事物都包含某种展示其效用

232　的标志①）。罗杰·培根和他的追随者讨论的是了解自然世界的基本规律及由此而引发的结果，而《自然史》则是为了了解自然界存在的意义，这体现了中世纪更为宏大的思维层面。

路德希望对《圣经》的寓言式解读进行限制，并简化《圣经》的解释，这种方式可谓是找到了问题的关键所在。其他宗教改革领导人都响应路德的呼吁，他不仅将这种偏好从对《圣经》的阅读延伸到有形的象征崇拜（包括教堂的装饰）的方面，而且他们将其作为观察自然界的一种新视角。

正如彼得·哈里森所说，这一延伸的某个方面认为自然事物应被"视为基于其效用而非因其意义设计而成的：事物不是供阅读的一种符号存在，而是其潜在应用价值待探索的客体"[5]。没有人像具有哲学倾向的年轻律师弗朗西斯·培根（Francis Bacon）一样对这一观点进行有力的解释。

在英格兰，亨利八世统治期间实施的《解散修道院法令》导致兴起了圣像破坏运动（iconoclasm），这一运动在爱德华六世统治期间得到了延续；1548 年，爱德华六世要求撤走所有英格兰教堂内摆设的"偶像"。在玛丽女王时期，情势有所缓和，但是在伊丽莎白女王和后来的詹姆斯国王统治期间，这种移除"偶像"的做法得到了进一步延续。弗朗西斯·培根出生于伊丽莎白女王统治初期，当时他亲眼看到了大量圣像破坏的活动，在培根的一生中，圣像破坏运动一直影响着他知识思考的模式，他认为如果要真正理解上帝创造的万物，就需要采取类似思考方式。

进入王室

弗朗西斯·培根爵士是伊丽莎白女王掌玺大臣的儿子，他本人后来也担任詹姆斯国王的掌玺大臣。伊丽莎白女王逝世后不久，培根出版了他最具影响力的著作《学术的进步》（*The Advancement of Learning*）（图 29.2）。

培根认为，路德没有"从他所处时代的思想中汲取养分"[6]。为了重新找回《圣经》的真谛，他回过头来去研究《圣经》原本。这样做是有其必要性的，因为"在研究神圣真理的过程中"，人自身的骄傲情绪会导致人们倾向于"脱离上帝的神谕并迷233　失在他们自身的创造之中"。他指出，与此类似，在"研究自然"的过程中，人"脱离

---

① 类化中医的以形补形的理念。——译者注

图 29.2　《学术的进步》一书中培根的肖像画

了上帝作品的神谕,崇拜欺骗性和扭曲的形象……这些是他们自己的,或是那些蹩脚作家或执念的传递给他们的想法"[7]。

　　在最后的一本书中,费鲁拉姆男爵(培根被授予费鲁拉姆男爵,他先是升任大法官,后被贬去该职务)认为只有当我们抛开所有的"假象"(idol)后,我们才可能开始对世界有正确的认知。他将假象分为"种族和市场假象"(人类认知和语言的扭曲)以及"剧场假象"(如亚里士多德知识体系所导致的扭曲)。

　　关于阅读上帝的圣言,宗教改革的口号就是"唯独《圣经》"(Sola Scriptura)。培根解读上帝的创造(即大自然)的方法,其核心是任何真正的哲学必须建立在实际的"宇宙现象"基础之上。[8]首先,人通过感官认知来获取这些信息,然后通过我们发明的工具来拓展我们的观察范围,如望远镜、显微镜以及各种观测设备。除此之外,我们可以通过实验验证我们的观察和观点。他认为,实验能让我们超越粗糙的初始数据和纯粹的猜测,发现事物产生的根本原因,即事物的"公理"和"普遍规律"。

　　为了确保取得成功,不要一头扎进形而上学之中或陷入人为系统之中而不能

234

自拔是至关重要的。事物的根本原因与神学具有相关性，但是将其引入物理学领域则是"鲁莽的行为"。这种行为方式是"将我们自己的形象刻在……上帝创造的自然万物身上，而不是仔细审视和认知自然万物身上造物主的印记"。他认为"谦卑地对待……自然万物"是至关重要的，使理解力"得到彻底的解放和涤洗，因为建立在科学之上的人国的大门正和天国的大门没什么两样，那就是说，除非像个小孩一样，否则没有人会走的进去"。[9]因此，他认为我们应该"只信仰信仰本身"[10]。我们在阅读《圣经》时，不能盲目执着于《圣经》那些描述自然现象的比喻性语言，必须要关注上帝实际写下的经文并接受这些经文的指引。

永无止境

对于培根和他的许多同时代人来说，哥伦布和他的后继者认为新世界的发现似乎是一种神圣的天意，这证实了上述方法的有效性。在培根的作品中，重新出现

图 29.3 培根《学术的进步》（封面）

图 29.4 培根《木林集》（封面）

了人们受上帝召唤而取得的航海发现的画面。

《学术的进步》封面画是一艘正在海上航行的航船，并引用了《但以理书》中的话："必有多人来往奔跑，知识就必增长。"（图 29.3）在培根去世后出版的《木林集》（*Sylva Sylvarum*）中，封面画则是架在赫拉克勒斯之柱（Pillars of Hercules）上的知识世界（代表古典时期学者关于已知世界的边缘，他们认为赫拉克勒斯之柱之外一无所有，图 29.4）。

《新工具》的封面画则是将上述两幅画糅合在一起，一艘航船正在穿过赫拉克勒斯之柱，在航程中发现古典时期人们所未知的世界（图 29.5）。培根相信，通过这种方式，"自然中可

图 29.5　培根《新工具》（封面）

以用于阐明哲学的许多事物已经展现在我们面前，并通过大量的远航和旅行被发现"[11]。

235

236

新工具

亚里士多德的《工具论》收录了他关于如何通过逻辑获得真理过程的作品，培根的《新工具》一书则是在他的基础上探寻真理的新尝试。培根认为，先收集新数据，然后进行实验测试，可以"建立渐进的确定性"[12]；通过"真正且完美的归纳"过程，可以从原始数据中逐渐获取更普遍的公理和普遍规律。

237

为了确定这一过程的步骤，培根付出了艰辛的努力，却常常遭到旁人的嘲讽。威廉·哈维（William Harvey，血液循环的发现者）针对培根有一段著名的评论，指出费鲁拉姆男爵"就像一名大法官"一样从事自然哲学的写作，培根所列明的详细程序规则与哈维或任何其他自然科学家的实际做法极少有共同之处。然而培根并

238

没有明确指出(有时他会这样暗示)数据归纳是一个简单的机械过程,如果正确使用这种方法必然会得到相应的结论。他意识到科学发现并不是沿着单一方向前行的坦途。他写道:"我们的道路并不是平坦的,而是时上时下的,先上升到公理,然后下降到工作。"[13]这个过程往往充满艰辛。错误和不完整的假设似乎同样适用相同的数据,而"试验中的错误"可能导致走向错误的方向。尽管如此,他认为这一过程最终可以进行自我修正。关键性的实验,即他所谓的"路标事例",有时可以果断地指向某一个假设而不是另外一个假设。

承认存在出现错误的可能对避免功利主义的浮躁和"抄捷径"的心态是至关重要的。虽然从长远来看,新知识将会产出很多成果,但培根认为他所谓"光的实验"要比"果实的实验"更具优势,因为不管用什么样的方法,它们成功找到了"解决问题"的办法。[14]可能出现的错误也意味着实验者必须仔细记录他们的实验方法以便于他人能够发现其中的错误并予以纠正。

就像路德实现了《圣经》解读民主化的方式一样,培根尝试采用同样的方式实现解读自然的民主化。培根认为,学术的进步是"世世代代众多学者"[15]共同完成的事业。克劳德·伯纳德(Claude Bernard)在一首现代诗中将培根的上述精神归纳为这样一句:"艺术依靠个人才华,科学依靠集体协作。"[16]培根在《新工具》中提出了一种算法流程(algorithmic process),需要工匠和知识分子有组织地发挥合力。这种精神在《学术的进步》卷首,具象为一幅反映现实世界和知识世界相互交叉融合的插图。

培根坚持认为,尽管我们无法"控制事物的本质",但是可以"控制我们的问题"。为了给出能被人们理解的答案,需要将问题分为截然不同的研究课题(尽管会出现重叠现象)进行系统性研究。培根的乌托邦幻想遗作《新大西岛》(New Atlantis)中描述了由一个国家资助的、名为"所罗门宫"(Solomon's House)的机构,在这个机构里,研究团队对不同领域展开研究并进行实验,其他人员负责记录、整理并对研究成果进行解释。

"所罗门宫"[也被称为"六日学院"(The College of the Six Days)]的研究人员对自然世界的研究是一种宗教活动,但是与中世纪的动物寓言(bestiary)有所不同。它不是把自然看作"指向超然王国的一大堆象征性的集合"[17],它的基本原则是"通过发现事物的真实本质……人类的技艺和使用技艺获得更多收获,可以增进上帝的荣耀"[18]。

赞美上帝创造的自然万物是近距离审视自然万物的动机:"如果我们只是停留

239

于……事物所呈现在我们感官之中的表象,无异于玷污了上帝的荣光。"[19]正是基于这种精神,50 年之后,荷兰博物学家简·施旺麦丹(Jan Swammerdam)在给同事的一封信中写道:"我借给你们上帝的万能之手去解剖虱子,你们将会发现蕴含在奇迹中的奇迹,见证微小物体上所展现的上帝的智慧。"[20]但是培根认为,对于"利用自然万物的成果"(fruit in the use of them)和"改善人类的境况"(the relief of man's estate)是国家资助开展研究的最强动力。

詹姆斯国王并没有从国家层面为科学研究提供资金支持。到培根 1626 年去世的时候(根据约翰·奥布里的说法,他因为在雪地里做冷冻肉的实验受了风寒而去世),他出版的 30 多本著作"吹响了行动的号角"。他同时代的人对这种号召充耳不闻。然而,在下一个时代中,牛津大学的一个规模较小但是由才华横溢的研究人员组成的研究小组则听从了培根的召唤。

【注释】

［1］Harrison, P., *The Bible, Protestantism, and the Rise of Natural Science*(Cambridge：Cambridge University Press, 1998）, 108.

［2］Harrison, P., *The Bible, Protestantism, and the Rise of Natural Science*(Cambridge：Cambridge University Press, 1998）, 23.

［3］Curley, M. J., *Physiologus*(Austin：University of Texas Press, 1979）, 16.

［4］Evans, E. P., *Animal Symbolism in Ecclesiastical Architecture*(London：Heinemann, 1896）, 41.

［5］Harrison, P., *The Bible, Protestantism, and the Rise of Natural Science*(Cambridge：Cambridge University Press, 1998）, 203.

［6］Bacon, F., *The Advancement of Learning and New Atlantis* (Oxford：Clarendon Press, 1974）, 25.

［7］Bacon, F., *The Advancement of Learning and New Atlantis* (Oxford：Clarendon Press, 1974）, 29.

［8］Bacon, F., *The Instauratio Magna* vol.IV(Oxford：Clarendon Press, 2000）, 28.

［9］Bacon, F., *Novum Organum* vol.IV(New York：Collier, 1902）, 69.

［10］Purver, M., *The Royal Society：Concept and Creation* (London：Routledge and Kegan Paul, 1967）, 145.

［11］Bacon, F., *Novum Organum* vol.I(New York：Collier, 1902）, 62.

［12］Bacon, F., *The Instauratio Magna* vol.IV(Oxford：Clarendon Press, 2000）, 40.

［13］Bacon, F., *The Instauratio Magna* vol.IV(Oxford：Clarendon Press, 2000）, 96.

［14］Bacon, F., *The Instauratio Magna* vol.IV(Oxford：Clarendon Press, 2000）, 95.

［15］Bacon, F., *The Instauratio Magna* vol.IV(Oxford：Clarendon Press, 2000）, 291.

［16］Bernard, C., "Introduction à l'étude de la médecine expérimentale", http://www.cosmovisions.com/textes/Bernardo10204.htm＃mLcxy51q7sM7yTxF.99http://www.cosmovisions.com/textes/Bernardo10204.htm. Accessed 13 August 2015.

［17］Harrison, P., *The Bible, Protestantism, and the Rise of Natural Science*(Cambridge：Cambridge

University Press，1998），168.

[18] Bacon，F.，*The Advancement of Learning and New Atlantis* (Oxford：Clarendon Press，1974)，230.

[19] Bacon，F.，*The Advancement of Learning and New Atlantis* (Oxford：Clarendon Press，1974)，42.

[20] Swammerdam，J.，*The Letters of Jan Swammerdam to Melchise dec Thévenot* (Amsterdam：Swets & Zeitlinger，1975)，Letter 19a，April 1678.

第三十章　牛津群英会

1646 年 6 月 25 日,牛津城的城钥匙被正式移交给议会军总司令托马斯·费尔法克斯(Thomas Fairfax)。在签署条约的前一天,900 名保皇党军队士兵挥舞着旗帜、敲锣打鼓地穿过牛津城,他们途经莫德林大桥,爬上了保皇党军队与得胜的新模范军(New Model Army)观察线之间的海丁顿山(Headington hill)。

保皇党军队的撤退为这段短暂的插曲画上了句号,他们放弃伦敦之后,国王实际上已经将牛津城变成了英格兰的新首都。尽管牛津城的大部分人都支持建立议会制度,但是牛津大学却是坚定的保守派。1644 年,基督堂(Christ Church)成为国王的新宫邸(但是皇后居住在墨顿学院),克赖斯特彻奇大楼成为新议会的所在地。大学学院将银器熔化然后制成了新的"牛津王冠",万灵学院(All Souls)成为卫戍部队新的兵工厂,新学院(New College)则变成了军队的弹药库。

牛津失陷之后,1650 年奥利弗·克伦威尔(Oliver Cromwell)被任命为大学校长;四年之后,议会支持者全面取代了牛津大学保皇派学校官员。在新任命的学校官员中,年轻的清教徒约翰·威尔金斯(John Wilkins)希望在学校树立新的风气;1648 年,他被任命为瓦德汉学院(Wadham College)的院长。

弗朗西斯·培根在《新工具》一书中提出,大学不应该简单地教授旧知识,而应该像矿场一样,"可以在四面都听到新的施工和向前推进的声音"[1]。对于这一建议,大多数学者并不抱积极态度,但是瓦德汉学院的新院长则跃跃欲试,设法去实现培根的梦想。

241 实验俱乐部

威尔金斯是哥白尼学说的信徒,他24岁时便出版了《发现月球中的世界》一书,两年后,他出版了《关于一个新世界和另一颗行星的讨论》(*A Discourse Concerning a New Aorld and Another Planet*)(图30.1)。

242

图30.1 威尔金斯《关于一个新世界和另一颗行星的讨论》(封面)

他在这本书的序言中提到,希望培养一种积极的精神,通过"睿智的费鲁拉姆男爵"所倡导的方法寻找那些"隐藏和未知的真理"。[2]威尔金斯就任院长一年之后,成立了"实验哲学俱乐部"[3],俱乐部会员每周都在他房间里聚会。

俱乐部聚会的人中有大学老师,如新任天文学教授塞斯·沃德(Seth Ward)以及第二年担任解剖学教授的威廉·佩蒂(William Petty),成员中至少还包括一名本科生,即"出色的年轻学者克里斯托弗·雷恩(Christopher Wren)先生"[4]。从一开始,俱乐部就开拓了新的研究领域。俱乐部会员威尔金斯和雷恩建造了一个长80英尺、"能够立即观测到整个月亮"的望远镜。塞斯·沃德自己建立了一个小天文台。佩蒂完成了解剖实验,几年之后,克里斯托弗·雷恩进行了大胆的输血实验。

起初,俱乐部活动"没有固定的规则或章法",但到了1651年,俱乐部已经制定了一系列规章。俱乐部在"每周四下午两点前"召开会议,佩蒂在写给一位朋友的信中说:"俱乐部成员已经或正在将他们所在学院的全部学者聚合到一起,分配人员去完成一些项目。"[5]有一个小组负责编制牛津大学博德利图书馆所有科学文献的目录,塞斯·沃德写道:"除了这个伟大的俱乐部外,我们还有由几个人组成的团队,有八个志同道合的人一起布置实验室并进行化学实验。"[6]

这个系统性的培根式组织使牛津俱乐部与伦敦的官方研讨组织[类似西奥多·哈克(Theodore Haak)俱乐部、塞缪尔·哈特利布无形学院(Samuel Hartlib's "invisible college")〕,10 年后牛津俱乐部演变为皇家学会。

　　与此同时,威尔金斯已开始招募新成员加入英国皇家学会的豪华阵容,此后担任皇家学会秘书的亨利·奥顿伯格(Henry Oldenburg)形容学会是"牛津群英会"(Oxonian sparkles)。新加入的会员中,名气最大的是科克伯爵的小儿子罗伯特·波义耳〔他的家人都叫他罗宾(Robin)〕。1653 年,威尔金斯在写给波义耳的信中说,他来到牛津将"有助于加快并引导我们开展研究"[7]。两年后,在一些人进一步的鼓动下,波义耳搬到了位于牛津大街的一所房子里,并且一住便是 12 年之久。现在,这所房子上有一块铭牌,上面标明此处为波义耳故居。

　　17 世纪 40 年代,波义耳的著述主要关注道德和精神,但是在 40 年代末,他开始做一些化学实验。波义耳在给他姐姐的一封信中描述了自己如何阅读和实验参悟"万物之书",以努力"增进造物主的荣耀"。[8]1649 年夏天,他开始写作《自然研究》(Of the Study of the Booke of Nature)一书,他的行文语言风格让人联想到开普勒,他指出人作为自然界最伟大的牧师,"注定要回归到感恩和赞美,这不是为了他自己,而是为了上帝创造的世界万物"[9]。

　　搬到牛津之后,波义耳数年中一直致力于实验研究并同时进行写作。他在著述中通过记录他所做的实验,解释从实验中得出的结论,并指出其实践和宗教价值等途径,为实验这一方法提供支持。波义耳著作等身,他第一部作品是 1660 年出版的《关于空气弹性及其效应的物理—力学新实验》(New Experiments Physico-Mechanical, Touching the Spring of the Air, and its Effects)。

空气的弹性

　　是否接受亚里士多德提出的"自然厌恶真空"原则是亚里士多德学派科学家与新"机械哲学"支持者之间的分水岭。17 世纪,这一争议增加了新的内容,即通过精心设计的实验展示解决哲学争议的方法。

　　早在 17 世纪 40 年代,伽利略等人就已观察到不能将水从超过 34 英尺深度的地方抽至地面。伽利略的两位追随者伊万奇里斯特·托里切利(Evangelista Toricelli)和温琴佐·维维亚尼(Vincenzo Viviani)与伽利略一起居住在阿切特里(Arcetri)的别墅里,他们研究了这一现象。他们都假设(伽利略也持该观点)空气没有重量。然而托里切利和维维亚尼认为,水泵抽水时,外部空气的重量将水挤入泵桶,泵桶中高为 34 英尺的水的重量等于周围大气的重量。

图 30.2　托里切利的气压实验

为了验证这一假设的真实性,1644 年维维亚尼根据托里切利的建议完成了一次著名的实验(图 30.2)。他将一个长玻璃管中装满水银,用手指把管口处堵住后把玻璃管倒立起来。然后,他把玻璃管放入装满水银的水槽之中把手指移开。托里切利曾经预测,因为水银的密度是水的 14 倍,周围的空气压力将仅能维持 29 英寸高的汞柱,实验证明确实如此,维维亚尼刚拿开自己的手指,玻璃管的汞柱就下降到 29 英寸的位置,玻璃管顶部是一个非常明显的空白空间。托里切利认为,实验表明空气是有质量的,并且真空是存在的。

并不是每个人都相信这个实验。坚定的亚里士多德主义者认为,玻璃管顶端的空间实际上包含有看不见的蒸气,是蒸气在支撑着汞柱。为了证明空气压力的影响是真实存在的,年轻的法国数学神童布莱士·帕斯卡(Blaise Pascal)说服他的姐夫费罗林·皮埃尔(Florin Périer)带上托里切利设计的仪器登上了多姆山(Puy-de-Dôme)。帕斯卡认为,因为山顶的空气压力应该较小,所以汞柱高度会较低。这一预测再次被证明是正确的。当皮埃尔在山脚下测量汞柱的高度时,发现汞柱确有 29 英寸高,但在山顶上,汞柱便只有 23 英寸高了。

对这场辩论,罗伯特·波义耳的贡献是提出了一种可以更直接研究托里切利玻璃管顶部真空的方法。他听说奥托·冯·居里克(Otto von Guerike)在德国制造了一种可以吸走两个铜半球之间空气的泵(这会使两个铜半球贴在一起)。波义耳指出,如果用玻璃半球代替铜半球,可以将空气从放置物体的玻璃球中吸出,那么就可以进行所有不同的实验。伦敦的仪器制造商拉尔夫·格雷托雷克斯(Ralph

Greatorex)曾经尝试制造这种泵，但最终没有成功；但是担任波义耳实验助理的基督堂学院本科生罗伯特·胡克则取得了成功（图30.3）。

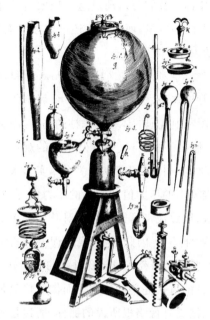

图 30.3　《关于空气弹性及其效应的物理—力学新实验》一书中的波义耳的空气泵

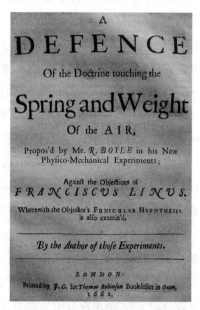

图 30.4　罗伯特·波义耳《关于空气弹性及重量的观点的辩护》（*A Defense of the Doctrine Touching the Spring and Weight of the Air*）书名页

　　波义耳利用他的新设备进行的一些实验证明，声音无法穿过被抽空的玻璃球体，火焰在真空中也不能燃烧。他进行的另外一些实验证明，当将托里切利设计的"气压计"放置在球体内时，随着空气被抽出，汞柱高度会下降。大部分的实验都证实了在操作泵时所有人都会获得的经验，即空气有可以压缩或膨胀的"弹性"。当将一个装有半瓶水的玻璃瓶放在球内，空气抽出时，小瓶会爆炸并把球体炸裂。

　　1660 年，波义耳公布了他的实验结果。第二年，英国耶稣会士弗朗西斯·莱纳斯（Francis Linus）发表了一篇论文，抨击了认为空气中存在可以产生显著效果的"弹性"的观点，他认为托里切利气压计中的真空部分实际上是存在一条"绳索"（funiculus），这条看不见的绳索向上提着汞柱，汞柱高低波动也是因绳索而导致的。波义耳则表示将进一步设计一个实验进行反驳（图30.4）。

这一次他在实验中使用了一种 J 形玻璃管，玻璃管长臂端顶部敞口，短臂端顶部封闭。然后，他把水银倒入长臂端内，把短臂端内空气困在一个气泡中，并证明了小气泡的"弹性"比预想的要强大得多："因此，我们可以通过这一现象清楚地看到空气的弹性……不仅可以支撑 29 英寸汞柱的重量，而且……还可以在没有'绳索'提供帮助的情况下支撑超过 100 英寸的汞柱。"[10]

246　这还不是这个故事的结局。自然哲学家亨利·鲍尔（Henry Power）和理查德·汤利（Richard Townley）指出，气体压力与体积之间可能存在一个简单的数学关系。通过仔细地比较 J 形玻璃管长臂和短臂中气泡的体积与汞柱的高度，波义耳证明气体压力与体积确实存在数学关系。他在《关于空气弹性及重量的观点的辩护》一文中公布了四组数字，列出了汞柱高度与气体体积减小的关系。实事求是地说，根据压力与体积呈反比关系的假说所推算出的压力值和实测的压力值，虽然并不总是完全一致，但是也实现了惊人的吻合，以致波义耳辩解说："对结果要求如此精确，在这样的试验中出现误差是在所难免的。"[11]因此，他为实验误差分析学奠定了基础，实验误差分析现在成为每一位实验科学研究人员教育过程的一部分。

247　波义耳的这篇文章是对培根实验方法论的近乎完美的证明。而伽利略只是说他重复进行的实验"结果没有明显的差异"；波义耳像培根所说的那样，通过精确记录他的实验方法并列出其实验结果，使那些研究者有望（并且具有必要的实验设备）重复这一实验并对他们自己的实验结果进行对比。

这个实验本身就是一个培根式的"路标事例"，它果断地指向了一个假设而不是另一个假设。此外，气体的压力和体积之间的关系（即今天的"波义耳定律"）证实了培根关于可以通过实验从原始数据推理得出"公理"和"普遍规律"的观点。事实上，在此次获取知识的方法示范之前，一些为社会公众所接受的理论也是采用这种方法所得到的。波义耳公布自己的实验结果时，这个牛津实验俱乐部已经得到国王特许成立了皇家促进实验哲学学会（Royal Society for the Advancement of Experimental Philosophy）。

《基督教学者》

17 世纪 50 年代末，分散在伦敦各地的牛津俱乐部会员被重新召集起来，在随后的十年里，俱乐部吸引了大量会员。1659 年，克伦威尔任命威尔金斯担任剑桥大学圣三一学院院长，但 1660 年皇家学会成立后，他便不再担任院长职务；1662 年，他回到伦敦后被降格为格雷律师学院（Gray's Inn）牧师并与塞思·沃德（当时，沃德也不再担任牛津大学圣三一学院院长职务）住在一起。

根据约翰·奥布里（John Aubrey）的说法，这些牛津学人"在齐普赛街（Cheapside）的牛头酒馆聚会……后来发展成为一个大俱乐部，所以他们转移到了格雷沙姆学院（Gresham Colledge）的会客厅"[12]。在格雷沙姆学院他们萌生了争取皇家特许授权的想法，特许授权的内容包括授予俱乐部不经审查即可出版书籍的权利。1668 年，波义耳搬到伦敦永久定居并住在波迈街（Pall Mall）他姐姐家里。就是在这栋房子里，他的仆人发现了让托马斯·沙德韦尔大为惊奇的、发光的小牛腿肉。[13]

在一次遭受暴风雪围困的经历后，曾被沙德韦尔用发光的肉这个笑话暗讽的读经行为，已然成为了其生活的核心部分（像路德的经历）。波义耳认为通过对自然的实验研究来解读"上帝无所不能之手"[14]是阅读《圣经》的自然延伸：这与礼拜唱诗一样是虔诚生活的一部分。并不只有波义耳有这种感觉。罗伯特·胡克的一位朋友曾经描述："在没有赞美万能上帝的前提下，他从没有任何重大的自然发现，也没有发明任何有用的器物，抑或解决任何困难的问题，因为他日记中的记载证明了这一点。"[15]

这种"赞美"超越了个人的虔诚。它明显以一种嘲弄和轻蔑的语气鼓吹了一种实验无用论。《学究》刻画了一个沉溺于实验的人物形象，该剧首次演出结束之后的第五年，波义耳开始撰写《基督教学者》（*The Christian Virtuoso*）一书，这本书的副标题是"沉迷于实验哲学者不应不甘心做一个虔诚的基督徒"。与之类似，在皇家学会章程最终制定完成后不久，皇家学会委任年轻的牧师托马斯·斯普莱特（Thomas Sprat）撰写了关于皇家学会起源和宗旨的历史记录，其中突出强调了宗教动机的作用。

启发和明证

对于宗教与新哲学之间的关系方面，斯普莱特认为基督教徒谦虚的美德促使人们"追求至善"和"见贤思齐"是二者关系的基础。[16]基于这一点，斯普莱特指出："当前这个时代的探究之风首先由第一次宗教改革中所形成的判断、研究和推理自

248

由而引发。"两者都"追随万物使者的伟大祷告"，一个审视的是上帝圣言的原文，另一个则是关注"世间万物"。实际上，他的结论是英格兰教会"可能被公认为是这种知识的发源地"。[17]

尽管如此，斯普莱特强调，皇家学会绝不是派系式的学会。它所倡导的实验哲学"不是英国的哲学，也不是苏格兰、爱尔兰、天主教或者新教的哲学，而是人类的哲学"[18]。在内战结束之后，威尔金斯博士首次召集实验俱乐部开展活动时指出，俱乐部成员的首要目的就是"呼吸自由的空气和进行安静地交谈，而不是沉迷于这个令人沮丧的时代的激情和疯狂"[19]。

自宗教改革坚持思想自由的理念以来，就已经出现了如何使两种相互矛盾的思维方式共存的问题，其导致的内部混乱状态，一直被俱乐部成员所关注。波义耳曾经抱怨说，现在的教派就像我的壁炉爆炸所"炸出的碎片一样多"[20]。威尔金斯与他之后几位皇家学会会长一样，也成为了一名主教。作为切斯特地区（Chester）的主教，他勇敢地支持上议院通过了一项对持不同政见者的宽容政策。对于宽容而言，威尔金斯的牛津俱乐部的另一位创始会员——医生和哲学家约翰·洛克（John Locke），提出了最具说服力的神学和哲学论据。

洛克在克里维斯（这是他第一次出国旅行）写给波义耳的一封信中描述了当地镇上的新教徒和天主教居民如何"被隐秘地获准自由选择信仰"，并且"对于不同的观点不抱有任何隐秘的憎恨或仇怨"[21]。次年，他完成了《论宽容》（Letter Concerning Toleration）一文。斯普莱特将《新约》中谦逊的要求作为实验方法的基础，洛克则是将耶稣基督对门徒的指示作为讨论的出发点，即"外邦人有君王为主治理他们……但你们不可这样"。

在后来的著述中，他指出"真正的教会的主要特征"是宽容而不是"争夺权力和统治他人"。虽然"每个人都视自己是正统的教派"，但是"如果他对整个人类，甚至对那些不是基督徒的人都缺乏慈善、温顺和善意……这种人当然不足以成为真正的基督徒"[22]。洛克认为用武力强迫别人选择信仰是邪恶且徒劳的，因为事实上我们无法强迫他人相信某些事物："只有启发和明证才能改变人们的信念。"[23]

"启发和明证"正是皇家学会的宗旨。斯普莱特在《皇家学会史》中提出了一个期望，即为了共同的事业，"我们不同的利益团体和宗派可以像在同一条街道行走着的不同行业的人一样和平相处"[24]。培根曾说，终极目标是"荣耀上帝和改善人类的境遇"，这项任务需要由"天资迥异……无论是平庸还是聪慧的……不同的人们"[25]去完成。在追求实现这一目标的过程中，"士兵、商人、小贩、学者、绅士、大臣、基督教徒、长老会信众、牧师、不信教的民众以及维护正统的审判者都要搁置他们不同的称谓,平和冷静地共同努力,实现共同的愿景"[26]。

事实证明,想让这种神圣的愿景成为现实并不像斯普莱特主教(他后来成为主教)想象的那么简单。问题不在于实验哲学看上去是毫无意义的,正如沙德维尔所嘲笑的那样,而在于实验人员冥顽不化的性格。随着实验哲学的发展,学者们很快就清楚地认识到竞争本能可以侵害协同程度最高的努力。

另外,实验哲学的成功是一把双刃剑(从宗教的角度来看),这一点也日益显现。

无边的大海

17 世纪初,伽利略在解释基本物理现象时曾经提到,他害怕自己无意中"被吞没在无边无际的大海中而无法返回港口"[27]。到了 18 世纪末,这些恐惧似乎已经变成了现实。随着科学研究的范围扩大到整个物质世界,突然之间似乎出现了一种可能性,即科学事实上可以解释一切事物。次终极追问似乎找到了最终答案。这是自远古时代第一次将自然作为研究对象以来,自然研究再次成为将宗教边缘化的手段。

这些动向首先通过和谐统一的方式发生在宗教改革被基本镇压下去的英国,"哲学自由"在英国往往被视为政治上的怀疑对象。然而,有一位科学巨匠取得了巨大成就,他的思想灵感源自一种截然不同的背景。

尽管他处在"群星闪耀"和"伟大思想家"辈出的时代,但不管是在国内还是国外,他都被视为最耀眼的科学巨匠(尽管他只是剑桥大学的一位教授)。

【注释】

[1] Bacon, F., *Novum Organum* vol. IV (New York: Collier, 1902), 90.

[2] Wilkins, J. A., *Discourse Concerning a New World and Another Planet*, vol. I (London: Printed for I. Maynard, 1640), 17—18.

[3] Aubrey, J., *Brief Lives* vol.3, John Wilkins.

[4] Evelyn, J., *The Diary of John Evelyn* (ed.) de la Bédoyère, G. (Woodbridge, Suffolk: Boydell Press, 1995), 89.

[5] Purver, M., *The Royal Society: Concept and Creation* (London: Routledge and Kegan Paul,

1967），121.

［6］Purver，M.，*The Royal Society：Concept and Creation*（London：Routledge and Kegan Paul，1967），112.

［7］Hunter，M. C. W.，*Boyle：Between God and Science*（London：Yale University Press，2009），89.

［8］Hunter，M. C. W.，*Boyle：Between God and Science*（London：Yale University Press，2009），73.

［9］Hunter，M. C. W.，*Boyle：Between God and Science*（London：Yale University Press，2009），73—74.

［10］［11］Boyle，R.，*The Works of the Honourable Robert Boyle*（London：Printed for J. and F. Rivington，1772），159.

［12］Purver，M.，*The Royal Society：Concept and Creation*（London：Routledge and Kegan Paul，1967），109.

［13］后来这处房屋成为梅尔基奥尔·瓦格纳（Melchior Wagner）的居所和一家帽店，如今该处房屋的一部分归 RAC 俱乐部所有。

［14］Hooykaas，R.，*Robert Boyle：A Study in Science and Christian Belief*（Lanham：University Press of America，1997），67.

［15］Jardine，L.，*The Curious Life of Robert Hooke：The Man Who Measured London*（London：Harper Collins，2003），96.

［16］Sprat，T.，*History of the Royal Sociery*（London：Routledge &. Kegan Paul，1959），367.

［17］Sprat，T.，*History of the Royal Sociery*（London：Routledge &. Kegan Paul，1959），371—372.

［18］Sprat，T.，*History of the Royal Sociery*（London：Routledge &. Kegan Paul，1959），63.

［19］Sprat，T.，*History of the Royal Sociery*（London：Routledge &. Kegan Paul，1959），53.

［20］Hunter，M. C. W.，*Boyle：Between God and Science*（London：Yale University Press，2009），71.

［21］Woolhouse，R. S.，*Locke：A Biography*（Cambridge：Cambridge University Press，2007），63.

［22］Locke，J. A.，*Letter Concerning Toleration*（Indianapolis：Hackett Pub. Co.，1983），23.

［23］Locke，J. A.，*Letter Concerning Toleration*（Indianapolis：Hackett Pub. Co.，1983），27.

［24］［26］Sprat，T.，*History of the Royal Sociery*（London：Routledge &. Kegan Paul，1959），427.

［25］Sprat，T.，*History of the Royal Sociery*（London：Routledge &. Kegan Paul，1959），435.

［27］Sprat，T.，*History of the Royal Sociery*（London：Routledge &. Kegan Paul，1959），279.

第三十一章　伟大的牛顿

艾萨克·牛顿爵士去世一年后,曾任牛津大学诗歌学教授的约瑟夫·斯宾塞(Joseph Spence)牧师开始着手编写一部关于名人轶事的书籍,其中包括关于牛顿的大量回忆性内容。斯宾塞的这本书[内容很大程度上来源于与诗人亚历山大·蒲柏(Alexander Pope)的谈话]拖了一个多世纪仍没有出版。虽然回忆的大部分内容都是些微不足道的事情,但是,蒲柏回忆说,艾萨克爵士"在代数和流数(即微积分)方面的深刻造诣不能被简单地一笔带过"。有一个更能引发共鸣的故事。艾萨克爵士在临终前说:"我就像是一个在海边玩耍的孩子,不时为拾到比通常更光滑的石子或更美丽的贝壳而欢欣鼓舞,而展现在我面前的是完全未探明的真理之海。"[1]

无论牛顿的自我认知是什么,事实上他并不在意世界对他的看法。他一生中,世人曾为他制作了二十多件半身像和肖像画。其中一幅赠送给了一位外国名流,一幅捐赠给了皇家学会。雕像和微缩画像的副本则分发给了他的追随者和学生。在牛顿的职业生涯中,他同其他科学家进行了激烈的辩论并确立了自己在不同领域的杰出地位。到18世纪末,牛顿取得的巨大成功使得他的声誉如日中天。有人开始将牛顿视为两种完全相反世界观的卫道士。在英国,他被当成天启的媒介(例如有种说法:"上帝说让牛顿去吧。于是一切成为光明"[2])。在欧洲大陆,牛顿被尊为人类理性的象征并被视作摒弃旧宗教迷信思维方式的最高代表。

虽然此前少数人曾经有过这样的争论,但是牛顿被欧洲大陆的崇拜者认定自第十章提到的希腊和罗马伊壁鸠鲁派哲学家之后,利用科学进行反对宗教的哲学尝试的第一人。他们所采取的方法与牛顿在英国追随者们截然相反,后者在艾萨

克爵士的理论中发现了对神圣秩序的确认，就像柏拉图在欧多克索的理论中发现   257
了宇宙理性一样。这些人的观点更接近牛顿自己的观点。牛顿成为一位明星，声
誉日隆，这也不是偶然的。日益凸显的竞争冲动与斯普莱特所主张的作为虔敬的
合作模式的实验哲学并不容易实现和谐相处。

高度沉默

根据牛顿日记的记载，1666 年，他以 7 先令的价格购买了一本斯普莱特撰写的
《皇家学会史》，但他并没有马上表现出"共同交流"或出于科学研究的需要而"加入
多人组成的团队"的意愿。[3]

根据牛顿自己的说法，在 1665 年和 1666 年瘟疫肆虐期间，他完成了他所有的
重大数学发现，当时他住在伍尔索普（Woolthorpe）的家中，与剑桥并没有什么联系。
直到 1668 年，牛顿之前的剑桥大学导师艾萨克·巴罗（Isaac Barrow）给他看了丹麦
数学家尼古拉斯·墨卡托（Nicholas Mercator）不久前发表的一篇文章，敦促牛顿撰
写论文《运用无穷多项方程的分析学》(*On Analysis by Infinite Series*)，以确立自己
在该领域研究的卓越和领先的地位。当时他允许巴罗将论文交给出版商约翰·科
林斯（John Collins），后来还提交给了皇家学会会长，但他坚决拒绝了科林斯出版该
论文的建议。

几乎在同一时间，他开始对传统的神秘炼金术产生了兴趣，这一研究兴趣贯穿
了他的一生，这种炼金术的准神秘主义（quasi-mystical）理念认为存在这样一种变化
的可能性，即"点铅成金"。罗伯特·波义耳对此也饶有兴趣，但他不赞成炼金术士
的神秘术语："他们说的话含糊不清，几乎无法表达他们假装要去传授的内容。"[4]
为了抨击牛顿的观点，波义耳勇敢地在《皇家学会哲学学报》(*Philosophical Trans-
actions of the Royal Society*)上发表了《水银与金混合后变热的实验》(An Experi-
mental Discourse of Quicksilver Growing Hot with Gold)一文。

这种公开的抨击激怒了牛顿，他写信给皇家协会秘书处，敦促波义耳保持"真
正的神秘哲学家"的"高度沉默"。[5]尽管牛顿深受波义耳的影响，但是在波义耳去   258
世后，牛顿告诉洛克说因为波义耳"与各种各样的人交往，在我看来这太过放肆和
渴求名利"[6]，所以他拒绝和这个老头讨论炼金术的问题。

这是牛顿的名声第一次被抹黑。1671 年，皇家学会允许他展示一个小型反射

式望远镜。作为第一个同类的装置，这个精致的望远镜比个头是它六倍的折射式望远镜功能还要强大。经过"光学理论和实践领域最顶级的专家"审查并"高度认可该装置"之后，这个装置被献给了国王，并且向国王进行了私人展示。国王对牛顿赞赏有加，牛顿随后很快当选为皇家学会会员，这让牛顿备受鼓舞，他告诉别人"是一个哲学发现引导我制造了这个望远镜"[7]。1672 年，他在《皇家学会哲学学报》上发表了一篇长文，介绍了他的光学理论和他认为证明该理论的实验。该文遭到了他人的批评，尤其是来自罗伯特·胡克（但他并不急于重复该实验进行验证）的批评，这导致牛顿停止向学会提交文章并威胁要退出皇家学会，直到胡克去世三十多年后，牛顿才出版了《光学》一书。

随后，爆发了更激烈的争吵。

浮躁的人

1684 年 1 月，年轻的天文学家埃德蒙德·哈雷（Edmund Halley）与罗伯特·胡克、克里斯多佛·雷恩在伦敦的一家咖啡馆会面。会面之后，哈雷前往剑桥拜会牛顿，当时牛顿担任卢卡斯数学教授（Lucasian Professor of Mathematics）。在喝咖啡的时候，哈雷提出了一个观点，即行星围绕太阳转动的向心力与它们到太阳的距离的平方成反比。两位年长的人哈哈大笑道："如果按照这个原则，所有的天体运动规律就能得到解释了。"[8]

胡克无法证明这一观点。早在 1680 年，他在给牛顿的信中就提到他的"假设……引力总是与到中心的距离的倒数的平方"呈比例关系[9]，但是他没有收到牛顿的回应。这次哈雷去剑桥直接拜访牛顿并问他是否真的可以证明这个观点，他的来访促使牛顿开始撰写《自然哲学的数学原理》（*Philosophiæ Naturalis Principia Mathematica*）一书，后来哈雷为这本书的出版提供了资助。

在这本书出版前夕，哈雷写信告诉牛顿："胡克先生对于发现引力平方反比定律感到骄傲……他说您借用了他的概念（并且）希望您能够在这本书的前言中提到他的贡献。"[10]牛顿的回应则是将《自然哲学的数学原理》第二卷中所有提到"最为杰出的胡克"的表述全部删除并威胁不再出版《自然哲学的数学原理》第三卷。

后来，类似的事情接连发生。

在收到胡克的信的同一年，牛顿写信给天文学家约翰·弗拉姆斯蒂德（John

Flamsteed)。1680 年 12 月 12 日，夜空中出现了一颗彗星，彗星尾部位于"月亮上方"，划过整个国王学院教堂的轮廓。从 1 月至 2 月期间，牛顿在夜间一直观测这颗卫星并与弗拉姆斯蒂德保持通信。弗拉姆斯蒂德已经怀疑这颗彗星的运行轨道像行星，他毫不犹豫地向这位剑桥大学教授（即牛顿）提供了行星和恒星相对位置的数据。牛顿根据这些数据计算出彗星的轨道，证明这颗彗星像行星一样符合引力平方反比定律并确认了《自然哲学的数学原理》中的核心理论——万有引力定律。

13 年后（即 1694 年），牛顿乘船经泰晤士河来到格林威治天文台拜访弗拉姆斯蒂德。牛顿此行的目的是希望从弗拉姆斯蒂德那里得到他观察月球运行的数据，以便（在《自然哲学的数学原理》的第二版中）证明这些数据符合他的万有引力理论。他发现弗拉姆斯蒂德不像从前那样配合。弗拉姆斯蒂德对牛顿在《自然哲学的数学原理》一书中对其所利用的天文台数据只进行了"轻描淡写"一事提出了异议，所以他不愿意将 30 年来的观测数据拱手相让。

1704 年，牛顿当时已担任皇家学会会长，他想方设法得以强迫弗拉姆斯蒂德交出月球观测数据。牛顿利用自己的影响力，根据皇家命令组建了一个委员会，由埃德蒙德·哈雷担任主编准备出版包含月亮和恒星目录的《不列颠星表》（*Historia Coelestis Britannica*）。1711 年，弗拉姆斯蒂德仍然不予配合，皇家学会理事会要求他参加听证会并告知"他要交出自己的劳动成果"。根据弗拉姆斯蒂德自己的说法："事情至此，这个浮躁的人已经怒火中烧并且对我说：'我们是掠夺你劳动成果的强盗吗？'我回答说：'非常抱歉，这是你们自己给自己定的罪名。'之后，他暴跳如雷，对我恶语相向。"[11] 1712 年，《不列颠星表》出版。1713 年，《自然哲学的数学原理》第二版出版，其中几乎所有关于弗拉姆斯蒂德的引述都被删掉。

第三次不愉快是因为牛顿早先不愿意发表学术成果而引起的。

1673 年至 1675 年间，德国数学家、哲学家戈特弗里德·莱布尼茨（Gottfried Leibniz)完成了关于无穷极数和微积分的研究成果，这与十年前牛顿在伍尔索普完成的成果类似。二者的主要区别在于实践证明莱布尼茨的方法和符号使用起来更方便。当这个消息开始传播的时候，有人劝说牛顿致信莱布尼茨（以一种密码语言的形式①）坚持自己的优先权，但是牛顿仍然坚持"未经我的特别许可"不得出版其任何数学论文的立场，他最终没有给予出版商该许可。

260

---

① 当时很多科学家都是通过只有自己才能看懂的密码语言记录自己首先取得又不想立即公布于世的研究成果，以备后来人与其争抢首次发现地位时能够以此为证据。——译者注

　　莱布尼茨一开始并没有在意优先权的问题,他写道:"一个人做出的是此一项贡献,另外一个人做出的是彼一项贡献。"[12]1684 年他发表了第一篇关于微积分的论文。牛顿在《自然哲学的数学原理》第二版增加了一个附录,纳入了"和最杰出的几何学家 G.W.莱布尼茨的通信",牛顿在这封信中"表明我已经知道确定极大值和极小值的方法、作切线的方法以及类似的方法",但是"这位最卓越的科学家在回信中写道,他也发现了一种同样的方法,并诉述了他的方法,他的方法与我的方法几乎没有什么不同,除了他的措词和符号以外"。[13]

　　很快有人(来自各自的支持者并采用匿名形式)指责其中某一人存在剽窃行为。牛顿在皇家学会成立了一个委员会调查这一问题,并形成了一份由他自己在私下撰写的报告。他后来对委员会工作报告进行了说明陈述。即便莱布尼茨去世,他还继续修订该报告的草稿,并在其中增加了"第二发明人没有任何意义"[14]的评论。牛顿去世前一年,《自然哲学的数学原理》第三版出版,其中删除了关于莱布尼茨的所有引述。

261　　牛顿在其解释宇宙的著作中并非只删除了他的同行。从某种程度上来说,他的体系也并没有为神的活动预留任何空间。《自然哲学的数学原理》第一版确实不包含有关上帝的任何内容。

虚构假设

　　这在今天看来可能是正常现象,但是在 17 世纪却大不一样。牛顿《自然哲学的数学原理》的写作风格似乎深受他第一篇光学论文负面评价的影响。牛顿告诉读者"为了避免产生争议",他以"数学命题"的形式完成了这本书的内容,"只有那些首先掌握了之前著作中原理的人才能读懂这些命题"[15],并对一位朋友说,他故意把书写得晦涩难懂,"以免被数学门外汉纠缠不休"[16]。

　　在他的光学论文中,牛顿不经意地说道,光是由粒子构成的观点"已不再有争议"。胡克指出这是一个未经证实的假设。在《自然哲学的数学原理》中,没有会引起麻烦的内容。他指出"这些引力属性没有理由",也不是"虚构假设"。为了解释这一点,他认为:"任何不是从现象中推论出来的说法都应称为假说,而假说无论是形而上学的还是物理学的,无论基于神秘学性质的还是力学性质的,在实验哲学中都没有它们的地位。"[17]

近一个世纪后，被称为"法国牛顿"的皮埃尔·西蒙·拉普拉斯（Pierre Simon Laplace）对这一论断进行了精彩的呼应，他也证明了上帝多余论的观点。

牛顿一直无法确定太阳系中行星之间相互作用的永久稳定性，他认为需要神的定期干预来确保这种稳定性。拉普拉斯在他的《宇宙体系论》（*Exposition du système du monde*，1796）一书中指出，这种干预是毫无必要的。当拿破仑质疑拉普拉斯为什么没有在著作中提到上帝时，拉普拉斯给出了著名的回答："陛下，我不需要那个假设。"

根据他的同事弗朗索瓦·阿拉戈（François Arago）的说法，在拉普拉斯去世前不久（虽然他转向信仰自然神论，但他不是一名无神论者，他去世后躺在床上由阿尔克里的牧师为其完成了圣礼），要求对这一轶事要么进行解释，要么从所有自传中删除，显然"第二种方式是最简单的"[18]。他的这句话似乎只是针对牛顿的特定假设。拉普拉斯本人似乎不太可能认为牛顿的物理学理论从整体上没有留出神学的空间，但是法国的宗教和反宗教读者肯定都这么认为。 262

伟大的牛顿

红衣主教波利纳（Cardina de Polignac）等耶稣会作家（在牛顿去世 20 年后，1747 年他发表了一首名为《反对卢克莱修》的诗歌），他认为牛顿的哲学直接指向了唯物主义和无神论。另一些人则认为，牛顿的科学理论支持所谓的"自然神论"（Deism）①，这种理论反对奇迹、神的启示和有组织宗教的所有繁文缛节，认为上帝是宇宙的最高设计师，上帝并没有干预世界，但是通过观察自然和运用理性可以认识上帝。

欧洲最著名的作家弗朗索瓦·马利·阿鲁埃（François-Marie Arouet，笔名伏尔泰）就持上述观点。1738 年，伏尔泰出版了《牛顿哲学原理》（*Elémens de la Philosophie de Neuton*）一书（标题页上是一幅半人半神的牛顿画像）；1749 年，伏尔泰的

---

① 自然神论是 17 到 18 世纪欧洲出现的一种哲学观点，出现这种观点的初衷就是回应牛顿力学对传统神学世界观的冲击，这种观点的核心是认为上帝创造了宇宙和它存在的规则，此后便不再对世界产生影响。需要注明的是，自然神论不同于自然神学。自然神学是指不依赖于信仰或特殊启示，而仅仅凭借理性与经验来建构关于上帝的教义。与之相对应是依靠启示与宗教经验构建的神学理论（即启示神学）和在先验逻辑之上的神学（即先验神学）。——译者注

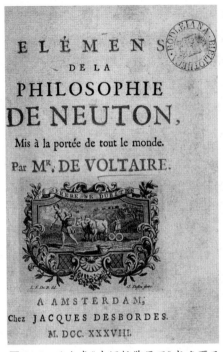

图 31.1 伏尔泰《牛顿哲学原理》书名页及扉页插画

情人艾米丽·德·夏特勒（Emilie de Chatelet）翻译出版了《自然哲学的数学原理》的法文译本，其中包括对该书学术评论的内容（图 31.1）。

那些比伏尔泰更为激进的人认为自然神论是转向无神论的前奏（实际上自然神论有时的确是扮演了这种角色），却倾向于赞同红衣主教波利纳的评价。

无神论者保尔·霍尔巴赫（Baron d'Holbach，他被称为"哲学第一大总管"）匿名出版了《自然的体系》（*La Système de la Nature*）一书，他认为："宇宙中存在包括所有事物的巨大组合，只表现为物质和运动……表现为一种规模巨大的不间断性因果关系。"[19] 为了论证这一观点，似乎有必要把这一唯物主义论述扩大到人类本身，而且 18 世纪一些新无神论者

也自视"牛顿思想者"。因此，霍尔巴赫在他的《自然的体系》中花费了五章的笔墨论述无形的"灵魂"并不存在，自由意志也不过是幻想。与他持同一立场的爱尔维修（Helvétius）撰写了《论精神》（*De l'esprit*），而拉美特利（La Mettrie）完成了《灵魂的自然历史》（*Histoire naturelle de l'âme*）和《人是机器》（*L'homme machine*）。

18 世纪 50 年代末，丹尼斯·狄德罗（Denis Diderot）和让·达朗贝尔（Jean d'Alembert）担任主编的巨著《百科全书》（*Encyclopédie*）第一卷出版，随后几卷在接下来的几十年里陆续出版（尽管当局试图阻碍其出版）。《百科全书》的出版推动了培根和牛顿思想的传播并将神学降格为迷信。

到了 18 世纪末、19 世纪初，从某种方面来说"牛顿至大"的思想已经成为一种理性主义的邪教。1803 年，亨利·圣西门（Henri de Saint Simon）出版了《一个日内瓦居民给当代人的信》（*Lettres d'un habitant de Genève à ses contemporains*），他主张应当设立大牛顿参议会（Great council of Newton）作为地球上的最高权力机构，废除所有的教皇、主教和牧师，建立"牛顿庙"（temples of Newton）来负责执行命令并作为理性崇拜的中心。

263

264

在此十年之前,建筑师埃蒂安・路易斯・布雷(Étienne Louis Boulée)实际上已经设计出了这样一座庙宇——牛顿纪念碑,纪念碑外形是巨大的球体,通过一个较小的中央浑天仪或由拱顶上模仿恒星的小洞采光,中间是一个祭坛,大法师琐罗亚斯德伸出双臂仰头祈祷膜拜(图31.2)。

图 31.2 路易斯・布雷设计的牛顿纪念碑

18世纪后期,牛顿的形象成为理性主义者的象征,然而这一形象却与牛顿本人的所有思想立场渐行渐远。

【注释】

[1] Spence, J., *Anecdotes, Observations, and Characters, of Books and Men: Collected from the Conversation of Mr. Pope, and Other Eminent Persons of His Time* (London: John Murray, 1820), 54.

[2] Pope, A., The poems of Alexander Pope (ed.) Butt, J. (London: Routledge, 1966).

[3] Sprat, T., *History of the Royal Society* (London: Routledge & Kegan Paul, 1959), 85.

[4] Boyle, R., *The Sceptical Chymist: Or Chymico-Physical Doubts & Paradoxes, Touching the Spagyrist's Principles* (London: Printed by J. Cadwell for J. Crooke, 1661), 3.

[5] Newton, I., *The Correspondence of Isaac Newton* vol. II (Cambridge: Published for the Royal Society at the Cambridge University Press, 1959), 2.

[6] Newton, I., *The Correspondence of Isaac Newton* vol. II (Cambridge: Published for the Royal Society at the Cambridge University Press, 1959), 315.

[7] Newton, I., *Letter from Newton to Henry Oldenberg, 18 January 1671—1672* (Cambridge University Library, MS Add.9597.2.18.13).

[8] Newton，I.，*The Correspondence of Isaac Newton* vol. II (Cambridge：Published for the Royal Society at the Cambridge University Press，1959)，433—435.

[9] Newton，I.，*The Correspondence of Isaac Newton* vol. II (Cambridge：Published for the Royal Society at the Cambridge University Press，1959)，239.

[10] Newton，I.，*The Correspondence of Isaac Newton* vol. II (Cambridge：Published for the Royal Society at the Cambridge University Press，1959)，285.

[11] Flamsteed，J.，*Self Inspections of J. F. 1667—1671* (Royal Greenwich Observatory RGO 1/32/A).

[12] Leibniz，G. W.，*Sämtliche Schriften und Briefe* vol. IV (Berlin und Leipzig：Deutschen Akademie der Wissenschaften，1950)，475—476.

[13] Newton，I.，*Sir Isaac newton's Mathematical Principles of Natural Philosophy；and，His System of the World* (trans.) Motte，A. and Cajori，F. (Cambridge：Cambridge University Press，1934)，655—656.

[14] Newton，I.，*Papers Relating to the Dispute Respecting the Inventions of Fluxions 1665—1727* (Cambridge University Library，Department of Manuscripts and University Archives，MS Add. 03968.37).

[15][16] White，M.，*Isaac Newton：The Last Sorcerer* (London：Fourth Estate，1997)，217.

[17] Newton，I.，*The Principia：Mathematical Principles of Natural Philosophy* (trans.) Cohen，I. B. and Whitman，A. (Berkeley：University of California Press，1999)，943.

[18] Faye，H.，*Sur l'origine du Monde：Théories Cosmogoniques des Anciens et des Modernes* (Paris：Gauthier-Villars，1884).

[19] d'Holbach，P. H. T.，*The System of Nature*，vol. I，Chapter I，1821.

第三十二章 美丽的系统

从牛顿19岁就开始罗列的一张清单中,我们可以了解他早期的精神生活。这张清单首先列举了自己在1662年圣灵降临节之前所犯下的49项罪行,最后是关于如何通过数学描述抛物线、椭圆和双曲线的内容。这里面的内容有些是非常具体的,如"周日晚上做馅饼""打我的妹妹"等。其他的都非常宽泛,如"不依我的信念生活"等。这是他终生都在关注的问题。

神性的技艺

牛顿在格兰珊公学(King's School in Grantham)开始求学的时候,清教徒约翰·安吉尔(John Angell)向他介绍了关于宗教改革的神学知识。牛顿从约翰那里学习到了让他一生受用的研究方法,即以特定经文为基础进行神学研究。根据认识他的人的说法,牛顿收集了大约30种不同版本的《圣经》。洛克(他本人也是一位著名的《圣经》学者)认为牛顿"成就卓著,不仅因为他在数学方面的出色技艺,而且在神学方面也很突出,此外他掌握了丰富的《圣经》知识,据我所知,极少人在这方面能够望其项背"[1]。

牛顿在一本关于解释《圣经》的著作中表示"我对《圣经》深信不疑……我每天都学习《圣经》"。他写道,人要"研究《圣经》(直至生命走到尽头)……根据学到的东西去生活"[2]。虽然胡克、弗拉姆斯蒂德或莱布尼茨(更不用说牛顿在主管造币局时处置过的伪造货币的犯罪分子)或许有理由质疑这一点,但有很多人都证明了他这样做是出于真心诚意。

　　其中一些人表现出明显的虔诚个性。根据伏尔泰的记载，牛顿的学生塞缪

266 尔·克拉克(Samuel Clarke)在提及上帝之名时总是怀着崇高的敬意，并且告诉伏

尔泰这是他从牛顿那里习得的习惯。据牛顿的侄女回忆，牛顿"不能忍受任何人以

宗教为取笑对象"，他的另一名学生回忆说："现在，大多数大臣的邪恶行为都是因

为他们取笑宗教而造成的。"[3]牛顿在自己的著作中将耶稣称作"我们的主"，并且

"为我们赎罪，使我们(平息上帝的愤怒并)从上帝那里得到赦免，洗去了我们血液

中的罪孽"。[4]其他内容则是关于如何将这种信仰转化为行动。

　　根据牛顿在三一学院读书期间同宿舍一位同学的儿子的说法，牛顿建立了一

个"慈善恩惠"(Charitable Benefaction)机构，"他将大量的《圣经》分送给穷人"。[5]

有些人表示，在牛顿的帮助下，他们渡过了精神危机。有记录显示，牛顿在一生中

资助了很多家庭和陌生人。

　　牛顿的著作清楚地说明，牛顿认为自己的物理学研究与神学研究的动机是一

样的。在谈及他对炼金术的研究时，牛顿宣称："这种哲学不是为了将人引向虚荣

与欺骗，而是为了教化和造福人类，首先使其接受神的智慧，其次使其在万物中寻

找真正的良药。"[6]牛顿在三一学院至少在一次(也可能是两次)讲道活动中发言。

他晚年在谈及宗教时保持沉默是有原因的。

波兰弟兄会

　　17 世纪 60 年代，牛顿开始阅读激进宗教改革派"波兰弟兄会"[或称之为"苏西

尼派"，以其教派领袖浮士妥·苏西尼(Faustus Socinus)的名字命名]的出版物。牛

顿对神学问题的深入探索可能是因为马上要就任的职务的要求(他需要承诺遵守

上帝的意旨才能担任卢卡斯讲席教授)，但是他探索的成果却让自己无缘圣公会的

圣职。他坚信波兰弟兄会的思想观点是正确的，他表示，尼西亚会议和卡尔希顿会

267 议(公元 4 世纪和 5 世纪)所提出的三位一体教义是对初期教会(primitive church)

基督教教义的变形，因此英格兰教会的信仰和章程规定均属于异端行为。

　　这种立场是非常危险的。牛顿的学生、卢卡斯教席教授的继任者威廉·惠斯

顿(William Whiston)公开倡导他从导师那里学到的神学思想，后来他被迫放弃了

卢卡斯教席教授的职位并离开了剑桥大学。牛顿本人比较谨小慎微。虽然牛顿曾

要求洛克在法国发表一篇他写的神学论文,但后来他撤回了这篇论文,他似乎终生坚持的策略是在私下社交和私人交谈中才谈及这些危险想法。但是,牛顿的这种自我行为并不妨碍他抓住机会寻求将他的科学与神学思想融为一个整体。

世界的框架

1691 年 12 月 31 日,罗伯特·波义耳去世,人们发现他捐赠了一系列保护基督教信仰、反对无神论和其他信仰的讲座文献。这笔捐赠的受托人迅速采取行动并于 1692 年 2 月任命年轻的著名古典学者理查德·本特利(Richard Bentley)进行了第一次讲座。授课开始于当年 3 月,本特利写信给牛顿询问如何使《自然哲学的数学原理》的内容服务于关于上帝智慧创造宇宙的最后三个讲座中。牛顿给予了积极的回应。他在回信中说:"当我第一次写关于我们所在的体系论文的时候,我注意到了这样一些原理可以服务于人对神的信仰,没有什么比发现它可以服务于这个目的而更让人感到高兴的。"[7]

长期以来,牛顿对研究这些原理一直保持着兴趣。牛顿在一本笔记本中写道,"没有神的启示根本无法认识神,但是通过自然的框架可以认识神",他表示像巨石阵这样的"古代神庙设计框架","敦促人类开展……对于世界框架的研究,而世界才是他们所崇拜的伟大的神的真实圣殿"[8](图 32.1)。他认为,这既适用于解释《圣经》,也适用于理解世界。

268

> 肉眼看到的大千世界,从哲学角度来看其内部组织却非常简单……所以从这些视角来看……上帝是有序而非混沌的。因此,人们要理解世界的框架就必须将自己的知识尽可能简单化,所以必须不断努力去理解这些异象。[9]

在一段著名的描写中,牛顿向文物学家威廉·斯蒂克利(William Stukeley)阐述了这种简单化的方法,"晚餐后,天气很暖和,我们走进花园,在苹果树的树阴下喝茶"。

从"为什么苹果总是垂直落下来……为什么不侧向一边或向上? 而是不断地落向地球中心"这些问题出发,他认为"物质一定存在引力","而地球的引力一定来自地心","如果物质吸引物质,那么一定与其质量成比例。因此正如地球吸引苹果一样,苹果也吸引着地球"。[10] 由此,他告诉斯蒂克利,他的结论是"存在一种我们 269

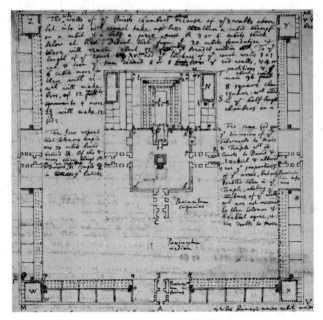

图 32.1 牛顿《论所罗门圣殿：预言之书·第二部分序论》(*A Treatise or Remarks on Solomon's Temple*：*Prolegomena ad Lexici Prophetici Partem Secundam*)中的所罗门圣殿平面图

称之为重力的力量，可以适用于宇宙范围之内"，所以"他逐渐开始将这种重力性质适用于地球和天体运动：去研究它们的距离、大小和运转周期"。[11]

这一观点与菲洛波努斯所想象的"冲力"的区别在于，物质的"引力"是可以用数学方法进行深入描述的。1664 年，牛顿阅读了笛卡尔的《几何学》并以惊人的理解能力吸收了当时几乎所有的数学经典知识。以此为起点，牛顿继续推进自己的学术研究。牛顿后来写道："我处在发明的黄金时代。"他首先发明了一种计算曲线精确梯度的方法（称为微分），然后发明了计算曲线下方区域面积的方法（称为积分）。他将这些方法（牛顿称之为"流数"，莱布尼茨称之为"微积分"）应用到计算行星运动上，能够得出使一个物体作圆周运动所需要作用力的大小。

牛顿在去世前不久写信给流亡在伦敦的胡格诺教徒皮埃尔·德默叟（Pierre de Maizeaux），在信中他描述了他是如何"开始把引力与月亮轨道联系起来"的，并且"从开普勒关于行星的周期是和行星轨道的中心的距离的 2/3 次方成正比的定律，找出了如何估算一个球体在另一个球体内旋转时施加给球面的力的方法"，从而他推算出"使行星保持在它们轨道上的力，必定要和它们与它们绕之而运动的中心之间的距离的平方成反比例"。[12]

起先，牛顿用伽利略对地球半径的估值来计算月球的向心力时，结果并没有清楚地得出他所期望的平方反比关系。直到近 20 年后，他完成《自然哲学的数学原理》一书之后，用法国天文学家让·皮卡德（Jean Picard）更加准确的地球半径新估值进行重复计算后证明平方反比关系是正确的。

牛顿采用的证明方式类似于古希腊数学家欧几里得在其《几何原本》中所使用的证明风格。欧几里得从五条公设（"所有的直角都全等……"）和五条公理（"等于同量的量彼此相等……"）开始论证。牛顿从三条运动定律（"如果物体处于静止状 270 态或作匀速直线运动，只要没有外力作用，物体将保持静止状态或匀速直线运动状态……"）以及两个空间和时间的一般原则（"绝对的、真实的数学时间就其本质而论，是自行均匀地流逝的，与任何外界的事物无关"）开始论证。但二者的相似性仅此而已。

欧几里得的结论是根据他设定的公理直接得出的，牛顿的结论则必须通过复杂的数学计算研究后才能得出，他直到第三卷中才最终证明伽利略的经典力学和开普勒的行星运动定律可以统一于万有引力的单一概念之中。他写道："在我的书中，我制定的哲学原理并不是纯粹哲学的，而是数学的……"他继续说道："我现

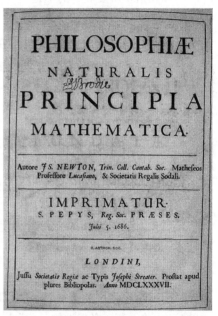

图 32.2 牛顿《自然哲学的数学原理》书名页

在对世界……的框架进行证明所依照的同等原则。"[13]（图 32.2）

自由和必要性

271

《自然哲学的数学原理》出版 25 年后，理查德·本特利（当时是三一学院院长）劝说牛顿出版该书第二版（由本特利支付出版费用）。这样一来，牛顿不仅可以用新的数据充实万有引力理论，而且可以在更广泛神学背景下确认他的著作的地位。在第三卷末尾的"总附注"中，他果断地公开表达了自己的立场。他断言："这最美

丽的太阳、行星和彗星系统，只能从一位智慧和无所不能的神的计划和控制中产生。"[14]

处在当时的人生阶段，牛顿（当时他担任皇家学会会长和造币局局长）对自己的神学思想充满自信（对于那些能听进去的人来说）。他直接呼应了约瑟夫·克雷尔（Joseph Crell，担任波兰弟兄会的首席神学家）的观点，强调说："主统治万物，他不但是世界的灵魂，也是世界的主人：由于他的统治，他习惯上被称为主（παντοκρατωρ）或者宇宙的最高统治者（Universal Ruler）。"[15]

牛顿在这里所要表达的不是"三位一体"的观点。他的论点是"上帝，如果没有统治万物之权……那就不成其为上帝，而不过是命运和自然而已。那种盲目的形而上学的必然性，当然同样是无时不在、无处不在的，但它并不能产生出多种多样的事物来"。他认为，从"自然万物的多样性"中可以见证上帝选择的权力。因此，尽管上帝的本质是完全神秘的，但是我们可以"从事物的表现"来"论说上帝"，这"无疑是自然哲学的分内之事"。[16]

牛顿关于科学与神学之间关联关系的论点，表现在罗杰·科茨（Roger Cotes）所撰写的《自然哲学的数学原理》的前言中，罗杰·科茨是一位年轻的剑桥大学数学家，在本特利的推荐下，牛顿雇用罗杰·科茨从事新版《自然哲学的数学原理》的出版工作。

牛顿反对那些"猜想……物质总是基于其性质而必然存在"观点的人，科茨赞
272　同这个观点。他认为，"各种各样的形式与其必然性完全不一致"，而"这个如此多样化的世界以及我们在其中发现的各种形式和运动，所有这一切都可能是由上帝完全自由的意愿指挥和主导的"。自然规律也是如此，其中"体现了很多机智的发明的痕迹，并不存在必然性的色彩"。[17]但是，科茨继续表示，这对于科学的研究方式会产生重要的影响。

那些认为世界的存在依赖于必然性的人会希望通过"自己内心的理性之光"去发现物理学原理，但是那些认同上帝的自由的人将认识到，"我们必须从不确定的猜想中去寻找，从观察和实验中去学习"[18]，即便它会将我们引领至诸如万有引力这种具有明显神秘性的现象。

自然神学（**Natural Theology**）

尽管科茨和牛顿认为自身取得了丰富的研究成果，但是在历史上科学与宗教

之间的双向互动方式往往具有双刃剑的作用。

　　柏拉图在阿卡德米学园为欧多克索和他的学生们举行的宴会是科学与宗教之间融合的一个标志，这促成了两千年来的天文学研究。也设立了一个不可推翻的假设（这个假设最终证明是具有误导性的）。

　　牛顿所描述的那种"美丽的系统"预示着神学世界观可以通过类似的方式、由无可置疑的数学科学确定性所决定。这会不会最终导致进入类似的死胡同呢？有些人认为可能会出现这种情况（原因可能截然不同）。

【注释】

［1］Snobelen S. D., "Isaac Newton, Heretic: The Strategies of a Nicodemite", *British Journal for the History of Science* 32(1999), 381—419.

［2］Newton, I., *Irenicum, or Ecclesiastical Polyty Tending to Peace* (post 1710, King's College Library, MS 3), 41.

［3］Snobelen S. D., "Isaac Newton, Heretic: The Strategies of a Nicodemite", *British Journal for the History of Science* 32(1999), 411.

［4］Newton, I., *Irenicum, or Ecclesiastical Polyty Tending to Peace* (post 1710, King's College Library, MS 3), 3, 36.

［5］Snobelen S. D., "Isaac Newton, Heretic: The Strategies of a Nicodemite", *British Journal for the History of Science* 32(1999), 410.

［6］Newton, I., *Manna: Transcript of an Anonymous Alchemical Treatise in Another Hand with Additions and Notes by Newton*, 1675(King's College Library, Cambridge, MS 33).

［7］Newton, I., *Original Letter from Isaac Newton to Richard Bentley, 1692, 10 December* (Trinity College Library, 189. R. 4. 47).

［8］Newton, I., *Draft Chapters of a Treatise on the Origin of Religion and Its Corruption*, ~1690s (National Library of Israel, MS 41).

［9］Newton, I., *Untitled Treatise on Revelation* (*Section 1.1*)(National Library of Israel MS 1.1).

［10］［11］Stukeley, W., *Revised Memoir of Newton*, 1752(Royal Society Library, MS 142).

［12］Newton, I., *Draft Letter to Pierres Des Maizeaux*, 1718(Cambridge University Digital Library, MS Add 3968. 41).

［13］Newton, I., *The Principia: Mathematical Principles of Natural Philosophy*(trans.) Cohen, I. B. and Whitman, A. (Berkeley: University of California Press, 1999), Book III, 397.

［14］［15］［16］Newton, I., *The Mathematical Principles of Natural Philosophy*(London: Printed for Benjamin Motte, 1729), 387—393.

［17］［18］Cotes, R., "Preface", in Newton, I., *The Mathematical Principles of Natural Philosophy* (2nd edition)(Cambridge: Cambridge, 1713), xxxvii.

第三十三章　数学的神学

1714 年 8 月，英国安妮女王去世，与她亲属关系最近的汉诺威选帝侯（Prince elector of Hanover）、新教徒格奥尔格·路德维希（George Ludwig）前往英格兰继承王位，并于 10 月在威斯敏斯特大教堂加冕。参加加冕典礼的德意志随行人员包括他的儿子乔治·奥古斯都（George Augustus）和乔治的妻子安斯巴赫的卡罗琳（Caroline of Ansbach），不久之后，他们被分别册封为威尔士亲王和王妃。

卡罗琳也许是迄今为止最聪慧的威尔士王妃。卡罗琳是在腓特烈一世宫廷内长大的年轻女子，她是韩德尔（Handel）的朋友，莱布尼茨是她的辅导老师。她一踏上英格兰的土地便在圣詹姆斯宫建造了一座规模宏大的图书馆，她积极支持接种早期疫苗并与她之前的老师继续保持通信。

加冕仪式结束一年后，她收到了莱布尼茨的一封来信（莱布尼茨没有受邀陪同参加汉诺威选侯加冕英格兰国王的仪式），信中评论了英格兰自然宗教被削弱的问题。卡罗琳把这封信的内容告诉了新认识的一位朋友——威斯敏斯特圣詹姆斯学校校长塞缪尔·克拉克（Samuel Clarke）博士。一直到 1716 年莱布尼茨去世，两人通过王妃交换了大量信件（图 33.1、图 33.2、图 33.3）。

图 33.1　安斯巴赫的卡罗琳

图 33.2　塞缪尔·克拉克

图 33.3　戈特弗里德·莱布尼茨

可笑的意见

在给卡罗琳王妃的信中,莱布尼茨反对牛顿将空间视为"上帝的一个器官"的观点,他指出:

> 牛顿先生和他那一派对上帝的作品有一种很可笑的意见。照他们的看法,上帝必须不时地给他的表重上发条,否则它就会不走了。他没有使它的作品作持久运动的先见之明。上帝的这架机器照他们看来甚至是这样不完善,以致他不得不需要一大群人时时给它擦洗油泥,甚至来加以修理,就像一个钟表匠修理他的钟表那样。[1]

　　卡罗琳王妃在明知道克拉克是牛顿的朋友和追随者的情况下,将这封信交给了克拉克。牛顿和克拉克都住在圣马丁街。后来卡罗琳王妃告诉莱布尼茨,克拉克博士的回信在发出去之前均经艾萨克爵士阅读过。

　　克拉克在第一封回信中否认牛顿曾经将空间想象为"上帝的一个器官"。他曾用"比喻"手法形容无穷的空间"(好像)是无所不在的存在物的感官(sensorium)"[2],上帝通过其直接存在感知所有的事物。上帝是万物的统治者和保护者,"这不是对他的技艺的贬低而是真正的颂扬"[3]。相反的观点认为,这个世界是"是一架大机器,无需上帝的插手就会继续运转,就像一架时钟不用钟表匠的维护而继续在运转一

274

样",这就引出了"唯物主义和定命"的观念,这种思想的倾向才是"将上帝排在世界之外"[4]。

威尔士王妃将这封信寄到莱布尼茨手中后,莱布尼兹在回信中提到了他在五年前出版的《神正论》(*Théodiceé*)中阐述的形而上学原则。其中最重要的是"充足理由原则",他认为"若不是有一个为什么事情得是这样而不是那样的理由,则任何事情都不会发生"。[5]他认为单是根据该原则,就"可以证明上帝的存在"[6],并且这一原则排除了绝对偶然性的观点。他并没有说物质世界是"一架无需上帝插手而自己运转的机器或钟表",但他确实说过,世界的运行"无需他(上帝)的矫正"[7],好像上帝想要去矫正它一样。莱布尼茨坚持认为:"在他的作品中有一种已经前定的和谐、前定的美。"[8]

在随后的通信往来中,两个人的立场都没有明显改变。莱布尼茨一直坚持认为牛顿提出的"器官"一词似乎使上帝成为他所创造世界的一部分,即"世界的灵魂",因为上帝创造的世界需要修补。克拉克则一直坚持牛顿的说法是隐喻性质,莱布尼茨的"前定的"和谐将其内部的世界和人类变成了"像钟表一样的机器",并将上帝降格为"必然性和定命"。

275　莱布尼茨在第五封信中指出:上帝"是无所不能的,他只做最好的事情",他在《神正论》中指出:"如果现实世界不是所有可能世界中最好的世界,那么上帝就不会创造这样的世界。"[9]他指出,所有这一切都是源自充足理由原则。但是克拉克在第五次回信中总结指出,莱布尼茨对充足理由原则的解释等同于"循环论证"或"窃取论点",这是最没有哲学性的[10],他在出版的书中指出"需要注意的是,莱布尼茨先生的逝世,使他未能答复这第五封信"。

克拉克在莱布尼茨与克拉克论战书信集(*A Collection of Papers*,*Which Passed between the Late Learned Mr Leibnitz*,*and Dr Clarke*,*in the Years 1715 and 1716*)引言中指出,尽管莱布尼茨对这一观点表示怀疑,但是自然宗教的基础从来没有如此深刻地积淀在艾萨克·牛顿爵士的实验哲学中。此外,汉诺威家族新教继承人(卡罗琳王妃新诞下的婴儿)将确保通过"反对无神论和无宗教信仰论,以及反对迷信和偏见"[11]来推广这种学问和知识。

18世纪后半叶,克拉克的一些同胞似乎已经实现了这个愿望,随着波义耳讲席学者和其他学者撰写的大量自然神学著作的问世,使得欧洲大陆哲学家的著作黯然失色。虽然在英国的自然神论者和无神论者与欧洲大陆上的自然神学的支持者隔海相望,却又一致反对法国百科全书学派的世俗化倾向,但是1768年英国人却开始出版《不列颠大百科全书》。

辩护的危险

作为知识领域的马特洛炮塔（Martello towers）①，自然神学对无神论和无宗教信仰论的反击可谓外强中干。不管是英国人还是德国人在这方面都存在严重的缺陷。

英国人的弱点在于在某种程度上依赖于科学的力所不及——认为"上帝在科学力所不及之处"。当被誉为"法国牛顿"的拉普拉斯在不借助牛顿关于上帝干预的假设而对太阳系进行解释时，牛顿认为上帝是他所创造的世界的主宰和保护者的观点，在此时似乎与克拉克所反对的、"将上帝排除在世界之外"的观点有着异曲同工之妙。

德国人的弱点在于莱布尼茨宏大的形而上学系统似乎与人类存在的实际困惑 276 没有关联。因此，后来伏尔泰在他的小说《老实人》（*Candide*）一书中通过哲学家潘格洛斯（Pangloss）虚构的不幸及里斯本的真实地震灾难，嘲讽了"在理想的最美好世界中一切都是为最美好的目的而设"的观点。

除了莱布尼茨和牛顿外，另一位著名的数学家在留给世人的大量著述中已经注意到了自然神学所存在的潜在危险。这位数学家在 39 岁时去世，当时莱布尼茨只有 16 岁，而牛顿那时还是三一学院的本科生。这位数学家就是布莱士·帕斯卡（Blaise Pascal）。

帕斯卡加法器

根据帕斯卡家族的记载，帕斯卡是一名神童，在他还没有被允许开始学习数学知识时，他已经非常熟悉欧几里得定律。帕斯卡在 16 岁那年撰写了一篇关于圆锥体的论文，哲学家笛卡尔甚至认为这篇文章肯定是出自帕斯卡父亲艾蒂安

①　1794 年 2 月，英国与法国在科西嘉岛激战。法国军队利用岛上炮塔顽强抵抗。英国人发现炮塔十分坚固，故而在攻陷该岛之后记录了炮塔的结构并在英国修建了大量类似的炮塔，这些炮塔被称为"马特罗炮塔"。此处比喻自然神学对其他神学观点的抨击。——译者注

(Étienne)之手。1639 年，艾蒂安担任税收专员一职，年轻的帕斯卡制成了他的第一部计算器——"帕斯卡加法器"的原型，协助他的父亲完成了部分繁重的计算任务（图 33.4）。

图 33.4 帕斯卡加法器

1648 年，帕斯卡全家居住在鲁昂，从在鲁昂访问的宫廷工程师皮埃尔·佩蒂特口中，父子二人得知托里切利所进行的水银气压计实验，正是这一点让帕斯卡敦促他的妻弟在多姆山完成了我们在第三十章中描述的实验（帕斯卡本人一直疾病缠身，直到 24 岁他还只能一滴滴地进食流食）。

277　　六年之后（即 1654 年），帕斯卡开始与数学家皮埃尔·费马（Pierre de Fermat）通信，着手解决一位业余数学家安东尼·德·贡巴德［Antoine de Gombaud,他的笔名是为人所熟知的"梅雷的骑士"（Chevalier de Méré)］提出的赌博游戏问题——如果两名参与赌博游戏的人同意玩一定局数的赌局，在所有赌局结束之前被别人打断，那赌注应该如何分配？他们对这个问题的解决奠定了概率论的基础，莱布尼茨后来研究了这个概念（莱布尼茨在晚年承认，对帕斯卡几何学手稿的研究是他建立微积分的"灵感"，他还改造并改进了帕斯卡发明的计算器）。

《思想录》

在帕斯卡与费马通信的同一年，一段经历导致他暂时搁置了数学和科学的研究工作：

> 恩典之年，1654 年
>
> 11 月 23 日，星期一，圣克莱门特节……

大约自晚上十点半

到十二点半，

烈火燃烧，

亚伯拉罕的神，以撒的神，雅各的神，

不是哲学家和学者的神，

信实、喜乐、信实、同情、平安、喜乐。

耶稣基督的神。[12]

　　帕斯卡将这段话写在一张小纸条上，然后缝进自己的夹克衫中，这张小纸条陪伴他直至去世（他去世后人们才发现了这张纸条）（图 33.5）。正是这段经历促使帕斯卡开始记录下自己的所思所想并在他去世之后正式出版了《思想录》（*Pensées*）一书。

　　在圣克莱门特节的这段经历发生约八年之前，帕斯卡的父亲在鲁昂一条结冰的街道上滑倒导致臀部摔伤，两名医生帮助他的父亲恢复了健康，这两名医生对他产生了很大的影响。两名医生都是荷兰神学家科尼利厄斯·詹森（Cornelius Jansen）的追随者，他们强调上帝恩典的重要性，坚称人类离开了上帝的恩典将不会有好结果，这使他开始接近约翰·加尔文提出的宗教改革教义（根据天主教教会中反对他的人的说法），这是非常危险的。

图 33.5　帕斯卡的遗物

　　除此之外，詹森认为，对知识的渴望是一种病，它"源自对（与我们自身无关的）278 自然秘密的研究，这些知识是毫无用处的，人们只是为了知道而知道，他们并不想知道这些知识"[13]。帕斯卡对詹森教派的很多立场都表示赞同，并在《致外省人信札》（*Lettres Provinciales*）的一个讽刺故事中表达了坚决捍卫詹森教派的立场。这使他对"研究自然秘密"的态度变得更为矛盾。

　　帕斯卡在《致外省人信札》中指出，耶稣会士"从罗马获得的反对伽利略的命令"是徒劳的，"如果通过确信的观测证实地球在旋转而不是太阳在旋转，那么全人

279 类的努力和争论也不会妨碍我们所在星球的旋转".[14]帕斯卡在其他著作中坚持认为,学者的通力协作,"随着时间的推进而不断取得进步"[15],例如,通过"实验事实"和望远镜,我们得以获知"我们的古老哲学家不曾看见"的事实。[16]

如果某人无法理解无限可能性问题,那么他可以用望远镜指向夜空中的一个小点,当他把倍率调大后,他会发现这个小点变成了一片浩瀚的太空,"以至于可以等同于他们所赞叹的苍穹"[17]。这引出了一个悖论:为了拓展我们的知识并能够让我们克服自然界的局限性而设计的,如望远镜这样的仪器,却让我们看到了我们的所知是何等浅薄以及我们是何等的局限。

在帕斯卡最为著名的《机器对话》(*Discours de la machine*)系列笔记中,他就是通过这一点开始陈述他的观点的。

关于机器

帕斯卡认为,人类具备知晓无限存在的能力,尽管我们无法把握这一存在。因此,正如我们虽然知道"无限存在,但不知它的性质……这样我们就可以认识到有一个上帝存在,而不必知道他是什么"[18]。但是"按照自然的光明",这一观点必将引申出"如果上帝存在,那他肯定超出了我们的认知能力","理性不能够决定一切事物"[19]这样的结论。

这导致了一种存在困境。正如帕斯卡所说:"有一种无限的混沌把我们隔离开了。这里进行的是一场赌博,在那无限距离的极端,正负是要见分晓的。你要赌什么呢?"[20]

帕斯卡根据他的概率研究,认为赌"上帝存在"是理性的(考虑到赌注、不可能确定的事实和必须押注的事实)。尽管如此,人类心理仅在有限的程度上是理性的。帕斯卡坚持认为"我们就如同我们的心灵一样飘忽不定"[21],正如帕斯卡加法器是受齿轮驱动一样,我们则是受习俗和激情所驱使。因此,在对话中所提到的"机器"就是我们心理的机器。

"然而难道再没有办法可以看到牌底了吗?"

"有的,有圣书,以及其他,等等。"

"是的,但我的手被束缚着……我被迫不得不赌,而我天生又是属于那种不能信仰的人。然则,你要我怎么办呢?"[22]

帕斯卡解决问题的方法就是运用习俗和习惯的心理机制,行其所信,"领圣水,280说会餐,等等"[23],使我们的激情与理性保持一致。帕斯卡认为,通过这样一个过程,我们被解放出来,从而回答什么是基本直觉(fundamental intuition)的问题。

在一本名为《几何学本义》(Del'Espirit Géométrique)的教科书中,帕斯卡指出数学思想"对于基本原理的认知,诸如空间、时间、运动"属于"来自心灵和本能"的基本直觉,它不能被证明,"理性的所有论据都必须依靠和以此为基础"。他认为,"心灵感知存在三种空间维度,存在一个无限数字序列,理性可以证明不存在这样两个平方数,即一个平方数是另外一个平方数的两倍"。帕斯卡的结论是"原理是靠感知的,命题则需要证明,这两者尽管方式不同,却具有同等的确定性"[24]。

帕斯卡在《思想录》中也得出了关于上帝的相同结论:"感受到上帝的乃是人心,而非理智……人心有其理智,那是理智所根本不自识的。"[25]

如果对上帝的认知是一种基本直觉,那么上帝的存在是无法证明的,故而,根据帕斯卡的说法,"凡是到耶稣基督之外去寻找上帝并且停留在自然界之中的人","不是陷入无神论便是陷入自然神论"。[26]牛顿和莱布尼茨都认为宇宙的美丽和简洁会引导人们信仰上帝,而帕斯卡的观点则有所不同。

在标题为"自然失衡"(The Disproportion of Nature)的另外一卷笔记中,帕斯卡提出了他所谓的"宇宙的双重无穷性"。望远镜所展现的浩瀚宇宙与显微镜中展现的放大图像是并行的两种无穷性。他写道:"在这个微型原子的范围内,我们看到有无穷之多的宇宙,其中每一个宇宙都有它自己的苍穹、自己的行星、自己的地球。"[27]因此,他指出"一切科学就其研究的领域而言都是无穷的"。

即使是数学也存在"有待证明的命题乃是无穷无尽的"问题。数学可能是科学领域中最具确定性的部分,但是"谁不知道我们当作最后命题的那些原理,其本身也是不能成立的,而是还得依据另外的原理,而另外的原理又要再依据另外的原理,所以就永远都不容许有最后的原理呢",他指出,"因此,一些书籍的标题像《论可知的一切》(De Omni Scibili)是一样的夸诞"。[28]他问道:"部分又怎么能认识全281体呢?"[29]

无论是自然神学还是科学无神论,其精细的论据都是非常不稳固的,如同建筑在沙地之上。尽管"我们燃烧着想要寻求一块坚固的基地与一个持久的最后据点的愿望,以期在这上面建立起一座能上升到无穷的高塔","但是我们整个的基础破裂了,大地裂为深渊"[30]。所留给我们的是巨大的恐惧,即"无限空间的永恒沉默"[31]。

一根能思考的苇草

如果第三十一章中提到的约瑟夫·斯宾塞记载的轶事是准确的话,艾萨克·牛顿先生"临终之际"所说的话在深不可测的自然面前就体现了这种谦卑的意蕴:随着知识的增长,好奇心的海岸线在延长而不是缩短。

自然哲学所开启的、令人晕眩的视角并没有使牛顿或帕斯卡断定理性思维是浪费时间。对帕斯卡来说,"人只不过是一根苇草,是自然界最脆弱的东西",但他是"一根能思考的苇草",因此必须"好好地思考"。[32]

同样,在牛顿所描述的真理之海中,他面前所有未知都记录着一项神圣召唤,那就是弗朗西斯·培根提出的,牛顿在 60 多年前在斯普莱特《皇家学会史》中读到的,"吹响实践的号角"(trumpet call to action)。

事实上,无论自然神学存在什么样的局限性,它并没有形成一条科学的死胡同。

童话故事

通过卡罗琳王妃传递信件的这两位学者,只有莱布尼茨对真正的科学研究进行了批评。根据莱布尼茨的观点,牛顿关于运动的观点在一定程度上只能被描述为"奇迹"。当牛顿把重力描述为"看不见的、无形的,而不是机械的、也可能会增加的"时,莱布尼茨认为这是"莫名其妙、无法理解、毫无根据且没有先例的"。[33]波义耳"已经将世间万物均是机械确定的自然哲学思想强力灌输到自己的研究工作中","而如今",他指出,"人们再次沉溺于童话故事中"。[34]

克拉克回应(或者可能是他复述牛顿的说法)道:"引力被频繁而精准地定义为这样一个术语:并非用以表述物体呈现相互迫近的趋势的原因,而仅用以表示经观察得到的,上述趋势的效应和比例法则。它与其中的原因无关。在这种情况下,它被称为一个奇迹是非常不适当的。"[35]他强调,万有引力是"一种自然现象",是"通过观察和实验"所发现的事实。如果不知道其原因为何,"难道就意味着这种效应就不是真实的"?[36]根据这个观点,他辩驳道:"所有哲学论证都源自现象和

282

实验。"[37]

事实上,无论是宗教的信仰还是非宗教的信仰,夺取新科学旗帜的努力都没有成功。欧洲大陆哲学家并没有比伊壁鸠鲁更成功地达到利用科学来消灭宗教的目的,而牛顿的思想圣殿也没有成功建成。同样,自然神学的成果[比如牛顿关注的不稳定的宇宙,或18世纪晚期威廉·佩雷(William Payley)提出的神圣钟表匠理论]往往是适得其反的,"直到波义耳的讲座证明上帝存在之后,人们才不再怀疑"这种揶揄之词也不是没有道理。缩小宗教与科学之间的差距可能会导致两者出现灾难性的后果。

莱布尼茨对神圣秩序的形而上学观念以及牛顿对于上帝选择自由的实证信念都是推动科学发现的关键因素。虽然利用科学为信仰提供坚不可摧的基础不太可能成为现实,但是它成功地巩固了这样一种观念:科学发现不再是一个学者小圈子的兴趣,而是整个社会的兴趣。

在后来英格兰女王的支持下,关于该问题的通信内容公开出版,更进一步证实这些人类的核心关注是"天资迥异的"人们的共同兴趣。

【注释】

[1] Clarke, S., *A Collection of Papers*, *Which Passed between the Late Learned Mr. Leibniz, and Dr. Clarke, in the Years 1715 and 1716*, http: //www.newtonproject.sussex.ac.uk/catalogue/viewcat. php?id=THEM00224, Accessed Is August 2015. Mr. Leibnitz' First Paper.

[2] Clarke, S., *A Collection of Papers*, *Which Passed between the Late Learned Mr. Leibniz, and Dr. Clarke, in the Years 1715 and 1716*, http: //www.newtonproject.sussex.ac.uk/catalogue/viewcat. php?id=THEM00224, Accessed Is August 2015. Dr. Clarke's First Reply, paragraph 3.

[3][4] Clarke, S., *A Collection of Papers*, *Which Passed between the Late Learned Mr. Leibniz, and Dr. Clarke, in the Years 1715 and 1716*, http: //www.newtonproject.sussex.ac.uk/catalogue/ viewcat.php?id=THEM00224, Accessed Is August 2015. Dr. Clarke's First Reply, paragraph 4.

[5][6] Clarke, S., *A Collection of Papers*, *Which Passed between the Late Learned Mr. Leibniz, and Dr. Clarke, in the Years 1715 and 1716*, http: //www.newtonproject.sussex.ac.uk/catalogue/ viewcat.php?id=THEM00224, Accessed Is August 2015. Mr. Leibnitz's Second Paper, paragraph 1.

[7][8] Clarke, S., *A Collection of Papers*, *Which Passed between the Late Learned Mr. Leibniz, and Dr. Clarke, in the Years 1715 and 1716*, http: //www.newtonproject.sussex.ac.uk/catalogue/ viewcat.php?id=THEM00224, Accessed Is August 2015. Mr. Leibnitz's Second Paper, paragraph 8.

[9] Leibniz, G. W., *Theodicy: Essays on the Goodness of God, the Freedom of Man, and the Origin of Evil*(trans.) Farrer, A. M. (London: Routledge & Kegan Paul, 1951), 128.

[10] Clarke, S., *A Collection of Papers*, *Which Passed between the Late Learned Mr. Leibniz, and Dr. Clarke, in the Years 1715 and 1716*, http: //www.newtonproject.sussex.ac.uk/catalogue/viewcat.

php?id=THEM00224，Accessed Is August 2015. Dr. Clarke's Fifth Reply，final paragraph.

[11] Clarke，S.，*A Collection of Papers*，*Which Passed between the Late Learned Mr. Leibniz*，*and Dr. Clarke*，*in the Years 1715 and 1716*，http：//www.newtonproject.sussex.ac.uk/catalogue/viewcat. php?id=THEM00224，Accessed Is August 2015. Front Matter.

[12] Pascal，B.，*Pensées and Other Writings*(eds. and trans.) Levi. H.，and Levi，A. (Oxford：Oxford University Press，1995)，178.

[13] Jansenius，C.，*Discours De La Reformation De l'homme Interieur*(Paris：Editions Manucius，2004)，24.

[14] Pascal，B.，*The Provincial Letters*(London：Chatto & Windus，1875)，Letter 18.

[15] Pascal，B.，*Les Provinciales*：*Pensées*(Paris：Livre de poche：Classiques Garnier，2004)，Traite du Vide 456.

[16] Pascal，B.，*Pensées and Other Writings*(eds. and trans.) Levi. H.，and Levi，A. (Oxford：Oxford University Press，1995)，266.

[17] Pascal，B.，"Minor Works，of the Geometrical Spirit"，Harvard Classics，vol. XLVIII，Part II，1909—14，68，http：//www. Bartleby.com/48/3/9.html. Accessed 15 August 2015.

[18] Pascal，B.，*Pensées and Other Writings*(eds. and trans.) Levi. H.，and Levi，A. (Oxford：Oxford University Press，1995)，152.

[19][20] Pascal，B.，*Pensées and Other Writings*(eds. and trans.) Levi. H.，and Levi，A. (Oxford：Oxford University Press，1995)，153.

[21] Pascal，B.，*Pensées and Other Writings*(eds. and trans.) Levi. H.，and Levi，A. (Oxford：Oxford University Press，1995)，148.

[22] Pascal，B.，*Pensées and Other Writings*(eds. and trans.) Levi. H.，and Levi，A. (Oxford：Oxford University Press，1995)，155.

[23] Pascal，B.，*Pensées and Other Writings*(eds. and trans.) Levi. H.，and Levi，A. (Oxford：Oxford University Press，1995)，156.

[24] Hammond，N.，*The Cambridge Companion to Pascal*(Cambridge：Cambridge University Press，2003)，220.

[25] Pascal，B.，*Pensées and Other Writings*(eds. and trans.) Levi. H.，and Levi，A. (Oxford：Oxford University Press，1995)，157—158.

[26] Pascal，B.，*Pensées and Other Writings*(eds. and trans.) Levi. H.，and Levi，A. (Oxford：Oxford University Press，1995)，172.

[27] Pascal，B.，*Pensées and Other Writings*(eds. and trans.) Levi. H.，and Levi，A. (Oxford：Oxford University Press，1995)，67.

[28] Pascal，B.，*Pensées and Other Writings*(eds. and trans.) Levi. H.，and Levi，A. (Oxford：Oxford University Press，1995)，68.

[29][30] Pascal，B.，*Pensées and Other Writings*(eds. and trans.) Levi. H.，and Levi，A. (Oxford：Oxford University Press，1995)，70.

[31] Pascal，B.，*Pensées and Other Writings*(eds. and trans.) Levi. H.，and Levi，A. (Oxford：Oxford University Press，1995)，73.

[32] Pascal，B.，*Pensées and Other Writings*(eds. and trans.) Levi. H.，and Levi，A. (Oxford：Oxford University Press，1995)，72—73.

[33] Clarke，S.，*A Collection of Papers*，*Which Passed between the Late Learned Mr. Leibniz*，*and Dr. Clarke*，*in the Years 1715 and 1716*，http：//www.newtonproject.sussex.ac.uk/catalogue/viewcat. php?id=THEM00224，Accessed Is August 2015. Mr. Leibnitz's Fifth Paper，120.

[34] Clarke，S.，*A Collection of Papers*，*Which Passed between the Late Learned Mr. Leibniz*，*and Dr. Clarke*，*in the Years 1715 and 1716*，http：//www.newtonproject.sussex.ac.uk/catalogue/viewcat.

php?id＝THEM00224，Accessed Is August 2015. Mr. Leibnitz's Fifth Paper，114.

［35］［37］Clarke，S.，*A Collection of Papers*，*Which Passed between the Late Learned Mr. Leibniz*，*and Dr. Clarke*，*in the Years 1715 and 1716*，http：//www.newtonproject.sussex.ac.uk/catalogue/viewcat.php?id＝THEM00224，Accessed Is August 2015. Dr. Clarke's Fifth Reply，104.

［36］Clarke，S.，*A Collection of Papers*，*Which Passed between the Late Learned Mr. Leibniz*，*and Dr. Clarke*，*in the Years 1715 and 1716*，http：//www.newtonproject.sussex.ac.uk/catalogue/viewcat.php?id＝THEM00224，Accessed Is August 2015. Dr. Clarke's Fifth Reply，118.

第三十四章　无尽的海滩

19 世纪初,诗人威廉·华兹华斯(William Wordsworth)用一句著名的诗句勾勒出了牛顿的形象:"一个灵魂,永远孤独地航行在陌生的思想海洋。"(彩图 9)虽然这幅充满浪漫主义色彩的画面并不是没有道理的,但是这并不符合实际情况。尽管牛顿与他同时代的人之间多有龃龉,但是牛顿始终明白一点,即出于开放性数据的要求以及对理论观点进行物理验证的需要,实验哲学是集体努力的结晶。

牛顿在当选皇家学会会员之后给奥登堡写了一封信,他在信中提出了"什么时候才能继续每周举行例会"的问题。之所以提出这样一个问题,是因为他想"对他的一个发现进行验证和检验"[1],这启发他制造出了一架小型望远镜。

牛顿发现[借助 1664 年他在斯陶尔布里奇(Stourbridge)博览会上购买的玻璃棱镜]白光是由不同颜色的光构成的。牛顿将自己的房间变昏暗,"在我的窗户上做了一个小洞",在小洞的前方放一个棱镜,光被分成一端是红色,另一端是蓝色的彩虹投射在对面的墙上,这是一次"非常愉快的展示"[2]。1669 年至 1670 年之间,牛顿进行了一系列的实验,证明了他对这种现象的解释是正确的。

在其中一个实验中(用培根的话说,这个实验可被称为一个"判决性实验""路标事例"),经棱镜分解的光线所产生的光谱通过另一个透镜聚焦之后又形成了纯白色的光。为了避免"色差"(一种因为对于不同的颜色在棱镜上的成像焦距略有不同而导致的,物像边缘出现彩虹色斑的现象)牛顿制造了反射式望远镜。

尽管胡克曾对牛顿提出批评且两人之间存在分歧,但是胡克最终还是加入了由皇家学会成立的委员会对"牛顿的实验进行验证"。1676 年,当这个实验呈现在皇家学会会员面前时，"根据牛顿的指导"，实验"如同此前他一直阐述的那样"取得了成功。[3]但是胡克仍然拒绝承认牛顿是正确的，他很快就成了少数派。1703 年，胡克去世八个月之后，牛顿当选皇家学会会长。他迫不及待做的第一件事就是向同事们赠送他的《光学》一书（这次是由他自费出版的）（图 34.1）。

普遍规律

《光学》一书以牛顿 30 年来撰写的手稿为基础，其中也包含了他最新的一些想法。最初，牛顿似乎打算在前三篇结束之后，在第四

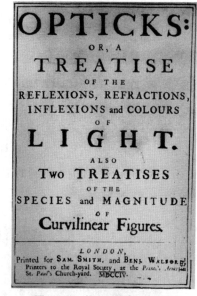

图 34.1　牛顿《光学》书名页

篇中证明自然在"规制较小的物体（包括光的微粒）与较大的物体的运动方面遵循同样的方式"[4]。事实证明，牛顿从未实现这种统一，他满足于在前三卷后增加一个"疑问"清单，每一次出版《光学》新版，这部分内容都会变得更加冗长（第一版共 16 页、第二版拉丁文版共 23 页，第二版英文版共 31 页）。

第一个疑问直接预见了爱因斯坦后来研究的问题，即："各种物体是否在一定距离上对光产生作用并使其发生了弯曲……?"[5]未出版的草稿中最后一个问题展示了牛顿的宗教想象力如何直接形成了对自然界统一性的科学直觉，以及对于科学探究方向的终极追问产生的推力是何其巨大："如果存在宇宙生命，所有空间都是这一智能存在的感觉器官，使其得以即时地感受空间中的万物"，这表明"……源自这种生命或意志的运动规律或许是一种普遍规律"。[6]

牛顿意识到他缺乏证明这一普遍假设的数据，没有数据就无法前进。对于数据的要求再次确保了实验哲学仍然是集体工作的成果，斯普莱特主教曾经说过，需要"天资迥异"[7]的人共同完成工作。如果要证明自己的这一观点，最终证实牛顿假设的观点不是由学术界或皇家学会的内部人员完成的，而是由受过良好教育的、靠专业演奏长笛谋生（当时他着手证实这一观点时确实靠演奏长笛谋生）的一位德国移民完成的。

星海

　　威廉·赫歇尔(Wilhelm Herschel，又称 William　Herschel)首次引起皇家学会的注意是因为皇家学会秘书的儿子威廉·沃森(William Watson)发现赫歇尔正在巴斯的一条街道上用望远镜观测月亮。当时沃森"非常有礼貌地问他是否能让他观看一下"时，他发现他所看到的清晰度和分辨率要高出他曾经使用过的任何望远镜(图 34.2)。

图 34.2　赫歇尔的 7 英尺望远镜

图 34.3　赫歇尔的 20 英尺望远镜

　　1773 年，赫歇尔开始制造自己的望远镜(牛顿去世近半个世纪之后)以替代传统的折射望远镜，他意识到为了达到他所谓的"穿透太空的能力"，他需要制造一种比牛顿曾展示给皇家学会成员的微型反射望远镜更大的望远镜。借助这种望远镜，他可以探索深邃的太空和未知的星空海洋。他铸造、打磨和抛光了他所需要的无数片金属镜片，他的妹妹卡罗琳则担任他的助手，吃饭时"把饭喂到他嘴里"[8](抛光过程的最后阶段即便中止数秒钟的时间，金属就会硬化和雾化)。赫歇尔首先制造了一个长度为 5 英尺的望远镜，随后制造了长度为 7 英尺和 20 英尺的望远镜，通过这些望远镜对太空进行探索(图 34.3)。

　　赫歇尔深信，要成功丈量这片星海，必然少不了指南针。沃森和赫歇尔会面后不久，在沃森的安排下，赫歇尔当选巴斯哲学学会(Bath Philosophical Society)会员。

1780 年 4 月 14 日,赫歇尔在学会会议上宣读了一篇论文,他认为:"基于一个理性的 287
人的判断所做的几个实验,比得上对微不足道的事实 1 000 次的随机观察。"[9]

最后,赫歇尔告诉巴斯哲学学会的哲学家们,那些热爱智慧的人能够通过"形
而上学……证明第一因的存在,证明其是所有依赖其存在事物的终极书写者"[10]。
正如他给家人的信中所解释的那样,这种对"不可知的必然存在"的思考,决定了他
所坚持的整体观点:"如果一个观察者把整个自然世界看作一个整体,那么他将发
现万物皆被纳入美丽的秩序中,正应了我最喜欢的格言:Tout est dans l'ordre(万物
皆有序)。"[11]没过过久,1781 年 3 月 12 日午夜前夕,赫歇尔发现了 1 000 年来首次
被确认的一颗新行星,赫歇尔坚定地认为这不是一个偶然事件,"这颗星球在那样的
一个晚上被发现。那天晚上,我正在阅读自然的书写者的这部伟大著作,便遇上了第
七颗星球。如果那天晚上我有其他的事情不能观测,我一定会在第二晚发现它"[12]。

新星球的发现(为了表示对国王的爱戴,赫歇尔将该星球命名为"乔治星",法
国人称之为"赫歇尔星",最终这颗星球被命名为"天王星")不仅让赫歇尔声名鹊
起,而且使他获得了皇室的资助,从而让他能够在温莎附近建立自己的天文台。卡
罗琳和赫歇尔用 20 英尺的反射望远镜观察辨识出了 466 个新的星云,赫歇尔认为
这些星云是银河系外的星团或星系。

虽然这颗行星是真实存在的,但是赫歇尔写道:"要想一直理直气壮地确认我
们位于一个'宇宙岛'上的观点,除非我们已经实际发现我们四周都被'海洋'包
围……更大孔径的望远镜……将是完成和确立这一观点最可靠的手段。"[13]这便
是他下一步的工作。在获得 2 000 英镑的皇家资助后,他就着手建造一台"有着 40
英尺长的八边形镜筒和 5 英尺直径镜片
的牛顿式"[14]望远镜。(图 34.4)

赫歇尔的成功不仅在于具备了制造
大型望远镜的能力。这对兄妹共同发明
了一种系统,他们将其称为"巡天"系统。
将望远镜对准一个方向保持不变,然后像
扫帚一样缓慢地上下移动,春夏秋冬,夜
夜如此,星座在他们眼前移动,他们系统
性地记录和观察了所有他们感兴趣的
天象。

他们最早的成果之一就是发现了所

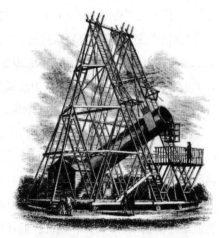

288

图 34.4 赫歇尔的 40 英尺望远镜

谓的"双星"目录(双星的种类包括视觉上位置靠近的两颗恒星以及双星系统中相互绕转的恒星)。大约 40 年后,赫歇尔的儿子约翰在更新该目录时证明了即便在宇宙最远的地方,牛顿定律仍然适用。

布赖顿海滩

理查德·霍姆斯(Richard Holmes)在《奇迹时代》一书中描写了 1813 年诗人托马斯·坎贝尔(Thomas Campbell)与 74 岁的赫歇尔、赫歇尔的儿子约翰在布赖顿度假的一段经历。在交谈中,赫歇尔告诉诗人坎贝尔说:"我看到了历史上所有人289 类都不曾看到过的深空。可以证明我所观察到恒星发出的光用了数百万年的时间才到达地球。"[15]这次会面结束之后,他们走到布赖顿海滩上散步,这不得不让坎贝尔想到了约瑟夫·斯宾塞所记载的那件轶事。

赫歇尔几乎复制了培根在《新大西岛》中提出的构想。赫歇尔是由国家君主资助的、研究客观世界和知识世界项目并拓展人类知识边界的一个示范。尽管后来才出现持续性的国家资助行为,但是赫歇尔关于科学可以逐步扩大我们对宇宙认知的观点已经为社会大众所接受,并深深扎根于知识分子群体之中。

逐渐延伸的人类知识与主张静态不变的宗教启示形成了鲜明对比。《圣经》和自然都可以被解读,但是如果后面的新解读与前面的旧解读之间出现了冲突,那么会发生什么呢?这些担心已经开始蔓延,随着时间的推移,这种担心越来越强烈。约 50 年之后,马修·阿诺德(Matthew Arnold)创作的《多佛海滩》强有力地阐释了他的感受,信念的潮水退回到"夜风的呼吸",只剩下"邈远、阴沉的海岸,露出茫茫的裸石一滩"。[16]

赫歇尔并没有因为这种忧虑而退缩。有些人可能担心这样的发现不知道会将人类引向何处,而另一些人则认为新证据的出现是对信仰的表达而不是一种威胁。处于形而上学滑流之中的自然哲学家,他们不必担心"鸿沟将人吞噬"[17]的风险。正如牛顿所设想的"真理之海"一样,宇宙的秩序和美丽揭示了"很多上帝之事",所以根据约翰·赫歇尔的说法,他的父亲认为"研究宇宙的宏伟结构"是他作为一位神的崇拜者在传递"仁慈、智慧和至高无上的神"的荣耀。[18]

这种研究不仅限于宇宙的宏伟结构。既然在如此宏大规模的范围内能够形成类似法律的秩序,那么在客观世界的任何其他层面亦是如此(如生物学)。

290 培根《学术的进展》一书封面上有一句话"必有多人来往奔跑,知识就必增长"。

这句话准确地描述了他同代人所发现的新世界。到了 19 世纪初，欧洲旅行者的足迹已遍布全球，伴随着旅行者而来的还有科学家。天文学家和自然主义者都需要"行万里路"，尽管他们所关注的对象截然不同，但他们所探索的、类似法律秩序的事物之间存在密切的关系。

【注释】

［ 1 ］Newton, I., *The Correspondence of Isaac Newton* vol. I (Cambridge: Published for the Royal Society at the Cambridge University Press, 1959), 82—83.

［ 2 ］Newton, I., *The Correspondence of Isaac Newton* vol. I (Cambridge: Published for the Royal Society at the Cambridge University Press, 1959), 92.

［ 3 ］Ben-Chaim, M., *Experimental Philosophy and the Birth of Empirical Science: Boyle, Locke and Newton* (Aldershot: Ashgate, 2004), 94.

［ 4 ］Newton, I., misc. draft of Newton's *Opticks* (1700—1704) (Cambridge University Digital Library, MS Add. 3970.3).

［ 5 ］Newton, I., *Opticks, or a Treatise of the Reflections, Refractions, Inflections and Colours of Light* (London: Printed for William Innys at the West-End of St. Paul's, 1730), 339.

［ 6 ］Brooke, J. H., *Science and Religion: Some Historical Perspectives* (Cambridge: Cambridge University Press, 1991), 139.

［ 7 ］Sprat, T., *History of the Royal Sociery* (London: Routledge & Kegan Paul, 1959), 435.

［ 8 ］Holmes, R., *The Age of Wonder: How the Romantic Generation Discovered the Beauty and Terror of Science* (London: Harper Press, 2008), 86.

［ 9 ］Herschel, W., *The Scientific Papers of Sir William Herschel* vol.1 (ed.) Dreyer, J. L. E. (London: The Royal Society and the Royal Astronomical Society, 1912), 81.

［10］Herschel, W., *The Scientific Papers of Sir William Herschel* vol.1 (ed.) Dreyer, J. L. E. (London: The Royal Society and the Royal Astronomical Society, 1912), 81—82.

［11］Holmes, R., *The Age of Wonder: How the Romantic Generation Discovered the Beauty and Terror of Science* (London: Harper Press, 2008), 73.

［12］Holmes, R., *The Age of Wonder: How the Romantic Generation Discovered the Beauty and Terror of Science* (London: Harper Press, 2008), 104.

［13］Holmes, R., *The Age of Wonder: How the Romantic Generation Discovered the Beauty and Terror of Science* (London: Harper Press, 2008), 124.

［14］Holmes, R., *The Age of Wonder: How the Romantic Generation Discovered the Beauty and Terror of Science* (London: Harper Press, 2008), 163.

［15］Holmes, R., *The Age of Wonder: How the Romantic Generation Discovered the Beauty and Terror of Science* (London: Harper Press, 2008), 210.

［16］Arnold, M., *Selected Poems* (ed.) Hamilton, I. (London: Bloomsbury Publishing, 1993).

［17］Tennyson, A.L., "Ulysseus", in Ricks, C. (ed.) *The Poems of Tennyson* (Harlow: Longman, 1969).

［18］Lubbock, C. A. (ed.), *The Herschel Chronicle: The Life Story of William Herschel and His Sister Caroline Herschel* (Cambridge: Cambridge University Press, 1933), 197.

第八编　发现之旅

第三十五章　两次旅程

19 世纪 30 年代初，分别居住在普利茅斯（Plymouth）和朴茨茅斯（Portsmouth）的两个人正在组装和包裹他们即将踏上的漫长科学考察之旅所需的仪器设备。对这两个人来说，他们即将踏上的旅途将成为他们一生中最主要的探险活动，他们返回数年之后，将陆续发表探险考察的成果。尽管他们每个人都拒绝接受神圣的命令，但是二人都心怀共同的科学愿景，这一愿景的核心本质上是这样一种宗教观念。正如威廉·赫歇尔所说的那样，"万物皆有序"：我们所观察到的那些显然是随机性和随意性的事实背后，都是神定的规则和规律。

两个人中较年轻的是查尔斯·达尔文，他首先踏上了旅程。达尔文住在小猎犬号小舱室内，他带了一架显微镜、一把地质锤和一把手枪。1831 年 12 月下旬，小猎犬号从普利茅斯港起航，达尔文以一名不领取任何报酬的博物学者的身份踏上了长达五年的水文勘测航程。两个人中较年长的是约翰·赫歇尔爵士（威廉·赫歇尔的儿子）。1833 年 11 月，他将 20 英尺反射式望远镜交给芒斯图尔特·埃尔芬斯通（Mountstuart Elphinstone），他和他年轻的妻子、三个孩子和家庭保姆住进船尾的三间木舱中，踏上了去往开普敦的行程，开始了对南半球为期五年的天文观测。

这两位旅行家之前从未谋面。但是在达尔文看来，赫歇尔是一位科学英雄，赫歇尔关于科学的理解对达尔文最为著名的作品的成书和结论产生了深刻的影响。

无处不在

威廉·赫歇尔直到 40 多岁才结婚。约翰是威廉·赫歇尔唯一的孩子。约翰出

生的时候他父亲已经 54 岁。约翰生于一个天文世家,不久他就展现出了自己的科 294
学天赋。约翰在剑桥大学最亲密的三个朋友都是数学家,即威廉·休厄尔
(William Whewell)、查尔斯·巴贝奇(Charles Babbage)和乔治·皮考克(George
Peacock)。约翰与查尔斯·巴贝奇和乔治·皮考克成立了分析学会,他们成功引
进了莱布尼茨的微积分体系并替代了牛顿的流数微积分体系。约翰毕业时成为
了一名高级牧师并荣获史密斯奖。随后,他发表了一系列精彩的数学论文,这让
他在年仅 21 岁时就入选英国皇家学会,几年之后,他获得英国皇家学会最高荣
誉——柯普莱奖章。

1816 年,约翰的父亲威廉已是 78 岁高龄,他发现自己无法继续进行持续了
40 年的天文观测,但是他的大部分工作还不完整。约翰在经历了一番内心挣扎之
后,辞去了在剑桥大学担任的职务,继续推进父亲威廉和姑姑卡罗琳之前开启的
工作。

作为一名天文学家,约翰进行的第一次天文观测与他父亲观测到的双星系统
有关,这个系统中恒星似乎围绕共同的重心作轨道式运动。他相信双星系统可以
证明牛顿的万有引力定律是否适用于宇宙最遥远的区域。威廉·赫歇尔列出了
800 多个双星系统,他是在 40 多年前发表的这些观测结果。在这期间有足够长的
时间去观察双星彼此之间的运动情况。约翰和他的朋友詹姆斯·索斯(James
South)当时将自己的任务确定为重新观测这些双星的情况,观察它们是否发生了
变化。

1821 年至 1823 年之间,赫歇尔和索斯着手编制包含 380 对双星的星表并对其
进行观测以确定它们的运行轨迹。在接下来的十年中,赫歇尔制作完成了包含
5 075 对双星的星表,其中他自己发现了 3 347 对双星。这项工作的要求很高。他
曾写道:"昨晚直到两点都在等待观测双星系统。前一天晚上亦是如此。厌倦了观
察恒星,真想把望远镜打碎,把镜片熔化掉。"

大量的观测活动促使他开发出了一种观测方法,其中包括在坐标系统中绘制
恒星的位置、角度和时间间隔,并根据开普勒第一运动定律计算恒星的椭圆轨道。295
这是最早的天文学算法,赫歇尔也因为这项工作而被皇家学会授予了皇家勋章。

皇家学会会长苏塞克斯(Sussex)公爵在授勋仪式上的发言中指出:

> 赫歇尔……证明了我们所在的微小星系中的万有引力定律也同样适用于
> 太空最遥远的区域。万有引力定律以其普遍适用性的特点开创了天文学历史
> 上的一个时代,它是展示基本规律简洁性和普遍性的最伟大例证,将其称为一

个彪炳史册的结论可谓实至名归，上帝通过这一规律展示了其亘古未变、无处不在的特征。[1]

1829 年，约翰·赫歇尔与一位比他年轻近 20 岁的姑娘结婚，据他的第一位传记作者说，这次婚姻可以被称为"天作之合"，婚后他们立即开始计划进行一次伟大的科学考察。他的父亲威廉·赫歇尔毕其一生致力于绘制系统性的北天星表，但是南半球星空则大部分处于未知状态。当时南半球没有人拥有像赫歇尔那样的功能强大的望远镜。他的计划是完成他父亲已经开始的系统性星表绘制工作。

约翰·赫歇尔从事的天文学研究只是他科学研究兴趣的一个方面。他曾写道："最初，我的兴趣是研究光学。"19 世纪 20 年代，他在光学领域作出了重要贡献，对偏振现象进行了研究并展示了通过观察和解释光谱开展化学分析的可能性。在达尔文登上小猎犬号的那一年，赫歇尔根据自己广泛的研究兴趣撰写了《自然哲学研究初探》(*A Preliminary Discourse on the Study of Natural Philosophy*)一书，这实际上是自弗朗西斯·培根以来第一本关于科学研究方法的通识类读物。年轻的达尔文阅读了这本书并受到直接影响。

两本书

查尔斯·达尔文在剑桥大学求学的最后一年里读了两本改变他人生轨迹的书。他后来写道："这两部书对我的影响是任何一本，甚至任何一打其他书都不能相比的。"[2] 直到那一刻之前，自己那种"可以使一个人成为分类学家、收藏家和守财奴"的，对自然历史的热爱和对收藏的迷恋，都没有被自己特别关注。他在自传中写道，一次他找到两只罕见的甲虫，便一手抓住了一只，而当他看到第三只甲虫时，为了抓住它，他把手中的一只甲虫塞到了自己的嘴里。但是，他评论说："这只不过纯粹是一种采集的爱好，因为我并不对它们进行解剖，也很少将它们的外表特征同已经出版的图集上的记述作对比。"[3]

那时达尔文还没有找到自己的人生之路。他在爱丁堡大学学习了两个学年之后就从大学退学，他发现当一名医生对他毫无吸引力。然后他带着成为一名牧师的念头求学于剑桥大学。回头看这段经历，达尔文觉得有点可笑，但他坚持认为当时并不是自己不诚实。事实上，在一位神职人员的影响下，他阅读的这两本书激发了他"热切地渴望在建造自然科学的神圣大厦方面尽力贡献自己一份最微薄的力量"。

　　约翰·史蒂文斯·亨斯罗(John Steven Henslow)牧师是新任命的皇家植物学教授。除了举行公开讲座之外,亨斯罗教授每周五都会接待那些对科学感兴趣的本科生和年纪较大的教职员工,并且常常带领本科生到植物园进行实地考察。达尔文对参加这些活动非常积极,以至于他很快就被人称为"那个陪亨斯罗散步的人"。亨斯罗教授渊博的科学知识以及高尚的品行给达尔文留下了深刻的印象,达尔文曾说"我从来没有见过一个对自己或与自己相关事项关注如此之少的人"。当亨斯罗提出他渴望"探索那些人迹罕至的地区,通过发现新物种丰富科学知识"时[4],这激励了达尔文去阅读亚历山大·冯·洪堡(Alexander von Humboldt)七卷本的《美洲赤道地区考察记》(*Historique du Voyage aux Région Équinoxiales du Nouveau Continent*,英文译本名为 *Personal Narrative*),其中记录了对巴西雨林和其他地区的科学考察情况。

　　达尔文大段抄录了洪堡关于"特内里费岛①美丽景色"(the glories of Teneriffe)的描写,并在亨斯罗组织的一次游览植物园活动中朗诵了这段内容。他认为这个团体应该组织一次自己的考察,但是这并未成行(尽管达尔文努力学习了西班牙语并询问了船只的情况)。亨斯罗写信告诉他,海军正在寻找与菲茨罗伊船长一起驾驶小猎犬号进行为期四年的水文考察的同伴,达尔文跃跃欲试。达尔文"反复阅读"过的洪堡的著作成为他灵感的源泉,《美洲赤道地区考察记》是他在航行时带的三本书之一。尽管如此,从长远的角度来看,赫歇尔的书对他产生了更大的影响。

　　那些周五晚上偶尔到亨斯罗家的来访者中,有一位名字叫威廉·休厄尔的矿物学教授。他有时会和达尔文一道离开亨斯罗位于帕克公园的住宅。达尔文形容他是"我曾经听过的、以重要话题为主题的最好的演讲者"。休厄尔对许多专业领域都有着浓厚兴趣,其中包括科学史和科学哲学。他公开撰文称赞亨斯罗"鼓励学生进行概括并从观察中形成新'规则'"[5]的科学研究方法,这也是他的朋友约翰·赫歇尔著作——《兰德纳珍藏本百科全书》新系列的第一部——的核心主题。

　　达尔文读完这本书后立即写信给他的表弟福克斯,他在信中说:"如果你还没有读过《兰德纳珍藏本百科全书》收入的赫歇尔的著作,那就赶快去读吧!"达尔文

_____

① 该岛隶属西班牙,是位于靠近非洲西海岸加那利群岛中最大的一个岛屿。——译者注

在书中页边用铅笔工工整整做了 14 处笔记,这不仅证明了他"认认真真、满怀兴趣"地阅读了这本书,而且非常准确地点明了他未来职业生涯中所要追求的目标。

奇迹中漫步

赫歇尔在书中简要介绍了科学的各个分支,但其中大部分内容都涉及了科学思维的方法——通过"研究人员尝试对……现象进行统一的解释"展示"观察与理论之间微妙的互动效应"。[6]赫歇尔认为:"这是原理而不是现象——这是规律而不是孤立的、独立存在的事实","这是自然哲学家的真正目标"。[7]他"不是将世界视为一系列现象的集合体……而是一种有秩序并经过设计的体系",这引导人们得出了一个"超越自身的能力和智慧的概念"。[8]即便是那些具备科学知识的人也会紧紧抓住一些显然难以理解的事实作为上帝之手存在的证据,这是"司空见惯"的,但对赫歇尔来说,这是一种对造物主极其肤浅的认识。

298　　　在此十年之前,济慈在他创作的诗歌《拉弥亚》(*Lamia*)中指出,哲学"用规则和准线打破所有的秘密",将"剪断天使的翅膀",甚至将"美丽的彩虹"拆散变成"平淡无奇的组合"。赫歇尔则持相反观点。他认为:"自然哲学家习惯于寻找事物的一般成因和一般规律的例证……在奇迹的迷雾中漫步,在他途经的道路上,每一事物都阐明了某一项原理,提供一些指导,使他对和谐性和秩序方面留下深刻的印象。"[9]

崇高的科学

对于赫歇尔关于特定科学领域的论述,达尔文在他的著作中标注了与地质学相关的两个段落。其中第一个段落中,他根据学科"研究对象的规模和崇高程度"将地质学列为排名仅次于天文学的学科,二者不同之处在于地质学研究"只能说是刚刚起步"[10]。这意味着这个领域有很多知识等待发现。达尔文标注的第二个段落中,赫歇尔提出了一个问题:"在与现实的任何情况完全不同以及远远超出研究范围的情况下,对于那些迄今为止提供了全部人类知识成果的、号召人们行动起来的强大思想,我们怎能不期待从中得到些什么呢?"[11]

亨斯罗在最后两学期说服达尔文开始进行地质学研究,并把达尔文介绍给了同意带他去北威尔士实地考察的塞奇威克(Sedgwick)教授。那个夏天的旅行让达尔文深深地领会到赫歇尔强调的探究观察之间系统关联性的重要性。

他们首先从达尔文父亲在什鲁斯伯里(Shrewsbury)的住宅所在地开始研究,达尔文曾经告诉塞奇威克,在镇子附近的一个砾石坑里出土过热带贝壳。塞奇威克教授的反应并不像达尔文预料的那样:

> 他马上(坚定不移地)说,这个螺壳一定是被人丢进这个坑内的;但是他接着又补充说,如果它真是天然沉积在地层内的话,那么这对于地质学来说将是最大的不幸,因为这会推翻我们已知的所有关于英格兰中部各郡地面沉积层的结论……我感到非常惊讶:为什么塞奇威克在听到了在英格兰中部地表浅层发现热带软体动物贝壳这个惊人的事实时却并不高兴呢?从前我虽然早已阅读过各种科学著作,但那时还不能明确地认识到,科学就在于把各种事实分门别类,并可以借此从中推导出一般的规律或结论来。[12]

1834 年 1 月 16 日,当赫歇尔抵达开普敦并在桌山(Table Mountain)脚下拆开包裹并开始着手建造天文台的工程时,达尔文已抵达火地岛,这里大约是小猎犬号四年航程的中点位置。他第一次见到的巴西雨林,它符合洪堡书中描写给他带来的全部期待:"枝叶交缠——垂藤如发——美丽的鳞翅目——肃穆——和散那!"①[13]达尔文写信给亨斯罗说道:"我从未有过如此强烈的愉悦,之前我敬重洪堡,我现在崇拜他;他独自写出了在进入热带地区时内心产生的感受。"这些感受具有部分宗教的性质。他在日记中说:"心中充满了无以复加的惊奇、欣赏和虔诚的感受。"随后他评论道,"我记得很清楚,我的信念是人的身体除了呼吸以外,还有其他"。[14]这些感受直接启发了达尔文对科学的研究,他参照洪堡的方法,测量、记录并收集了他所能找到的全部样本。尽管达尔文意识到他是漫步在"奇迹之中",但他的第一次成功,是他从地质调查的事实观察中发现了一个普遍原理。

在达尔文启程之前,亨斯罗鼓励他学习一下查尔斯·莱尔(Charles Lyell's)的《地质学原理》(*Principles of Geology*)。菲茨罗伊船长把这本书送给了达尔文,这是他在航程中带的另外一本书(第三本书是弥尔顿的《失乐园》)。1832 年,达尔文

---

① 和散那(Hosanna)出自《圣经》,是耶稣进入耶路撒冷时,百姓的欢呼语。参见《约翰福音》第 12 章第 13 节:"就拿着棕树枝,出去迎接他,喊着说,和散那,奉主名来的以色列王,是应当称颂的。"后来,引申为表达赞美的感叹词。——译者注

在蒙得维的亚(Montevideo)收到了莱尔《地质学原理》第二卷。1834 年,他在瓦尔帕莱索(Valparaiso)收到了这本书的第三卷(图 35.1)。

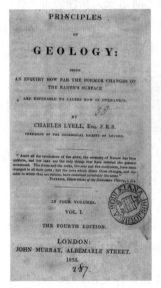

图 35.1 莱尔《地质学原理》书名页

莱尔在书中指出,地质理论的核心观点是认为地壳各部分由于内部熔岩的压力而被逐渐推高或压低。莱尔确信过去所有的地质事件都是由火山活动、海水运动和降水等进程所引发的,我们今天所看到的地质情况是在漫长的时间内以相同的速度演变而来的(休厄尔将该观点称为"均变论")。达尔文从佛得角群岛圣杰戈启程后,高兴地发现利用莱尔提出的原理可以重新解释这座岛的地质历史。当他们沿着南美洲安第斯山脉航行的时候,达尔文开始思考一个更具体的地质问题,即珊瑚礁的问题。

莱尔曾指出,珊瑚只能在海底火山口处形成环礁。这一观点的问题在于很难解释珊瑚礁的大小、形态和分布情况。达尔文写信给他的妹妹卡罗琳说:"在我看来,认为直径 30 英里的潟湖岛位于一个同等大小的海底火山口上的观点似乎只是一个巨大的假设。"试想,若珊瑚虫向海面方向生长,陆地逐渐沉降,那么最终会出现的情况是,岛屿周围被珊瑚环礁围绕或珊瑚环礁围绕着曾经的岛屿区域。这是可以被验证的。如果珊瑚礁所处的位置位于已知珊瑚能够生存的深度以下,那么在该深度以下的所有珊瑚都已死亡了,这就能证实当珊瑚朝海平面方向生长时,海床在逐渐下沉(图 35.2)。

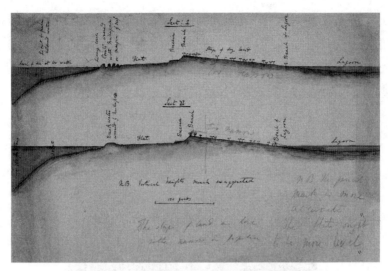

图 35.2　达尔文绘制的珊瑚礁生长示意图

　　1836 年春末，小猎犬号到达科科斯群岛①（Cocos islands）。他们发现了基林环　301
礁（Keeling atoll）并在其外侧进行了探测，探测结果让达尔文喜出望外，在"水砣底
部涂抹上油脂进行测深，（水砣）拉上来之后，发现 10 英寻②深度范围内的珊瑚都是
活珊瑚"，但是从深于 20 或 30 英寻范围收集上来的珊瑚都是死珊瑚。

　　达尔文设法"通过一种迄今为止最简洁、最具备关联性的方式"[15]来解释这一
事实，并且成功地为他的理论提供了一些实验数据支持。这正是赫歇尔所倡导的
研究方法，而受莱尔著作启发的人并不仅仅是达尔文。《地质学原理》第三卷也曾
寄至开普敦，赫歇尔完全消化了莱尔书中的知识，他还给莱尔写了一封包含大量评
论内容的回信。

星星，星星，星星！

　　自从约翰·赫歇尔抵达开普敦后，他一刻也没闲着。在一位同他们一起踏上
行程的机械师的帮助下，赫歇尔在他租用的一处荷兰人的农舍内架起了这架长达　302
20 英尺的巨型反射望远镜（图 35.3）。大雨过后，气象条件立刻会变得非常适合观

---

①　位于印度洋东部，现属澳大利亚，又称为基林群岛（Keeling Islands）。——译者注
②　fathom，长度单位，合 6 英尺或 1.829 米，主要用于测量水深。——译者注

测："在这些情况下，所观测到图像稳定清晰，放大倍数几乎没有任何限制，但是镜片存在像差。"[16]另一方面，因为空气中盐分的腐蚀，赫歇尔必须在抛光机上工作数小时才能恢复三个备用镜片的反射率。赫歇尔在给莱尔写的一封信中写道："星星，星星，星星！火焰，火焰，火焰！"（他很快就可以熟练地扑灭接连发生的丛林火灾。）

图 35.3　约翰·赫歇尔在农舍里架起的 20 英尺望远镜

　　根据估算，赫歇尔认为通过这架长 20 英尺的望远镜，总共可以观测到南北星空的 530 万颗恒星。通过对 3 000 个天区的观测，他识别出了 68 948 颗恒星，这促使他决定改变他父亲提出的关于银河系结构的观点。他精心记录了自己观测到的双星、星云和星团。他后来绘制的星表中记录了 1 707 个星云，其中有 1 268 个星云是此前从未观测到的，此外还包括 2 102 对双星。

　　在开普敦期间，赫歇尔发明了被他称为"天体光度仪"的仪器，这是世界上第一台测量恒星光度的仪器，他能够通过该仪器精确地测量恒星的相对亮度。除了研究恒星之外，赫歇尔还对太阳黑子进行了详细的研究，并提出了利用摄影技术连续记录太阳活动的想法。他观测到了土星的卫星土卫一（米玛斯，"Mimas"）和土卫二（恩克拉多斯，"Enceladus"），这些发现令他非常兴奋，这两颗卫星自从 1789 年由他父亲发现之后就再没有被观测到。

赫歇尔的科学研究不仅限于天文学。他和开普敦天文台新任命的天文学家托马斯·麦克利尔（Thomas Maclear）一起对潮汐进行了系统性观测，并将观测结果发回给正进行潮汐理论数学基础研究的威廉·休厄尔，他们还为南非殖民地的定期性气象观测奠定了基础。他还成了一位热心植物研究的植物学家，无论他去哪里，都会收集稀有的球茎类植物并将这些球茎类植物种植在农舍的花园内。他的妻子在写给姑姑卡罗琳·赫歇尔的信中说："我怀疑他是否曾像现在这样享受生活，因为在英格兰没有多少事情能够分散他的精力，在这里他有时间背着枪，手里挎着篮子，拿着小铲刀，逍遥自在。我有时觉得我们真是乐在其中。"[17]赫歇尔在给莱尔写的一封信中说道："不展望未来，也不回首过往，那些白色的石头代表了我们在这片阳光明媚的土地上逗留的日子，将是我在大地朝圣旅程中幸福的组成部分。"[18]

赫歇尔的科学兴趣之广泛令人惊讶，他对莱尔的地质学理论非常感兴趣。在他写信的时候，他已经通读了三遍莱尔长达 1 200 页的著作，"每次阅读都会增加研究的兴趣"。在这封信中，赫歇尔讨论了他在植物学研究中遇到的物种破坏和物种分布现象，评述了植物命名方法，阐述了大规模火山活动的理论，讨论了地质学和历史语言学之间的类比，描述了一些关于种子萌发的实验，详细评述了开普敦地质情况和他发现的树木化石，详细评论了莱尔关于岩石裂解的描述（后来莱尔将这部分内容纳入了著作的新版中），并描述了他为很多同事收集的一些标本。他指出，唯一的遗憾是"对天文学的研究"（绘制整个南天星表）让他没有时间进行进一步的地质考察。

给莱尔的这封信写于 1836 年 2 月 20 日。四个月后，赫歇尔在日记里写道："菲茨罗伊船长、达尔文先生、亚历山大上校、贝尔先生和汉密尔顿先生上午 6 点在这里用餐。菲茨罗伊船长和达尔文先生 4 点到达，我们一起步行至纽兰兹（Newlands）。"[19]

【注释】

[1] Buttmann, G., *The Shadow of the Telescope*: *A Biography of John Herschel* (Cambridge: Lutterworth Press, 1974), 52.

[2] Darwin, C. R., *The Autobiography of Charles Darwin and Selected Letters* (New York: Dover, 1958), 24.

［3］Darwin，C. R.，*The Autobiography of Charles Darwin and Selected Letters*（New York：Dover，1958），21.

［4］Desmond，A. and Moore，J.，*Darwin's Sacred Cause：Race，Slavery and the Quest for Human Origins*（London：Allen Lane，2009），91.

［5］［6］Browne，E. J.，*Charles Darwin：Voyaging*（London：Jonathan Cape，1995），128.

［7］Herschel，J. F. W.，*A Preliminary Discourse on the Study of Natural Philosophy*（*1830*）（Cambridge University Library CCD 118），13.

［8］Herschel，J. F. W.，*A Preliminary Discourse on the Study of Natural Philosophy*（*1830*）（Cambridge University Library CCD 118），4.

［9］Herschel，J. F. W.，*A Preliminary Discourse on the Study of Natural Philosophy*（*1830*）（Cambridge University Library CCD 118），15.

［10］Darwin's copy of Herschel，J. F. W.，*A Preliminary Discourse on the Study of Natural Philosophy*（*1830*）（Cambridge University Library CCD 118），287.

［11］Darwin's copy of Herschel，J. F. W.，*A Preliminary Discourse on the Study of Natural Philosophy*（*1830*）（Cambridge University Library CCD 118），350.

［12］*The Autobiography of Charles Darwin and Selected Letters*（New York：Dover，1958），25.

［13］Moorehead，A.，*Darwin and the Beagle*（London：Hamish Hamilton，1969），55.

［14］Moorehead，A.，*Darwin and the Beagle*（London：Hamish Hamilton，1969），65.

［15］Browne，E. J.，*Charles Darwin：Voyaging*（London：Jonathan Cape，1995），318.

［16］Buttmann，G.，*The Shadow of the Telescope：A Biography of John Herschel*（Cambridge：Lutterworth Press，1974），90.

［17］Herschel，J. F. W.，*Herschel at the Cape：Diaries and Correspondence of Sir John Herschel，1834—1838*（eds.）Evans，D. S. et al（Austin：University of Texas Press，1969），98.

［18］Buttmann，G.，*The Shadow of the Telescope：A Biography of John Herschel*（Cambridge：Lutterworth Press，1974），117.

［19］Herschel，J. F. W.，*Herschel at the Cape：Diaries and Correspondence of Sir John Herschel，1834—1838*（eds.）Evans，D. S. et al（Austin：University of Texas Press，1969），242.

第三十六章　迷中之谜

　　三天之前的 1836 年 5 月 31 日,小猎犬号已到达开普敦。达尔文已经提到他想见到赫歇尔的急切心情——"我曾听说过他很多古怪但是非常和蔼的品行,我非常好奇,希望见到这位伟大的人物"[1],赫歇尔没有让达尔文失望。

　　达尔文在写给他的妹妹凯瑟琳的信中说:"这是最令人难忘的事,在很长的一段时间里,我都感到非常幸运并享受这次会见。"7 月 9 日,达尔文在致亨斯罗的一封信中详细地描述了这次会见:

> 　　我们在他家吃饭,同时还与他见了数次。他性情温和,但刚开始他的态度有点糟糕。他住在一处非常舒适的房子里,周围环绕着冷杉和橡树,在这样一个开放的国家里独处,给人一种隐居和舒适的迷人气氛。他的时间安排似乎非常紧凑。他向我们展示了一个漂亮的花园,园内到处是他收集的球茎植物,事后我才明白,这一切都是他手头的工作。[2]

　　"伟大的人物"根本不像达尔文所期望的那样:"他非常害羞,经常表现出很痛苦的样子。我们在卡洛琳·贝尔夫人家吃饭,她非常崇拜赫歇尔,但是她说赫歇尔总是走进房间,好像他知道自己的手脏了一样,他的妻子知道他的手确实脏了。"[3]

　　然而,达尔文对约翰爵士的"崇高敬意"丝毫没有减少。"他从不多说话……他所说的每一个字都值得留心一听。"[4]他们的对话没有留下任何记录,但是至少当时他们思想的方向是类似的。

自然进程

305　　两个人都阅读过莱尔的著作，并且对其中提出的，当前的自然景观经过了自然进程的漫长塑造过程，且这一过程仍在发生作用的观点留下了深刻印象。莱尔并不认为同样的原则适用于生物学领域，即不认为生物同样会在漫长的时间内慢慢发生改变，部分原因是因为害怕人们提出"一大堆针对我的偏见"，另一方面是因为他认为不存在一种能够运行的机制。赫歇尔意识到了这一点，但是他的宗教信仰之强大足以消弥这种观点中的问题。

　　达尔文从英格兰启航后，有一天晚上他翻阅了莎伦·特纳（Sharon Turner）的《从创世到大洪水的神圣历史》（*The Sacred History of the World*, *as Displayed in the Creation and subsequent Events to the Deluge*）。他形容这是"关于现在所谓的'用科学支持宗教'原则的一本毫无价值的废书，因为它通过对科学（或具有同等权威性）书籍的错误引用和错误理解来'证明'万物"。他注意到书中有一种观点认为，"上帝创造世界的六天是真实存在的，六天乘以每天 24 小时，其长度等同于现在地质运动的时间（参见莱尔著作第三卷）"，另一种观点认为"大气中的水汽如果倾泻而下……世界将会被重新淹没，但海洋 1 英尺都不会抬升"。[5]

　　赫歇尔在给莱尔的信中说，相比之下，莱尔的书为他开启了一个"具有猜测性的领域"，探索这个领域需要勇气：

> 在这种追求中，他必须明白，不应该心存畏惧，也不应惧怕失败。
>
> 对于懦弱的心灵或无信仰的内心来说，这种追寻是徒劳的。
>
> 当然，我所指的迷中之谜就是物种的更替。毫无疑问，很多人会认为你的猜测太大胆了，但同时这也面临着困难。就我个人而言，我不得不说这是一个关于造物主的不充分的概念，想当然地假定造物主在之前任何一种场合中已经穷尽了万物的组合，尽管如此，根据类比推测，造物主创造万物并通过一系列中间动因操纵万物，这样做的结果就是新物种的起源是在我们认知范围之内的一种自然的过程，而不是一种奇迹般的过程。[6]

306　　达尔文在南美洲巴塔哥尼亚沿海地区有了一个戏剧性的科学发现，从此他的研究转至此类方向。达尔文在蓬塔阿尔塔（Punta Alta）海滩悬崖边的碎石里发现了大量的骨骼化石,他说这里是"灭绝物种的完美墓地"。其中包括巨大的树懒化石、像骆驼一样大的羊驼化石以及"曾经发现过的最奇怪的动物之一":这个动物体型庞大,"与犰狳非常像,但是其外表是骨质甲片"。这些最可怕野兽的惊人之处在于它们和仍然生活在南美洲、小它们一号的树懒、羊驼和犰狳具有类似性。"已灭绝的物种和尚存的物种在同一个大陆上的美妙关系",他认为,使我们在"将来可以更清楚地了解地球上有机生物的出现和灭绝的情况"。[7]

　　当他们沿海岸继续向南方航行,达尔文震惊于具有紧密亲缘关系的物种彼此替代的方式。1835 年,他们到达加拉帕戈斯群岛①,尽管几乎所有的群岛上动植物与南美洲的动植物都显示出"明显的亲缘关系",但是群岛上的大多数动物和植物在其他地方都找不到。不同岛屿的动植物甚至也存在差异。殖民地副总督劳森先生告诉他说,"不同的岛屿上生活着不同的乌龟,而且他可以准确地说出任意一只乌龟是从哪个岛上被带来的"。胡德岛(Hood Island)的乌龟龟壳前部较厚,像"西班牙马鞍"一样,而来自詹姆斯岛(James Island)的海龟龟壳"比较圆,比较黑,煮熟了味道更好"。②[8]在一组雀的喙中,卡斯顿雀亚组(Cactornis)的喙看起来像椋鸟的喙,而树雀亚组(Camarhynchus)的喙"有点像鹦鹉"。达尔文后来写道:"从这个群岛的少数原始鸟类中可以看出,一个物种已经消失并改变为另外的形态。"[9](图 36.1)

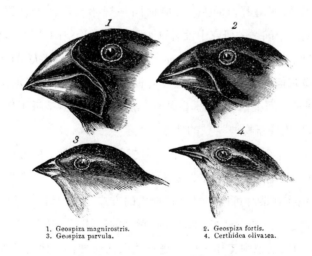

1. Geospiza magnirostris.　　2. Geospiza fortis.
3. Geospiza parvula.　　4. Certhidea olivasea.

图 36.1　加拉帕戈斯群岛的雀类

---

①　Galapagos Islands 位于太平洋东岸,属于厄瓜多尔。——译者注
②　胡德岛与詹姆斯岛都是加拉帕戈斯群岛中的岛屿。——译者注

达尔文在随身携带的《自然哲学研究导论》中标出了一段话,赫歇尔谈到"两三个令人印象深刻的事实会形成特殊的力量","通过某种特定的、具有说服力的方式,我们可以借由现象认识理性……这使我们认识到一种……因果关系或某种普遍性倾向"。[10]但是,如果其中涉及一些基本的适应性规律,若不能理解它如何发挥作用的话,当时他的研究便无法向前推进。

307 **指导工作的理论**

无论达尔文和赫歇尔在开普敦谈论了些什么,不久之后,他将赫歇尔写给他的信转给了莱尔。莱尔在给赫歇尔的回信中提到,他准许查尔斯·巴贝奇将这封信的部分内容收入了他 1837 年出版的《第九卷布雷齐沃特论文》(*Ninth Bridgewater Treatise*)一书中。根据达尔文在给妹妹卡罗琳的一封未公开的信,达尔文回到英国后结识了莱尔,他说"在我结婚之前和之后会见所有男人的次数"都没有会见莱尔的次数多。[11]

1839 年,达尔文的小猎犬号航行日记第一版作为菲茨罗伊著作的一部分出版。对于加拉帕戈斯群岛和南美洲物种的相似性问题,他只是写道:"针对这一问题,一些作者可能会做如下解释,即创造力根据同一规律在广泛的范围之内发挥作用……但是在对这个问题的研究中没有这种解释的讨论空间。"然而,他在 1845 年版的《小猎犬号航行日记之动物学》(*Zoology of the Voyage of H.M.S. Beagle*)中直接引述了赫歇尔信件中的内容(虽然没有标注为引用内容),将加拉帕戈斯群岛定位为"从时间和空间上,我们似乎在某种程度上被引领着接近了伟大事实,迷中之谜,地球上首次出现新物种"[12]的地方。

308 1837 年 7 月,达尔文返回英格兰约一年之后,他开始着手撰写第一本关于"物种起源的相关事实"笔记。他对旅途中看到的生物对环境的完美适应性"惊叹不已",但是直到他找到某种可以解释这种现象的方式之前,寻找和使用间接证据证明物种曾经发生过变异的尝试"几乎是没有意义的"。因此,达尔文在笔记中写道,"完全依据真正的培根原则工作……丝毫不依赖任何理论",他尝试去了解动物和植物的驯化物种发生变异的方式,"广泛地收集事实……通过印发调查表,与经验丰富的饲养员和园丁交谈并且阅读大量的材料"。[13]

困难在于观察饲养员和园丁的谨慎选择如何能在自然界中发挥作用。随后,

1838 年 10 月，在他进行了 15 个月的系统调查后，他"闲暇时偶尔读到了"托马斯·马尔萨斯（Thomas Malthus）牧师的《人口论》一书。马尔萨斯指出，在每一个已知的动物或植物物种中，被生下的远多于活下来继续繁殖的。达尔文说："这本书顿时启发了我……在这种情况下有利变异会倾向于保留下来，而不利变异则被消灭。其结果将是新物种的形成。"到这里，他终于找到了一个"指导工作的理论"[14]（图 36.2）。

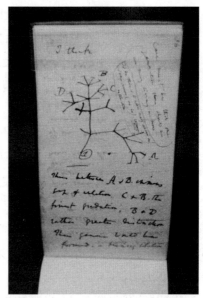

图 36.2　达尔文最著名的演化树图示

到了 1845 年，达尔文感觉已经非常接近了解"那个伟大的事实，迷中之谜"。物种随着时间的推移而发生改变并不是一个新观点。达尔文的祖父伊拉兹马斯（Erasmus）就曾提出过这个设想，但是达尔文重读过他祖父作品之后，书中大量对事实的猜测让他感到十分沮丧。作为一名学生，达尔文在赫歇尔《自然哲学研究导论》中画出的第一段话就是"我们不能彻底地确信自己已经找到任何真正的自然法则，除非我们可以通过缜密的论据展示符合自然法则的真理，这是一项必然的逻辑结论"[15]。

1842 年，达尔文根据这一建议，通过一系列步骤完成了自己理论纲要的撰写工作："首先给出关于自然的既定事实，通过类比或推理的方法形成理论，然后以他为什么认为他的观点是正确的或至少是一个有价值假设的理由作为结尾。"[16]

但这个版本的理论仍然没有解释物种为何能够如此完美地适应其所处环境的问题。达尔文在年老时还记得"我当时坐在马车上，行至途中的某处，突然，我因为想到了答案而大喜"，这答案便是"占据优势地位或规模正在扩张的物种，要为适应大自然高度多样化的体系而进行调整"。[17]

就像物种演化论一样，这个理论也不完全是原创的。1835 年，与达尔文大量通信的鸟类学家爱德华·布莱斯（Edward Blyth）已经完成了关于自然选择和生物体逐渐适应环境的著作。爱德华·布莱斯认为这只是物种内的选择和适应。达尔文却将其看作自然界中发生的一个伟大进程，就像地质过程塑造了自然景观一样，这一进程塑造了物种的发展和嬗变。

这个想法是怎样形成的呢？根据达尔文在赫歇尔著作中标注的另一段话："验

证归纳法的下一步是将它的适用范围扩展到最初的设想之外。刻意改变环境以确定其效力是否具有普遍性,并尝试将我们认定的定律适用于那些极端的情况。"[18]这是达尔文一生中的重要工作,他数年中所有的研究均是围绕这一观点开展的,从他对藤壶的详细研究到植物学实验都是在这种伟大思想的背景下进行的,并成为他确立这种思想的手段。

作为一名"学生",达尔文用铅笔在赫歇尔著作中标记的后续一个段落中提到了知识交流的重要性。知识交流不仅可以促进研究,而且还可以"避免一些人在同一时间得出同样的发现,这(浪费宝贵的时间除外)一直是产生嫉妒和误解的肥沃土壤"[19]。

达尔文被布莱斯一封信中提到的年轻的博物学家阿尔弗雷德·拉塞尔·华莱士(Alfred Russel Wallace)吸引,华莱士去过马来亚(Malaya),似乎与达尔文的航海路线相似。1856 年,莱尔也注意到了华莱士的工作,敦促达尔文把自己的理论写出来从而占得优先发现权。当达尔文收到华莱士自己写的、长达 20 页的《论变种无限地离开其原始模式的倾向》(*On the Tendency of Varieties to Depart Indefinitely from the Original Type*)时,他刚刚开始撰写自己的理论,其中的理论"与我的理论不谋而合",并且似乎令他过去 20 年的工作失去意义。最终,1858 年林奈学会(Linnean Society)①同时发表了华莱士和达尔文的论文。此后,达尔文立即着手写作《物种起源》一书。

论文发表 13 个月后,《物种起源》出版,达尔文在这本书开头的一句话中说,他在南美洲的考察"似乎对于物种的起源提出了一些说明——这个问题曾被我们最伟大的哲学家之一称为迷中之谜",他在这里再次引用了赫歇尔 20 多年前信中的这句话(这一次达尔文作了引用说明)。

【注释】

[1] Desmond, A. and Moore, J., *Darwin*(London: Michael Joseph, 1991), 184.

[2] Herschel, J. F. W., *Herschel at the Cape: Diaries and Correspondence of Sir John Herschel, 1834—1838*(eds.) Evans, D. S. et al (Austin: University of Texas Press, 1969), 242.

① 林奈学会是 1778 年在伦敦成立的一个研究生物分类学的协会。1858 年该学会发表了达尔文和华莱士关于自然选择的论文而闻名于世。——译者注

［ 3 ］Browne，E. J.，*Charles Darwin：Voyaging*（London：Jonathan Cape，1995），329.

［ 4 ］Darwin，C. R.，*The Autobiography of Charles Darwin and Selected Letters*（New York：Dover，1958），36.

［ 5 ］Herschel，J. F. W.，*Herschel at the Cape：Diaries and Correspondence of Sir John Herschel，1834—1838*（eds.）Evans，D. S. et al（Austin：University of Texas Press，1969），32.

［ 6 ］Cannon，W. F.，"The Impact of Uniformitarianism：Two Letters from John Herschel to Charles Lyell，1836—1837"，*Proceedings of the American Philosophical Society* 105（1961），305.

［ 7 ］Moorehead，A.，*Darwin and the Beagle*（London：Hamish Hamilton，1969），83.

［ 8 ］Darwin，C. R.，*The Voyage of the Beagle*（New York：Harper，1959），257.

［ 9 ］Darwin，C. R.，*The Voyage of the Beagle*（New York：Harper，1959），245.

［10］Darwin's copy of Herschel，J. F. W.，*A Preliminary Discourse on the Study of Natural Philosophy*（*1830*）（Cambridge University Library CCD 118），287.

［11］Desmond，A. and Moore，J.，*Darwin*（London：Michael Joseph，1991），215.

［12］Darwin，C. R.，*The Voyage of the Beagle*（New York：Harper，1959），244.

［13］Darwin，C. R.，*The Autobiography of Charles Darwin and Selected Letters*（New York：Dover，1958），42.

［14］［17］Darwin，C. R.，*The Autobiography of Charles Darwin and Selected Letters*（New York：Dover，1958），43.

［15］Darwin's copy of Herschel，J. F. W.，*A Preliminary Discourse on the Study of Natural Philosophy*（*1830*）（Cambridge University Library CCD 118），25.

［16］Darwin，C. R.，*The Voyage of the Beagle*（New York：Harper，1959），437.

［18］Darwin's copy of Herschel，J. F. W.，*A Preliminary Discourse on the Study of Natural Philosophy*（*1830*）（Cambridge University Library CCD 118），167.

［19］Darwin's copy of Herschel，J. F. W.，*A Preliminary Discourse on the Study of Natural Philosophy*（*1830*）（Cambridge University Library CCD 118），351.

第三十七章　科学信条

　　赫歇尔从开普敦回国之后并没有在家赋闲。1839 年,他写信给一位朋友说:"在南非的观测报告出版后……我决定为我的天文学研究生涯画上句号。"从某种程度上来说,他之所以做出这一决定,是源于他在开普敦观测过程中认识到需要进行大量的数学计算,同时他的健康状况也已不允许他在天文台熬夜进行观测。经过八年的努力,1847 年《1834—1838 年好望角天文观测结果——自 1825 年开始对可见星空的望远镜全面观测》(*Results of Astronomical Observations Made during the Years 1834, 5, 6, 7, 8 at the Cape of Good Hope: Being a Completion of a Telescopic Survey of the Whole Surface of the Visible Heavens Commenced in 1825*)一书出版,他赢得了巨大的赞誉。然而,赫歇尔进行的天文工作并没有耗尽他对科学的好奇心。

　　1839 年 1 月 22 日,即赫歇尔从非洲返回六个月之后,他收到了一封信,信中提到了路易斯·达盖尔(Louis Daguerre)在摄影暗房中用感光银盐冲洗照片的工艺。20 年前,赫歇尔就已发现硫代硫酸钠(摄影师称之为"hypo")可以溶解银盐。他注意到可以用硫代硫酸钠溶液冲洗银盐以防止银盐继续变黑,使硫代硫酸钠成为达盖尔工艺理想的"定影剂"。凭借长期与透镜打交道的经验,他也认识到避免球面像差或色差,并保证焦平面均匀曝光的重要性。

　　1 月 30 日,他利用这项工艺拍摄了他父亲制造的 40 英尺望远镜的图像,当时这架望远镜仍存放在位于斯劳①的花园里。赫歇尔只花了一个星期的时间就掌握

―――――――――――――――

① Slough,英国城市,位于伯克郡,在伦敦以西 34 千米处。

并改进了其他人多年来一直为之努力的工艺,但是他没有利用自己的发现大发横财。对于达盖尔和亨利·福克斯·塔尔博特(Henry Fox Talbot,他们设计了另一种摄影成像的方法)要将赫歇尔的工艺纳入到自己的发明一事,他感到非常高兴(只是向塔尔博特暗示"photography"是描述成像过程更为恰当的术语)。他对这项技术的研究是出于科学兴趣而不是出于商业利益。在接下来的五年里,赫歇尔进　312行了一系列开创性的实验,奠定了光化学学科的基础。

杂乱无章的法则

在《物种起源》出版之后,达尔文指示他的出版商给约翰爵士寄去一本,他在附信中说"希望您仍然对这个问题有兴趣",同时"作为我卑微的敬意,非常感谢您的《自然哲学研究导论》一书。在我一生中,几乎没有任何东西能够给我留下如此深刻的印象:它让我燃起将自己的微小力量贡献给积累而成的自然知识大厦的希望"。[1]他在给莱尔写的一封信中说:"我将我的书送了一本给约翰·赫歇尔爵士,他将会阅读我的书。他说他倾向于反对我的观点。如果您在他阅读完我的书后见到他,请您问一下他的观点。当然,他不会写出来,我十分想知道我是否对他的观点产生了影响。"[2]

达尔文收到的初步反馈并不积极。12月10日,他再次写道:"我间接地听说赫歇尔认为我的书充满'杂乱无章的法则'。我不知道这句话的准确意义,但他显然是很轻蔑这本书。如果真有这件事,这是一个很大的打击并且令人感到沮丧。"[3]

两年后,赫歇尔向达尔文寄送了一本他撰写并签名的《自然地理》第二版。在《自然地理》第一版中,赫歇尔已经表达了他的观点,即物种变异是"由一系列重叠发生的事件导致的,每一物种最后部分的成员与新物种的早期成员会共存"。需要注意的是,这一观点是"在达尔文先生的著作出版之前"提出的,但是他认为达尔文的著作并没有否定这个观点。

赫歇尔在《自然地理》第二版中加入了一个新脚注,"我们与其将这种任意而偶然的选择原则作为这个问题的充分解释,还不如相信一本由随机字符组成的书能够解释莎士比亚和《自然哲学的数学原理》",[4]在缺失某种"智能指引"——赫歇尔并不认为达尔文会否认他的观点——的前提下,他无法相信自然选择法则如何能　313得出这样的结论。

另一方面,他并不否认,这种"智能指引"的表现形式"像某种律法一般",并且"这种律法在表述上,与通过实际观察而总结出的……包含所有隐秘关联的自然演化根本律法别无二致"。"但是,"他辩驳道,"这种律法(智能指引)"是"那种律法(任意而偶然的选择原则)必不可少的补充",将其纳入理论也"具有完整的逻辑正当性"。"在承认以上观点的前提下,"他总结道,"再加上对创造人类的敬畏之意,我们才不会对达尔文先生书中就这一神秘问题而提出的观点持反对意见。"[5]

这是什么意思呢?

达尔文在给莱尔的一封信中抱怨说,尽管赫歇尔认为"关于神灵安排的更高级律法需要予以说明",但实际上"天文学家并没有说上帝掌控着每一颗彗星和行星的运行"。赫歇尔自己也认为,对于上帝创造的万物,上帝似乎都是"通过一系列的中间原因进行操控的",在这种情况下,"对我来讲,认为每一种变异都在本质上是神灵安排的观点使自然选择完全是多余的观点,将新物种的出现完全置于科学范围之外"。[6]

他并不是想说"上帝没有预见到所有的后果",但他意识到"在自由意志和前定的必然性之间出现了同样不幸的误解"。赫歇尔认为:"你应该说明更高级别的律法,并且宣布上帝已经规定……某些山脉应该出现。"在他看来,像赫歇尔或他的朋友阿萨·格雷(Asa Gray)的观点,"仅仅表明这个问题在他们头脑中处于孔德所说的科学神学阶段"。[7]

最美丽的和最奇异的

在达尔文和赫歇尔的一生中,他们的宗教信仰朝着不同的方向发展。威廉·赫歇尔曾暗示他的这个儿子(约翰·赫歇尔)可能被选为牧师时,遭到了这位年轻人强烈的抵触。虽然他的父亲说他不应该被智识上的顾虑所困扰,但是约翰把教会形容为"有组织的、自我欺骗的系统"。随着年龄的增长,特别是结婚后,赫歇尔的宗教情感似乎变得更加温和而深刻。

314 相反,达尔文则按照他父亲的计划到剑桥大学求学并成为了一名牧师。他回忆这段经历的时候觉得有些荒唐,但他坚持认为因为他曾"把《圣经》中的词句当做天经地义的权威言论",所以当时并不是没有诚意的。然而,1876 年达尔文为自己的家人撰写的自传中,他说在旅行回来几年后,逐渐"不相信基督教是神的启示了"[8]。

岁月无情,两个人的身体状况都不容乐观。达尔文的身体健康状况每况愈下(尽管他在给赫歇尔的信中提到一种水疗法减缓了他的病痛)。1851 年,达尔文心爱的女儿安妮(Annie)的夭折可能对他的人生观产生了深远的影响,当他写自传的时候,他意识到自己的内心出现了一些变化。

在随小猎犬号航行的时候达尔文写道,当站在巴西宏伟的雨林前,"心中充满了无以复加的惊奇、欣赏和虔诚的感受",可是在此时,"即使有最壮丽的景色,也绝不会激起我头脑中这类信念和感情了。确实可以说,我很像一个已经患有色盲症的人"。[9]尽管达尔文一度沉迷于诗歌、绘画和音乐,但他现在感到"那些较为高尚的审美情趣,消失得多么奇怪又令人惋惜"[10]。他在读莎士比亚作品的时候觉得"沉闷得难以忍受"[11]。

赫歇尔的情况也不乐观。自从他开始天文学研究之后,他紧随着牛顿的职业路线,1850 年首次担任皇家造币局局长,成为一名受薪的公职人员。虽然他管理能力出众,但是因为离开了家人和科学研究工作,又因为来自管理造币局人员的压力,他的健康状况迅速恶化。1854 年,赫歇尔因神经衰弱被迫辞职。后来,他的情绪逐渐平复,但他从未完全恢复。

与达尔文不同,赫歇尔并没有舍弃自己的宗教信仰或审美情感。1840 年,当他父亲制作的 40 英尺望远镜被最终拆除时,他把整个家庭成员聚集在镜筒中,并演唱了他为这架老设备谱写的一首安魂曲。他在担任科学委员会期间,闲暇之余,仍笔耕不辍,撰写了大量天文学、地质学等学科的文章和著作并且着手翻译席勒、但丁和荷马的诗作;他不仅对摄影学感兴趣,而且对设计工艺也很感兴趣。朱丽亚·玛格丽特·卡梅隆(Julia Margaret Cameron)常被他邀来做客,她所拍摄的晚年赫歇尔肖像是她最伟大的摄影作品之一。达尔文在开普敦时注意到赫歇尔脸上"苦恼的表情"并未完全消失,但赫歇尔的信仰似乎仍是坚定不移的。对于他日益严重的健康问题,赫歇尔在日记中写道:"无论上帝赐予何物,我都欢迎。"

尽管他们经历的宗教历程不同,但赫歇尔和达尔文在很多问题上仍有一些共识。在达尔文给赫歇尔这位长者写的一封感谢信中,达尔文坚持认为不存在经智能设计的生物个体(除非人们准备承认上帝"以一种非常奇特的方式设计鸽子尾部的羽毛",只有这样人类"才可以选择变异的物种并培育出扇尾鸽"),但同时也承认"如果不相信世界万物均是智能设计的结果,那么一个人就无法通过万物和人来探索宇宙"[12]。

315

这不是一种虔诚的态度。在 1876 年撰写的自传中,达尔文仍写道:"正是因为把这个广大而奇异的宇宙,包括人类及其对遥远的过去和未来的洞察能力,想象成为盲目偶然或必然的结果是极其困难,甚至不可能的","当我如此思考时……我应该被称为有神论者了"。[13]多年来,这种思想经过多次"波动"并逐渐"变弱"。既然人的头脑是从动物头脑中发育而来的,那么"它做出这种宏大的结论"是否可信呢?[14]尽管三年后他写道,"在我思想极度波动的情况下,我从来就不是无神论者"[15],但面对万物最初从何而来的奥秘,他说"就我本身而言,就会因身为一个不可知论者而满足了"[16]。

然而,这种对人类能力的质疑并没有扩展到科学能力的领域(从逻辑上来说它可能已经这样做了)。达尔文在去世前九个月写的一封感谢信中,对《科学信条》(*The Creed of Science*)一书的作者说道:"您已经更为生动而清晰地表达了我内心的信念,即宇宙不是偶然的产物。"[17]他在自传中回忆,在写作《物种起源》的时候,对这个信念的有神论解释已经"深深印入我的头脑之中"[18]。

达尔文完成于 1842 年的理论草稿和他在笔记本中关于对自然选择理念的思考都可以证实这一点。

在一本笔记中,达尔文作了这样一种对比:对于那个说"要有光,于是就有了光"的上帝来说,对特定个体的创造和利用"天体运转导致沧桑风雪以对有机世界施加影响这种更加宏伟而壮阔的创造,这二者之间,显然后者对他更有意义"。[19]另外,他指出:

> 天文学家可能以前曾经说过,上帝命令每个星球在特定轨道上运行——上帝以同样的方式在同样的国度创造了动物,但那是多么简单和崇高的力量——这种力量使引力根据特定的规律发挥作用——创造了生命,并使其根据特定的规律繁殖下一代……[20]

一位名叫帕特里克·马修(Patrick Matthew)的苏格兰地主也曾清楚地提出过(比达尔文和华莱士还要早 30 年)这一观点。在他 1831 年出版的专著《船用木材及树木栽培》(Naval Timber and Arboriculture)一书中写道:

> 有一种自然界的普适法则,使所有可繁殖的个体最大程度地适应环境。它们的种群,或构成它们的有机物质,极易受那种能够形塑生理、心理或本能的力量的影响,从而发展出最完美的性状,并代代相传。这种法则,存在于雄狮的力量中,存在于野兔的矫健中,存在于狐狸的诡诈中。[21]

316

马修在《农民杂志》(*The Farmer's Magazine*)中,对《物种起源》评论道:

> 我质疑过布雷齐沃特奖金(Bridgwater prize)资助的所有起源理论,所有将无限智慧的大设计作为最终解释的起源理论,与之相对的,是我许多年前在《船用木材及树木栽培》中提到的自然自适应调整理论。达尔文先生在其最新的著作中,睿智地将这一理论向前推进。[22]

达尔文在 1842 年完成的草稿中也有类似的表述,"生物之产生和绝灭就像决定个体的出生和死亡的原因一样,是出于第二性(法则)的原因,这与我们所知道的,'造物主'在物质上打下印记的法则相符合"[23]。

这段话以及随后的一段话都可以在《物种起源》著名的"复述和总结"部分找到意旨相同的地方,达尔文在这一部分中邀请读者来想象这样一幅图景(他的行文风格让人联想到赫歇尔所描写的自然哲学家在奇迹中思考探索的画面):"树木交错的河岸,许多种类的无数植物覆盖其上,群鸟鸣于灌木丛中,各种昆虫飞来飞去,蚯蚓在湿土里爬过,并且默想一下,这些构造精巧的类型,彼此这样相异,以这样复杂的方式相互依存,而它们都是由于在我们周围发生作用的法则产生出来的。"他得出的结论:"认为生命及其若干能力被注入到少数类型或一个类型中去,而且认为在这个行星按照引力的既定法则继续运行的时候,最美丽的和最奇异的类型从如此简单的始端,过去、曾经而且现今还在进化着。"[24]

两个真相

达尔文在给赫歇尔的信中写道,不同科学分支的许多年轻科学家(按照赫歇尔的理论)接受了他的理论,"因为他们发现可以把许多零散的事实进行分组并加以理解",他还在这封信的结尾(几乎是可怜巴巴地)说他之所以提到这一点只是因为"我认为您对我的部分看法的默许比其他任何人都要多"。[25]

《物种起源》第二版中,为了回应赫歇尔"神圣律法"的观点,达尔文通过在最后一句话中增加了"由造物主"几个字。于是这句话被改成"生命及其若干能力原来是由'造物主'注入到少数类型或一个类型中去的"[26]。到了 1863 年,他开始更全面地思考这个问题,他写信给他的朋友约瑟夫·胡克(Joseph Hooker)说,"很遗憾,我一直屈从于公众舆论,并使用了作为宗教词汇的'创造',实际上这个词指的是完全未知的(演化)过程"[27]。在《雅典娜神殿》(*The Athenaeum*)杂志发表的文章中,他写道:"就纯粹的科学研究工作来说,我不应该使用那些术语。"[28]

达尔文引用培根《学术的进展》中的话"上帝之言,上帝之作,无人能深究"作为《物种起源》的引言,并对"不明智地混合"两种法则的企图提出了警告。但是这种混合,不论何种形式,都是难以避免的。

达尔文在他的自传中写道,在小猎犬号上,他已经"认识到《旧约》中有明显伪造世界历史的事实,如巴别塔和作为约言征兆的彩虹等……并不比其他任何一个未开化民族的信仰……更加高明"[29]。后来他还出资为科伦索主教(Colenso)辩护,当时后者因为撰写批判摩西五经的书籍而受到宗教法庭的审判。

同一时期,赫歇尔对《旧约》却没有如此不屑。他在开普敦写给莱尔的信中说,《圣经》年表与地质学的发现可以在一定程度上调和,"既然每一生物群体始祖的出现时间可以被合理地延伸至 5 000 年或 50 000 年前,那么它们也可能是在数千或数百万年前被创造出来的"。[30]他的中心思想是"我们不能反对《圣经》年表,但我们必须根据公平探寻真相所得出的所有结论进行解释,因为真相不能有两个"[31]。

一直以来,关于《圣经》故事与异教创世神话(即达尔文所认为的"任何一个未开化民族的信仰")是否完完全全是同一回事的问题,是亚伯拉罕诸教教义,特别是基督教教义范围内科学发展所面临的核心问题。很多人坚持认为它们不是一回事,他们认为《圣经》并不回答现实世界的问题,而是有一位置身于自然界之外的神,可以维护其自身存在的意义和统一性。从菲洛波努斯、罗杰·培根一直到伽利略和牛顿,他们都是遵从着这条主线。但是,随着知识越来越丰富,这种主张还能像以前一样得到人们的支持吗?

达尔文在小猎犬号航程中所提出关于史前史的观点为这一问题带来了新的紧迫性,几乎在同一时刻,位于世界的另一端的一群勇敢的维多利亚时代旅行者已经揭示了一个可能的答案。他们的答案可能会对大量传统的假设提出挑战,但是也可以被视作对这些论断核心主张的一种支持。

这些发现故事将会带着我们迅速偏离我们迄今为止所进行讨论的方向,那些没有耐心继续阅读科学故事(对《圣经》考古学也不感兴趣)的读者可能会直接跳到第十编。然而他们会错过一些重要的内容,所以请至少仔细阅读第四十三章结尾的总结部分。因为这些发现(还包括其他一些情况)揭示了宗教次终极性的概念起源。它们是一种时空记录,其中记录了人类第一次明确阐述神不同于宇宙所有的组成部分的批判性思想。

这些发现，其中包括从中东沙漠经过长期发掘而出土的大量古老文物，慢慢地展示了这种思想的发展历程。其中最关键的时间节点是一份铭文的成功释读。

【注释】

［1］"Letter to Sir John Herschel, 11 November 1859", Darwin Correspondence Database, http://www.darwinproject.ac.uk/entry-2517, accessed 6 May 2015.

［2］"Letter to Charles Lyell, 23 November 1859", Darwin Correspondence Database, http://www.darwinproject.ac.uk/entry-2543, accessed 6 May 2015.

［3］"Letter to Charles Lyell, 10 December 1859", Darwin Correspondence Database, http://www.darwinproject.ac.uk/entry-2575, accessed 6 May 2015.

［4］［5］Herschel, J. F. W., *Physical Geography: From the Encyclopædia Britannica*(Edinburgh: Adam and Charles Black, 1861), 12.

［6］［7］"Letter to Charles Lyell, 1 August 1861", Darwin Correspondence Database, http://www.darwinproject.ac.uk/entry-3223, accessed 6 May 2015.

［8］Darwin, C. R., *The Autobiography of Charles Darwin and Selected Letters*(New York: Dover, 1958), 86.

［9］Darwin, C. R., *The Autobiography of Charles Darwin and Selected Letters*(New York: Dover, 1958), 91.

［10］Darwin, C. R., *The Autobiography of Charles Darwin and Selected Letters*(New York: Dover, 1958), 139.

［11］Darwin, C. R., *The Autobiography of Charles Darwin and Selected Letters*(New York: Dover, 1958), 138.

［12］［25］"Letter to Sir John Herschel, 23 May 1861", Darwin Correspondence Database, http://www.darwinproject.ac.uk/entry-3154, accessed 6 May 2015.

［13］Darwin, C. R., *The Autobiography of Charles Darwin and Selected Letters*(New York: Dover, 1958), 92.

［14］Darwin, C. R., *The Autobiography of Charles Darwin and Selected Letters*(New York: Dover, 1958), 93.

［15］"Letter to John Fordyce, 7 May 1879", Darwin Correspondence Database, http://www.darwinproject.ac.uk/entry-12041, accessed 6 May 2015.

［16］［18］Darwin, C. R., *The Autobiography of Charles Darwin and Selected Letters*(New York: Dover, 1958), 94.

［17］"Letter to William Graham, 3 July 1881", Darwin Correspondence Database, http://www.darwinproject.ac.uk/entry-13230, accessed 6 May 2015.

［19］Darwin, C. R., *Notebook D: Transmutation*(*1838*)(Cambridge University Library DAR123).

［20］Darwin, C. R., *Notebook B: Transmutation*(*1837—1838*)(Cambridge University Library DAR 121).

［21］Matthew, P., *On Naval Timber and Arboriculture*(Edinburgh: Black, 1831), 364.

［22］Weale, M. E., "Patrick Matthew's Law of Natural Selection", *Biological Journal of the Linnean Society*(*2015*), doi:10.1111/bij. 12524.

［23］Darwin, C. R., *The Foundations of the Origin of Species Two Essays Written in 1842 and 1844*

(Cambridge: Cambridge University Press, 1909), 51.

[24] Darwin, C. R., *On the Origin of Species* (London: John Murray, 1902), 491.

[26] Darwin, C. R., *On the Origin of Species* (London: John Murray, 1902), 490.

[27] "Letter to Joseph Hooker, 29 March 1863", Darwin Correspondence Database, http://www.darwinproject.ac.uk/entry-4065, accessed 19 August 2015.

[28] "Letter to the Athernæum, 18 April 1863", see Spencer, N., *Darwin and God* (London: SPCK, 2009), 82.

[29] Darwin, C. R., *The Autobiography of Charles Darwin and Selected Letters* (New York: Dover, 1958), 85.

[30][31] Cannon, W. F., "The Impact of Uniformitarianism: Two Letters from John Herschel to Charles Lyell, 1836—1837", *Proceedings of the American Philosophical Society* 105(1961), 305.

第九编　创世记 II

第三十八章　文字研究

1857 年 5 月 20 日,几个人陆续来到新伯灵顿街皇家亚洲学会的一个房间,赫歇尔的朋友威廉·休厄尔也在其中,他们此行的目的是确认一个戏剧性的实验结果。这个小组要做的便是对存放在协会秘书处的四个密封包裹内的物件进行比对。

第一个包裹是由威廉·亨利·福克斯·塔尔博特(William Henry Fox Talbot)寄出的,赫歇尔推动的摄影技术进步使他获益良多。福克斯·塔尔博特做了充分准备,正是他提出要进行这个实验的。

第二个包裹是在德国出生的法国学者朱利叶斯·奥普特博士(Dr. Julius Oppert)寄出的,他曾经出席实验方案讨论会,在会上还曾询问是否可以参与到实验当中来。

第三个也是最后一个寄到的包裹是由爱尔兰牧师爱德华·辛克斯(Edward Hincks)博士寄出的,他是最后一个被告知事情来龙去脉的人,对此他非常不满,当时距离他寄送包裹的时间已经剩下不足两个星期。

第四个包裹是由著名的皇家军官亨利·克雷斯维克·罗林森爵士(Sir Henry Creswicke Rawlinson)寄出的。罗林森在东方国家生活了将近 25 年之后才回到英国,正是他在东方旅行时的一个发现才使得整个实验的进行成为可能。

出使印度

30 年前,即 1827 年(比达尔文跟随小猎犬号开始航程的时间早四年),17 岁的亨利·罗林森乘坐海王星号前往孟买,他此行的使命是到东印度公司担任军官。在四个月的航程中,他的一位同伴是外交官、东方学者约翰·马尔科姆爵士(Sir John Malcolm),当时马尔科姆担任孟买总督一职。根据罗林森的兄弟乔治的说法,在与马 324 尔科姆的对话中,亨利·罗林森心中被埋下了对波斯语言和历史的兴趣种子,这最终促成了其一生中"最重大的变化"。六年后,罗林森已经能够说一口流利的乌尔都语、马拉地语和波斯语,他被派遣去训练波斯王的军队,这时兴趣的种子开始发芽。

罗林森在前往德黑兰的途中曾乘车前往波斯波利斯①遗址参观。数个世纪以来,欧洲旅行者一直对波斯古代首都的废墟中发现的奇怪楔形符号感到困惑不解。一位参观者曾说服自己,认为这些符号就是蚯蚓粪便。1700 年,牛津大学希伯来语教授托马斯·海德(Thomas Hyde)创造了"楔形文字"(cuneiform)这个词,字面意思是"楔子形状"(源自拉丁语 cunus,即楔子)。海德认为它们不可能是传达语意的语言(其根据是非常不充分的图像资料),肯定只是一种装饰品而已。

旅行者在埃及发现的象形文字也带来了同样的困惑,但是相比于楔形文字来讲,这个困惑甚至更难以解答。这是因为象形文字只能用来表示埃及的语言,但楔形文字经过几个世纪的发展,早已成为多种不同语言的书写形式。就像我们今天使用的拉丁字母,最早用来书写拉丁文,现在则用来书写诸如芬兰语和斯瓦希里语等多种语言,楔形文字是一个使用了 3 000 多年的书写系统,如苏美尔人、阿卡德人、埃兰人和古波斯人都使用过这种书写系统。为了破译楔形文字,不仅要了解它用来书写不同语言的方式,还必须再现这些不同的语言。这是一项艰巨的任务。

1765 年,丹麦探险家卡斯滕·尼布尔(Carsten Niebuhr)绘制了精确的波斯波利斯遗址碑文摹本,他识别出在一些铭文中包含三种不同的文字,也就是说可能包含三种不同的语言。18 世纪末、19 世纪初,居住在巴黎的东方学者西尔维斯特·德萨西(Silvestre de Sacy)根据同一份文献希腊语版本和中古波斯语版本的对比研究,从波斯波利斯附近的纳克歇-洛斯塔姆(Naqsh-e Rustum)出土的楔形文字中识别出了中古波斯语。

其中有些碑文记载了国王的名字和头衔。1802 年,年轻的德国教师乔治·弗里德里希·格罗芬德(Georg Friedrich Grotfend)决定尝试在尼布尔记录的三种楔 325 形文字碑文中识别出这些名字和头衔。他猜想它们可能包括"薛西斯,伟大的国王、大流士的儿子、伟大的国王、万王之王、海斯巴斯的儿子",(后来证明)他的猜想

① Persepolis,即"波斯之都",是波斯阿契美尼德王朝的第二个都城,遗址位于伊朗扎格罗斯山区的一处盆地,该城由大流士一世(公元前 522 年—前 486 年在位)建成。——译者注

是对的。他设法确定了"薛西斯""大流士""海斯巴斯"和"国王"的楔形文字书写形式。据此,他开始尝试破译古波斯楔形文字。

罗林森在参观废墟及周围的景点时发现了一些碑文,于是他便开始绘制这些碑文。他很快就意识到格罗芬德是正确的,一些碑文是用三种语言书写而成的——同样的内容用三种语言书写,这为弄清它们含义的尝试提供了最大的可能性。当国王把他从克尔曼沙派去训练库尔德部队的时候,罗林森发现了至今为止最大规模的包含三种文字的摩崖石刻:位于高出平原 200 英尺的贝希斯敦①山上大量高达 25 英尺、长达 70 英尺的巨大摩崖石刻。

贝希斯敦山的"罗塞塔铭文"

大流士国王的雕刻工匠在完成了纪念国王丰功伟绩的巨大纪念碑刻后,拆毁了通往纪念碑刻的山路,让人根本无法从石刻下方接近这些铭文(图 38.1)。1840年,法国艺术家欧仁·弗兰丁(Eugène Flandin)试图接近这些铭文。经过一段惊险的攀爬,他"无时无刻不在担心跌落山涧",最后他靠"流血的脚和手"接近了铭文,这时"我发现自己被迫站在极其狭窄的悬崖边缘而不能移动 1 英寸的距离",根本不可能把碑文摹下来[1](图 38.2)。

图 38.1 贝希斯敦铭文

---

① Behistun,位于今天的伊朗克尔曼沙托省。——译者注

罗林森（除了具有很高的语言天赋外）是一位没有恐高症的优秀运动员，他曾十分轻松地说，他并不"认为攀登到碑文所在的地方算是什么伟大的壮举"，后来他说自己可以"在不借助绳索或梯子的情况下每天攀登这块岩石三四次"。他在登上岩石边缘时承认：

图 38.2　贝希斯敦的岩架

> 为了勘测摩崖石刻上部，梯子是必不可少的，即便在有梯子的情况下，可供踩踏的岩石边缘非常狭窄，大约只有 18 英寸或者最多 2 英尺宽……只有站在梯子的最上面才能摹下上方的铭文，没有别的支撑点，

只能用左臂把身体靠在岩石上，左手拿着笔记本，右手拿着铅笔。

就是在这个位置上，他写道："我复制了上面所有的铭文，对于这一职业的兴趣完全消除了所有的危险感。"[2]

危险依然存在。有一次罗林森试图将梯子搭在岩石之间以越过岩缝空隙，一侧的梯子滑落并"撞在悬崖上"，罗林森用手抓住梯子悬在空中，最后他才费力爬了上来。1847 年，他最后一次到访贝希斯敦山，准备摹下关于巴比伦的部分铭文，最终未能成功。铭文所在的区域被铲成了一段斜坡，伸出岩壁凹陷处有数英尺的距离，因此不可能通过任何正常的方式到达铭文处。他承认，"这超出了我的攀登能力"。即便是当地赶着山羊越过整座山的牧羊人也认为根本无法接近刻有铭文的区域。

后来，一个"淘气的库尔德男孩"解决了这个难题，他自愿去尝试并且罗林森承诺如果他成功将给他一笔可观的报酬。

根据罗林森的描述：

> 这个男孩首先是把自己的身体挤进岩石的一道缝隙，然后到达距离左侧岩石突出部分很近的地方。当往上爬了一段距离之后，他把一枚木钉牢牢地插进了岩石缝隙之中，将一根绳子固定在上面并将自己的身体荡过一道岩石的缝隙，落在另一侧的岩石上。但因为岩石凸起，他没能成功。这样一来，他

唯一的方法只能是在有些不平衡的情况下,用脚趾和手指抓住裸露的悬崖,通过这种方式,他成功了,他爬过 20 多英尺距离长、几乎光滑如镜的垂直岩石面,对于旁观的人来说,这简直是奇迹。当他到达第二道缝隙时,真正的困难已经

328　不复存在。他将一根绳子挂在第一枚木钉上,现在从第二道缝隙,他可以把自己荡到凸出的岩石上。在这个位置上,他用一把较短的梯子做了一个类似油漆匠的吊架一样的悬椅,他根据我的指示固定住位置,将关于大流士的铭文的巴比伦语摹写下来。这份文件目前保存在皇家亚洲学会的房间内,在亚述铭文解释方面,它们几乎与希腊语和埃及象形文字共同书写的罗塞塔石碑碑文①具有同样重要的价值。[3]

拿到这些摹本只是万里长征的第一步。对文字的解释任务同样极其困难。罗林森回到闷热的巴格达之后,躲进自己的小天地,"一架水车不断地将底格里斯河水汲出来,水源源不断地流过位于住宅花园最远处且位于河道之上的凉亭",在那里,他对收集到的文字进行了深入研究。罗森林在工作的时候,一只温驯的猫鼬和一只名叫法赫德的温驯的豹子陪伴在他身边,还有一只捡来的小狮子,这只小狮子的母亲在底格里斯河河床附近的灯芯草和菖蒲草草丛中被射杀,"它就像一条狗一样陪伴着他绕着他的房屋和花园走来走去,只有与他在一起的时候,它才会开心"[4]。

年轻的英国人奥斯丁·亨利·莱亚德(Austen Henry Layard)在底格里斯河上游 200 英里河畔的惊人的发现,为文本破译工作增添了动力。

城墟

此前,莱亚德一直在伦敦从事法律事务工作,1839 年他通过法律考试后,来到锡兰②做律师。结束在波斯的旅行之后,他对当地发现的东西开始着迷。在游览摩苏尔时,他越过底格里斯河去考察了那些巨大的土丘,这些土丘被认为是古尼尼微城③

---

① 罗塞塔石碑(Rossetta Stone)完成于公元前 196 年的古埃及,上面雕刻着大量古埃及象形文字。目前,该石碑藏于大英博物馆。——译者注
② 即今天的斯里兰卡。——译者注
③ Nineveh,亚述帝国的都城,位于今天伊拉克尼尼微省,底格里斯河东岸,意为"上帝面前最伟大的城市"。——译者注

的所在地。当地没有什么可看的地方。整个地区遍地都是荒草和野花,有几个阿拉伯人在放牧羊群并在当地搭建了帐篷。莱亚德后来写道:"即便如此,当我在这广袤的土地上漫步时,我深信地下肯定掩盖着大都会的遗迹,我非常渴望对它们进行发掘。"[5]

　　法国驻摩苏尔①领事保罗-埃米尔·波塔(Paul-Émile Botta)在位于摩苏尔东北12英里的科尔萨巴德地区一个土丘中获得了一些不寻常的发现,最终在英国大使斯特拉福·坎宁(Stratford Canning)爵士的支持与霍姆兹德·拉萨姆(一名亚述基都徒,之后他自己带队进行考古挖掘,并取得了重要成就)的帮助下,莱亚德于1845年11月在尼姆鲁德②古代遗址往南数英里的地方开始了自己的发掘工作。

　　一天早上,莱亚德听到了一个消息,在工地上发现了一个巨大的头颅雕像,那些受惊吓的挖掘人员认为这一定是"尼姆鲁德本人",但到了夜幕降临的时候,发掘出的是一座12英尺高的人首狮身雕像(莱亚德迅速将其运送至大英博物馆)(图38.3)。

DISCOVERY OF THE GIGANTIC HEAD.

图38.3　1846年在尼姆鲁德发现人首狮身像

①　即今天的伊拉克摩苏尔,与尼尼微城隔底格里斯河相望。——译者注
②　Nimrud,始建于公元前13世纪,位于伊拉克摩苏尔以南30千米处,是著名的亚述古城之一。——译者注

第二年,他又发现了一件更为著名的文物:一座四面都雕刻着大量铭文的黑色方尖碑——撒缦以色三世方尖碑。(图 38.4)

1846 年圣诞节,莱亚德寄走了 23 个大箱,其中一个大箱内放的就是方尖碑,一艘大船将其从底格里斯河运送至巴格达。1847 年 1 月 6 日,罗林森把箱子运送至"海军基地前方一片很大的开阔空地"上,在这里他第一次看到箱子内装的东西。他在给莱亚德写的信中说:"这个纪念碑……是世界上最为尊贵的纪念品,单单凭其本身,在尼姆鲁德的考古工作中所付出的代价都是值得的。""他将其他所有楔形文字的资料"立即扔在一边,"开始认真研究亚述语言"。[6]尽管当时未能破译出这些文本,但是工作在不断取得进展,罗林森在给莱亚德的一封信中说:"他们从英国给我的来信中说亚述文物引起了研究人员极大的兴趣,而神职人员则对于找到了可以验证犹太历史的可信度的同时代记录一事已经彻底惊慌失措。一个埃克塞特的朋友极力反对开展这种研究。你有没有听说过如此迂腐透顶的建议?"[7]不管牛津的神职人员如何惊慌失措,斯特兰福特湾(Strangford Lough)基利莱(Killyleagh)教区的牧师并没有这种情绪。

破译密码

基利莱教区牧师爱德华·辛克斯的父亲是贝尔法斯特学院东方语言学教授。他继承了父亲的语言天赋并在都柏林三一学院学习了希伯来语和阿拉伯语,这有助于解读象形文字。在 19 世纪 40 年代他将注意力转向楔形文字之前,他已经是一名解读象形文字的专家。

1813 年,爱德华·辛克斯当选三一学院院士,但在六年之后,他离开三一学院并担任北爱尔兰地区新教牧师。从 1825 年开始一直到他 1866 年去世,他一直担任唐郡基利莱教区牧师。与罗林森(他从东方回来后,伦敦社会名流对他非常推崇)不同,辛克斯一生都在孤独地从事研究工作,几乎从未离开他所在的村庄(作为天主教徒解放运动的强力支持者,他并不是很受人们的欢迎),并在立场不十分清晰的爱尔兰期刊上发表过相关文章。但他仍然与世界各地的学者保持通信。

一直到 1850 年,罗林森和辛克斯各自在独立破译亚述和巴比伦楔形文字方面取得了巨大进展。1849 年 12 月 29 日，罗林森在东方地区待了 22 年之后返回伦敦。1850 年 2 月初，他将贝希斯敦铭文摹本挂在了墙上，在王子夫妇主持的皇家亚洲协会会议上宣读了他对黑色方尖碑上文字的解读。 331

他辨识出铭文开头是乞求亚述诸神保佑帝国的祷词，但他承认无法解读全部祷词。部分原因是"在专有名词的发音方面有很大的困难"。他认为，这个方尖碑似乎是根据名叫"Temen-bar II"的国王命令雕刻的，铭文主题是记载他统治期间发生的事件。浮雕的第二排是一个俯身在亚述国王面前的人。罗林森将人像下面铭文的意思误认为是在说贡品由"Hubiri 的儿子 Yahua"呈送，评论道："这是一个在历史上没有提及的王子，而他的国度我也无所知晓。"[8]

第二年，辛克斯指出，立碑之人实际上应该是"Kh'umum r.ii"的儿子阿华布（Ya.ua），即"敖默黎（Omri）之子耶户（Jehu）"，即《列王记》中提到的以色列篡位的国王。辛克斯的这个发现的意义并不在于这是从碑文中独立确认的第一个《旧约》人物，它还提供了很多未知信息（《旧约》中并没有提到他向亚述王进贡的事情）和以色列王已知最早的肖像。

在此几个月之前，罗林森终于找出了莱亚德和伯塔一直在发掘的宫殿的建造者，即当时的国王的名字——"Temen-Bar II"，即撒缦以色二世，在莱亚德运回的一头巨牛雕塑身上的铭文中，他辨认出了"犹大"（Judah）、"希西家王"（Hezekiah）①和"耶路撒冷"（Jerusalem）的字样。1851 年，他发表了对碑文完整的翻译，碑文上记载希西家王在位的时候，亚述王辛那赫里布（Sennacherib）②袭击了犹大和耶路撒冷的史事。

在罗林森翻译巨牛雕塑身上铭文的同时，爱德华·辛克斯正在破译巴格达英国驻军泰勒上校收购的一个棱柱上与之非常近似的铭文。莱亚德在一本描述尼尼微发掘的书中刊发了辛克斯的翻译（和罗林森的翻译文本一样，这也引起了人们的巨大兴趣），他总结道："无论如何，在库云吉克（Kouyunjik）③发现的、关于辛那赫里 332 布（Senouacherib）的碑文中有关征服巴勒斯坦城市的记载与《旧约》中的相关内容是相互呼应的，这一点基本没有疑问。对应的时间点也相当准确。"[9]

---

① 犹大王国末代君主，约公元前 715 年—前 686 年在位。——译者注。
② 亚述帝国君主，公元前 704 年—前 681 年在位。他在位期间发起多次征服战争，扩大了帝国版图。——译者注
③ 尼尼微遗址的两大主要组成部分之一，另一部分为奈比尤奴斯（Nabi Yunus）。——译者注。

发现一座图书馆

1847 年,莱亚德在尼尼微进行了第一次发掘,当时他发现了一个刻有浅浮雕的房间,后来他才认识到浮雕描绘的内容是辛那赫里布围困犹太城市拉奇什(Lachish)①。1849 年,他回到现场,在大英博物馆的资助下,他有了一个更为惊人的发现。在发掘过程中,发掘者在辛那赫里布的宫殿里发现了两个小房间,里面装满了黏土泥板,垒起来有 1 英尺高。一位参观者指出,"很多黏土片就像温莎香皂一样堆积在一起,只不过上面并不是写着'老款布朗温莎香皂',而是用最精致的笔法刻成的箭头一般的文字"[10]。

四年之后,即 1853 年 12 月,莱亚德的助手霍姆兹德·拉萨姆在发掘亚述巴尼拔(Assurbanipals)②宫殿时,没用多长时间就发现在一整排皇家猎狮浮雕的房间中央还有一个存放有黏土泥板的、规模庞大的图书馆。他将这些浮雕连同亚述巴尼拔图书馆的大量黏土泥板(约 25 000 片)一并运送至大英博物馆。

这些文本所蕴含的《圣经》研究的丰富信息,引发了人们的巨大兴趣,但对这些文本的翻译是否可信呢? 辛克斯、罗林森以及其他学者在这个领域的研究相互矛盾且不一致,导致了公众对他们的结论的信任度非常低。对于如何建立信任的问题,则需要通过某种方式进行解答。

【注释】

[1] Flandin, E., *Voyage en Perse de MM Eugène Flandin*, *peintre*, *et Pascal Coste*, *architect*, vol.1 (Paris: Gide et Jules Baudry, 1851), 450—451.

[2] Rawlinson, H., "X—Notes on Some Paper Casts of Cuneiform Inscriptions Upon the Sculptured Rock at Behistun Exhibited to the Society of Antiquaries", *Archaeologia* 34(1851), 73—76.

[3][4] Rawlinson, G. *A Memoir of Major-General Sir Henry Creswicke Rawlinson*(London: Longmans, Green and Co., 1898).

[5] Layard, A. H., Sir Henry Layard G.C.B., D.C.L. *Autobiography and Letters From His Childhood Util His Appointment As H. M. Ambassador At Madrid* (London: John Murray, 1903),

---

① 位于今天的以色列境内。——译者注
② 亚述著名君主,公元前 668 年—前 627 年在位。他在位期间,亚述帝国达到鼎盛。——译者注

306—307.

[6] Adkins, L., *Empires of the Plain： Henry Rawlinson and the Lost Languages of Babylon*(London： Harper Perennial, 2004), 229.

[7] Adkins, L., *Empires of the Plain： Henry Rawlinson and the Lost Languages of Babylon*(London： Harper Perennial, 2004), 241.

[8] Adkins, L., *Empires of the Plain： Henry Rawlinson and the Lost Languages of Babylon*(London： Harper Perennial, 2004), 279.

[9] Layard, A. H., *Discoveries in the Ruins of Nineveh and Babylon： With Travels in Armenia, Kurdistan and the Desert： Being the Result of a Second Expedition Undertaken for the Trustees of the British Museum*(London： John Murray, 1853), 144.

[10] Adkins, L., *Empires of the Plain： Henry Rawlinson and the Lost Languages of Babylon*(London： Harper Perennial, 2004), 291.

第三十九章　启封

19世纪50年代初,威廉·亨利·福克斯·塔尔博特就已经非常痴迷于楔形文字。他曾经与爱德华·辛克斯讨论过这个课题。1856年,大英博物馆给塔尔博特寄来了一份提格拉特·帕拉沙尔一世①(Tiglath Pileser I)时期的黏土棱柱铭文副本并希望他将铭文破译出来(图39.1)。当时罗林森也正在翻译这些铭文,博物馆打算发表他的翻译成果。3月17日,福克斯·塔尔博特将完成的译文寄给了皇家亚洲学会并要求含有他手稿的包裹在罗林森译本公开之前不得对外公开,以便对二者进行比较。

图39.1 提格拉特·帕拉沙尔一世黏土棱柱

四天后,福克斯·塔尔博特的包裹放在了学会的会议桌上,他的请求也同时被宣读。当时恰巧朱利叶斯·奥佩尔博士(Dr Julius Oppert)也在场,他表示自己也正在研究棱柱体上的那些铭文。因此,他要求在他完成翻译工作后,他能够被"允许向秘书处递交他的翻译文本……提供同一铭文的三种独立译本,以便秘书处就塔尔博特先生的译本提出更全面的意见"[1]。

秘书处立即采纳了这个建议并决定在大英

---

① 亚述君主,公元前1114年—前1076年在位。——译者注

博物馆正式对外公布之前邀请罗林森和辛克斯提交对文本的翻译。这将是对这些学者各自研究工作的强有力测试。如果译文不一致，则表示"破译工作失败，译本不可信赖"。另一方面，如果翻译结果相同或几乎相同，则证明学者们的说法是正确的，因为"三四个独立工作的研究者不会在猜测的基础上阅读和理解长达1 000行的铭文，除非他们都是用正确的方法进行解读的"[2]。

学会秘书"负责铅封包裹的安全保管"，并成立了"由名望卓著的学者"组成的学者委员会，确定于5月20日召开会议启封包裹并"对比译文"。

334

其他人已经在几个月前拿到了铭文副本，但辛克斯直到4月26日才收到铭文副本，留给他的时间只能够翻译他认为最重要部分。但是，他的翻译结果具有决定性作用。

当包裹启封并对翻译手稿进行比较后，人们发现三种翻译文本大致相同，"似乎仅仅是由于奥佩尔博士对英语并不十分熟练导致他的翻译版本与其他人的版本有一些差异"。委员会认为，"有足够多的词汇可以检验……翻译者对于词汇发音以及词汇所属的语言的掌握"[3]，并且注意到"这个领域的两大学者"罗林森和辛克斯对很多单词的翻译是完全一致的。

尽管还有人持怀疑态度，但这为未来的任务扫清了障碍。研究人员已经积累了大量的破译文本。那么对文本的研究将会揭示什么呢？

【注释】

[1][2][3] Talbot, W. H. F., Hincks, E., Oppert, H. C. and Rawlinson, H. C., "Comparative Translations", *Journal of the Royal Asiatic Society of Great Britain and Ireland* 18(1861), 150—219.

第四十章　知识开锁人

　　对海量材料分门别类进行研究的先行者曾是一位银行券刻版师学徒，他 36 岁时在英国驻阿勒颇领事馆去世。他就是乔治·史密斯，在他去世的时候，"大洪水史密斯""知识开锁人"的绰号已经让他成为风靡全英国的知名人物，《每日电讯报》上还刊载了他的发现。

"鸟爪"和《圣经》

　　史密斯短暂但卓越的职业生涯要从童年时代开始算起，小时候他就对罗林森和莱亚德的探险活动十分着迷。在学徒期间，他每天 12 点离开布拉德伯里—伊万斯①的工作台，全部午餐时间都用来泡在大英博物馆，他所有的积蓄都用来买了关于亚述学的书籍。有一次，他听到一位博物馆助手说没有人肯费心去释读"这些鸟爪一样的文字"并解读其中的内容，这实在太令人遗憾了，于是他对"这部分亚述史所涉及的《圣经》历史"[1]产生了持久的研究兴趣。

　　当罗林森得知乔治·史密斯自学楔形文字后，他允许史密斯在他位于大英博物馆的工作室内查阅纸质摹本。史密斯利用晚上的时间学习黏土板上的文字，他几乎能够记住他所看到的每一片残片上的文字。他的第一个发现是根据一段铭文确定了黑色方尖碑上所记述的耶户向撒缦以色二世进贡的时间。

---

① 布拉德伯里-伊万斯是一家图书印刷出版公司。——译者注

在亨利爵士的推荐下，1867 年史密斯被任命为亚述学研究助理。他开始研究莱亚德和拉萨姆从尼尼微寄回来的几箱黏土泥板残片，并将它们分为宗教及其他、历史和神话三个类别。1872年，他在最后一个类别的泥板中发现了描写大洪水的文字片段（图 40.1）。

对于这个发现，史密斯的反应就像 21 世纪足球运动员进球后的反应一样，而不同于维多利亚时代学者的常见画面。根据博物馆档案的记载，"他跳了起来，亢奋地冲进来，开始脱衣服，在场的

图 40.1　《吉尔伽美什史诗》中记载大洪水的残片

人都目瞪口呆"。释放出自己的激情后，他开始寻找出更多的残片，很快他发现他所找到的第一片残片是一组由 12 片残片组成的文献的第 11 片。关于洪水的描写中，有 17 行文字缺失了。

他将整组的残片都翻译了出来，1872 年 12 月 3 日新成立的《圣经》考古学会召开了一次会议，会场座无虚席，他在会上宣读了自己的翻译稿。这次宣读引发了巨大轰动。威廉·格莱斯顿（William Gladstone）在会上发表了致谢词，他在最后警告说"我们必须防止在这些事情上走得太急"，但他也认为根据罗林森和史密斯的研究，"我们将能够比我们的祖先知道更多关于人类早期历史的知识——也许这是我们人类祖先历史所有不同组成部分中最有趣也是最重要的一部分，即涉及宗教或科学重大问题的那一部分"。[2]

史密斯在宣读译文的过程中已经提请注意铭文缺失了 17 行字，这一提醒是有效果的。《每日电讯报》的编辑埃德文·阿诺德（Edwin Arnold）爵士悬赏 1 000 几尼①去寻找缺失的那部分文字。大英博物馆的受托人批准给史密斯放假，让他接受这一挑战；随后，史密斯于 1873 年 3 月 20 日踏上行程。

三次考察

史密斯穿过叙利亚沙漠，于次年 3 月 2 日抵达尼尼微。在这里有所发现的前景

---

①　guinea，英国旧金币单位，1 几尼值一镑一先令。

并不乐观。尼尼微废墟长达 3 英里，他在当地发现了一个采掘场，注意到"这个坑自从上次被作为采石场关闭以来还在一直开采"，"现在坑底全填满了大石块……一片混乱"。他当时觉得自己就像是在大海里捞针一般。

337　　5 月 21 日，《每日电讯报》发表了史密斯的电报，宣布在发掘开始后的第五天，他获得一项新发现。他写道：

> （我）坐下来检查几天来挖掘出的楔形文字残片，刷掉上面的泥土并阅读上面的内容。在清理其中的一片残片时，发现它包含了（缺失的）那 17 行铭文中很大一部分内容，它是迦勒底人（Chaldeans）①对洪水描述部分的第一列铭文，这恰好填补了故事中缺失的那块空白部分，这让我感到惊讶和满意。[3]

史密斯随后进行了进一步的考察。1874 年，在大英博物馆的资助下，史密斯再次来到尼尼微。1876 年，这些发现再次引发了公众的兴趣，但是这次考察却以灾难为终结。

当时，当地爆发了瘟疫。史密斯的同伴沃尔特·恩伯格（Walter Eneberg）因感染瘟疫去世。史密斯本人距离医疗服务站有数百公里的路程，他横穿沙漠，行进了 350 英里，然后沿着大篷车碾下的旧路跋涉，最后倒在了土耳其边境的一个村庄。牙医约翰·帕森斯（John Parsons）被派去寻找史密斯并将他带到距离阿勒颇 60 千米的地方，不久史密斯在领事馆去世。史密斯在他最后一篇日记中写道："我已经全面履行了自己的职责，我不怕离开这个世界。"

尽管史密斯的职业生涯非常短暂，但是他几乎是奇迹般地为《创世记》开头几个章节的研究打开了一扇新的大门，通过这扇大门，一些现在围绕这几个章节的问题可以获得可信的答案。

【注释】

[1] Smith, G., *Assyrian Discoveries: An Account of Explorations and Discoveries on the Site of Nineveh, during 1873 and 1874* (London: Sampson Low, Marston, Low, and Searle, 1875), 9.
[2] *The Times*, 4 December 1872.
[3] Smith, G., *Assyrian Discoveries: An Account of Explorations and Discoveries on the Site of Nineveh, during 1873 and 1874* (London: Sampson Low, Marston, Low, and Searle, 1875), 97.

① 公元前 1000 年左右生活在两河流域的古代民族。——译者注

第四十一章　外邦

多尔多涅洞窟中发现的史前世界以及化石展示的巨型爬行动物世界都是全新的和未曾预想到的世界。另一方面,对于维多利亚时代的《圣经》读者来说,通过史密斯打开的大门,他们似乎看到了一幅陌生而又奇怪的景象。

还有一段与史密斯发现的大洪水记录内容相同的清晰可辨的文字,它出现在一首气势恢宏且以前完全未知的《吉尔伽美什史诗》的结尾部分。这部超凡的作品讲述了乌鲁克之王吉尔伽美什(Gilgamesh)的传奇故事以及他与野人恩奇都(Enkidu)的友谊。

在史诗的后半部分,恩奇都去世,吉尔伽美什去寻找乌特纳比西丁。乌特纳比西丁(Utnapishtim,意思可能是"发现生命秘密的人")是大洪水唯一的幸存者,他掌握着永生的秘密。吉尔伽美什历尽磨难和艰苦跋涉终于找到乌特纳比西丁,乌特纳比西丁给吉尔伽美什讲述了大洪水的故事:他接到伊亚(Ea)神的警示建造了一艘巨船,他把所有生物的种子、牛和野兽带上船,巨船在洪水消退的时候停靠在尼姆什(Nimush)山上,他先放出一只鸽子,而后放出一只燕子,两只鸟都返回了船上,最后放出去的乌鸦却没有飞回来。

史密斯发现的《吉尔伽美什史诗》是公元前 7 世纪的版本,可以肯定的是,抄录这首史诗的人是一位"高级抄写员和咒语祭司",名字叫辛里奇·乌尼尼(Sin-leqe-unnini)。史密斯猜想他肯定是复述了一个更古老的故事,大约 90 年后,史密斯的猜想被证明是正确的。

《阿特拉哈西斯史诗》

因为莱亚德和霍姆兹德·拉萨姆挖掘出的黏土泥板数量如此之多（但能够阅
339 读的学者却屈指可数），以至于翻译工作耗费了多年时间。自 1879 年以来，在尼尼
微出土并存放在大英博物馆的黏土泥板最终在 1960 年被翻译完成，根据翻译结果，
其中还包含了另一个版本的大洪水故事。

在这个版本中［抄录人是一位名叫奴·阿亚（Nur-Ayu）的初级抄写员］，大洪水
的幸存者名为阿特拉哈西斯（Atra-hasis）——意为"智慧超群"，故事的开头是"神在
辛勤劳作而不是人在辛勤工作"。为了免受挖掘运河灌溉土地的艰辛，神创造了人
类。过了一段时间，大神埃利尔（Elil）抱怨说："人类的声音太嘈杂。他们的喧闹让
我无法睡眠。"为了摆脱这种滋扰，他尝试采取了一系列措施，最终决定发动一场洪
水。幸运的是，持不同意见的大神恩基（Enki）警示阿特拉哈西斯说，你要建造一艘
船，把"在天空飞翔的（鸟）、家畜和野兽"装上船。[1] 阿特拉哈西斯最终幸存了下来，
这让埃利尔大为恼火。

当记载《阿特拉哈西斯史诗》的黏土泥板被拼凑在一起时，可以看出 1873 年史
密斯在尼尼微发现的 17 行文字明显属于这个版本故事的组成部分，而不是《吉尔伽
美什史诗》的组成部分。证据显示《阿特拉哈西斯史诗》成书于公元前 1700 年左右，
比公元前 7 世纪成书的《吉尔伽美什史诗》要早 1 000 年。其他版本的《吉尔伽美什
史诗》成书历史也可追溯至公元前 1700 年左右，但《吉尔伽美什史诗》和《阿特拉哈
西斯史诗》似乎都不是关于洪水故事的最早记录。

朱苏德拉

牛津阿什莫尔博物馆（Ashmolean museum）收藏有一块 20 厘米高的小黏土块，
被称为"韦尔德—布伦德尔立柱"（Weld—Blundell Prism）。立柱两侧记录的是苏美
尔国王年表。早期，苏美尔国王统治的时间非常漫长（其中提到有两位国王分别统
治了 28 800 年和 36 000 年），然后我们得知"大洪水来临。大洪水之后，王权再次从
天而降"[2]。之后，国王统治的时间逐渐开始变得短暂，减少到 900 年左右，后来有

的国王统治时间减少到了三年[后来的统治者中有一些有趣的人物,如统治者库格巴乌(kug—bau)原来是一名侍女]。

根据这份国王年表,大洪水前的最后一个国王是"乌巴拉图图"(Ubara-Tutu),"他将王权转移到舒尔卢帕克(Shurrupag)"。通说认为,立柱可以追溯到公元前1800年左右,但在其他更古老的泥板上都出现过这些名字。在我们能读到的、最早 340 的苏美尔泥板残片中,一片可以追溯到公元前2600年的残片上写道:"乌巴拉图图将王权传给他的儿子朱苏德拉(Zi-ud-zura)的命令。"在尼普尔①发现的关于苏美尔王故事的一些泥板残片可追溯至公元前1700年左右,朱苏德拉则成为收到苏美尔神恩基(Enki)警示要出现洪水的人,他以及他的家人、"动物和人类的种子"在大洪水中得以幸存。

这些不同寻常的发现给维多利亚时代的学者提出了一个问题,在接下来的一个世纪中,他们的后继者也继续就这个问题进行了研究。即美索不达米亚地区关于洪水的故事和《创世记》中关于大洪水的记载之间是什么关系? 随着更多泥板被发现和翻译出来,对二者关系的解释也是五花八门。不同的故事元素似乎已经从一个民族传播到另一个民族,并且在不同的语境下被赋予不同的含义并世代流传。美索不达米亚的故事和《创世记》的故事之间的关系也是这样一种复述关系吗?

在以色列的米吉多(Megiddo)和位于今天叙利亚沿海的拉斯沙姆拉(Ras Shamra)发现了写有《吉尔伽美什史诗》的残片,但是这并不必然让人得出《创世记》的作者实际上已经读过或者听说过《吉尔伽美什史诗》这样的结论。不同的语言和不同的语境中一次又一次地被讲述的大洪水故事表明,这个故事的口头传播至少和书面文本传播一样广泛。鉴于苏美尔文明距今年代久远并得到了广泛传播,很难想象《创世记》是凭空创作而成的。《创世记》中有没有证据表明其创作者曾了解或注意到了美索不达米亚平原的故事和宗教呢?

诺亚方舟

当《创世记》中关于大洪水的描写与早期故事版本中关于大洪水的描写一起出现时,可以发现似乎《创世记》在有意识地拒绝仿效早期故事的版本。

---

① Nippur,古代苏美尔人的圣城,位于今天伊拉克南部,幼发拉底河沿岸。——译者注

在巴比伦神话故事中，人类被描述成金古（Kingu）打败了自己的情人提亚马特（Tiamat）之后用自己的血液创造的生命，创造人类的目的是"全身心地侍奉神"，"为他们耕种土地、建造房屋"。[3]《阿特拉哈西斯史诗》中洪水的故事则与之一脉相承。人类被创造出来是为了让众神免去挖掘运河的劳苦，人类被摧毁的原因是他们正在制造喧嚣，但是淡水之神恩基（Enki）通过阿特拉哈西斯拯救了人类，破坏了发动大洪水的其他众神的计划。

在《创世记》的故事中，众神之间没有交战。唯一的上帝是创造万物的造物主。人类不是奴隶，而是造物主"照着他（上帝）的形象造男造女"，并且他们被委任为上帝的代表来管理大地。大洪水的故事顺着这种新的神学逻辑被重新书写。《创世记》中的大洪水不是神的恣意专行，而是对一个"自我毁灭"世界的宣判。方舟（远远算不上是针对敌人的破坏行为）被描绘成上帝本人提供的、用来拯救一位正直的人并使船上的生灵归于安全的一艘巨船。

意义和动机

这些发现逐渐将历史证据形成的新基础引入到解释大洪水故事的悠久传统之中。

早期教会中，神父缺乏这种证据基础，他们倾向于在《创世记》中寻找属灵的寓言，就像斯多葛学派的哲学家寻找希腊神话的寓言一样。因此，约翰·克里索斯托（John Chrysostom）在公元 4 世纪曾将大洪水的故事描述为"未来将要发生的事情"[4]。对于其他的教会神父来说，方舟"主要是教会的一种象征，里面是待救赎的人，那些没有注定走向灭亡的人"[5]。中世纪的评论家沿袭了这一观点，认为方舟的每一个细节都有象征意义，从方舟的三层结构（被认为象征着信仰、希望和爱）到方舟的长度为 50 腕尺（象征着五旬节，即复活节后第 50 天为"圣灵降临节"）都具有象征意义。

宗教改革者拒绝对《创世记》进行寓言式解读，他们将这些故事看作历史信息的直接来源，而这些信息是无法从其他地方获得的。约翰·邓恩（John Donne）认为："除了将摩西五经作为一种历史文本并以此进行文意解释之外，我们完全没有任何关于世界形成的历史知识。"[6]因此，正如彼得·哈里森所指出的那样，像大洪水这样的故事细节，"现在则与科学和逻辑等世俗问题联系在了一起。洪水从何处来,最终流向何处? 大洪水导致地球出现了什么变化?"[7]

　　与两个世纪之久的文意解读传统不同,达尔文并不认可《旧约》,认为其中"有明显伪造世界历史的事实,如巴别塔和作为约言征兆的彩虹等"[8]①。

　　史密斯和其他人发现的楔形文字提供了《圣经》文本的一种阅读方法,既不将其进行寓言化阐释,也不将其看作文字记录的历史。当一个故事被重新演绎时,可以根据其对原著的改变找到重述的重点和意义。通过对比这些故事的古代版本,可以合理期待寻找到一些关于《创世记》原作者(或几位作者)最初意图的一些信息,并可以对其中的描述在原始语境下的意义形成一些见解。

　　它能够回溯至多么久远的时代? 在史密斯去世后的几年里,在巴比伦的发掘工作一直在继续,这个问题的答案逐渐露出水面。

【注释】

[1] Dalley, S., *Myths from Mesopotamia: Creation, the Flood, Gilgamesh, and Others* (Oxford: Oxford University Press, 1989), 31.

[2] "Electronic Text Corpus of Sumerian Literature: The Sumerian King List", http://etcsl.orinst.ox.ac.uk/index1.htm, accessed 20 August 2015.

[3] Sandars, N. K., *Poems of Heaven and Hell from Ancient Mesopotamia* (Harmondsworth: Penguin, 1971), 101.

[4][5][7] Harrison, P., *The Bible, Protestantism, and the Rise of Natural Science* (Cambridge: Cambridge University Press, 1998), 128.

[6] Donne, J., *Essays in Divinity* (Oxford: Clarendon Press, 1952), 18.

[8] Darwin, C. R., *The Autobiography of Charles Darwin and Selected Letters* (New York: Dover, 1958), 85.

---

① 即耶和华与人立约的"虹"。——译者注

第四十二章　在巴比伦的河边

　　我们曾在巴比伦的河边坐下，

　　一追想锡安就哭了。

　　我们把琴挂在那里的柳树上。

　　因为在那里，

　　掳掠我们的，要我们唱歌，

　　抢夺我们的，要我们作乐，

　　说："给我们唱一首锡安歌吧！"

　　我们怎能在外邦唱耶和华的歌呢？[1]

　　《列王记》和《历代志》的结尾都描写了耶路撒冷沦陷和民众被迫搬迁至巴比伦的故事。首先，作为背叛巴比伦国王尼布甲尼撒二世（Nebuchadnezzar II）的惩罚，年轻的国王约雅斤（Jehoiachin）和王室成员被掳至距离巴比伦 700 英里的地方；11 年之后，约雅斤的叔叔西底家（Zedekiah）以及耶路撒冷的民众沿着同一条苦难之路来到巴比伦，他们所在的城市和庙宇成为了一堆废墟。

　　很明显，大部分《圣经》经文写作和编纂的背景是流亡和流亡者回归故乡的故事，但这些故事是真实存在的吗？19 世纪末，虽然福音派致力于将经文中的每一个字都当作字面真理（literal truth）看待，但怀疑论者同样致力于将经文看作彻头彻尾的神话故事。考古学可以裁决孰是孰非吗？事实证明，巴比伦之囚的考古学痕迹是以一种相反的次序被发掘出来的。

俘虏和流亡者

1879 年发现了第一个确凿证据，当时霍姆兹德·拉萨姆在巴比伦对埃萨吉拉神庙（Esaglia）废墟进行了发掘并将出土的居鲁士纪念柱（Cyrus cylinder）交给大英　344 博物馆收藏（图 42.1）。作为一个公共纪念设施，纪念柱记载了居鲁士在征服巴比伦之后宣布的一项政策，将被掳的神像归还至它们所在的圣所并把人们押送至定居点。虽然居鲁士纪念柱没有提到以色列人，只是专门提到了巴比伦周边存在邪教，但这种政策与《圣经》中《以斯拉记》和《历代志》中所描述的完全一致。

图 42.1　居鲁士纪念柱

19 世纪末 20 世纪初，德国考古学家罗伯特·科尔德威（Robert Koldewey）在对巴比伦进行了为期 14 年的发掘后发现了一项犹太人被掳的证据。

科尔德威在伊什塔尔门①附近的发掘中发现了尼布甲尼撒二世的皇家档案室，里面的泥板可以追溯到公元前 595—前 570 年。20 世纪 30 年代，德国亚述学家恩斯特·魏德纳（Ernst Weidner）在翻译其中某些泥板的时候发现其中列举了不同人的油和大麦配给量（图 42.2）。其中包括"犹太国王约雅斤十（希拉油）；犹太国王的孩子两希拉半（油）"。这一点尤其引人注意，因为《耶利米书》和《列王纪》的最后一句经文都记了载犹太国王在巴比伦被释放后，"赐他所需用的食物，日日赐他一份"②。

---

① Ishtar，巴比伦城门之一，意为"自然与丰收女神之门"。该城门精美绝伦，代表了巴比伦王国高超的建筑技艺。——译者注

② 参见《列王记下》25：30 及《耶利米书》52：34。——译者注

图 42.2 记载食物配给的泥板中提及约雅斤的部分

1956 年，D.W.怀斯曼（D.W.Wiseman）公布了大英博物馆藏品"巴比伦纪事片断"的译文。译文描述了尼布甲尼撒二世围困耶路撒冷（犹大城）并在亚达月的第二天攻陷耶路撒冷的情况。[2]一直到今天，大英博物馆不断丰富的馆藏都在进一步佐证或确认这些细节内容。

最近一次类似的发现是 2007 年维也纳亚述学访问教授迈克尔·尤萨（Michael Jursa）在研究 1870 年西帕（Sippar）出土的一块泥板时发现的，该泥板于 20 世纪 20 年代由博物馆购得。这块泥板记录的似乎是一份普通的收据，日期为"巴比伦王尼布甲尼撒 10 年 11 月 10 日"，属于"太监总管 Nabu-Sharrussu-ukin"的财产，但尤萨认识到这个名字和官衔与《耶利米书》第 39 章第 3 节所提到的"太监尼波·撒西金"（Nebo-Sarsekim）一样，他是在叙述耶路撒冷陷落，西底家被挖去双眼并被掳到巴比伦时提到的一个小人物。

如果这些灾难事件真的发生过，以色列人是怎样在巴比伦的强大文明之下生存下来的呢？在塑造犹太人身份的器物都被毁损的情况下，他们采取了什么样的策略才使得他们能够保持自己的文化身份呢？他们对诗人提出的令人肝肠寸断的问题——"我们怎能在外邦唱耶和华的歌呢"——是如何回答的呢？

对于这个问题许多学者给出的答案是他们撰写的一部文献。

"写在何处？"

约雅斤王室成员可能带上了他们王朝的典籍一起踏上了流亡之路。从文学修辞的角度来看,《列王记》经常会针对这次流亡提出一些反问:岂非"都写在大卫记上"或"所罗门记上"或"以色列诸王记上"? 此外,《历代志》还提到"先知拿单的书上""先见迦得的书上""示罗人亚希雅的预言书上""先见易多论尼八儿子耶罗波安的默示书上"。上述所有文献都没有保存下来,但是有人猜测,编辑并撰写《列王记》和《历代志》等伟大神学历史著作的任务可能在巴比伦流亡时期就已经开始,并且当时的困境更激发了这种写作情绪。

与之类似,圣殿和先知的文献可能通过流亡的祭司(如先知以西结)也被带到了巴比伦。

那么人类起源的故事又是什么呢?

《但以理书》回顾了流亡的情景,其中描述了年轻的以色列人从巴比伦贵族那里学习"巴比伦人的语言和文学……满了三年,好叫他们在王面前侍立"[3]。大英博物馆楔形文字文物馆馆长欧文·芬克尔(Irving Finkel)在最近出版的一本著作中探讨了这种解释的合理性。[4]

"今天,现代希伯来历法中使用的月份名称保留了尼布甲尼撒的古代历法中使用的名称,可见巴比伦影响之深远。"[5]芬克尔指出一块新发现的泥板中提到了对鸟和动物按照"两两一组"分阶段放出的情形,以及方舟的圆形形状。更为具体是,芬克尔提请读者注意,这个时期巴比伦学校的教科书中摘录了《人类的伟大时代》《萨尔贡传奇》和《吉尔伽美什史诗》的内容。《吉尔伽美什史诗》和《创世记》中关于大洪水口述内容的相似性很容易被如此解释:"最能体现相互借鉴性的这三本著作均属于学校的课程内容。接受培训的犹太人应该在宫廷的课堂上读到了这些文本。"[6]

芬克尔猜测,这个被俘民族的历史

> 肯定是由特定的一群个体编纂而成的,在权力机关同意进行编写的前提下,他们可以看到所有的档案材料。人们可以设想当时存在一个编写犹太历史的机构。在这种背景下,将这种做法与巴比伦的特定传统结合起来是可以理解的。也许希伯来思想家对于世界和文明的起源并没有自己的见解,无论如何,采纳了处于强势地位的某些巴比伦叙述,但关键的是,这种采纳不是完整地照搬。如果没有楔形文字文化作为基础,根本无法辨识出《创世记》开始部分所蕴含的巴比伦文化因素,但是这些故事通过独特的犹太民族解释在全新的语境中扮演了自己的角色。[7]

346

1876 年，乔治·史密斯（即他去世的当年）出版的著作《迦勒底的创世记》（*The Chaldean Account of Genesis*）中最早指出了这种转折的激进本质以及它将巴比伦信仰转化成为自身知识的证据。

《埃努玛·埃利什》

1874 年，史密斯着手缀合并翻译一首长诗，该文献由七块泥板组成，长诗的第一句是"高天既未赋名"（Enuma la nabu shamamu）。长诗的第一部分讲述了众神降生和天堂中的战争，玛尔都克[Marduk，有时被称为"彼勒"（Bel）]打败了原始混沌的甜水之神提亚玛特（Tiamat）而成为众神之神，他建立了宇宙秩序。随后根据玛尔都克的特别指示，"亚拏娜奇诸神（Anunnaki gods）用了整整一年的时间……用砖块堆砌"，在巴比伦建造了一座塔和一座神庙。第二年，"埃萨吉拉神庙（Esagila）呈翘首之姿，大地上的圣殿成为无限天国的象征"。玛尔都克和亚拏娜奇诸神居住在神庙内，人类则被创造出来服务众神，"伟大的巴比伦"被定为"上帝之城"。

史密斯去世之后的几年里，人们开始系统发掘巴比伦及其他遗址，人们很快清楚地发现美索不达亚地区大型阶梯状庙塔与埃及金字塔具有同样的特征（图 42.3）。他们用来建造的泥砖并没有那么耐久：巴比伦塔在今天看起来就像"一堆软烂的泥巴"[8]。这些雄伟的建筑物与流放的犹太人曾经看到的不是同一个样子。

图 42.3 乌尔的庙塔

《创世记》第 11 章描述了巴别塔（巴比伦的希伯来语名称是"巴别"），这表明故事的作者已经通晓建筑的建造方法——"我们要作砖，把砖烧透了"，并且与其他方法进行了对比——"他们就拿砖当石头，又拿石漆当灰泥"（《创世记》第 11 章第 3 节）。无论作者对巴比伦人创作的诗歌有没有特别了解，"塔顶通天"（《创世记》第 11 章第 4 章）都暗示了巴比伦人在他们建造的庙塔之中寄托了宗教意义。

事实上，城市中的所有居民都意识到了这一点。在对巴比伦的发掘中，人们发现的几块泥板证实了史密斯所翻译的诗歌在这个民族的信仰中的重要性。泥板上 348 的文字描述了新年节日的礼拜仪式，"傍晚的第二餐之后……乌尔加拉祭司……（举起手来）向主神彼勒诵读《埃努玛·埃利什》"[9]，庙塔使"伟大的巴比伦"成为主神之家，成为宗教和政治权力的源泉。

著名的巴比伦泥板地图现收藏在大英博物馆，这幅地图将巴比伦作为世界的中心，彰显了王朝的宗教和政治主张（图 42.4）。但对于来到这个城市的异乡人来说这一主张可谓不堪一驳。

巴比伦不是唯一主张自身是世界中心的城市。敦努（Dunnu）是公元前 1700 年左右的另外一座重要城市，根据一首名为《敦努神谱》（*Theogony of Dunnu*）诗歌的描述，"太初，犁（plough）与地（earth）结合"，"他们一起建立了敦努，以此作为永远的安息之所"。[10] 由于彼此相异的创世故事与主神与不同地域相关，因此政治力量可以重新改写这些故事和神。

图 42.4 巴比伦地图

公元前 689 年，亚述国王辛那赫里布（Sennacherib）征服巴比伦，彼勒/玛尔都克的雕像被带到亚述王国首都亚述。亚述也是亚述民族之神的名字，并且人们还发现了一个亚述版本的《埃努玛·埃利什》，从那时开始，亚述的名字取代了玛尔都克。

《创世记》则对巴比伦塔的故事进行了更为激进地改写，而不是简单地用一个神的名字取代另一个神的名字。《创世记》的故事主旨不是将庙塔视为"主神之家"从而使巴比伦（或某个其他的城市）成为宗教和政治权力的中心，而是强力地颠覆了这种主张,提出了一种自大的口号——"要传扬我们的名"①。

巴别塔变乱

巴比伦诗歌不是用同一种的语言来书写的,但是人们发现记述几块苏美尔史诗的泥板却预见到了这种"书同文"情况。这些泥板描述了库拉巴(Kulaba)国王恩美卡(Enmerkar)强迫阿拉塔(Aratta)国王臣服的故事,他要求阿拉塔国王遵从女神伊纳娜(Inana)的命令,建造一座高塔作为神殿,就像"闪闪发光的山"。故事中有一个预言,即"操着不同语言的大地上"将"会使用一种语言来赞美恩利尔(Enlil)"。[11]

《创世记》则彻底颠倒了这种预言的含义。巴别塔的建造,并没有让人们统一语言,而是导致了截然相反的结果。根据巴比伦人的理解,"巴别"意为"上帝之门"。《创世记》中,似乎是出于故意模仿的目的,将其解释为"变乱"之意。

这种对巴比伦基础神话的复述所引发的争议同样出现在《以赛亚书》的后半部分,犹太俘虏的宗教信仰与巴比伦一年一度的大型宗教仪式中所体现的神话形成了直接对比。

"我是耶和华"

描述巴比伦新年节日的礼拜仪式的泥板讲述了在节日的第三天,一个金匠和一个木匠被召唤去建造两位神的雕像:彼勒/玛尔都克和他的儿子尼波(Nebo)。第十天(诵完《埃努玛·埃利什》之后),游行队伍将雕像运送通过伊斯塔尔门,装入运河上的船只,然后将其移入寺庙之中(巴尔米拉彼勒神庙的浮雕描绘了与之类似的游行过程)(图42.5)。

《以赛亚书》第44章开篇对用木头做神像的做法进行了讽刺,其中一部分木头被用来生火烧饭,而"他用剩下的做了一神……他向这偶像俯伏叩拜,祷告说,'求

---

① 参见《创世记》11:4:"来吧! 我们要建造一座城和一座塔,塔顶通天,为要传扬我们的名。"——译者注

349

图 42.5　巴尔米拉的彼勒神庙浮雕中描绘的载着彼勒神像游行的场景

你拯救我,因你是我的神'"。《以赛亚书》第 46 章描述了辛那赫里布征服巴比伦之 350
后的玛尔都克神像游行,并对每年一度的庆典仪式进行了羞辱式模仿:这些雕像被
运至亚述国的首都,

　　　彼勒屈身,尼波弯腰,

　　　巴比伦的偶像驮在兽和牲畜上,

　　　他们所抬的如今成了重驮,使牲畜疲乏。

　　　……自己倒被掳去。

　　　与这些人造之神相比,造人之神将这一切颠倒过来:

　　　雅各家,

　　　以色列家一切余剩的,

　　　要听我言!

　　　你们自从生下,就蒙我保抱;

　　　自从出胎,便蒙我怀揣。

　　　直到你们年老,我仍这样;

　　　直到你们发白,我仍怀揣。

　　　我已造做,也必保抱。[12]

　　有一些证据表明,即使在巴比伦人的思想中,也存在一种一神教的思想倾向。
人们发现了一块关于玛尔都克神学的著名泥板,上面列明了为玛尔都分管各事项
的小神:

　　纳布(Nabu)是玛尔都克的书记官;

　　辛(Sin)是玛尔都克夜晚的照明使者;

　　沙马什(Shamash)为玛尔都克掌管正义;

　　阿达德(Adad)为玛尔都克掌管降雨。[13]

　　犹太人对巴比伦宗教的批评远远超出了这个范围。《创世记》开篇仍是以楔形文字文化作为基础,它提出了对上帝及其上帝与他所创造的世界之间关系的理解,这在古代社会是一种独特的见解并且产生了特殊的影响。在适当的时候,它将对科学领域的次终极追问产生深远的影响。

【注释】

[1] Wagner, R., *In a Strange Land* (Oxford: Besalel Press, 1988), Psalm 137: 1—4.

[2] Wiseman, D. J., *Chronicles of Chaldaean Kings* (*626—550 B.C.*) *in the British Museum* (London: British Museum, 1956), 33.

[3] Daniel 1: 4—5.

[4] Finkel, Y. I., *The Ark before Noah: Decoding the Story of the Flood* (London: Hodder Stoughton, 2014).

[5] Finkel, Y. I., *The Ark before Noah: Decoding the Story of the Flood* (London: Hodder Stoughton, 2014), 259.

[6] Finkel, Y. I., *The Ark before Noah: Decoding the Story of the Flood* (London: Hodder Stoughton, 2014), 254.

[7] Finkel, Y. I., *The Ark before Noah: Decoding the Story of the Flood* (London: Hodder Stoughton, 2014), 249.

[8] Sandars, N. K., *Poems of Heaven and Hell from Ancient Mesopotamia* (Harmondsworth: Penguin, 1971), 40.

[9] Sandars, N. K., *Poems of Heaven and Hell from Ancient Mesopotamia* (Harmondsworth: Penguin, 1971), 47.

[10] Dalley, S., *Myths from Mesopotamia: Creation, the Flood, Gilgamesh, and Others* (Oxford: Oxford University Press, 1989), 279.

[11] "Electronic Text Corpus of Sumerian Literature: The Sumerian King List", http://etcsl.orinst.ox. ac.uk/index1.htm, accessed 20 August 2015.

[12] Isaiah 46: 1—4.

[13] Finkel, Y. I., *The Ark before Noah: Decoding the Story of the Flood* (London: Hodder Stoughton, 2014), 243.

第四十三章 亚当和亚达帕

1887 年，即达尔文逝世五年后，在即将证实拉穆特的发现为史前绘画的前夕，古玩市场上出现了大量阿卡德人楔形文字泥板。

这些泥板是由埃及当地人从埃尔阿马纳（El-Amarna）城市遗址中发掘出来的：埃尔阿马纳城曾经是埃赫那吞（Akhenaten）法老为自己建造的都城，但存续时间很短暂。泥板存放在一栋建筑物内，后来人们根据发现的铭文确定该建筑物的名称为"法老通信局"（The Bureau of the Correspondence of Pharaoh），其中大多数泥板就是著名的外交信件——"埃尔阿马纳信件"。在这些泥板中，有一块公元前 1400 年的泥板记述了亚达帕的故事，故事上说亚达帕是人类的祖先，他是七圣人中的第一位圣人，他出生在人类建成的第一座城市埃利都（Eridu）。公元前 7 世纪，同一个故事被翻译成巴比伦文，后来在尼尼微的亚述巴尼拔图书馆泥板中发现了相应的文献。

故事讲述了亚达帕因为在钓鱼的时候"折断了南风神的翅膀"而被唤至天堂。伊亚（Ea）神告诉他言行举止的规矩并且告诉他当别人递给他死亡面包的时候，一定不能吃，当递给他死亡之水时，也一定不要喝。亚达帕遵守了这个指示，但他发现自己实际上拒绝的是永生面包和永生之水，从而失去了长生不老的机会。

这与《创世记》中关于亚当和夏娃的描述有什么关系呢？

改编亚达帕的故事

亚当和夏娃的故事包含了许多与亚达帕故事相同的元素——人类的始祖因为

不吃特殊的食物(生命之树的果实)而失去了长生不老的机会,但亚当的故事显然具有完全不同的含义。

352   《创世记》不是仅仅将人类看作神施展计谋的牺牲品或是人类致命不幸的原因的(亚达帕的故事并没有清楚地说明应该指责哪一方),而是认为男人和女人要对自己悲剧性的命运负责:面对诱惑时的选择是自己做出的。因此,上帝对人类选择的反应不是恣意筹划的计谋或对人类命运的打击,而是道德审判。但是,即使人类不顺从上帝,他们也离不开上帝的恩典:当他们被赶出伊甸园时,亚当和夏娃就获得了上帝的恩典,他们穿上了衣服,并且上帝告诉了他们最终战胜诱惑的神秘应许。

如果说《创世记》的作者们对亚达帕故事形式进行了改编,那么他们是尽数抛弃了故事中几乎所有的巴比伦神话因素。

根据其他巴比伦文献的记载,亚达帕是阿普卡鲁(Apkallu)七位贤人之一。七位贤人是鱼身人首的人鱼,夜晚生活在阿普苏甜水之中,白天出来向人类传授所有的文明技艺:写作、占卜、王权、农业、数学和城市建设知识(图43.1)。七位贤人被认为生活在大洪水之前的"黄金时代",那时人类生活在一个没有疾病或死亡的世界里,寿命可达 36 000 岁(苏美尔王年表记录了他们的寿命,其中有逐行巴比伦文翻译,该年表是人们学习楔形文字的课程资料[1])。

图 43.1 阿普卡鲁人鱼

353   《创世记》中,"黄金时代"的概念几乎被全部删除[仅存的痕迹就是一位大洪水前的长寿祖先和只提到过一次的神秘的拿非利人（Nephilim）[2]〕。洪水之前的世界被描述成一个"充满暴力"的世界。即使在伊甸园里，一个没有死亡、劳苦和分娩痛苦世界的想法也只是一种未曾实现的愿景：一条人类未选择的道路。

在各式各样的美索不达米亚故事中，人类都是以众神创造的、为他们工作的奴隶的形象出现。《创世记》第1章关于创造世界的补充说明中指出造物主"照着上帝的形象"创造了男人和女人。造男造女（在上帝看来"都甚好"）是上帝创造世界过程的高潮部分，《创世记》中的遣词造句似乎非常认真谨慎，目的是同其他故事的内容进行区分。

太阳神沙玛什

《圣经》对于造物主创造太阳和月亮过程的描述是："于是神造了两个大光，大的管昼，小的管夜，又造众星。"（《创世记》1：16）这些经文表述有一些复杂。为什么不像《圣经》其余部分那样表述，却使用"大光"而不是"太阳"这个词呢？

许多学者给出的答案是因为希伯来语中的"太阳"（shemesh）拼写与美索不达米亚的太阳神沙玛什（Shamash）的名字是一样的。在《吉尔伽美什史诗》中，沙玛什帮助英雄战胜了怪兽洪巴巴（Humbaba），他是无所不能的。在巴比伦的两个城市西帕（Sippar）和拉尔萨（Larsa）都建有宏伟的沙玛什神庙（被称为 e-barra，即"闪光之屋"），在巴比伦、尼尼微、乌尔、马里①和尼普尔也建有规模较小的沙玛什神庙。

《创世记》似乎想告诉我们，月亮不是"玛尔都克夜晚的照明使者"，太阳也不是"为玛尔都克掌管正义"的主神沙玛什（图43.2）。太阳和月亮只是上帝创造的"大光"。

图43.2　《汉谟拉比法典》上关于沙玛什向汉谟拉比传授法律的浮雕

---

① 乌尔与马里均位于今天的伊拉克，是巴比伦时代的重要城市。——译者注

而在巴比伦人的说法中掌控着人类命运的星星，在《创世记》中则被视为造物主后来又创造的神圣之物。这种细心的诠释并不是偶然的：它反映了贯穿整个《圣经》的一种文字叙述策略。

354 偶像和偶像崇拜

信仰作为无所不能造物者的上帝的完整含义可能只有在犹太教和巴比伦的宗教传统同时存在时才能完全显现出来，但是信仰本身并非源自巴比伦。尽管还有些人持相反意见，但我们现有的、犹太流亡者所留下的所有证据都证明了上述观点。虽然很难确定《圣经》文本形成的具体时间，但是先知书中的《何西阿书》《阿摩司书》《耶利米书》以及《以赛亚书》的前几个章节这些明确提到了流亡之前的情景（学者意见主要关注流亡时期之前的历史）的文献，都积极地宣扬上帝是唯一造物主的思想。

《圣经》中屡次指责"以色列忘记造他的主"（参见《何西阿书》8：14）并转向偶像崇拜。民众崇拜"人手所造的神，就是用木石造成"，而"那在天上建造楼阁，在地上安定穹苍，命海水浇在地上的"是耶和华（参见《阿摩司书》9：6）；"使太阳白日发光，使星月有定例，黑夜发亮，又搅动大海，使海中波浪匉訇的"也是耶和华（参见《耶利米书》31：35）。

接下来，预言的意旨要求，与上帝和谐相处，人们必须在日常生活中关心穷人，并放弃对偶像的崇拜。

根据《出埃及记》记载的传统习俗，当时并没有彻底消除视觉上的图像崇拜。在会幕（后来的圣殿）中，还陈列着代表超自然世界的基路伯画像和代表创造自然的杏花图像。然而，这种可视化的图像只是用来指示无法表征的、肉眼不可见的现实。因此，当基路伯站在施恩所的一边时，座位本身也是空空如也（参见《出埃及记》25：17—70）。

对于流亡在巴比伦并开始创作民族文学作品的犹太人来说，对可视偶像的否定在文学上的体现又是什么呢？

形似

后来，犹太教的传统教义变化为虽然可以书写上帝之名，但不能唤上帝之名

(只有在赎罪日,牧师才可以在祭坛上以喃喃自语的形式唤上帝之名)。在巴比伦国的河流岸边"被掳的人中",流亡的以西结牧师以类似的谨慎方式描述了他看到 355 的"神的异象"。在所有庙宇之中,基路伯的圣像和向他滚来的火团中,他至多只能将其形容为"耶和华荣耀的形象"(参见《以西结书》1:28)。

上帝荣耀在巴比伦的异象预示着以西结看到的荣耀离开耶路撒冷神殿,这是神殿被拆毁的前奏。这一灾难本该消灭了犹太教,却产生了反向的效果,更加强化了犹太人对上帝的崇拜,上帝不再是某个部落的神,而是万物的造物主。因此,《诗篇》(74:7,12,16)从对"他们用火焚烧你的圣所,亵渎你名的居所,拆毁到地"的控告,转向了这样的确认:"神自古以来为我的王","亮光和日头是你所预备的"。[3]

贯穿于流亡时期及其后的文学作品中,将上帝作为造物主进行扩大化认识的意义观念,是通过一种用以描述上帝子民时使用的、谨慎而暗示性的语言所表达出来的。这与美索不达米亚和埃及创世神话中进行的直白说明以及当时希腊哲学中的唯物化猜想构成了鲜明对比,希伯来作家通过转换和临时性隐喻的方法开始了他们的创作进程。

神话、机制和隐喻

根据《埃努玛·埃利什》的内容,海神提亚玛特的身体形成了天地。根据埃及神话的描述,原始混沌中演化出了土丘或蛋状的东西。早期的希腊哲学家在当时将世界之始描述成水、空气或者火焰。《以赛亚书》后半部分的章节中,有时将创造万物比喻为搭起一个帐棚,上帝"铺张穹苍如幔子,展开诸天如可住的帐棚"[4],有时又将创造万物比喻为陶器制作的过程,"我们是泥,你是窑匠"[5]。在《约伯记》(38:4、6)中,上帝将自己比作一名建筑者,他问雅各布:"我立大地根基的时候,你在哪里呢……? 地的根基安置在何处? 地的角石是谁安放的?"[6]《诗篇》第104章再次使用了帐棚的比喻,而且将万物描绘成上帝穿的衣服,"披上亮光,如披外袍, 356 铺张穹苍,如铺幔子。你用深水遮盖地面,犹如衣裳"[7]。

《创世记》中的"第×日"同样表明了创造万物的顺序,而不是一种结构(这些"日子"甚至是在上帝创造日月之前就是已经存在的)。偶尔出现的神话或物理理论片段中[如提到的"拉哈伯"(Rahab)、世界存在着"地是空虚混沌,渊面黑暗"或"空气以下的水,空气以上的水分开"[8]],都没有详细说明参考文献。

这些象征性的图像(shifting images)并没有指涉任何特定的物理理论,而这种影射性的隐喻也没有间接指向一种超然的伊壁鸠鲁式神性概念。相反,当以西结在巴比伦迦巴鲁河边看到了源自耶路撒冷犹太神殿至圣所的上帝异象时,他做的第一件事就是记录下:"又听见一位说话的声音。"[9]那位神秘地并持续地控制着他所创造的万物,且无时无刻不在的上帝,也是与人类对话并倾听人类讲话的上帝。

因此,虽然确认"耶和华我们的神是独一的主"是贯穿整个希伯来《圣经》经典的一贯主题,但是这一激进教义的深远影响往往出现在上帝与人类持续性对话的时刻。

随着研究人员对近东地区宗教的认识逐渐完善,这种对话的鲜明特征开始体现在更多的浮雕中,其中最突出的就是我们在此前章节中所阐述的、该思想的曲折发展过程。这个概念是超然的统一体,不能从物理世界中的任何事物中识别出来,但所有事物都指向这一概念。

【注释】

[1] Finkel, Y. I., *The Ark before Noah: Decoding the Story of the Flood* (London: Hodder Stoughton, 2014).

[2] Genesis 6: 4.

[3] Psalm 74: 7, 12, 16.

[4] Isaiah 40:22.

[5] Isaiah 64:8.

[6] Job 38:4—6.

[7] Psalm 104:2, 6.

[8] Genesis 1:2, 7.

[9] Ezekiel 1:28.

第四十四章 "阿里阿德涅之线"①

　　1887 年埃尔阿马纳信件出土之后没过多久,弗林德斯・皮特里(Flinders Petrie)、亚历山德罗・巴尔桑蒂(Alessandro Barsanti)等人就着手进一步发掘埃赫那吞法老②废弃的首都遗址。1880 年,苏格兰埃及学家罗伯特・哈依(Robert Hay)发现了法老阿伊(Ay)③的墓葬,墓中发现了大量的陶器和碎屑,1893 年墓葬最终被清理完毕。哈依发现在墓葬西侧靠近墓葬门口的墙上刻着《阿吞真神的伟大圣诗》(*The Great Hymn of Aten*),这一作品很可能是埃赫那吞自己创作的作品,这是迄今发现最接近《圣经》一神论观点的文献。

上帝的作品

　　一神教最激进的结论之一就是认为如果唯一的上帝是创造万物之主,那么上帝就必须对他所创造的一切对人类有害及有益的事物负责。

　　在古美索不达米亚和古埃及人的思想中,善恶之争发生在宇宙层面,众神和恶魔都是参与者。这些宗教传说的复杂融合排除了简单直白的二元论。尽管如此,古美索不达米亚神殿内也供奉着如拉玛什图(阿卡德语"Lamaš-tu",掌管流产和婴儿夭折)这样的邪恶女神,而在一座雕像上刻画的"恶风之王"魔神帕祖祖(Pazuzu)

---

① Ariadne's Thread 希腊神话中,阿里阿德涅用一个线团帮助忒修斯在杀死米诺陶之后顺利走出迷宫。——译者注
② 古埃及第十八王朝法老,公元前 1379 年—前 1362 年在位。——译者注
③ 古埃及第十八王朝法老,公元前 1323 年—前 1319 年或公元前 1327 年—前 1323 年在位。——译者注

图 44.1 "恶念之王"魔神帕祖祖

358

则是拉玛什图的死对头（图 44.1）。

在更为简单明了的波斯琐罗亚斯德教（Zoroastrian，即袄教）思想中，造物主阿胡拉·马兹达（Ahura Mazda）将所有的土地都交给了民众，而邪恶之神安格拉·曼纽（Angra Mainyu）"则在河中造了一条蛇……蝗虫致使牛和庄稼死亡"[1]。

与之构成鲜明对比的是，在埃赫那吞法老的宗教改革中，一切都变得非常简单（图 44.2）。《阿吞真神的伟大圣诗》中，太阳神阿吞是"唯一的神"，他按照自己的意旨创造了"所有人、牛和野兽，无论是在地上用（它的）脚行走的，还是在天上展翅飞翔的"[2]。所有如每晚阿波菲斯试图吞噬太阳船的戏剧性宇宙场景都彻底消失了。但是，即便在这首诗中也有"黑夜如漆、大地沉睡，他们的创造者在地平线下休息"，这时"猛狮出洞，毒蛇噬咬"这样的场景。[3]

图 44.2 埃赫那吞与纳芙蒂蒂及他们的两个女儿共同朝拜阿吞神

与《阿吞真神的伟大圣诗》非常相似(二者是如此相似,以至于有些学者认为二者之间存在一定的关联),《诗篇》第 104 章中指出,天体只不过是上帝的创造之物并且服从上帝的命令。同样,上帝也创造了在黑暗中猎食的猛兽,并且它们被明确地描述为上帝所创造的美好自然界的一部分:"你安置月亮为定节令。日头自知沉落……少壮狮子吼叫,要抓食,向神寻求食物……你所造的何其多,都是你用智慧造成的。"[4]

在《创世记》中也可以发现同样的观点。《恩美卡与阿拉塔之王》曾预言将会出现一个"没有蛇"的时代[5],但即便是美好的伊甸园中也有蛇,并且《圣经》明确将蛇描述为上帝创造万物的组成部分。[6]

在《约伯记》中,上帝在"旋风中"与约伯对话的高潮是对河马和鳄鱼①的描述。为"万物有灵且美"而欢欣鼓舞的维多利亚时代的学者,面对达尔文所描述的"泥浆中相互撕咬的庞然怪兽"震惊不已。河马的骨骼"好像铜管。它的肢体仿佛铁棍",上帝告诉约伯"你且观看河马。我造你也造它。它吃草与牛一样。它在神所造的物中为首"(《约伯记》40:15、18、19)。鳄鱼的嘴"满是恐怖獠牙",上帝喜悦它并宣称"在地上没有一样能等同它的"(《约伯记》41:14、33)。

威廉·布雷克(William Blake)在诗歌《老虎》中提出了一个问题:"他创造了你,也创造了羔羊?"《约伯记》给出的答案是大写的"是"。

关于"痛苦"的问题

笃信上帝的善良和坚称他是万物创造者之间的冲突是《圣经》中探讨的一个悖论。"在尖牙利爪之下,自然是红色的",并不是到维多利亚时代才被发现的困惑和疑问。[7]在《创世记》中,既没有对蛇的存在进行解释,也没有解释上帝的神秘应许,而在《圣经》其他部分却包含了一些对神的问询,除了在希腊的戏剧中有相似的内容外,古代世界中鲜有这样的例证。

在《诗篇》中,"耶和华啊,你为什么""耶和华啊,还要多久"重复出现过多次。有时给出了一些特别的答案,但是并没有提出针对所有情况的解决方案。在《约伯记》里,约伯拒绝了别人安慰他苦难的一切解释,约伯愤怒地指责他的朋友们以神之名说谎:"你们要为神说不义的话吗? 为他说诡诈的言语吗? 你们要为神徇情

---

① 原文是 Behemoth 与 Leviathan,又译为"比蒙"和"利维坦",是《圣经》中提到的两个猛兽,此处据《圣经》和合本中文译本译为"河马"和"鳄鱼",但请读者不要和我们自然界中的河马和鳄鱼相联系。——译者注

吗？要为他争论吗？"[8]《约伯记》的末尾,上帝指责这些安慰者说:"你们议论我,不如我的仆人约伯说的是。"[9]

360 对上帝仁慈的笃信与对自然冷漠的认知,这二者之间的不和谐只能通过强调(再次说明的是,古代不存在相似的概念)"信靠耶和华"来解决,"他必杀我,我仍要信靠他"。[10]"虽然无花果树不发旺,葡萄树不结果,橄榄树也不效力,田地不出粮食……然而我要因耶和华欢欣,因救我的神喜乐。"[11]。这种信任的根基在于神以他的惠善赐予救赎的启示:神能从黑暗中带来光明,甚至应对海洋中的惊涛骇浪,"大水中……看见耶和华……在深水中的奇事[12]"。这种信任是以对创造本身思考所暴露出的人类知识的局限性为基础的。

上帝做了什么?

在希伯来人的经典文献中,认为不能通过任何自然界的事物来认识上帝,上帝所创造的世界之宏大令人望而生畏:

> 我观看你指头所造的天,并你所陈设的月亮星宿。
> 便说,人算什么,你竟顾念他。世人算什么,你竟眷顾他。[13]

广袤的宇宙不仅挫败了人类对宇宙的任何想象,而且挫败了任何人对这种想象的想象,也阻止了人类关于理解上帝思想的荒谬想法或对上帝行为的评判:

> 谁曾用手心量诸水,用手虎口量苍天？谁曾测度耶和华的心,或作他的谋士指教他呢?[14]

《约伯记》是上帝与人类之间以希伯来语对话的著名例证。《约伯记》中共提出了 179 个问题,第一个问题便是:"我立大地根基的时候,你在哪里呢?"这些问题涵盖了从"昴星"的运动到鸵鸟翅膀的欢然扇展这些上帝造物。约伯的回答是"我所说的,是我不明白的"[15],而《诗篇》的作者也意识到"这样的知识奇妙,是我不能测的。至高,是我不能及的"[16]。这二者之间是相互呼应的。

361 尽管人类存在上述局限性,但是人类绝不像美索不达米亚神话描述的那样,是众神手中无知的棋子。根据《创世记》的经文内容,造物主"按照上帝的形象"造男造女,来统治这个世界,使人们认为自己"比上帝少一点……是耶和华用手创造之物"[17]。人类"因我受造,奇妙可畏",并且认识到上帝所创造之物是"奇妙的",这成为我们天性的组成部分,是"灵魂深刻了解"的事物。[18]关于上帝所赋予人类的能量以及人类的局限性,《传道书》进行了全面的总结:"神造万物,各按其时成为美好。又将永生安置在世人心里。然而神从始至终的作为,人不能参透。"[19]

追踪线索

伽利略在给公爵夫人克里斯蒂娜的信中引用了《传道书》中的简明结论。可能《圣经》作者所撰写的这部分内容最接近于我们在本书开头部分所说的"终极追问"。它把我们带回到我们展开叙述的出发点。

我们在第一编中指出"伊甸园时刻"(早期人类首次进入一个认知世界之中,人类需要某种优先方案的引领来认识这个世界)导致了人类进行终极追问的能力成为人类生活的中心。为了确保前进道路的一致性,需要通过"精神卫星"提供精神导航。因此,我们内心思想世界的整合运动——"一体化进程",正如我们所指出的那样——成为一种涵盖整个外部世界的更大范围的行动,将整个外部世界理解成某种具有一定意义的整体。

这种更大规模的认知努力通过各种意识和能力,尝试将现实世界视为一种整合性的图景,这种协同作用在恰当的时刻形成了一种新的感知和描述现实世界的激进方式。

终极追问,即对物质世界之外世界的探寻,成为探索物理世界新知识的源源不断的推动力。

我们现在所说的"宗教"和"科学",它们之间为何会产生纠葛的问题,已成为我们在本书其余部分中所追寻的"阿里阿德涅之线"的基础。公元5世纪的希腊人将"神性"看作传统众神故事背后的现实影像,这种观点揭示了一种对新的自然哲学的需求和可能性,苏格拉底对某种潜在的道德秩序的追寻,为柏拉图式和亚里士多德式科学的发展提供了动力。

亚伯拉罕诸教关于神的形象与神创设的世界之间的不一致,对天堂神圣性的观点形成了巨大和最终不可抗拒的挑战,而那种观念因希腊哲学和宗教之间模棱两可的关系而不可动摇。

"希伯来人的上帝,作为至大的,具有本体论意义的神"[20],影响了所有亚伯拉罕诸教的追随者。这导致异教神话被改写成为阅读世界的新标志和新指引:这些标志和指引所指向的世界法则,虽然远在人类理解力极限的边缘,但若通过对上至

362

日月星辰,下至达尔文笔下微妙复杂的"树木交错的河岸"的求索,毕竟还是有迹可循的(正如我们这几个世纪以来一直做的那样)。

19世纪末,探险家和学者的发现可能为神话故事被重新改写的历史提供了确凿证据,但他们并不是第一批注意到《圣经》内容的指向与异教神话存在差别的人。神创论是一个假说框架,是对整个物质世界的着重说明,这成为接近2 000年来贯穿犹太教、伊斯兰教和基督教的一条线索(尽管这往往因经文文意解释和强制性宗教思想监督而成为障碍)。

这个冗长的故事看起来似乎不像我们在矗立于通往现代科学世界之门边的两栋建筑物的入口处发现关于宗教信仰的铭文那样令人不可思议。

然而,如果仔细考察这两栋建筑物的历史,我们就会意外地发现宗教动力引起的强大滑流将推动某些人、某些专业乃至于这两所大学越过了这道门槛。

【注释】

[1] Mills, L. H. and Darmesteter, J., *The Zend-Avesta* (Oxford: Clarendon Press, 1880), 2—3.

[2] Pritchard, J. B., *The Ancient Near East: An Anthology of Texts and Pictures* (Princeton: Princeton University Press, 1958), 227—230.

[3] Lichtheim, M., *Ancient Egyptian Literature: A Book of Readings* (Berkeley: University of California Press, 1976), 96—99.

[4] Psalm 104:19—24.

[5] "Electronic Text Corpus of Sumerian Literature: The Sumerian King List", http://etcsl.orinst.ox.ac.uk/index1.htm, accessed 20 August 2015.

[6] Genesis 3:1.

[7] Ricks, C. (ed.) *The Poems of Tennyson* (Harlow: Longman, 1969).

[8] Job 13:7—8.

[9] Job 42:8.

[10] Job 13:15.

[11] Habakkuk 3: 17, 18.

[12] Psalm 107:23—24.

[13][17] Wagner, R., *The Book of Praises: A Translation of the Psalms* (Oxford: Besalel Press, 1994), Psalm 8.

[14] Isaiah 40:12—13.

[15] Job 38:4, 42:3.

[16] Psalm 139: 6.

[18] Psalm 139:14.

[19] Ecclesiastes 3:11.

[20] May S., *Love: A History* (London: Yale University Press, 2011), 255.

第十编　穿过实验室之门

第四十五章　霍乱时期的科学

1854 年盛夏,牛津爆发了霍乱疫情。8 月 6 日,出现了第一例霍乱病例,病人是沃尔顿街一名屠户的妻子。10 个小时后,这名妇女去世。在接下来的一周中,气街(Gas Street)监狱的一名女囚和郡监狱的一名囚犯都出现了霍乱症状;8 月 30 日,全市各地共报告 6 例新病例。10 月底,疫情按照正常速度蔓延,已有近 200 例病例,其中一半以上感染者已经死亡。

牛津地区发生流行病疫情的同时,伦敦苏豪区也暴发了疫情,导致当地 600 多人死亡。苏豪区医生约翰·斯诺(John Snow)发现流行病病源是位于宽街(Broad Street)一个感染病毒的水泵。牛津很大一部分的城市供水都感染了病毒。因为牛津的供水中大部分是来自于城镇各个污水渠下游的伊希斯河(Isis)和查韦尔河,而县监狱的供水管从伊希斯河的一条支流取水,距离监狱的污水管仅有 10 英尺的距离。[1]

1849 年,斯诺发表了他的第一篇论文《论霍乱的传染方式》(The Mode of Communication of Cholera),指出霍乱是一种通过水传播的疾病。他在伦敦的大多数同事都坚持传统的瘴气论,认为这种疾病是通过污浊的空气传播的。在牛津,不仅科学医学被忽视,甚至在大学课程上科学学科都基本上属于整体性缺位的状态。

1845 年,年轻的亨利·阿克兰(Henry Acland)担任解剖学的讲师,他发现"出于各种各样的原因,大学的科学研究几乎已经销声匿迹"。大学没有实验室、设备和书籍,"我对我的工作感到绝望,没有半点希望……所有的物理科学都被尽数抛弃"。[2]

他曾提议牛津大学应当建立一个设备齐全的专门的科学研究中心来改变这种

情况,但他的建议信被扔进了垃圾桶。他毫不气馁,写了"成百上千封信",并于 366
1849 年提出了一项新提案。牛津大学校内意见分歧很大,并计划于 1854 年 12 月
11 日对新提案进行关键性的投票。在这个时间节点之前,阿克兰几乎没有时间进
行宣讲。9 月初,他被任命为卫生委员会咨询医师并负责牛津市抗击霍乱疫情的
工作。

阿克兰医生

亨利·温特沃斯·阿克兰(Henry Wentworth Acland)出生在一个福音派家庭。
他的父亲托马斯爵士是威廉·威尔伯福斯(William Wilberforce)的助手,同时也是
一位"克拉朋联盟"①的废奴运动活动家。根据他的传记记载,亨利·阿克兰从未偏
离"他从他的父亲那里学习而来的单纯信仰"[3]。从年轻时代对科学感兴趣伊始,
他就通过宗教术语来理解这一职业。

作为一名年轻人,阿克兰曾经与伟大的实验科学家迈克尔·法拉第(Michael
Faraday)谈论过未来的职业问题。法拉第经过长时间的沉默之后说:"我最了解、最
期待的是我将始终追随耶稣基督。"[4]这给阿克兰留下了深刻的印象,甚至他在弥
留之际还将这句话写在了他的《圣经》扉页上。

17 岁的时候,阿克兰在给妹妹的一封信中写道:"你知道我以前有过从事医学
研究的想法……我确信没有什么比这一研究更适合的打算,它能够向我们展示人
类脆弱的本性和结构,以及揭示那些蕴含在上帝创造的万物之中的伟大且难以让
人理解的智慧。"[5]像查尔斯·达尔文一样,刚开始他觉得解剖学学习是一段令人
痛苦的经历,他每天都在去医院的路上做一次祷告,祈求"在做自己可怕的研究
时"[6]上帝能与他同在。与克拉朋联盟的成员一样,阿克兰在日常生活中表现得非
常虔诚。在沙夫茨伯里(Shaftesbuny)和其他福音派人士发起的一项反对雇用童工
的运动中,阿克兰结识了一位从事烟囱清扫工作的童工。每逢星期天,他们会把位
于宽街的一栋凌乱的房子收拾成一个收容牛津地区及周围城镇从事烟囱清扫工作
的童工的避难所。作为牛津地区的一名医生,他经常在完成大学的工作之后,每日
步行达 70 英里的距离,在穷人和富人之间发起了一场规模庞大的运动(据说"见到

---

① 威尔伯福斯等人组建的联盟,该联盟的核心价值观就是反对奴隶制。——译者注

367　阿克兰医生之前没有一个声名显赫的人会相信死亡的命运"）。阿克兰充沛的精力再加上他在整个社区的人脉关系，使他成为这座城市应对当时所面临危机时当仁不让的领袖。

《牛津霍乱回忆录》

阿克兰很快展示出了出色的组织能力。他把这个城市划分为不同地区，每一个地区配备一名专门医务人员，他安排信使将毛毯、食品和药品运送到需要这些物资的地区，对一所临时医院和位于杰里科北部地区的一家洗衣店进行监管，并且招募牛津地区的妇女担任志愿护理人员。

与此同时，与斯诺在伦敦的做法一样，他逐日记录疾病的精确分布区域和传播情况，在两年后出版的《牛津霍乱回忆录》一书中，书中公布了霍乱疫情详细的区域分布和统计数字。与斯诺不同的是，阿克兰既不反对霍乱可以通过空气进行传播的观点，也不反对可以通过水传播的观点，但是他明确提出"对药品使用的联合观察"将及时"确定……一些观察的真实性，并且消除一些观察的荒谬性"。[7] 根据阿克兰的观察，卫生条件和疾病传播之间存在明显的相关性，他的著述中包含城市中未安装排水系统的城市区域图以及仍被污水污染的部分河流分布图。

1859 年，斯诺去世，他没能对自己的发现展开研究，阿克兰则成为了一名充满激情的卫生运动家；他负责监督牛津供水和污水设施重建工程并在委员会任职，还奔走于全国各地，为排水系统建设提供咨询。

霍乱疫情也使阿克兰认识到专业护理的需求和医院卫生的重要性。阿克兰为了纪念他去世的妻子，在她去世当年成立了"萨拉·阿克兰护理医院"（即后来的阿克兰医院）。在阿克兰去世之前不久，弗洛伦斯·南丁格尔（Florence Nightingale）①写信告诉他，尽管她认为在医院患上毒血症被视作一种见怪不怪的现象，但是"现在我们要大声地讲出来，他们或许可以在伦敦听到我们的意见。这是一个了不起的变化。我们主要是要感谢您本人以及您所教授给我们的知识"[8]。

阿克兰一生致力于不断提高自身的专业水平（后来，他担任了英国综合医学委

---

① 弗洛伦斯·南丁格尔，英国人，现代护理事业的创始人和现代护理教育的奠基人。克里米亚战争期间，南丁格尔在克里米亚野战医院担任护士长，被称为"克里米亚的天使"和"提灯天使"。——译者注

员会主席），他更宏大的目标是推动对科学的整体认识，而对他来说这最终是一个　368
宗教问题。

我们英国的巴纳姆

1845 年，阿克兰首次被任命为李医生解剖学讲席教授，当时正值英国教会内寻
求恢复天主教传统的所谓"牛津运动"处于最高潮时期。在他看来，这场运动在宣
扬"大学的知识应该完全用于研究教会和神学问题"[9]这样一种观点。阿克兰听说
克布尔（Keble）、普西（Pusey）和这场运动的其他领导人煽动自负情绪而贬低自然科
学研究的传闻，他去拜访了普西，即李医生基金的受托人之一。

他开门见山，询问相关的传言是否属实，对方告诉他传言确实属实。随后阿克
兰问道，这是否意味着他越尽心地履行普西为他安排的职责，就越容易被普西列为
协会成员中的危险分子和害群之马？

这位神学家非常有风度地哈哈一笑。他承认对知识的渴求和获得知识的能力
是上帝的一种恩赐，人们也有利用这种能力的义务，并且普西承诺"当你以这种精
神履行你的职责时，你可以在你需要的时候寻求我的帮助"[10]。后来发生的事情
证明这一点是非常重要的。

委员会召开会议并提出了 1849 年的博物馆建设方案，该委员会由 20 名成员组
成，其中 3 人为神职人员。阿克兰具有社会活动家的天赋［贝利奥尔学院院长本杰
明·乔伊特（Benjamin Jowett）将阿克兰称为"我们英国的巴纳姆①"[11]］。很快委
员会就扩大到 60 位成员，其中包括牛津主教和神学、教会历史学领域的教授。

建筑设计规模也被进一步扩大。当时的构想是建设"包括足够大的空间收藏
动物、地质、矿物、解剖学、化学的藏品……配置一系列用于实验哲学的设备……和
讲堂，以及供科学院系教授和学生使用的实验室……一座普通的科学图书馆"[12]。
建筑预计建设成本为 3 万英镑，该提案遭到了强烈反对。

最终，在 12 月 11 日举行的投票中，该方案以 68 票赞成、64 票反对的结果获得
通过。普西和其他牛津运动的发起人扭转了这一局面。阿克兰坚称该项目具有宗

---

① 巴纳姆是 19 世纪美国著名的马戏团老板，社会活动能力极强，善于演讲并通过夸大其词吸引观众眼
　球。——译者注

369 教方面的意义，促成了他们为这一项目而奔走。1855 年，建筑奠基石上镌刻了一篇由集体创作而成的文章，祈求上帝保佑建筑物的建成，"促进科学领域进步，展示上帝创造能力所带来的奇迹"。

建筑的奠基并没有终结反对方对项目的声音，当时建造材料的匮乏成为反对方意见的焦点。

若不是耶和华建造房屋

一座新的巴比伦般奢华博物馆已经矗立在我们面前，

我们有没有学习自然历史的学生？没有！

我们是否需要这座新的博物馆？不需要！

对于它的建造我们是否投资甚少？不是！

我们是否只耗费了一点点金钱？不是！

难道这是建设这样一个愚蠢建筑的时代吗？不是！

上面是一张在投票时散发的传单内容，不论何时，只要就建筑所需资金进行投票时，就会出现这样的传单。关于博物馆的建设共有两个设计方案，一个方案是古典风格，另一个是莱茵哥特式风格。根据"Nisi Dominus"这句格言（源于《诗篇》127：1，"若不是耶和华建造房屋，建造的人就枉然劳力"），阿克兰倾向于选择后者。

阿克兰是一名造诣颇深的书画爱好者，曾经跟随塞缪尔·帕尔默（Samuel Palmer）学习绘画；他是艺术评论家约翰·罗斯金（John Ruskin）亲密的朋友[罗斯金曾建议将米莱斯（Millais）绘制的著名的罗斯金肖像悬挂在阿克兰位于宽街的家中]。当哥特式设计在投票中以微弱的优势胜出时，罗斯金喜上眉梢他在写给阿克兰的一封信中说：

我希望米莱斯和罗塞蒂（Rossetti）负责设计建筑物上的花朵纹饰与动物边饰，其中也包括鳄鱼和各种害虫，那些你特别喜欢的、巴克兰德夫人养着的古怪动物，我们会用康沃尔蛇纹石雕刻它们，并把它们镶嵌在窗户上，我自己也会支付大量费用，我不担心找不到资金。我们就需要这种柱顶！[13]（图 45.1）

他建议说采用这种装饰的目的是"展示宇宙万象，一如教会建筑上展现的宗教历史故事或典故"[14]。

图 45.1　建造中的牛津大学博物馆

正是因着这个机缘，罗塞蒂在牛津喜欢上了新学生会大楼（New Vnion 370 Building）的建筑风格，自此拉斐尔前派的风格发生了改变。罗斯金对博物馆的每一个细节都非常上心，甚至亲自建造了博物馆内部的一个砖柱（后来为了确保更高水平的安全性，该砖柱被专业砌砖工拆除并重砌）。

牛津大学对于是否选择哥特式方案有些犹豫，特别是在建设成本开始上升的时候，这种态度就更为明显。第一版方案中包括一个设计大气且使用新技术建造的中庭屋顶，如阿克兰所设计的那样，使用"铁路建设材料——钢铁和玻璃"建造，后来证明建造的支柱过于狭窄难以支撑重荷，整个方案必须作废并重新设计，这需要额外支出 5 000 英镑的费用（图 45.2）。

后来的一场争论涉及了来自柯克郡博尔利胡里（Ballyhooly County Cork）的两名红胡子石匠。石匠詹姆斯（James）和约翰·奥谢（John O'Shea）负责柱顶各种各样的植物纹饰的雕刻工作。1859 年，博物馆的建设资金用尽，奥谢曾经请求牛津大学允许他"仅仅为了艺术作品的目的"继续完成雕刻工作，但牛津大学拒绝了这一请求，随后他与校方之间发生了不愉快的事，他先被指控其在窗户四周雕刻猫的举 371 动属于毁坏大学财产（图 45.3），随后被解雇。阿克兰发现他在门廊周围雕刻了鹦鹉和猫头鹰，以此影射牛津大学评议会的成员。他命令这名爱尔兰石匠停止工作，建

图 45.2　牛津大学博物馆的玻璃屋顶

图 45.3　詹姆斯·奥谢在雕刻牛津大学博物馆的窗户纹饰

图 45.4　牛津大学博物馆大门上方严重残损的雕刻

筑上的粗短雕刻刻线至今依然清晰可辨(图 45.4)。[15]

虽然博物馆尚未完成,而且正如罗斯金所说,大学"把自己的吝啬都刻在了这座建筑外立面上",但它有力地表达了将艺术、科学和宗教统一于一栋建筑物中的雄心壮志。

罗斯金和阿克兰最后一次见面时,二人都垂垂老矣,罗斯金请求阿克兰将他的问候带回牛津:"问候我在牛津博物馆的朋友们,'愿上帝保佑那些令人敬佩、孜孜不倦的关于人类和自然的研究,这增进了上帝的荣耀和全人类的和善'。"[16](图 45.5)

图 45.5　罗斯金(左)与阿克兰(右)

关于博物馆的漫长的故事说明,这种虔诚的理想甚至早在大楼建成之前就已经遭到了侵蚀。现实中的情况则更为复杂。更确切地说,它代表了一个时代的整合性探索:在所有这些探索努力中,阿克兰发现自己恰恰是处于中心的位置。 373

【注释】

［1］Parfit，J.，*The Health of a City：Oxford 1770—1974*（Oxford：Amate Press，1987），21—32. 1949 年至 1984 年间,帕菲特是这栋房屋的主人,并在此居住,这本书的大部分内容都是在这栋房屋内完成的。

［2］［9］Atlay，J. B.，*Sir Henry Wentworth Acland：A Memoir*（London：Smith，Elder，1903），133.

［3］［4］Atlay，J. B.，*Sir Henry Wentworth Acland：A Memoir*（London：Smith，Elder，1903），499.

［5］Atlay，J. B.，*Sir Henry Wentworth Acland：A Memoir*（London：Smith，Elder，1903），28.

［6］Atlay，J. B.，*Sir Henry Wentworth Acland：A Memoir*（London：Smith，Elder，1903），85.

［7］Acland. H. W.，*Memoir on the Cholera at Oxford，in the Year 1854：with Considerations Suggested by the Epidemic*（London：J. Churchill，1856），72.

［8］Atlay，J. B.，*Sir Henry Wentworth Acland：A Memoir*（London：Smith，Elder，1903），481.

［10］Atlay，J. B.，*Sir Henry Wentworth Acland：A Memoir*（London：Smith，Elder，1903），141.

［11］虽然 P. T.巴纳姆因马戏团而成就了他的名气,但是 1841 年巴纳姆在曼哈顿的百老汇大街和安妮大街开办了巴纳姆美国博物馆,其中包括动物和城市模型以及飘过花园屋顶的热气球。

［12］Atlay，J. B.，*Sir Henry Wentworth Acland：A Memoir*（London：Smith，Elder，1903），201.

［13］Atlay，J. B.，*Sir Henry Wentworth Acland：A Memoir*（London：Smith，Elder，1903），241.

［14］Atlay，J. B.，*Sir Henry Wentworth Acland：A Memoir*（London：Smith，Elder，1903），217.

［15］B. J.吉尔伯特曾对阿克兰的相关说明提出了质疑,参见"Puncturing an Oxford Myth"，http://oxoniensia.org/volumes/2009/gilbert.pdf。这些事件的年表似乎已经变得非常混乱,而且阿克兰讲述的整个故事并不令人信服。

［16］Atlay，J. B.，*Sir Henry Wentworth Acland：A Memoir*（London：Smith，Elder，1903），476.

第四十六章　访问博物馆

1860 年 6 月下旬,英国科学促进会在牛津举行第三届大会。阿克兰担任该协会在牛津当地的秘书,虽然当时牛津大学博物馆还没有完成装修,但他仍将会议所有活动的举办地安排在此处。

1860 年 6 月 30 日星期六下午,德雷普博士计划在会上宣读自己的论文,牛津大学的主教塞缪尔·威尔伯福斯(Samuel Wilberforce)也会在会上发言。这是第一次在公开场合就《物种起源》一书进行辩论,各方兴致都非常高涨。当时,达尔文感到自己胃肠不适并到莱恩博士的水疗诊所就诊,但是作为达尔文的坚定支持者,赫胥黎最后决定参加这场辩论。辩论现场人山人海(有文章的作者认为有 1 000 多人),以至于演讲厅显得太过狭小,故而后来转移至当时还没有开架藏书的图书馆区域。

随后,图书馆本身也成为了辩论的一个论题。

在近 40 年后,伊莎贝拉·西德维克(Isabella Sidgwick)在《麦克米伦杂志》(*Macmillan's Magazine*)上撰文回忆说,德雷普博士发表了"略显枯燥"的讲话之后,

> 主教站起来,以一种略显嘲讽的口吻,用华丽的辞藻和流利的口才……向我们保证,进化论的观点是空洞无物的……然后他微笑着傲慢地把头转向他的对手,他说自己很想知道,既然对手自称是猴子的后裔……那么对手的血统是从祖父还是祖母那里传下来的? 听到这里,赫胥黎先生刻意地慢慢站起来,他说自己并不因为自己的祖先是猴子而感到羞耻,但是他为粗暴干涉认识真理的人感到羞耻。虽然现在似乎没人能确定这些话是否真的如前所述,但这一席话轰动

全场，一位女士当场晕倒并被人抬了出去，我自己也从凳子上跳了起来。[1]

375　　辩论结束四天之后，约翰·理查德·格林(John Richard Green)在一封信中提到威尔伯福斯的笑话是由赫胥黎本人早些时候的言论引起的。格林的信中说，主教宣称："'有人告诉他赫胥黎教授曾经说过，不管他的祖父是不是猴子，他都不在乎这个问题，让这位博学的教授为自己辩护'以及类似的话。"接着赫胥黎回复主教说："在我的回忆中让我感到羞耻的倒是这样一种人：他惯于信口雌黄并且不满足于他自己活动范围里的那些令人怀疑的成就，却要粗暴地干涉他根本不理解的科学问题。"

　　牛津会议召开的五周之前，威尔伯福斯为《季度评论》(*The Quarterly Review*)撰写了一篇关于《物种起源》的长篇评论，其中回应了达尔文在书中提出的所谓"真正的科学问题"并指出："因为自然世界中的一些事实与《启示录》相抵触，所以反对这些事实，这是……另一种形式的……为上帝撒谎。"7月，即牛津的辩论会结束不久之后，这篇文章正式发表，达尔文在给朋友约瑟夫·胡克的信中说："这篇文章写得异常巧妙。他以老练的手法挑出了所有最具揣测性的部分，并把所有的难题都很好地提了出来。这对我是一种彻底的嘲弄。"[2]

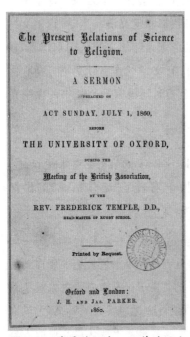

图46.1　弗雷德里克·坦普关于当前科学与宗教关系的布道文

　　威尔伯福斯主教只是在他评论的最后几段才撤开科学领域进行评论。他指出"达尔文先生是以一名基督徒的身份进行写作"，他以提问的方式作为结尾，即达尔文的理论能够在多大程度上与基督教相容，并断言《圣经》中关于人的教义、堕落、救赎、道成肉身以及精神的恩赐"对于按照上帝形象创造出来的人来说，与动物起源的贬低式概念是同样完全不可调和的"[3]。

　　许多出席牛津会议的神职人员似乎都强烈反对最后的结论(威尔伯福斯似乎已经重复提到过)。胡克(也曾在会上发言)指出，辩论结束后，许多牛津牧师都对他表示"祝贺和感谢"[4]。第二天早上，弗雷德里克·坦普(Frederick Temple，之前是威尔伯福斯的学生，后来担任坎特伯雷大主教)在圣玛丽大学以"科学与宗教的关系"为主题进行了布道演讲,他认为科学发现了那些曾经被认为是自然界中不可知的事物,但它们实际上仍受教义的约束,"我们必须"在自然规律本身中"寻找上帝的神力"(图46.1)。从教会脱离的崇拜者认为他"完全赞同达尔文的观点"[5]。

376

但是,阿克兰担心这种争论会损害科学的声誉,在他看来,真正的问题在这周的早些时候就已现端倪。

和解

在周四召开的"D部分"会议上,伟大的解剖学家理查德·欧文(Richard Owen)尝试证明人类的大脑结构(特别是海马体)不同于其他所有动物。欧文认为这种观点可以让人们"得出这样一种结论……即达尔文理论的真实性"是不足信的,赫胥黎在会议现场马上进行了回应。

377

周末,欧文一直和主教待在古德斯顿(Cuddesdon)。1862年,欧文在写给坎特伯雷大主教的一封信中说,阿克兰认为争议的关键在于:"牛津主教指控赫胥黎教授未经事实佐证的论断具有一种非宗教的倾向。"[6]根据阿克兰自传的记载,他"非常反感在不同背景的观众面前带着这样一种情绪去讨论解剖学和技术性问题"。他认为唯一的结果是摧毁人们对"科学记录"和"科学家冷静和坦率"的信任。[7]

两年后,在剑桥举行的英国科学促进会会议上,欧文和赫胥黎展开了更加激烈的论战,当时赫胥黎在观众面前解剖了多个动物的标本,证明可以在其他灵长类中找到欧文所说的、包括海马体在内的独特结构。欧文却拒绝承认这一点。

阿克兰在会上一言未发,但他第二天写了一封长信给欧文,试图帮他修正明显错误的立场。阿克兰指出,他实际上并未听说欧文坚持宣扬关于海马体是人类特有结构的观点,尽管他给人们留下了这样的印象;因此,阿克兰问欧文能否告诉他并允许他公开表示"赫胥黎先生误解了您的观点或错解了您所说的话"以及通过某种方式表达"经过两年的讨论"已经"改变了您原先的观点"的事实。

阿克兰认为,这种争论只会在思想狭隘的人在怀疑科学,却没有什么值得为之辩护的东西时爆发。真正的问题是在于,"公众会通过一种似是而非的方式"将技术性的动物学知识与"人类的本性相混淆"。阿克兰说,"对于人类的起源问题,无论存在何种观点、假设,无论是赫胥黎先生、您本人、达尔文先生还是牛津主教的猜测，都同意不管人如何成为人，在某种程度上都反映着上帝的形象————一种属灵的存在"，人类是地球上唯一敬拜上帝的生物。"尽管人类与其他物种在性质上存在类似性，但是除了人类本身以外，没有任何事物能够改变和贬损人类高尚的本性"。[8]欧文对此进行了积极回应，但他最终表示不可能同意发表"和解"的声明。当时，阿克兰也已致信坎特伯雷大主教。

阿克兰请求朗利大主教不要卷入这场争论。对于欧文或赫胥黎二人提出的事实，其中必然有一位是正确的。牛津主教"至少已经从维护所有人情感的态度出发，就存在争议的事实进行讨论，无意中不幸涉入了争论之中"。欧文"莽撞且错误地阐述了某些分歧以及之后的重大问题，现在他也不想收回自己的话"。尽管人们对此议论纷纷，但是并没有任何涉及宗教信仰的问题。

"假如人与猿之间在物质构成上没有差别，我们应该是野兽吗？或者说野兽也可以是人吗？"他恳求大主教劝阻神职人员涉入科学纠纷。这又有什么可怕的呢？"变动不居的科学研究的唯一目的是什么呢？是进一步了解上帝所主宰的、所创造的世界和人类的事实。"[9]

对这个问题的狂热讨论似乎已经让阿克兰认为发表某些关于科学原则的公开声明可能十分必要。英国圣公会的神职人员并不是唯一参与到科学辩论中的神职人员。于1830年至1842年间首次出版的奥古斯特·孔德（Auguste Comte）六卷本巨著《实证哲学教程》，由"哈里特·马丁诺（Harriet Martineau）翻译并整理成了英文版，于1853年出版"。

孔德这部伟大著作的中心是，认为唯一可靠的知识是通过严格的科学方法所验证的科学知识。人类已经经历了"神学"或"幻想"阶段和"形而上学"阶段，当前处于"科学"或"实证"阶段，其中科学是指导，超自然的信仰必须被抛弃。

孔德的观点越来越为人们所接受。当出现了可以提出不同观点的机会时，阿克兰抓住了这个机会。

哈维演讲

1865年，阿克兰应邀作为哈维讲座（Harveian Oration）演讲人在皇家医师学院发表演讲。该讲座是为了纪念血液循环的发现者威廉·哈维（William Harvey）而设立的。按照惯例，演讲语言为拉丁语，一般向经过遴选的听众讲授医学问题。阿克兰打破传统惯例选择用英文演讲,对法国哲学家孔德提出了礼貌但强有力的批评,受邀的听众包括威尔士亲王(阿克兰曾担任亲王的私人医生)和首相威廉·格莱斯顿(William Gladstone)。

哈维对阿克兰影响很大,因为像 17 世纪大多数现代科学的先驱一样,他信仰所谓的"目的因"①。这是一个可以追溯至亚里士多德时代的哲学术语,亚里士多德区分了四种因果关系:"物质因""形式因""动力因"和"目的因"。根据亚里士多德的解释,如果你用水壶煮水,制成水壶的金属和里面的水将成为事物变化的物质因;决定电如何发热和水如何被加热的定律是形式因;你本人是水壶内水沸腾的动力因;而目的因可能是你想泡一杯茶。

就科学而言,对目的因的信仰是"相信自然界的每一个安排都是经过设计的结果——所产生的每个效果都是有意为之并且是有目的性的"[10]。著名的剑桥历史学家威廉·休厄尔认为这个信仰是哈维工作中的关键因素。与此相反,孔德则认为,现代科学摒弃了自然界中任何目的性的观念。谁是正确的呢?

阿克兰首先以孔德的论点作为切入点。孔德认为自然界存在一个目的的信仰会形成某种宗教崇拜从而妨碍科学的发展。根据孔德的观点,关注"自然虚假的智慧"会导致我们忽视自然的瑕疵和缺陷。孔德所描述的"幼稚的装腔作势"(puerile affectation)的核心事例就是那些追随他关于"眼睛晶状体根本毫无用处"这一观点的人。这不是个很好的例证,因为正如阿克兰向他听众解释的那样,晶状体并不是没有用处(如果孔德以没有用处的阑尾或男性乳头这样的退化器官为例可能会好一些)。演讲结束后,阿克兰邀请威尔士亲王、格莱斯顿首相和其他名流进入一个黑暗的房间,用赫尔姆霍茨发明的检眼计检查了所有人的眼睛。

阿克兰并不否认疾病和"自然界的灾难"似乎可以构成对自然背后存在目的这一观点的挑战,但他通过引用达尔文关于眼睛进化的观点回应了孔德的观点。其中充满的奇迹,"绝不会减损这一工具的闪光之处,而只是尝试对它的构造模式进行说明"。阿克兰认为自然崇拜和自然研究绝对不是相互冲突的。达尔文自己也曾写道,他对自然的研究越多,他对"设计和完美的适应性……远远超出了最具想象力的人类所作出的最富有想象力的设计和适应性,这表明上帝有无限的时间可以支配"[11]的结论的印象就越深刻。

阿克兰继续指出,孔德论点的核心存在一项严重的、不合逻辑的推论。他同意

---

① final causes,也可译作"终极原因"。——译者注

孔德关于目的因不能作为科学研究手段的观点。一方面，我们不知道"中间环节的运转情况"，另一方面，"同一情况可能存在几个目的因"。[12]对于用水壶烧开水一事，目的因既可以是冲咖啡，也可以是泡茶。这只不过是重申 17 世纪科学先驱们的观点，如弗朗西斯·培根就指出科学的目的因（"智能设计"和"愚蠢设计"都属于这个范畴）是"无关紧要的"。

然而，正因为我们无法对上帝的旨意展开科学性调查，正如培根所坚持认为的那样，这并不意味着不存在这种目的——事物的存在没有终极原因。这也并不意味着形而上学的中心思想和存在的关键问题无论从任何方面来说都是不合逻辑的。实际上，它们是塑造我们看待世界和改造世界方式的推动力。

他得出的结论是，哈维和孔德之间的区别是引人注目的。哈维"没有在任何形而上学的推测或宗教信条的指引下发现了血液循环"[13]，他依靠的是观察、推理和实验。尽管孔德凭借"他的知识和天分"，蔑视宗教奇迹，导致了他将实际上发挥重要作用的因素当成"毫无用处"的东西，但是，哈维"相信……物质世界中存在目的性以及和谐性……并按照这种信念付诸行动"[14]，他通过这种方式奠定了科学医学的基础。

381　神学家和哲学家

阿克兰没有进一步公开发布关于宗教和科学的声明，但私下里他不断警告别人不要将二者混为一谈。1890 年，他收到了格莱斯顿的一封信，当时格莱斯顿（已不再担任首相一职）正在撰写《坚不可摧的〈圣经〉》一书。阿克兰尝试说服前首相格莱斯顿不要用科学和"细节"来铺设《创世记》的"广场"。"有了光明和太阳：大地变冷，蔬菜开始生长，动物开始繁衍、进化；最后，信仰、祷告和理性的福祉降临"似乎是正确的，但超越这一点则是不明智的。今天的科学不会是明天的科学，"没有人认为《圣经》的解释或自然科学的现状是终局性的"。[15]

阿克兰与坦普尔一样，都"完全支持达尔文的观点"。20 年之前，即 1870 年，曾有人提议授予达尔文牛津大学荣誉学位，但该提议遭到了普西的反对。阿克兰与这位神学家朋友进行了长时间的谈话。最终，他又一次说服了普西。他在接下来的一封信中写道，达尔文的著作中并没有"任何不合乎逻辑或自负的段落"。他"不同寻常的地位和作为一个学者的品性，证明并促使我请求您暂时不要提出反对他的观点"。他认为，人类必须可以"毫不畏惧地表述他们所发现的事实"。作为自然的学生，"他根据自己的发现描述宇宙。他知道自己能做什么，他寻求成为他所崇拜的像哈维、牛顿或亨特那样的品行温和之人"。[16]但他也没有任何理由去损害宗教信仰。

阿克兰将在哈维讲座发表的演讲文本副本送给了他的许多朋友，其中包括不可知论科学家以及哲学家丁达尔（Tyndall）和赫伯特·斯宾塞（Herbert Spencer）。达尔文的回应最为热烈，他回忆说"我们在牛津大学短暂的会谈让我非常开心"。他继续向阿克兰表示，在他与自己的朋友、美国植物学家阿萨·格雷（Asa Gray）就自然界神圣目的的问题进行通信之后，他陷入了"无可救药的思想混乱"之中。一方面，达尔文认为，"世界万物未经任何明确设计的观点是有悖常理的"，但另一方面，"按照'设计'这个词的通常理解，我无法相信任何一种结构都是经过明确设计的'。因此，他得出的结论是"从两个相反的观点来看待这个问题，我被推向了两个相反的结论"。对于科学的整体性质，他写道："我认为我们都同意目的或设计是自然史中最可靠和最简单的发现方式。" 　382

对阿克兰来说，这种更宏大的构想具有非常重要的意义。科学家和神学家提出的问题存在很大差异，但他认为，"它们具有相关性，二者共同构成了人类努力走出现在所处迷宫的经验认识"。威廉·哈维等早期科学先驱所采用的经验主义方法受到这样一个信念的启发，即在宇宙中的确存在一种神圣的秩序，"关于自然这部伟大作品存在综合性规划和统一性设计的信念"，在阿兰看来，"若非探寻整个自然界概念的所有努力都付之东流，我们就不能（无论以任何形式）随意放弃"。[19]

在这一点上，阿克兰是在以一位科学学生的身份在进行写作。对于他在推进科学进步方面的贡献，他本人虽不是一个有独创性发现的科学家，也没有关于这种统一性的第一手发现，但对于负责设计剑桥大学卡文迪什实验室的阿克兰的同事来说，却并非如此。

【注释】

[1] "A Grandmother's Tales", *Macmillan's Magazine*, *1859—1907*, 78(1898), 425—435.
[2] Darwin, C. R., *The Life and Letters of Charles Darwin: Including an Autobiographical Chapter*, vol.Ⅱ(London: John Murray, 1887), 324—325.
[3] Wilberforce, S., "Review of Darwin's On the Origin of Species", *The Quarterly Review* (Jul.

1860),225—264.

[4] Huxley, L., *Life and Letters of Sir Joseph Dalton Hooker*(London: John Murray, 1918), 527.

[5] Brooke, J. H., *Science and Religion: Some Historical Perspectives*(Cambridge: Cambridge University Press, 1991), 274.

[6] Atlay, J. B., *Sir Henry Wentworth Acland: A Memoir*(London: Smith, Elder, 1903), 306.

[7] Atlay, J. B., *Sir Henry Wentworth Acland: A Memoir*(London: Smith, Elder, 1903), 303.

[8] Atlay, J. B., *Sir Henry Wentworth Acland: A Memoir*(London: Smith, Elder, 1903), 305.

[9] Atlay, J. B., *Sir Henry Wentworth Acland: A Memoir*(London: Smith, Elder, 1903), 307.

[10] Acland. H. W., *The Harveian Oration*(London: Macmillan, 1865), 4.

[11] Acland. H. W., *The Harveian Oration*(London: Macmillan, 1865), 40.

[12] Acland. H. W., *The Harveian Oration*(London: Macmillan, 1865), 6.

[13] Acland. H. W., *The Harveian Oration*(London: Macmillan, 1865), 53.

[14] Acland. H. W., *The Harveian Oration*(London: Macmillan, 1865), 72.

[15] Atlay, J. B., *Sir Henry Wentworth Acland: A Memoir*(London: Smith, Elder, 1903), 485—486.

[16] Atlay, J. B., *Sir Henry Wentworth Acland: A Memoir*(London: Smith, Elder, 1903), 348.

[17] Darwin, C. D., "Letter to H. W. Acland, 8 December 1865"(Bodleian, MS Acland d 81:63).

[18] Acland. H. W., *The Harveian Oration*(London: Macmillan, 1865), 75.

[19] Acland. H. W., *The Harveian Oration*(London: Macmillan, 1865), 12—13.

第四十七章　思想实验

1879 年 11 月 1 日，剑桥圣玛丽教堂教区牧师威廉·吉尔玛（William Guillermard）到访位于斯寇普坪（Scroope Terrace）的一处住宅，这里距离卡文迪什实验室很近。他为一位患有腹部器官晚期癌症的教友带来了圣餐，这位教友 48 岁，已经卧床不起。有人告诉他这位病人捱过了痛苦的一晚（几天之后这位病人就去世了），他不想与患病的教友进行太多的交谈。当牧师穿上长袍（完成了牛津宗教运动所要求的所有仪式）时，他惊讶地听到床上传来带着加洛韦口音的苏格兰人的声音，这位苏格兰人根据自己的记忆吟诵乔治·赫伯所作的、关于穿长袍的亚伦的五节诗歌：

> 圣洁环绕头顶，
>
> 光明和完美佩戴胸前，
>
> 基督校准我所信（他未死，
>
> 驻我身内，我得安息），
>
> 众人，请就近；亚伦已穿戴整齐。

躺在病床上的人就是詹姆斯·克拉克·麦克斯韦（James Clerk Maxwell），他的一生是不断给人带来惊喜的一生。

当他还是一个小男孩的时候，他的加洛韦口音就非常重。他第一次到爱丁堡学院上学时，身穿粗花呢褶边领上衣和方头鞋（这些设计都出自他父亲之手），他的同学给他起了个绰号叫"笨蛋"。14 岁那年，他向爱丁堡皇家学会提交了一份科学论文并在会上进行了宣读，这让他的同学们惊叹不已。

几年之后，他完成了第二篇论文，名为《弹性固体的平衡》。他在家里洗手间楼上的一个临时实验室内做了一个实验，将一束偏振光照射在一个扭曲的明胶柱上，并据此撰写了这篇论文。当时才18岁的麦克斯韦发现，当光线透过应力胶时，肉眼可以看到应变图案，由此发明了一种工程师广泛使用的技术，直至最终被计算机模型取代。

384

在此后的30年中，麦克斯韦在多个不同领域都取得了丰硕的成果。他在一些领域中提出了全新课题，他完成了关于干预控制论科学和全球分析科学的奠基性论文。在其他一些领域中，他改变了当时的研究现状。即使是他同时代最伟大的人物，有时也未能意识到他思想的重要性。与相对论在爱因斯坦在世时便被实验确认并直接带来的声望不同，海因里希·赫兹在麦克斯韦早逝八年之后完成的实验才证明了麦克斯韦最重要的关于电磁波的预言性理论。因此，像赫兹这样的人，喜欢将麦克斯韦的预言转换为现实，而像马可尼这样的人，则注重将麦克斯韦预言付诸技术和商业应用。

世人对麦克斯韦理论的理解存在滞后性，加之麦克斯韦对推销自己不感兴趣，这导致他从来没有成为像牛顿或达尔文那样的名人（牛顿和达尔文都安葬在威斯敏斯特大教堂①）。然而，尽管他同时代的人可能并不能完全理解他所做所为的重要性，并且他基本上也没有得到公众的广泛认可，但是他的后继者并没有将他忘记。

20世纪的物理学家将麦克斯韦的发现称为"人类思想中最伟大的飞跃之一"，并将其视为"所有时代中最具开创性的知识分子"。[1] 按照阿尔伯特·爱因斯坦（正如他所承认的，他自己的理论是以麦克斯韦的理论为基础的）的说法："一个科学时代结束了，另一个时代则始于詹姆斯·克拉克·麦克斯韦的研究工作。"[2] 美国著名物理学家理查德·费曼（Richard Feynman）写道："从人类漫长的历史发展进程来看，如果从现在起往后数1万年，毫无疑问，19世纪最重要的事件就是麦克斯韦发现的电动力学定律"[3]。

1879年11月6日星期六，吉尔玛神父可能只是模糊地意识到来访的这位教区居民是一名知识分子，但是他确实对麦克斯韦似乎能够熟记整部《圣经》这件事留下了深刻印象。麦克斯韦虔诚的信仰触动了他。他对麦克斯韦的朋友兼传记作者

385

① 麦克斯韦去世后被安葬在格林艾尔的帕顿教堂墓地，1931年，在麦克斯韦诞辰100周年时，他的遗骨被迁葬至威斯敏斯特大教堂的墓地。——译者注

刘易斯·坎贝尔说,麦克斯韦"已经知晓并了解了哲学的方方面面和体系,并且发现它们是彻头彻尾的虚空,难以令人满意,用他自己的话来说就是这是不可行的——他转而笃信《圣经》福音并以之作为自己的救赎"[4]。

关于这个维多利亚时代的临终场景的记载虽尚需考证,但有一点似乎是真实可靠的。麦克斯韦(就像达尔文一样)一直都将人类知识的局限性谨记在心,但是(与达尔文不同)他从未因为无知或不可知论而退缩。即使获得绝对知识是不可能的,"可操作性"的经验标准也可以作为避免科学和宗教领域的错误以及追求真理的手段。

土星的光环

詹姆斯·克拉克·麦克斯韦在孩提时代就经常向父母提出各种各样的问题。如果他对"这是怎么回事"的回答不满意,他就会跟进补充一个"它的某个性质是什么"的问题。例如告诉他石头是蓝色的,他会问"你怎么知道它是蓝色"的问题,找到问题答案的方法便是求助于数学知识,当他学习了几何知识后就开始通过写方程的方式来描述几何命题。他写的方程式并不都是正确的。他后来告诉一位朋友说"我在列奇特的方程式(即错误的方程式)方面非常有天分"。他最感兴趣的事是寻找纯粹的,而且能准确描述现实世界中某一现象的数学公式;14岁的时候,他发现了一个这种类型的公式。

对于一个小学生而言,最先学习的是画圆的方法,即用一根细绳把固定在一张纸上的长针与铅笔连在一起,画出这个圆,然后学习的是画椭圆的方法,即将两根细针固定住,用铅笔拉着连接两根细针的细绳转动,从而画出这个图形,而麦克

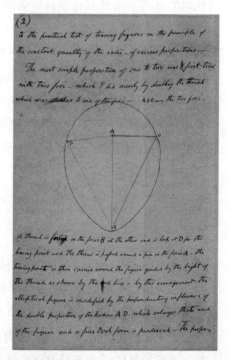

图 47.1 麦克斯韦的笔记中关于如何画出卵形线的图示

斯韦则发明了不同的方法。首先，他用细绳将长针和铅笔固定，在将铅笔拉着细绳转动之前，先绕着另外一根长针转动，这会形成一条新的曲线。由此，他写出了一系列多焦点卵形线的方程式，这些方程式成为他向爱丁堡皇家学会所宣读的论文的基础并被证明可以在光学中进行实际应用(图 47.1)。[5]

386　　十年之后，他凭借数学天赋取得的成果被皇家天文学家称为"我所见过数学在物理学中最为著名的应用之一"。当时，他研究的问题是剑桥大学圣约翰学院亚当奖[为了纪念约翰·柯西·亚当斯(John Couch Adams)通过数学计算预测出海王星的存在而设立的奖项]所设定的一个问题。该问题涉及土星的神秘光环，即如果光环是(1)单一固体、(2)流体，或(3)由多个碎块组成的，那么在什么条件下光环会处于一种稳定状态？

　　麦克斯韦耗费了两年时间进行了大量的计算，证明固体和流体都不能形成稳定的结构；根据排除法，他认为土星光环肯定是由"飞行的碎块"构成的。20 世纪 80年代，旅行者 1 号和 2 号卫星拍摄的照片证实了这一结论。

387　　虽然这些计算以戏剧化的方式证明了这样一个事实，即对于某些难以接近的自然现象，数学拥有比其他学科更强的解释力，但麦克斯韦从未满足于计算本身。他在阿伯丁的马里夏尔学院(Marischal College)的就职演讲(他的第一份教职)中明确表示，他"没有任何理由相信人类的智慧能够在没有实验性工作的情况下，可以从自己掌握的知识中形成一个物理知识系统"。他认为，不论何时付出这样的努力，"都会形成反自然的、自相矛盾的垃圾知识"。[6] 例如麦克斯韦童年提出的"你怎么知道它是蓝色"的问题，纯粹的数学知识根本无法回答。事实上，颜色知觉的难题比其他任何问题都更需要通过实验来进行证明。

颜料盒

　　很明显，自从伊本·艾尔·海塞姆的著作《光学》问世以来，人们对视觉的理解必然涉及光的物理学和人眼的生物学知识。因此，麦克斯韦第一步就是设计和制造了世界上第二台检眼计(在麦克斯韦制该仪器一年之前，赫尔姆霍茨独立制造了世界上第一台检眼计：阿克兰后来曾鼓励格莱斯顿和威尔士亲王用这台仪器相互检查彼此的眼睛)。尽管通过该仪器可以看到非常有趣的图像，但是机器本身无法展示感知颜色的过程。

虽然牛顿已经证明白光是彩虹中所有颜色混合的产物,但是像棕色等颜色并没有出现在太阳光谱中。牛顿认为这些颜色肯定是光谱上颜色混合的产物,但是光谱上的颜色又是如何形成的呢?

距离牛顿所在的年代10万年之前,布隆伯斯洞窟岩画的创作者用红色和黄色颜料混合制成橙色颜料。她的艺术技巧的继承者发现,除了黑色和白色之外,通过混合红、黄、青三种原色,可以制作出任何其他颜色的颜料。正是基于这种艺术实践,19世纪的英国医生托马斯·杨(Thomas Young)认为,人眼可能有三个相应的颜色感受器,它们结合在一起后能够在人脑感知中形成单一的颜色。

麦克斯韦在爱丁堡大学的老师詹姆斯·福布斯(James Forbes)曾尝试通过这样一个实验来验证上述观点,即快速旋转标有不同颜色的转盘让其显现出模糊的单一颜色。实验的结果令人费解。当他转动半黄半蓝的转盘时,出现的颜色不是绿色而是粉红色。 388

福布斯因健康原因被迫放弃了实验工作,但是麦克斯韦继续推进了福布斯的研究工作并解开了福布斯之谜。深蓝色的颜料会吸收光谱中除蓝色光线之外的所有光线并将蓝色光线反射回来。因此,当艺术家将吸收不同颜色光线的色素混合在一起时,他们所做的是一种"减色法",即眼睛接收到的只是那些光谱中没有被吸收的光线。通过旋转的光盘或棱镜对有色光进行混合时,这是一种加色法,在这个过程中,不同光的波长重新组合成白色(首次使用彩色玻璃的画家很快就发现了这种差异)。

麦克斯韦首先利用改进后的福布斯转盘(图47.2)进行实验,后来他将棱镜放在一个很大的棺材形颜料盒里(当詹姆斯和他的妻子凯瑟琳把颜料盒放在阁楼窗口旁边让他们的朋友进行测试的时候,这个举动把他们的邻居吓得惊慌失色)进行实验,实验表明人眼中的三种颜色受体不是红色、黄色和青色受体,而是红色、绿色和蓝色受体。

1861年,麦克斯韦被邀请在皇家学会讨论色觉问题,他设计了一种向众多观众展示的方法。首先,他分别用红色、绿色和蓝色滤镜拍摄花格布彩带,然后将所有三张照片同时投影到屏幕上。结果(尽管有些运气因素)形成了人类

图47.2 麦克斯韦的彩色转盘

历史上的第一张彩色照片。麦克斯韦构建了一种表示颜色之间关系的几何方法，即麦克斯韦颜色三角形，这种方法作为颜色成像和数字彩色图像的标准色谱表，至今依然被使用。

尽管麦克斯韦的这些发明展示了他的聪明才智，但所有这些发明所使用的数学方法基本上都属于常规性方法。然而，从 19 世纪 50 年代后期开始，他所使用的一种描述现象的技术方法，在现在看来似乎仍然超出了人类认知的范围。

气体中的精灵

389　　1859 年，麦克斯韦读到德国物理学家鲁道夫·克劳修斯（Rudolf Clausius）撰写的一篇关于气体扩散的文章，他在脑海中提出了一个很难解决的问题。气体动力学理论认为，气体是由向各个方向运动的大量分子组成的，这可以很好地解释压力、体积和温度定律，但似乎难以通过数学知识进行描述。牛顿运动定律原则上可以回答这个问题，但是牛顿运动定律不可能确定每个分子的具体位置。

但是，早在九年之前，麦克斯韦就曾在《爱丁堡评论》（Edinburgh Review）看过约翰·赫歇尔撰写的一篇文章，介绍了比利时统计学家阿道夫·凯特莱特（Adolphe Quetelet）的研究工作。麦克斯韦通过类似的技术，发现了气体分子沉降速率的概率分布，即现在所称的"麦克斯韦分布"。这是历史上第一个物理统计学定律（该定律成为随后统计学和量子力学发展的模型），以这个新定律为基础，麦克斯韦做出了一个惊人的预言：气体黏度与其压力不存在相关性。这个预言看起来似乎有悖常识，但几年之后，詹姆斯和他的妻子凯瑟琳在他们位于肯辛顿阁楼上所做的实验证明这一猜想是正确的。凯瑟琳通过控制房间内所生的火来控制温度。

11 年之后，麦克斯韦在《热学》（Theory of Heat）一书中提出了这些观点。他在这本书中列举了"麦克斯韦关系式"（表示压力、体积、温度和熵之间关系的微分方程），并向公众介绍了他的朋友威廉·汤普森（William Thompson）所描述的"麦克斯韦精灵假想（又称'麦克斯韦妖'，Maxwell's demon）"。

他假设有一个微小的生物（"精灵"）控制着将两个气体温度相同的隔间之间的活门。每当精灵看到高速分子由 A 向 B 运动时，它就让其进入隔间 B；当它看到低速分子由 B 向 A 运动时，它就让其进入隔间 A。通过快速移动的分子，热量会逐渐从 A 隔间转向 B 隔间，A 隔间温度逐渐会降低，B 隔间温度逐渐升高，这个结论与热力学第二定律是相矛盾的。通过这种方式可以创造出一个永动机。他的问题是为什么不会出现这种情况？

　　"麦克斯韦精灵"困扰了物理学家长达 60 年的时间。[7]在此数年之前,丹麦物 390
理学家汉斯·克里斯蒂安·奥斯特德(Hans Christian Ørsted)提出了"思维实验"
(Gedankenexperiment)的说法,"麦克斯韦精灵"就是一种教科书式的"思维实验"范
例。这个困惑的解决使人们对热力学第二定律的统计学性质有了更深层次的理
解,并推动了信息理论的发展,就像爱因斯坦通过光线思想实验导致了相对论的提
出一样。

　　即使在绝对知识被认为不可能的情况下,统计规律和思想实验等这些不同的
方式仍可提供获得真理的可行途径。然而,麦克斯韦利用数学来描述他对宇宙秩
序和统一性的深刻直觉,这种做法极富戏剧性地扩大了人类认知的范围。

【注释】

[1] Mahon, B., *The Man Who Changed Everything*: *The Life of James Clerk Maxwell*(Chichester: Wiley, 2003), 17.

[2] Mahon, B., *The Man Who Changed Everything*: *The Life of James Clerk Maxwell*(Chichester: Wiley, 2003), 1.

[3] Feynman, R.P., Leighton, R.P. and Sands, M., *The Feynman Lectures on Physics*(Reading: Addison-Wesley, 1965), II-1-8.

[4] Campbell, L., *The Life of James Clerk Maxwell*: *With a Selection from His Correspondence and Occasional Writings and a Sketch of His Contributions to Science*(ed.) Garnett, G. and Adams, M. (London: Macmillan, 1882), 389.

[5] Maxwell, J. C., *The Scientific Letters and Papers of James Clerk Maxwell* (Cambridge: Cambridge University Press, 1990).

[6] Mahon, B., *The Man Who Changed Everything*: *The Life of James Clerk Maxwell*(Chichester: Wiley, 2003), 70.

[7] Maroney, O., "Information Processing and Thermodynamic Entropy", in *The Stanford Encyclopedia Philosophy*(Fall 2009 edn) (ed.) Zalta, E.N., http://plato.stanford.edu/archives/fall2009/entries/information-entropy/.Accessed27August2015.

第四十八章　自然的统一性

1820 年，哥本哈根，创造了"思维实验"这一术语的丹麦物理学家汉斯·克里斯蒂安·奥斯特德正在给学生们上课，在他打开电流开关的那一刻，他注意到正摆在他旁边长凳上的磁罗盘针头突然出现了摆动。几个月后，他发表的一系列实验结果证明了电流在通过导线时会产生圆形磁场。

11 年之后，在位于阿尔伯马尔街（Albermarle Street）皇家研究院（Royal Institution）实验室工作的英国科学家迈克尔·法拉第（Michael Faraday）尝试了另外一个实验。根据他的推理，如果电会产生磁，那么反过来磁也可能产生电，他使一块磁铁在一个线圈内外移动，成功地证明了磁场确实可以产生电流。

法拉第首先根据这些发现制造了世界上第一台发电机，为这些发现的巨大应用潜力揭开了序幕，法拉第的发电机成为所有发电机的始祖，同时他根据奥斯特德的观察到的电产生磁的发现制造了第一台电动机。这些装置的多种不同用途需要经过一段时间后才能凸显出来。科学家所面临的直接问题是探究磁与电之间关系的本质。

力线

当阿克兰提到"自然这部伟大作品中存在综合性规划或统一性设计的信仰，若非探寻整个自然概念的所有努力都付之东流，我们就不能（无论以任何形式）随意抛弃"[1]时，他可能就会想到迈克尔·法拉第。法拉第将自己说成是"一个非常卑

微且被人瞧不起的基督徒，如果有人了解的话，我是一名桑德曼教派（San-dema-
nians）的教徒"①[2]，正如当时尚且年轻的阿克兰所发现的那样，法拉第所做的一切　392
都是围绕着宗教义务展开的。

对于牛顿来说，认为运动定律可能具有普遍性，是普遍存在思想的自然推论。
对于法拉第来说，他所谓的"统一于一体"的神学含义似乎也形成了他关于自然力
量之间关系的推论（为了确定电与磁之间的关系，他在晚年继续展开了相关研究，
但并没有找到令这些力与重力之间统一的实现方法）。

法拉第认为，电和磁是同一种力的不同形式，二者的方向呈直角，所以数学物
理学家［如法国科学家泊松（Poisson）和安培（Ampère）］满足于用牛顿体系术语来讨
论"超距作用"问题，而法拉第提出了这两种力如何共同工作的理论。他的结论是
磁和电荷周围存在力场，他以"力线"描述之，这种力场的独特模式可以通过将铁屑
散落在位于磁铁上的一块纸板上的形式进行展示。

法拉第没有经过数学基础训练（他的父亲是一名铁匠，他在担任亨利·戴维的
助手之前曾经是一名书籍装订工助手）。大多数物理学家都对法拉第的理论观点
嗤之以鼻。麦克斯韦从剑桥大学毕业后，对法拉第的观点产生了浓厚兴趣。

麦克斯韦写道：

> 在我开始研究电之前，我阅读了法拉第关于电力的实验性研究之后，决定
> 不再阅读关于这个主题的数学书籍。我意识到法拉第对现象的认知与数学家
> 对现象的认知之间存在差别，所以他们彼此之间对对方的表述都不认可。我
> 也深知这种矛盾并不是因为任何一方的错误而引起的。[3]

1855 年底到 1856 年初，麦克斯韦在剑桥哲学学会宣读了两篇关于法拉第磁力
线的论文，在论文中他尝试"简明地陈述我所认为的、某种能够最好地理解电现象　393
并将其抽象为计算的数学方法"[4]。他用没有重量且不可压缩的虚拟流体的流动
这一著名类比描述了电力和磁力。

比麦克斯韦年长的英国人威廉·汤普森（William Thompson，虽然他当时还是
剑桥大学的一名本科生）首先注意到描述静电强度和力的方程式与描述热流通过
固体材料的方程式是相同的。麦克斯韦利用类似的方程式，发现可以推导出描述
法拉第"力线"的方程组，这些方程组合并成一个穿过"场"（field）的单一"通量"概念

①　苏格兰长老会牧师格拉斯在 1730 年前后创立的教派，后来他的女婿桑德曼成为该教派的领袖，并以
　　其名字进行了命名，该教派的主张之一就是个人不应该积累财富。——译者注

（这一概念成为 20 世纪物理学的关键性概念）。

第二年,他将论文寄送给法拉第并且收到了令他欣喜不已的回复:

阿尔伯马尔街

1857 年 3 月 25 日

我亲爱的先生:

　　来信收悉,甚为感谢。我不想因为你提到关于"力线"的内容而感谢你,因为我知道你是出于追求哲学真理的兴趣而这样做的,但是你可能会对我心存感激,这给了我很多的鼓励去继续思考这一问题。看到文章的第一眼,我几乎震惊于这一问题所包含的数学力量竟如此强大,随后我很惊讶于这一问题是如此依赖于数学知识。[5]

法拉第发现,与其他数学家不同,麦克斯韦提供给了他一个"非常清晰的结论,虽然其他人可能不能完全理解你的运算步骤,但你给我的答案既不高于真理也不低于真理,这个答案如此清晰,从而让我可以继续以此为基础进行思考和研究"。他在回信中继续提到他希望就"磁力作用的时间"做一些实验。

"流体"的类比只适用于描述静电和磁力的作用。为了描述一块移动的磁铁导致电流在一个线圈中流动时的情况,麦克斯韦发现他需要借助一个微分方程,这最终使他做出了存在电磁波的预测。与此同时,法拉第的电磁效应并不具有瞬时性,而是涉及某种波动,这给了麦克斯韦某种启示并促使他对此开展了进一步的研究。

惰轮和齿轮

1860 年,麦克斯韦被任命为伦敦大学国王学院自然哲学教授,正是在国王学院工作的这段时期,他把自己的工作任务放在研究法拉第提出的"电紧张态"(electrotonic state)上,并"提出了一种力学概念"。

法拉第认为,在他用一块磁铁和一个铜线圈所做的实验中,磁铁在线圈中形成了一种张力(即"电紧张态"),从而使磁铁在移动时导致线圈中产生了电流。他是怎样想象出来的呢?

麦克斯韦绘制了一幅类似紧紧排列着的纺纱管的示意图,当它们旋转时,离心力使其在某一轴线上扩张而在其他轴线上收缩(图 48.1)。收缩时会沿着自旋轴产生张力而扩张会在与自旋轴呈直角的方向产生压力。磁体正是通过这种方式,在沿着它们的长轴方向产生吸力而在侧向产生斥力。

他认为在这些"纺纱管"之间可能存在"惰轮"(idle wheels),惰轮是指工程师在齿轮之间放置的一种呈反方向转动的小齿轮。在麦克斯韦的模型中,这些惰轮是指电粒子。如果一个惰轮朝一个方向转动(犹如电流朝一方向流动),齿轮则会向另一个方向转动(犹如磁场朝另一个方向转动)。正如齿轮亦可带动惰轮,磁场亦可形成电流。

麦克斯韦可以用数学知识来描述这一切。1861 年 3 月至 5 月间,麦克斯韦在《哲学杂志》上

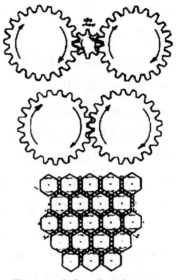

图 48.1 麦克斯韦的惰轮图示

分期发表了相关文章。他可能打算就此搁笔不再撰写其他内容。他将自己的研究结论撰写完毕之后,和凯瑟琳离开国王学院并回到老家加洛韦(Galloway)过暑假。

"要有光"

在加洛韦过暑假期间,麦克斯韦开始更深入地思考他提出的"齿轮—惰轮"模型。它们是刚性的还是弹性的? 它们是如何与普通物质分享空间的? 为什么有些材料导电而其他材料则不能导电? 如果它们是弹性的,它们的弹性因材料种类不同(导体和非导体)而存在的差异,就可以解释很多问题。静电可以被理解为弹簧中所存在的势能,磁能就像飞轮中的旋转能一样。

他认为,如果(回到他提出的流体电力模型)"一个导体可比作一个多孔膜(porous membrane)",绝缘体"就像是一个弹性膜(elastic membrane),流体或许能透过这层膜流出,但是流体的压力则必然会从一侧传导至另一侧"。[6]这会产生一种新的物理现象,他将其称为"位移电流"(displacement current)。

根据上述研究,他认为能量并不存在于物质内部,它们是围绕一般物质而存在的,并且可以存在于真空之中。

当他写出这种新"位移"现象的数学方程式时,发现方程式与这一现象之间形

成了一种美妙的匹配关系。在他拿出时间进一步研究他的方程式之前,他注意到了别的一些东西。

所有弹性材料都会传导波。即使是电场或磁场中发生最微小的变化,也会在某一个方向上形成电涟漪,在另一个方向上形成磁涟漪。若果真如此,那么整个宇宙也许都充斥着电磁波。

电磁波有点像大海中的波浪,水的运动方向与波的传导方向呈直角关系,这种波称为横波(与之相反,像声波一类的纵波,空气分子的运动方向与波的移动方向是一致的)。由于已经知道弹性介质中波的速度等于弹性模量与密度之比的平方根,因此可以计算出它们的速度。这种理论突然之间提供了一种不平常的可能性。

光被认为是通过横波传播的。在此不久之前,根据法国物理学家伊波利特·菲索(Hippolyte Fizeau)和莱昂·傅科(Léon Foucault)完成的一些光学实验,人们已经准确测定了光的速度。光、磁和电彼此是相互关联的吗?麦克斯韦所有的参考书都留在了伦敦。19 世纪 60 年代,通讯和交通都十分不便,所以直到夏天结束他回到国王学院时,他才开始梳理他的发现。他的发现值得期待。

12 年前,法拉第为阿尔伯特亲王做了关于磁的私人演讲,他告诉亲王:"我不怀疑自然知识的伟大发现以及上帝在创造万物中所蕴含的智慧和能力,它们正等待我们这代人去发现。"[7]。1861 年夏天结束之后,法拉第收到一封信,这封信的内容似乎让他的预言变成了现实。麦克斯韦告诉法拉第,他已经"在翻阅以毫米为单位的韦伯数之前,在乡间列出了一组公式,我想我们现在有充分的理由可以检验我关于光与电磁介质的统一理论是否与现实相符"[8]。

麦克斯韦提出了包含光、电、磁在内的大一统理论。1862 年,麦克斯韦发表了论文的第三部分,指出:"根据 M.M. 科勒劳什(M.M. Kohlrausch)和韦伯的电磁实验计算得出的横波在我们所假设的介质中传导的速度,与菲索光学实验计算得出的光速完全一致,我们不得不得出这样的结论,即光是由引起电现象和磁现象的同一介质的横波组成的。"[9]

然而,这并不是他研究的终点。麦克斯韦从一开始就急切地指出惰轮和齿轮假说是"暂时性和临时性的"。他并没有将其作为"自然联系的一种模板",甚至也不是一种"电学假说"。[10]但这无疑是一块思考的垫脚石,我们今天将其称为"模式"。下一步,这一模式将把他引领至超越机械绘图所描述的世界,进入一个不能通过视觉而只能通过数字进行研究的领域。

【注释】

［ 1 ］ Acland. H.W.，*The Harveian Oration*（London：Macmillan，1865），12—13.

［ 2 ］ Faraday，Letter to Ada Lovelace，in Jones，H.B.，*The Life and Letters of Faraday* vol.II（London：Longmans，1870），195—196.

［ 3 ］ Goldman，M.，*The Demon in the Aether：The Story of James Clerk Maxwell*（Edinburgh：P. Harris，1983），137.

［ 4 ］ Maxwell，J.C.，*The Scientific Papers of James Clerk Maxwell* vol.I（ed.）Niven，W.D.（Cambridge：Cambridge University Press，1890），187.

［ 5 ］ Campbell，L.，*The Life of James Clerk Maxwell：With a Selection from His Correspondence and Occasional Writings and a Sketch of His Contributions to Science*（ed.）Garnett，G. and Adams，M.（London：Macmillan，1882），200—201.

［ 6 ］ Maxwell，J.C.，*The Scientific Papers of James Clerk Maxwell* vol.I（ed.）Niven，W.D.（Cambridge：Cambridge University Press，1890），490—491.

［ 7 ］ Cantor，G.N.，*Michael Faraday：Sandemanian and Scientist：A Study of Science and Religion in the Nineteenth Century*（Basingstoke：Macmillan，1991），67.

［ 8 ］ "Maxwell to Faraday，19 Oct. 1861"，in Campbell，L.，*The Life of James Clerk Maxwell：With a Selection from His Correspondence and Occasional Writings and a Sketch of His Contributions to Science*（ed.）Garnett，G. and Adams，M.（London：Macmillan，1882），xii.

［ 9 ］ Maxwell，J.C.，*The Scientific Papers of James Clerk Maxwell* vol.I（ed.）Niven，W.D.（Cambridge：Cambridge University Press，1890），500.

［10］ Mahon，B.，*The Man Who Changed Everything：The Life of James Clerk Maxwell*（Chichester：Wiley，2003），104.

第四十九章　上帝之作

在得出这些发现一年之前，麦克斯韦在伦敦的国王学院就职演讲中就表达了他的信念："随着物理科学的进步，我们会看到越来越多的自然法则不仅仅是由一个万能存在作出的随意的、相互无关联的决定，它们还是万能体系的重要组成部分，在这个体系之中，无限的能量只用于解释那些不可测的智慧和永恒的真理。"这些进步不仅揭示了宇宙深层次的基础理性，而且是一种对人类思维理性的回应。

开普勒和伽利略曾经认为人类有能力辨别出"上帝心灵的闪光之处"，证明"人类的思想是耶和华的作品"。同样，麦克斯韦认为：

> 当我们研究科学真理，发现我们不仅可以说"这是如此"，而且可以说"这必然是如此，否则它就不符合真理的第一定律"……当我们提出关于自然定律的论断并指出根据理性原则其是否是真实或准确的时候，我们应该想到这是何等伟大之事。人类的理性能够评判耶和华的作品并对其进行测量、衡量和计算，最后说："我理解我所发现的，它是正确和真实的"，这难道不是美妙的事情吗？[1]

这并没有导致麦克斯韦轻视自己所坚持的观点，齿轮—惰轮模型不应该被视为一种对潜在事实的文字描述。反而这坚定了他的信心，即通过这种做法可能会有助于掌握事物的"走向"，而数学可能是推进这一工作的最佳方式。他在《分析力学》(*Méchanique Analytique*)中发现的一种方法对他帮助最大，这本书的作者是 18 世纪生于意大利的数学家约瑟普·拉格朗日(Guiseppe Lagrange)，拉格朗日在这本书中用完全抽象的术语描述了机械系统动力学。

神秘的钟塔

拉格朗日系统的关键之处在于它根据输入系统的知识来计算系统的产出和产出的特征,而无需知道系统是如何运作的。20 世纪,人们将其称为黑箱分析法。

麦克斯韦将其比喻为一个"神秘的钟塔"。在普通的钟塔里,撞钟人的线绳通过地板上的一个洞连到一个简单却看不见的装置之中,通过这个装置,拉动线绳就会响起钟声。假设在撞钟人头顶上方看不见的钟塔里面,绳子并不是与钟一一相连,而是呈现出一种犹如翻绳游戏一般的复杂连接方式。麦克斯韦再进一步假设道:"所有这些装置都未知,对于那些拿着线绳的人来说,最远只能看到他们头顶上方的洞口,对内部的一切完全不知情。"[2]只要我们知道拉动了哪根线绳和钟发出了哪种声音,我们就可以知道结论,而没有必要知道钟塔内部工作原理的相关知识。

因此,麦克斯韦整体抛弃了他提出的惰轮—齿轮复杂模型并写出了一组描述磁场和电场围绕彼此运动的方程式(对物理学家来说,这是一组异常美丽的方程式)。这些方程式奇迹般地给出了一种解决方案——已知横波传导速度为 c,c 等于电常数和磁常数的乘积平方根的倒数(此前已经证明该数值与通过实验测算出的光速是相等的)(图 49.1)。

$$\nabla \cdot \mathbf{E} = \frac{\rho}{\varepsilon_0}$$

$$\nabla \cdot \mathbf{B} = 0$$

$$\nabla \times \mathbf{E} = -\frac{\partial \mathbf{B}}{\partial t}$$

$$\nabla \times \mathbf{B} = \mu_0 \left(\mathbf{J} + \varepsilon_0 \frac{\partial \mathbf{E}}{\partial t} \right)$$

图 49.1 麦克斯韦方程组

因为这组方程式定义了我们关于能量和信息传递的方式,麦克斯韦的四个方程式从某种方式上构成了现代世界中所有电子技术的基础。在麦克斯韦去世 50 年后,物理学家将这些方程式视为"物质世界最基本的定律"[3]。

1887 年,阿尔伯特·迈克尔森(Albert Michelson)和爱德华·莫雷(Edward Morley)实验所得出的著名结论证明,无论观察者的运动速度是多少,光的速度都是不变的。与麦克斯韦方程组一样,爱因斯坦也将其作为相对论的基本前提之一, 399 即光速 c 是绝对不变的恒量(后来爱因斯坦提出了方程式 $E = mc^2$)。

因此,麦克斯韦方程组被认为揭示了"宇宙的基本特征,是时空之间的自然齿轮"[4]。这一方程组还进一步形成了一种新的科学方法,跨越未知的(也许是不可知的)物理事实,从而获得一种具备数学可操作性的知识。

哈姆雷特的鬼魂

在没有真正知晓事物工作原理的情况下获得具备可操作性的现实知识,这种不同寻常的数学能力后来被尤金·维格纳(Eugene Wigner)称为"数学的不合理有效性"[5],这与麦克斯韦的这样一种宏观感知是一致的,即哲学家所说的知识的"认识论条件"——我们了解不同种类事物的方式——并不是简单明了的。

虽然赫胥黎(他是《不列颠百科全书》联合科学编辑)可以轻松断言,"只有一种知识,只有一种获得它的手段",并坚持认为,"科学无意停止探索……也不满足于(近似的)绝对胜利和对整个知识领域的统治",但麦克斯韦的观点则更为深刻。

在麦克斯韦去世的当年,他在《自然》杂志发表了一篇关于《矛盾哲学》(Paradoxical Philosophy)的书评,这本书的作者试图用他们所谓的"心理物理学"作为支持唯灵论的证据。麦克斯韦对此没有花多少时间去研究,但他书评文章的内容反映出了科学方法论的范畴。他认为:"科学思维最严峻的考验之一就是识别科学方法真实应用范围的局限性。"他改编了《哈姆雷特》中的一句台词,认为"我们通过科学方法的选择已经将天地之间的许多事情排除在我们的哲学思考之外"[6]。

旁观者(通常是科学家)认为,不论其价值和必要性为何,都不可避免地能筛选出对利益相关者有用的知识种类。这一现实所包含的内容要远超过对人类基于存在而做出的基本选择中展示的物理成因的研究范围,这种选择,正如麦克斯韦在给400 一位朋友的信中提到的:"是作为一台机器,对'现象'以外的事物视而不见,还是作为一个人,感受着与很多其他人交织在一起的生命,被他们激励着,不管这些人是活在当下抑或已经去世。"[7]

正如麦克斯韦所设想的那样,关于事物的知识与关于人的知识似乎同样交织于宗教与科学之间的关系中。麦克斯韦去世之后,人们在一个抽屉里发现了一段祷告词,以《诗篇》第8章开头,"我们观看你指头所造的天,并你所陈设的月亮星宿,教导我们知道你眷顾着我们……向我们展示你命令的智慧"。

作为祈祷者通过祷告与不可见的神建立私人关系,始终是麦克斯韦的生活核心。[8]和法拉第一样,他也曾在受访者同意的前提下探访病人并与他们一起祷告。来到麦克斯韦位于格林艾尔(Glenaire)住宅的访客往往会被这家主人每日进行的祷告所震撼。1879 年,这些参观者中就有他的传记作者威廉·加内特(William Garnett),在过去的八年中,他一直见证了麦克斯韦在卡文迪什实验室的工作,并且观察到他的宗教和科学思维是如何紧密地彼此交织在一起的。

卡文迪什之门

麦克斯韦并不是入主剑桥大学卡文迪什实验室的第一人选。1860 年,剑桥大学开始着手建设该实验室,同年牛津大学博物馆建成。在剑桥大学其他各科已经有属于该学科的建筑的时候,物理学科仍然在使用设施较差的学院实验室。1860 年,大学指定了一个特别小组对该问题进行研究,直到 1869 年该小组才提出了报告,尽管该小组推荐任命一位实验物理学教授并修建一个他可用于教学的实验室,但他的前辈已经修建了一些用于本科生实验但意义乏善可陈的实验室。

一位大学老师写道:"如果一个人不相信他导师——可能是一位性格成熟稳重、能力出众且生活方面无可挑剔的神职人员——的陈述,那么他的怀疑是不可理喻的并且体现出对证据进行评价的能力的缺乏。"[9]有些人虽然认为 6 000 英镑的预算成本过高,但剑桥大学校长德文郡公爵的介入解决了这个问题,1870 年德文郡公爵提供了 6 300 英镑用于支付建造新实验室和配备装备。这个慷慨的提案让所有反对意见遭遇了滑铁卢,剑桥大学评议会决定设立新的实验物理学教席并任命了第一位卡文迪什教授。

剑桥大学邀请威廉·汤姆森(后来被授予开尔文勋爵)担任实验物理学教授。他回绝了这一邀请,校方问他是否能够联系一下德国物理学家赫尔姆霍茨。但是,赫尔姆霍茨在柏林的工作非常舒心,并且他刚被任命为新成立的物理研究所负责人。在这种情况下,校方才去邀请麦克斯韦。麦克斯韦的另一位传记作者马丁·高德曼(Martin Goldman)说,在这三位伟大的物理学家中,"剑桥撞了大运,选中了其中最杰出的物理学家"[10]。

1871 年,麦克斯韦回到剑桥大学履新,他发现自己是一个没有实验室的实验物理学教授,"我的椅子都没地方放,必须像布谷鸟一样来回搬家,第一学期我把我的杂物存放在化学教学楼,大斋节期间存放在植物学教学楼,复活节期间存放在比较

401

解剖学教学楼”[11]。位于自由学院路的新实验室完全按照麦克斯韦的规划进行设计。麦克斯韦的父亲约翰·克拉克·麦克斯韦(John Clerk Maxwell)设计了他自己的房子(和他儿子的衣服)，麦克斯韦按照父亲的工作方式，考察了格拉斯哥和牛津之后形成了自己的思想。

他在伦敦的时候发现泰晤士河的轮船的磁干扰会影响他对一些数据的测量。在剑桥则不存在这样的问题，但是交通震动却也能够造成干扰，所以剑桥大学建造了一个特别的磁室(magnetic room)，用三根整体式墩座透过地面的坑洞打入地基，地面层可用于安装敏感设备。其他设备，包括安装在50英尺高塔上的大型水箱，以真空管线连接建筑物各个房间的大型真空泵，18英寸的窗台上可以安装定日镜(跟踪太阳运行轨迹的平面镜)，光线可以射入实验室中(在出现电灯之前，该装置一直处于使用状态)(图49.2)。

图49.2　卡文迪什实验室内景

公爵将这一设计方案提交给大学之后的一星期，也就是1874年6月16日，《自然》杂志中刊载的一篇文章详细介绍了建筑物的这些特点。[12]在这些所有的特点之中，文章的作者特别注意到实验室入口的一些特征：橡木雕成的大门异常巨大，上面刻着古英语书就的铭文“主之作为，极其广大，凡乐之嗜，皆必考察”(Magna opera Domini exquista in omnes voluntates ejus)，源自《圣经》(武加大译本)中《诗篇》第112章第2节(图49.3)。

图 49.3　麦克斯韦设计的卡文迪什实验大门

　　根据加内特的说法,尽管"这些图纸是在剑桥大学指定的建筑师、耶稣学院硕士法赛特(W. M. Fawcett)先生的监督下精心绘制的,他还负责监督建筑商的工作, 403 但实验室及其设备则完全根据麦克斯韦的想法进行准备,就如同宙斯头脑中的雅典娜形象一样",这句话"完美地表达了麦克斯韦对研究的态度,他希望自己和他的学生能够在自己设计的实验室内做实验"。[13]

　　麦克斯韦的教学方法从来没有固定的形式。他认为"人们不应该以研习科学为名盲从别人的思维方式"[14],他鼓励最有才干的学生去追求自己的想法。虽然他认为研究科学的学生不应该退出或割裂更广泛的"人的研究"[他自己参与了一个包括莱特富特(Lightfoot)、韦斯科特(Westcott)和豪特(Hort)等人组成的小型讨论团体,他们是当时最出色的《新约》研究学者],但他对把特定的科学理论与具体的形而上学或神学思想联系在一起的尝试心存警惕。

　　例如,1876 年,才华横溢的格洛斯特和布里斯托主教查尔斯·埃利科特(Charles Ellicott)写信给麦克斯韦,请他从科学角度阐述对《创世记》中的一节经文的看法,麦克斯韦的回信字里行间都显得非常谨慎。主教问他是否认同"以太"(即可以传导光的介质的概念)有助于解释《创世记》第一章上帝在创造太阳和星星之前先创造了光的原因。与当时的其他物理学家一样,麦克斯韦认为光必须通过某种媒介进行传导,他只是用他的"光电磁介质"术语表述了自己的整个理论(后来爱因斯坦的相对论改变了这一观点，到那时以太的概念才不复存在）。

麦克斯韦在给埃利科特的回信中提醒说："如果有必要根据1876年的科学知识（可能1896年的科学知识就不一样了）对《圣经》的这段经文进行解释，不得不说，上帝在第一天所创造的光指的是包罗万象的以太或辐射，或不源自太阳或其他来源的非实际的光。"但是不管他自己的假设是否真实，他都不能"假设这不是《圣经》作者所想传达给经文受众的思想"，并且如果"以推测性程度最高的科学假设绑架对《创世记》经文的解释"，那将是非常遗憾的事情。他指出："自然科学假设改变的速度在本质上远比经文解释变化的速度要快。因此《圣经》解释如果是建立在这种假设的基础上，它倒反而可能使这个解释存在于世上的时间长于其早就该被深埋和遗忘的时间点。"[15]

麦克斯韦敏锐地意识到了科学理论的临时性问题。也许正如帕斯卡所写的那样，"我们渴望找到一个坚实的基础，一个稳固的基础，在这个基础上建造一个无限高的塔楼"，但是科学不能提供这个基础。即使长期以来为人们所接受的理论也许都需要改变，以适应发现的新数据——"地基开裂，大地向深处敞开"。[16]然而，强大的科学预测能力却无法对科学发现本身进行预测。

这说明人有必要秉持一定的谦卑态度。如果没有"理论的透镜"，就有可能看不到任何东西，时而服从一种解释的说教，时而服从另一种，"妄图洞察世界的不同层次"[17]，但我们不应将人类提出的理论误认为是绝对真理。麦克斯韦同意帕斯卡的观点，他指出"这个世界的真正逻辑寓于概率的计算之中"。[18]

帕斯卡的结论在于人虽然是一根"能思考的苇草"，但必须专注于"好好地思考"，这对麦克斯韦来说意味着要在生活和思想上达到某种统一。麦克斯韦23岁的时候，写了一篇反思的文章，文章中描述了他对和谐性从未中断的追求，这种和谐性也是贯穿本书的主题："如果一个人能够意识到每天的工作是一生的工作的有机组成部分，是通向永恒的具体体现，那么他就是幸福的。"[19]

麦克斯韦似乎已经实现了这个愿望。吉尔玛神父并不是唯一在他病榻前受到震撼的来访者。麦克斯韦在加洛韦当地的医生在写给他在剑桥的医生的医疗记录中提道，这位病人除了所取得的科学成就之外，"我还要说他是我见过的最好的人之一"。霍特教授回忆，这位即将逝去的人曾说："我觉得我所做的一切比我自己更伟大……我唯一的愿望就是像大卫那样，按照上帝的旨意为我们这一代服务，然后就睡去。"[20]

对于麦克斯韦来说，追求将世界理解为一个有意义的整体，永远不能被认为是一个已经实现的状态。科学可能会在终极追问的滑流中向前推进,但是二者之间的鸿沟不可能会最终弥合。这种整合性的努力必须总是处于一种动态的进程之中。

这就是麦克斯韦拒绝加入新成立的维多利亚研究会的原因。维多利亚研究会是为促进科学与宗教之间的和谐共处而成立的机构。麦克斯韦去世后,在他的论文中发现一篇不完整的稿件,他在其中写道:

> 我认为具备科学思维的基督徒都必然要研究科学,他们对上帝荣耀的看法与他们的生命所能达到的成就一样恢弘。但我认为,每个人试图将自己的科学认知与他的基督信仰协调一致的结果,不应该被认为只对他自己有意义,或对他只具有一时的意义,也不应呈现出门派之见。因为这是科学,尤其是各分支学科的本质,它们正在不断地向未知的领域延伸……[21]

该手稿到此结束(可谓恰到好处)。

【注释】

[1] Jones,R.V.,"James Clerk Maxwell at Aberdeen, 1856—1860", *Notes and Records of the Royal Society of London* 28(1973),57—81.

[2] Mahon,B.,*The Man Who Changed Everything:The Life of James Clerk Maxwell* (Chichester:Wiley,2003),121

[3][4] Mahon,B.,*The Man Who Changed Everything:The Life of James Clerk Maxwell* (Chichester:Wiley,2003),181.

[5] Wigner,E.P.,"The Unreasonable Effectiveness of Mathematics in the Natural Sciences", *Communications on Pure and Applied Mathematics*,13(1960),1—14.

[6] Maxwell,J.C.,*The Scientific Papers of James Clerk Maxwell* vol. I (ed.) Niven,W.D.(Cambridge:Cambridge University Press,1890),759.

[7] Mahon,B.,*The Man Who Changed Everything:The Life of James Clerk Maxwell* (Chichester:Wiley,2003),72—73.

[8] Campbell,L.,*The Life of James Clerk Maxwell:With a Selection from His Correspondence and Occasional Writings and a Sketch of His Contributions to Science* (ed.) Garnett,G. and Adams,M. (London:Macmillan,1882).

[9] MacFarlane,A.,*Lectures on Ten British Mathematicians of the Nineteenth Century* (New York:Wiley,1916),140—141.

[10] Goldman,M.,*The Demon in the Aether:The Story of James Clerk Maxwell* (Edinburgh:P. Harris,1983),11.

[11] Campbell,L.,*The Life of James Clerk Maxwell:With a Selection from His Correspondence and Occasional Writings and a Sketch of His Contributions to Science* (ed.) Garnett,G. and Adams,M.

(London：Macmillan，1882)，389.

［12］Maxwell，J.C.，"The New Physical Laboratory of the University of Cambridge"，*Nature* 10(1874)，139—142.

［13］Thomson，J.J.，*James Clerk Maxwell：A Commemoration Volume，1831—1931* (Cambridge：Cambridge University Press，1931)，199.

［14］Mahon，B.，*The Man Who Changed Everything：The Life of James Clerk Maxwell* (Chichester：Wiley，2003)，70.

［15］Campbell，L.，*The Life of James Clerk Maxwell：With a Selection from His Correspondence and Occasional Writings and a Sketch of His Contributions to Science* (ed.) Garnett，G. and Adams，M. (London：Macmillan，1882)，323.

［16］Pascal，B.，*Pensées and Other Writings* (eds. and trans.) Levi. H.，and Levi，A. (Oxford：Oxford University Press，1995)，70.

［17］Campbell，L.，*The Life of James Clerk Maxwell：With a Selection from His Correspondence and Occasional Writings and a Sketch of His Contributions to Science* (ed.) Garnett，G. and Adams，M. (London：Macmillan，1882)，237.

［18］Maxwell，J. C.，*The Scientific Letters and Papers of James Clerk Maxwell* vol. I (Cambridge：Cambridge University Press，1990)，197.

［19］Mahon，B.，*The Man Who Changed Everything：The Life of James Clerk Maxwell* (Chichester：Wiley，2003)，47.

［20］Mahon，B.，*The Man Who Changed Everything：The Life of James Clerk Maxwell* (Chichester：Wiley，2003)，173.

［21］Campbell，L.，*The Life of James Clerk Maxwell：With a Selection from His Correspondence and Occasional Writings and a Sketch of His Contributions to Science* (ed.) Garnett，G. and Adams，M. (London：Macmillan，1882)，404—405.

第十一编　结语

第五十章　结语

牛津大学博物馆位于公园路和南公园路的拐角处，正如图中的雕版画和1860年拍摄的照片所示，这栋建筑物自成一体，宏伟壮观（图50.1、图50.2）。今天在同一地点拍摄的一张照片显示，它实际上隐藏在多个引人注目的新实验室所组成的建筑群之中，这些实验室分布在公园路和南公园路的两侧，绵延接近1/4英里（图50.3）。

图50.1　牛津大学博物馆（1860年版画）

位于自由学院路的卡文迪什实验室缺乏向外扩建的空间。20世纪60年代后期（当时实验室的研究员已经获得20多项诺贝尔奖，到20世纪末又有9人获得诺贝尔奖），过度拥挤的结构日益难以满足实验室的要求，于是剑桥大学决定弃用原

图 50.2 牛津大学博物馆照片(亨利·瓦格纳摄于 1860 年)

图 50.3 画面最左边即牛津大学博物馆(罗杰·瓦格纳摄于 2014 年)

先麦克斯韦时代使用的建筑物并在剑桥西部的一片未开发的土地上修建了一所新的实验室(距离中心校区的距离仍在自行车通勤范围之内)。

牛津大学和剑桥大学实验室规模的扩张是 20 世纪所取得的巨大科学知识成就的一个写照,也是过去 70 年来涌入科学研究领域的资源日益增长的见证。科学知识在两次世界大战中发挥了巨大作用,正是受此鼓舞,世界各国政府和私营企业都对科学研究领域加大了投资力度。他们的投资获得了巨大回报,层出不穷地发现以前所未有的方式改变人类社会,也引发了此前未曾遇到的问题。

早在 16 年前我们便发现,卡文迪什实验室和牛津大学博物馆所提出的问题

410

411 是这样一个简单的问题："这两座最初用于科学研究的建筑入口处怎么会出现宗教铭文？"我们认为，根本的答案在于整个人类历史中，关于科学的次终极追问一直处在形而上学的终极追问的滑流之中，这源于人类对整个世界进行改造和认知的需求。

这种滑流最强烈的影响展示了形而上学追问的一系列特征，这些特征似乎增强了滑流（或其他一些方面）的力量：

- 认为存在一个单一、仁慈和理性的代表，其理性既可以用数学知识来表达，又可以通过最卑微的方式进行解读。
- 这个代表与宇宙中的一切都不同，它能从整体上赋予万物一种定律化的性质。
- 真理不是任何一种文明的专有财产。
- 不能用武力强制别人认同真理，真理包含着个人研究和实验的权利甚至是义务。

对我们来说，所有这些特征都是重要的要素。前两者关乎"上帝是什么"的问题：神的形而上特征及其如何与自然界发生关系。后两者关乎"上帝是谁"的问题：神的道德本质及神性与人性的关系。17 世纪初，弗朗西斯·培根强调科学探究的两个主要动机是"彰显造物主的荣耀，改善人类的境况"，这些都与终极追问有关。

21 世纪初，虽然利他主义和纯粹的好奇心依然在发挥作用，但很难否认金钱、权力和对国家、企业和个人利益的追求已成为科学发现更为明显的推动力。

这与我们关于滑流的隐喻有什么关系呢？

虽然 16 年前我们观察到飞过查韦尔河的雁群似乎是以稳定的 V 形队列飞行，
412 但我们现在知道情况并非如此。[1]列队飞行的大雁和其他鸟类会轮流充当其队列的领头，就像环法自行车赛的骑手轮流充当破风骑手那样。

那种促使制药公司开发新产品的动机是破风骑手发生轮换的一个显见的表征。它是否（从比喻意义上来讲）取代了那在人类历史上曾带起滑流，而如今已泯然没落，甚至不再发挥作用的"终极追问"？

到本书接近完稿的时候，这十余年来我们曾居住在牛津的不同地区。但如今我们会与来自不同学院的科学家、哲学家、神学家（和一位孤独的艺术家①）在聚餐

① 这场讨论中只有一位艺术家参加，就是本书的作者之一的罗杰·瓦格纳。——译者注

时就共同感兴趣的领域组织定期论坛进行讨论。这些讨论不断地证明了科学发现与其他思想领域的议题互动是多么广泛而复杂（正如麦克斯韦所说，这些议题永远不会有最终的解决方案），却又无法与我们最初提出的问题相割裂。

牛津大学和剑桥大学新实验室明显体现了科学思维模式的巨大拓展，这无疑为科学实践引入了新课题和兴趣动机，但这是否带来了更深刻的哲学变革？我们在前面章节中所描述的宗教和科学思想的长期纠葛是否走到了尽头？科学思想是否最终实现了古代伊壁鸠鲁学派的愿望，即将各式各样的宗教思维从舞台中驱逐出去？

如果用戏剧作为比喻，这个问题的解决方案可以比作一出三幕戏剧，每一幕剧都从不同的角度审视相同年份发生的事件。

因此，在最后一幕剧（解决方案）中，科学独占舞台的尝试，作为一直被我们比作滑流的基本进程那令人叹为观止的延续，被展现出来。

在第二幕剧（颠覆）中，意想不到的发现使人对追问终极问题的可能性产生了怀疑。

然而，第一幕剧在本书"序言"部分就已经开始，在这幕剧中爆发了直接冲突。　413

第一幕：冲突

1918 年 7 月 17 日，俄罗斯皇室成员——沙皇和皇后连同他们的五个子女以及随从被押送到叶卡捷琳堡一所房子的地下室并被行刑队执行枪决。未被射杀的人则死在了行刑队的刺刀之下。

83 年之后，2001 年 9 月 11 日，美国联合航空公司 11 号航班搭载 99 名乘客和机组人员以每小时 485 英里的速度撞向纽约世界贸易中心北塔。

这两起发生在 20 世纪初和 21 世纪初的政治暴力活动通过截然不同的方式，并基于截然不同的理由，为古代伊壁鸠鲁开创的、利用科学对宗教进行边缘化的视点的现代版本提供了巨大推动力。

布尔什维克在俄国革命中夺取了权力的宝座，革命以罗曼诺夫家族被处死作为终结，卡尔·马克思历史唯物主义被确定为整个国家的官方信仰。唯物主义关于宗教观念将消失的观点虽然最终未变成现实，但为了实现这一目标，政府积极采取了相关的措施。1950—1990 年间，占世界人口一半的国家政府开始推行废除宗教的措施。

苏联解体从一定程度上缓和了东方国家废除宗教的进程,但是"9·11 恐怖袭击"以及随后发生在伦敦和世界各地的袭击重新启动了这一进程。这些袭击事件是所谓的"伊斯兰圣战"所促成的[2],这似乎为许多宗教反对者提供了一个关于宗教思想会产生巨大危害的现实教训。这促进了十年来新的反宗教的作品和运动的发展,但这次运动是发生在西方国家。

在这两个事件中,讨论的核心都是呼唤科学。

414 伊壁鸠鲁重生

新伊壁鸠鲁运动需要回溯至 18 世纪中叶。苏格兰哲学家大卫·休谟(David Hume)在《人类理解研究》(*Enquiry Concerning Human Understanding*)中指出,"如果我们拿起一本关于神学或经院哲学的书",那就只需要提出两个问题:"其中包含着数和量方面的任何抽象理论吗? 其中包含着关于实在事实和存在的任何经验方面的推论吗? 如果都没有。那么我们就可以把它投在烈火里,因为它所包含的没有别的,只有诡辩和幻想。"[3]

19 世纪,奥古斯特·孔德以类似的方式提出了实证主义哲学,他指出人类思想的神学和形而上学阶段已经结束,当代思想的唯一有效形式是科学。恩格斯所说的马克思"科学社会主义"同样认为,任何一种不以物质原因为基础的形而上学思想都应该被视为"醉酒式的投机"。[4]

20 世纪初期,推崇马克思主义的俄罗斯并不是唯一采用这种思维模式的国家。1922 年,常在维也纳咖啡馆会面的一些哲学家组成了一个被称为"维也纳学派"(Der Wiener Kreis)的组织。1929 年,该学派出版了他们的宣言《科学世界观:维也纳学派》(*Wissenschaftliche Weltauffassung. Der Wiener Kreis*),学派的领导成员之一鲁道夫·卡尔纳普(Rudolf Carnap)撰写了名为《通过语言的逻辑分析清除形而上学》(The Elimination of Metaphysics through Logical Analysis of Language)的文章,文章的题目标明了该学派的目标。

1936 年,英国年轻的哲学家 A.J. 艾尔(A.J. Ayer)在《语言、真理和逻辑》(*Language*, *Truth and Logic*)一书中将"逻辑实证主义"(logical positivism)一词引入了英语中。在这本书中,艾尔提出了所谓的"证实原则"(verification principle),他认为除了重言式(tautologies)陈述之外,只有那些可以经受实证检验的陈述才是有意义的陈述,因此"所有形而上学的主张都是无意义的"[5]。

这本书第一版问世后,艾尔的观点就受到人们的热议。这本书在第二次世界大战结束之后进行了再版,一时间洛阳纸贵。即使仍有像伯特兰·罗素(Bertrand Russel)或者他的学生乔德(C.E.M. Joad,罗素指责其为剽窃者)那样仍然支持形而上学思想的人,但当时流行的哲学趋势是科学正在取代宗教。[6]

415

尽管唯物主义和实证主义均不能以科学发现自称,但自1860年以来,达尔文的演化论似乎为这种普遍摒弃形而上学的观点提供了一种正当性。

道德的进化

马克思在1860年12月写给恩格斯的一封信中指出,《物种起源》"为我们的观点提供了自然史的基础"[7]。马克思给达尔文寄送了一本亲笔签名的《资本论》,之后他收到了达尔文一封礼节性但未做表态的回信。[当马克思的女婿爱德华·艾维林(Edward Aveling)写信询问他是否可以将自己的著作《学生的达尔文》敬献给达尔文时,他收到了类似的礼节性回信,但达尔文坚决拒绝将其本人与对宗教进行直接攻击的人牵扯到一起。]

达尔文对于马克思的重要性并不仅仅在于英国科学家似乎用"科学的理性启示"取代"陈旧的基督教的启示"(达尔文著作的法语译本)。卡尔·马克思理论的核心是那种认为可以通过对超验现实的追求维持人类的信仰的观念,实际上是社会条件的产物。

因此,"资产阶级的自由、文化和法律等"是"资产阶级生产条件的产物"。[8]而"法律、道德、宗教"对于无产阶级来说,则"全都是资产阶级偏见"。[9]从这个角度来讲,只能通过人类活动形成的条件来理解人类活动,马克思对费迪南·拉萨尔(Ferdinand Lasalle)说,达尔文的假设"为我研究历史上阶级斗争提供了自然科学基础"[10]。

为什么生存斗争可以解释利他主义呢? 在20世纪的大部分时间内,演化理论在解释自然界中明显的利他行为方面存在一定的难度,比如为何有的蚂蚁为了蚁群中其他蚂蚁而牺牲自己的生命。

20世纪60年代,英国演化生物学家威廉·汉密尔顿(William Hamilton)经过研究，对这个难题做出了解答。根据汉密尔顿关于亲属选择方面的研究，他提出了一个代数不等式（现在称为"汉密尔顿规则"），如果 $C < r \times B$（其中 C 代表个体的行为成本，r 代表行动者与接受者在遗传上的相关性系数，B 代表行动者的利他行为），行动者会理性地实施付出代价的行动，这个不等式展示了自然选择会青睐利他行为的原因。

美国化学家乔治·D. 普莱斯（George D. Price，他提出了"普莱斯公式"）对汉密尔顿规则进行了重新推导并将其与自己和约翰·梅纳德·史密斯（John Maynard Smith）共同提出的博弈论进行了结合，形成了一幅更宏大的图景，揭示了利他行为是整个种群一项稳定特征的原因。[11]

20 世纪 70 年代末到 80 年代初，埃德蒙·威尔逊（Edmund Wilson）和理查德·道金斯（Richard Dawkins）进一步宣扬了这些思想。他们似乎不再需要通过美国哲学家理查德·罗蒂（Richard Rorty）提出的"形而上学的天钩"（metaphysical Skyhooks）①来解释人的行为。根据威尔逊的观点，"有条件的利他主义""最终是利己的，利他主义者实际上'期待回报'"。[12]根据哲学家迈克尔·鲁斯（Michael Ruse）的观点，更宽泛意义上的整体道德可以被看作"仅仅是在……适应"[13]"基因的创造"[14]。

事实上，演化似乎在某种程度上不再需要"形而上学的天钩"。T. H. 赫胥黎认为，"演化论并没有触及更广泛的目的论"[15]，但 20 世纪的一些演化论思想家却不同意这一观点。

偶然性的哲学

杰出的法国生物学家雅克·莫诺（Jacques Monod）在 20 世纪 70 年代初出版的《偶然性与必然性》（*Chance and Necessity*）一书中指出，"绝对自由，但又盲目的纯粹偶然性"是"进化这座宏伟大厦的根基"，它"已不再是可能的或甚至是想象的假设了；在今天，它已经成为唯一可能的假设"。[16]因此，他认为"最终，人类会明白，他们在冷漠无垠的宇宙中孤立无援，这是因为他们自己的产生本来也是一种偶

---

① 这是罗蒂关于形而上学的形象比喻，如果人们将生命的意义寄托在天上，无论这个"天"的概念是指上帝还是其他什么，那么人类就必须借助从天上垂下的钩子才能得救，而现实中的一切则成为了得救的负担。——译者注

然"。[17]理查德·道金斯(Richard Dawkins)在他 1986 年出版的《盲眼钟表匠》一书中用类似的论点抨击了 18 世纪反奴隶制活动家威廉·佩雷(William Paley)提出的设计论观点(图 50.4)。

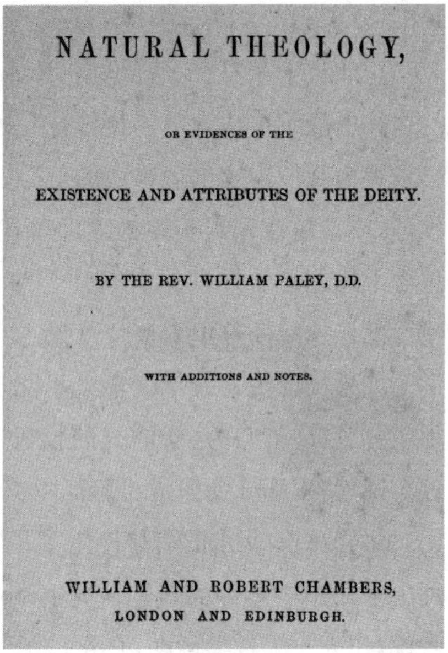

佩雷的著作《自然神学》开篇就提出了一个后来广为人知的比喻:"假设我穿过荒野时,脚踩到一块石头,如果有人问石头怎么会在那里,我可能会口是心非地答道,它一直就在那里……但假设我发现的是一块手表,它怎么会在这呢。"[18]佩雷认为,对于手表这个问题似乎需要这样解释"它的每一部分都是有目的地组合在一起"[19],而道金斯在充分展示了他的"生物学识"[20]后,接着详细描述了生物结构的具体目的。

NATURAL THEOLOGY,

OR EVIDENCES OF THE

EXISTENCE AND ATTRIBUTES OF THE DEITY.

BY THE REV. WILLIAM PALEY, D.D.

WITH ADDITIONS AND NOTES.

WILLIAM AND ROBERT CHAMBERS,
LONDON AND EDINBURGH.

图 50.4 约翰·佩雷的《自然神学》书名页

达尔文关于随机变异通过自然选择过程形成生物有机体复杂适应性的描述似乎是一种先发制人的策略。如果生物学算法可以形成生物的目的性特征,为什么还需要一个造物主呢? 事实上,这个观点不也可以从另一个方向思考吗?"要是我们想主张世上有一位神祇,所有有组织的复杂事物都是由它制造的"[21],那么它岂不会过于复杂以至于不太可能被作为一个预设的起点?①

与 2001 年之后问世的许多其他反宗教书籍一样,道金斯的《上帝的迷思》一书从不同的角度对宗教进行了全方位的批判。反对有神论的核心论点重复了这样一个主题,即"上帝的假说……基本上可以被概率论所排除"[22],"任何能够设计出像宇宙一样不可能事物的实体……将必然是一种更加不可能的存在"[23],以及"任何能够设计宇宙的神……都必然是一个极其复杂和不可能的存在"[24]。

这些论断背后的全部自信就是对科学的追求,这是新伊壁鸠鲁主义运动的一项特征,从一开始就存在这个问题。

417

418

---

① 理查德认为复杂创造者的假设不得不面对一个问题,即它的复杂性是谁赋予的? 也即,谁创造了创造者这一问题,而如果创造者的复杂性是内在的、固有的,那么这种内在性和固有性为何不能存在于生物本身? 因而与前述假设矛盾。——译者注

树枝和锯子

正如哲学家罗杰·特里格(Roger Trigg)所言:"在人类生活中,锯掉别人坐着的树枝一般不被认为是一种善行",如果这种事情发生在哲学观点身上,那它"肯定会被视为我们推理出现错误的信号"。[25]休谟认为所有不包含数量或数字的抽象推理,或不包含事实实验推理的著述,都是"诡辩和幻觉",他自己的著述中也有未包含上述二者的推理。它们是否与他所主张应当付之一炬的书籍属于同一类书籍?怎样才能使其免于被焚毁呢?

如果实证主义或唯物主义不能自称为科学发现,那么除了形而上学的理论之外,它们也应被归为"醉酒式的投机"而被抛弃吗?如果用于验证的原理本身通不过实证检验,那么如何进行验证呢?

尽管 A.J. 艾尔的著作产生了一定影响,但是实证思维所固有的矛盾很快就显现出来;1967 年,约翰·帕斯莫尔(John Passmore)指出"逻辑经验主义已经死亡,或者说,作为一个哲学运动,它死亡了"[26]。艾尔自己指出《语言、真理和逻辑》一书的主要问题在于"几乎所有的论断都是错误的"[27]。在哲学领域暴露出的特别明显的不合理性,同样困扰着基于特定的科学发现而形成的反形而上学的宏大结论。

419 起源谬误

1934 年哲学家莫里斯·科恩(Morris Cohen)和厄内斯特·内格尔(Ernest Nagel)提出了"遗传谬误"或"起源谬误"的概念。[28]这种谬误是指一个结论的有效性的基础完全取决于它的起源(如"因为你是一位数学家所以你才提出这样的观点"),或者说任何事物的性质完全因其发展过程而决定。举一个极端的例证,即认为一棵橡树"实际上是"一颗橡子。

因此,尽管普莱斯方程式可能会证明无意识遗传优化会导致蚂蚁做出"利他"行为,但这并不意味着有意识的伦理利他主义"是"无意识遗传优化的结果。

我们解释事物的工具和我们试图解释的对象都可以被推定为基于遗传起源。从这个意义上说,数学能力和道德判断属于"基因的创造"。然而,遗传起源并不能决定数学方程式(如普莱斯方程式)或伦理判断的有效性(如乔治·普莱斯皈依基督教后,他决定捐献个人财产并抚恤无家可归者)。

根据这一观点,我们行为的演化起源也不一定能告诉我们任何关于它们可能的形而上学基础或其他方面的信息。实际上,雅克·莫诺曾提出并解释的偶然性的角色问题,远比它看上去更为复杂。

偶然性谬误

从技术角度来讲,偶然性可以被描述为"一个这样的事件,它不遵循任何类似法律先例的指定性前兆"[29]。这个描述本身并没有回答偶然性是不是被创造出来的问题(《圣经》经文中,如《箴言》中所说"签放在怀里,定事由耶和华",似乎暗示偶然性是被创造的[30])。只有假定将偶然性看作掌控因果的主体[像神话故事中的幸运女神堤喀(Tyche)]一样,才能将其视为有神论的一种替代理论。

这种形而上学的假设是科学面对的问题而不是科学衍生的问题。但是它们仍然对科学家的研究和发现造成了持续的影响。

哈佛大学进化生物学家斯蒂芬·杰·古尔德(Stephen Jay Gould)在 1989 年出版的《精彩人生》(*Wonderful Life*)一书中指出,如果演化的历史重演一次,将会产生完全不同的结果,不会出现像人类一样的生物。古尔德的论点是一种思想实验,但不能因为这一点而认为这种说法缺乏根据。这个观点的基础是 20 世纪 70 年代早期开始陆续在伯吉斯(Burgess)页岩[加拿大幽鹤(Yoho)国家公园的岩层]发现的一种迄今都未知的生物门类,这一生物门类的繁衍令人惊讶,化石保存得十分完好。

剑桥大学进化古生物学家西蒙·康威·莫里斯(Simon Conway Morris,他根据古尔德的观点对加拿大幽鹤国家公园页岩进行了研究)提出了相反的观点,他认为演化过程是寻求特定解决方案的过程,而像人类这样的生物可能是这一过程的必然结果。康威·莫里斯的依据是他和其他一些研究者在演化树的每一条树根和分支中找到并发现了一种显著的演化收敛现象(即因为世界变化导致完全不同的演化路径形成了极其相似的结果)。[31]

两位科学家从不同的哲学观点出发得出了各自的结论,他们的著述中体现了这些观点。因此,虽然古尔德认为演化过程的绝对连续性抛弃了任何设计相关的概念,但康威·莫里斯得出的结论则是演化模式并不能因为"所有都是一致的"而

420

证明上帝的存在。[32]

但是如果试图用科学来摒除形而上学没有什么进展的话,那么摒除 18 世纪末和 19 世纪初的自然神学已经被证明是一个比较容易实现的目标。

手表和制表

17 世纪,布莱士·帕斯卡(Blaise Pascal)认为,自然神学和科学无神论都是建立在沙滩上的:"我们急切地想找到一个坚实的基础和终极的永恒根基,以便在那里建立起高耸入云的塔楼",但是最终"地基开裂,大地向深处敞开"。[33]

18 世纪,伟大的德国哲学家伊曼纽尔·康德以类似的方式论证了信仰上帝虽然是一种理解世界(特别是道德生活)的理性假设,但不能从中直接推导出这一结论。

威廉·佩雷(William Paley)的观点忽视了这些约束,它在某种意义上被达尔文的理论所取代。尽管如此,它们都是难以被淘汰的思想,T. H. 赫胥黎认为"进化论学说并没有触动一个更广泛的目的论"[34],这一观点已被证明是具有先见之明的。

当剑桥大学宇宙学家弗雷德·霍伊尔(Fred Hoyle)首次通过实验证据证实了对碳形成至关重要的共振态理论①,他提出了一种观点宇宙看起来像是"一个被设计好的东西","一个超级智慧不经意触发了物理、化学和生物学"。[35]霍伊尔完成这一发现之后的几年里,许多其他与此类似的"微调现象"(fine turning)被确认为是现实世界的基本常量,所有这一切都被另一位剑桥大学宇宙学家马丁·里斯(Martin Rees)称为"亲生命的"宇宙存在的必要条件。将这一切归结于偶然性似乎面临越来越多的疑问。

各种各样关于"多元宇宙"假说被提出用以解释这些"微调现象",这些假说表明我们所处的特定宇宙空间是无限多的宇宙之一。基于不同的假设的不同宇宙之

① 因为在传统物理学模型中,氦原子聚合成碳原子的速率过低,无法达到现实宇宙中所观测到的丰度,故而霍伊尔提出,在某种特定的能级下,碳原子会呈现某种共振态,在这种状态下,碳原子生成的速率即可符合实际情况。与此相关的微调现象及相关解释,现在早已不局限于多元宇宙论的范畴。相关信息参见弗里德曼·亚当斯(Fredman Adams)的"如果宇宙不是现在这样,人类还能存在吗?",环球科学:http://huanqiukexue.com/a/qianyan/tianwenwuli/2017/0220/26975.html。——编者注

间,其初始条件可能有略微细小的差别,适用的规律和物理常数各不相同。因此,对于我们所说的"自然法则",正如里斯所指出的那样,"从宏观的角度来看,(它们)是与某些总体理论(overarching theory)相谐的区域性法则(local bylaw),但它们与总体理论并不完全一致"。[36]

这将使我们现在所处的、特定的"亲生命"宇宙出现的可能性进一步提升,但反过来也引发了"总体理论"或"规律之规律"的起源问题。逻辑上可能存在无数多的多元宇宙,但它们中没有一个包含了"微调现象"(正如无论你有多少个偶数,它们 422 之中没有一个会变成奇数一样),因此这个宇宙何以存在还是需要进行解释。

就佩雷的比喻而言,如果穷尽他的体力仍无法翻过重重群山,他可能会认为"它(手表)本来就在那里"。但如果最终他走进了一个规模庞大且结构复杂的全自动制表工厂,那么对此进行解释的必要性就会陡然增加(佩雷本人认识到如果"我们面前的手表"是由"另一只手表制造而来,那么如此前溯,无穷无尽……仍然不足以解释这个机械的来源。我们仍需要一个创造者"[37])。

虽然这个观点与"上帝的假说……几乎被概率定理所排除"[38]的命题相反,但是它同样存在问题。

概率问题

在缺少参照类(veference class)的情况下,将帕斯卡的概率理论适用于这个问题存在一定的困难。如果你知道一个罐子里有九个黑球和一个白球,你可以根据这个参照类计算得出取出白球的概率是 1/10。若缺乏关于设计者的明显的参照类,这类问题如何展开思考?

18 世纪,长老会牧师托马斯·贝叶斯(Thomas Bayes)提出的定理可以回答这个问题。贝叶斯的朋友在他去世后将他的一篇论文公开发表,在这篇文章中贝叶斯提出了一种逆向推理系统,通过这一系统可以确定先验可信度如何根据证据的变化而进行合理改变。[39]例如,如果你无目的地从 30 个混合在一起的黑球和白球中挑出两个球,根据先验概率的知识并通过观察你所选出的球,贝叶斯方程式可以计算出罐子中黑球和白球数量的概率。贝叶斯定理的应用之一就是计算在特定的医疗条件之下人群中出现某种病症的概率以及测试结果为假阳性的概率。

设计者的概念可以适用这个理论吗?如果上帝的存在符合某种固有概率[in-

423 trinsic probability，虽然没有特定的数值，但是肯定是介于 1（真）和 0（假）之间的某个数值］，顺着这条逻辑进路，牛津哲学家理查德·斯温伯恩（Richard Swinburne）认为，概率计算的结果会因为数据（哲学反思、历史证据、《圣经》启示、宗教经验等）的更新而处在不断变化之中。[40]

难点在于任何一种统计概率都需要统计数据支撑。因此，与道金斯教授观点的局限性一样，这种方法的局限性在于没有实际的统计数据。斯温伯恩教授本人也承认这一点，但他认为他进行的计算的目的是通过严格的方式，列举那些能够决定观察证据是如何支持某些更普遍性理论的因素。

爱因斯坦认为，"一切理论的崇高目标，就在于使这些不能简化的元素尽可能精简，并且不至于放弃对任何经验内容的适当表示。"（有时解释为"尽可能简单但不能太简单"）[41]在这种情况下，经验数据将包括宇宙/多元宇宙中的所有一切。

阿维森纳将（参见第十六章）"必在"指向上帝的存在。根据他的观点，宇宙的解释必然在某种意义上超越其内部所蕴含的数据，因为所有存在的原因本身并不是一种偶然性（事物存在的原因源于自身以外的事物），而必须是一种必然性（事物存在的原因是事物自身）。

根据这一观点，就会提出这样一个问题："如果你假设在宇宙/多元宇宙以外存在一种必然性，使自然规律/规律之规律成为现实，那么这种必然性是有意识的头脑还是无意识的物质，哪个可能性较高？"

新的宗教认知科学（参见第七章）的贡献之一就是证明人类心灵的内在特征似乎支持选择前一种。在第七章中提到的实验心理学家贾斯廷·巴雷特认为，对神的信仰"在我们所处的世界之中，可能是我们与生俱来的心灵所导致的必然结果"[42]。

估计概率不限于我们可以量化和进行数学计算的事物。与麦克斯韦同时

424 代的赫尔曼·赫尔姆霍茨第一个提出大脑对感官数据进行组织的能力可以用概率估计进行建模。神经学科学家正是通过这种方法提出了所谓的"贝叶斯大脑假说"[43]。

贝叶斯大脑

罗切斯特大学的两名认知学科学家戴维·尼尔（David Knill）和亚历山大·普

捷(Alexandre Pouget)2004 年发表了一篇名为《贝叶斯大脑》的开创性论文,他们指出"心理物理学""提供了越来越多的证据,认为人类的感知计算能力具有'贝叶斯最优性'(Bayes Optimal)"(也就是说,它们可以根据贝叶斯定理进行精确建模)。这直接导致了"贝叶斯编码假说"的提出,这一假说认为"大脑以概率分布的形式表达感官信息"。[44]

正如尼尔和普捷所指出的那样,研究人员已就神经元群中如何进行概率计算提出了很多不同的观点,但结论是我们的大脑似乎像"贝叶斯机器"那样运作,通过不断更新之前的概率评估来推断世界的本质。如果宗教认知科学(CSR)的研究者所确定的心智工具的输出与属于同一种贝叶斯编码的感官工具输入相结合,那么有神论在某种意义上是否可以被看作一种无意识概率计算的结果呢?

像这个有趣、多样化和快速发展的领域所提出的许多问题一样,问题的答案(随着经验数据的积累,将不可避免地进行修正)可能会显著缩小终极追问和次终极追问之间的差距。但是,这可能会导致人们的误解。

宗教认知科学领域的研究人员可以根据自己先在宗教或反宗教的立场通过不同的方式解释这些数据。它是不是人类思维中持续认知错误的证据,抑或是揭示了人类对神性的一种内在反应能力?

但是,我们不一定能得知决定这些先在立场的因素。

巴雷特认为,我们无意识的"直觉信念"(non reflective beliefs)迅速产生的第一 425 次猜测构成了有意识的"反思信念"(reflective beliefs)的基础。当需要反思信念时,意识思维会开始"读取"直觉信念,若其中出现冲突,则会根据不同的输入信息进行权衡(他认为我们可以用一个小组的负责人使小组成员对于特定命题形成共识的情形来类比这一进程)。这并不意味着"我们形成反思信念的过程是透明并且易于检查的",它可能"在很大程度上仍然不能算作有意识的思考"。[45]

因此,在宗教的背景下,"虽然许多信徒可以给出大量明确的理由,说明他们为什么信仰上帝……但是很少涉及形成这种信仰的过程,即使提到某些明确的原因,也不能完整表述"[46]。对于当时的宗教批评者来说,如果他们希望说服自己和其他人摆脱童年的信仰,这种半意识的理由的累积可能是一个致命的缺点。

从 20 世纪 50 年代开始,哲学家安东尼·弗勒(Anthony Flew)就是哲学无神论领域最杰出的代表人物,他认为有神论者关于"如果一个说服力弱的观点不够强,那么 100 个说服力弱的观点捆绑在一起就会好很多"[47]的观点是一种错误的想象。另一方面,神经学科学家唐纳德·麦凯(Donald Mackay,他是弗勒在基尔大学的同事)认为,所谓的"完形感知"(gestalt perception,一作格式塔感知①)——将多组特征看作整个对象(一种整体形式)的能力——一般呈现出一种不确定的累积方式。

426   以 R.C. 詹姆斯拍摄的、以树叶为背景的斑点狗照片为例(图 50.5),麦凯认为,如果某一种观点是以一种连续的形式出现,那么其说服力取决于其中最薄弱的环节,"如果某一观点属于平行论点——一种涉及整合多个并行证据的观点",然而当"所有的联系环节自身说服力太弱难以自圆其说——由各个证据单独得出结论的概率会小于 50%——但经过格式塔整合的证据(以我们所说的达尔马提亚狗为例)则可能提供充足的理由"[48]。对于一张包含了一片随机散布的斑点的图片,即有可能"反复观看也看不出什么",也有可能像参加罗夏墨迹测试(在一个人面前展示随机泼洒的墨迹并强制他们告诉你他们联想到的内容的测试方法)那样将某种图像投射到斑点上。

图 50.5 R.C.詹姆斯拍摄的斑点狗

然而,当细微的线索(也许其他注视相同区域的人都表示看到了某些东西)更新了我们关于累计证据的先在概率估算,这个图像可能会突然形成一种连贯性的认知。当出现这种情况的时候,人们不可能注意不到。

这种过程(概率评估的微小累积变化对现实感知的影响)可能构成童年时代秉

---

① 格式塔理论是一种心理学范畴内的理性主义理论,认为整体不是部分之和,意识也不是感觉元素的集合,行为不等于反射弧的循环,强调经验和行为的整体性。——译者注

持有神论的基础,但它们似乎同样会导致思想出现变化,这是人一生中哲学反思的高潮。

1951 年 C.E.M. 乔德指出(在此之前,他一直持相反的观点),对于他而言,目前从宗教的视角理解似乎是"最理性的假设……它涵盖了大部分的事实,并为我们整体经验提供了最合理的解释"[49]。1988 年,A.J. 艾尔在伦敦大学医院接受治疗时,向他的主治医生透露了他在接近死亡时的经历:"我看见了一个神圣的存在。恐怕我得修订我所有的书和观点。"[50]2004 年,弗勒自己宣布,"经过一番斗争"最终他变成了一位有神论者,他将此作为改变自己的立场、对概率重新评估的首要原因。[51]

然而,是否可以笃信人类的思想能够为我们展示一幅真实的现实图景?脑科学的发现似乎削弱了对我们自身认知进程的信任,物理学的发现似乎颠覆了对逻辑和因果关系的正常理解,这两者引起了人们的怀疑。恰在此时,第二幕上演。

第二幕 颠覆

1941 年 9 月,正值纳粹占领丹麦期间,伟大的原子物理学家尼尔斯·玻尔(Niels Bohr)的学生、曾经的合作伙伴沃纳·海森堡(Werner Heisenberg)前来拜访他。20 世纪 20 年代,两人开创了原子物理学中量子理论应用的先河,但当时战争正酣,他们的立场截然不同。海森堡负责纳粹的原子反应堆研究,而具有一半犹太人血统的玻尔则在不久之后逃往美国,加入了正在研制原子弹的曼哈顿计划。随后,两位学者公布了讨论内容,但有相互矛盾的内容。1998 年由迈克·弗雷恩(Michael Frayn)完成的戏剧《哥本哈根》,展示了海森堡拜访玻尔时双方在持续辩论过程中提出的不同意见和理由。

在戏剧《哥本哈根》中,弗雷恩将海森堡提出的不确定性原理与会谈中出现的不确定事件进行了极为类似的对比,并以此为基础,指出不可能存在任何确定性的知识。最后一个场景讨论的话题是"终极不确定性是事物的核心所在"。[52]

在该戏剧中,不确定性主要是因为人物难以揣测对方或他们自己的意图而导致的。弗雷恩在他 2006 年出版的哲学著作《人性论》(The Human Touch)中谈到了"我们行动源头上致命的不确定性",并且描述了"神经突触是如何激发或激发失败,并认为人们的选择或伟大的因果链都不会决定结果"。[53]鉴于量子的不确定性会引发我们对现实掌控方面的质疑，脑科学的发现似乎也提出了关于身份和责任概念同样困难的问题。

1994 年，即弗雷恩创作话剧《哥本哈根》四年之前，弗朗西斯·克里克（Francis Crick）出版了著作《惊人的假说》（*The Astonishing Hypothesis*），作者在这本书的开头就提出：“你，你的喜悦、悲伤、回忆、抱负、你对人格同一性的感知、你的自由意志，事实上这一切都不过是大量神经细胞集的反应。”克里克继续指出，“人具有实在灵魂的观点就像人具有‘生命力’这个古老的观点一样是没有意义的。”他断言：“这与当前数以亿计的人类宗教信仰之间存在直接矛盾。”[54]

428　惊人的大脑

在过去的一个世纪里，关于大脑工作原理的研究一直在加速推进。根据最近一本著作的说法，人类在过去的 15 年里获得的知识（以这本书的撰写时间 2016 年起算）比人类历史其他阶段所获得知识之和还要多。[55]自下而上的神经生理学研究伴随着自上而下的行为心理学的发展而发展。人类精神活动似乎没有表现出对科学研究的不适应。[56]在克里克的引领下，很多作者都认为神经科学方面的巨大进步开辟了反对宗教的新阵线，这不仅破坏了关于灵魂的观点，而且颠覆了自由意志和道德责任等基本概念。

相反，《圣经》研究学者指出，《圣经》中描绘的人类形象（托马斯·阿奎那等中世纪基督教思想家对此进行了进一步发展）“不是分层次的创造物（具有独特的身体和灵魂），而是复杂的整合性整体”[57]。与此同时，具备哲学思辨的神经学科学家也警告，不要从具体的实验结果跳到宏大的哲学结论。

一个最著名的例子就是 20 世纪 80 年代加利福尼亚神经学家本杰明·李贝特（Benjamin Libet）所做的一些实验。李贝特的这些实验检测了一种被称为“准备电位”的脑电活动（readiness potential），这种活动出现在被试者被要求进行特定的动作时。李贝特的发现得到了许多后续实验的证实，被试者大约在有意识地做出选择的 300 毫秒之前会出现“准备电位”。这是否正如一些学者所宣称的那样，证明了像“自由意志”这样的心智活动只是大脑活动的副产品，因此它只是一种虚幻的现象呢？

这项工作面临的技术挑战之一是 2007 年德国马格德堡大学克里斯托夫·赫尔

曼(Christoph Herrmann)及其同事以及 2009 年新西兰奥塔哥大学朱迪·特维娜(Judy Trevena)和杰夫·米勒(Jeff Miller)所做的修正实验。在这两个实验中,被试者被指示按下两个按钮中的一个以响应特定的刺激。在这种情况下,准备电位不仅像李贝特实验那样在按下任一按钮之前出现,而且在进行刺激之前也存在明显的准备电位。因此,他们得出的结论是,"准备电位"反映了"一般预期"的运动。[58] 429 这本身不是做出一个决定,而是一种准备好的状态。

即便不是如此,哲学家们仍然认为李贝特的实验与"自由意志"这个概念中通常提到的道德选择之间的直接关系仍不清晰。我们最负责任的决定是那些经过慎重考虑的决定,而不是那些在只有几分之一秒内所作出的决定。一个人在面临重大决定时可能想"睡上一觉"是有原因的。即使是在瞬间做出决定的情况下,也可能反映了既定的行为模式,而这种行为模式由以往的选择行为和塑造品格及形成反射的各种影响和需求塑造而成。

圣安德鲁斯心理学名誉教授马尔科姆·吉维斯(Malcolm Jeeves)提出,大脑活动与心智活动之间存在"不可简化的内在相互依赖性",这是一种基于更根本性考量的观点。吉维斯认为,计算机硬件和软件之间的类比经常被"偷梁换柱地用来解释它们",[59] 而现实情况则更加复杂。

正如唐纳德·麦凯所指出的那样,这两个层次之间存在关联的关系而"不是翻译"的关系。麦凯以计算机中一个存在两个根的方程式为例:"方程式的事实不是计算机的事实……计算机没有根。然而,如果计算机正对方程式进行求解,那么'方程式存在两个根'这个表述就拥有了直接的物理相关性,任何一个工程师都可以告诉你它是什么。"[60] 这不是将方程根或解方程的方法误认为"虚幻的附带现象"的理由。对已发生事物的任何完整描述都需要考虑电子学和数学两个方面并对其进行充分的考量。

如果用这种令人晕眩的视角审视我们的大脑,似乎会通过某种方式颠覆我们的思维,正如麦克斯韦所说的那样,"当我们试图洞察"直至看到深层次的物质现实时,就会出现一个奇异的景象,就如同用另外一种方式颠覆了我们的思维一样。

量子困境

1900 年 10 月 7 日,柏林大学理论物理学教授马克斯·普朗克(Max Planck)拿

430 到了一些新的实验数据。当天晚上，他写下了一个方程式，很快他就被认为开启了物理学的新纪元。[61]

六年前，即 1894 年，普朗克受几家电力公司委托，对如何以最少的能源消耗实现灯泡亮度最大化的课题进行研究。这一研究导致他提出了所谓的"黑体辐射"问题。事实证明，这个问题难以解决。到 1900 年为止，他已经撰写了六篇相关主题的论文，共计 162 页，但是并没有解决这个问题。现在他有了一个解决方案，但这是一个令人不安的解决方案。

当时物理学家非常乐观地认为，太阳和行星等大型系统的运行规律在原子层面时依然适用。普朗克展示了"运动"的物理量（能量与时间的乘积）不能无限缩小。他用 h 表示运动的最小的自然单位或所谓"量子"；不久，人们就将 h 称为普朗克常数。正如普朗克的朋友阿尔伯特·爱因斯坦所说，这一发现的结果"给科学提出了一项新任务，为全部物理学找出一个新的概念基础"[62]。

哥本哈根大学的丹麦物理学家尼尔斯·玻尔是第一个回应这一挑战的学者。玻尔发明了一种原子模型，这种模型可以被视为一个微型太阳系，电子围绕着原子核运动。这一模型表明，电子将会从一个能量级跃迁至另一个能量级，形成明显不连续"量子跃迁"。然而观察这些跃迁进程必须付出相同的"能量×时间"的单位，这会导致预测的精确度方面存在欠缺。

正是基于这种认识，1926 年来到哥本哈根大学担任讲师和玻尔助理的沃纳·海森堡才得出这样的结论：在事件发生之后，所有需要根据过去预测未来的信息原则上并不都是有用的信息。这种"不确定性原理"（沿袭了麦克斯韦的研究方式）的提出，使海森堡等人开创了一种新的统计力学（即所谓的"量子力学"），即不尝试计算原子粒子实际位置和速度，而是根据矩阵模型估算特定种类事件的相对概率。同时，埃

431 尔温·薛定谔发明了一个波函数模型，二者被证明在形式上是完全一致的。

这些"跃迁"和"概率波"背后的现实又是什么呢？对于受那种认同科学公式是唯一有效表述的观点的实证主义思想影响的尼尔斯·玻尔来说，这个问题是毫无意义的。对玻尔来说，问题在于"能说些什么"，然而对于爱因斯坦来说，实证主义是一种逃避。对于爱因斯坦来说，问题在于"这是怎么回事"，他坚决否定了"上帝掷骰子"①的观点。1924 年，爱因斯坦在给朋友马克斯·玻恩（Max Born）的信中

---

① 根据量子力学的观点，随机性是物理世界的内禀性质，就如同上帝随意投掷骰子一样无法预知结果。——译者注

说:"我觉得完全不能容忍这样的想法,即认为被辐射照射的电子,不仅它的跃迁时刻,而且它的运动方向都由自己的自由意志去选择。要是这样,我宁愿当皮匠,甚至是赌场中的雇员,也不愿做物理学家。"[63]

爱因斯坦和鲍里斯·波多尔斯基(Boris Podolsky)、内森·罗森(Nathan Rosen)两位同事对概率数学的坚定支持促使他们提出了所谓的"EPR 悖论"①。1935 年,他们发表了一篇题为《物理现实的量子力学描述能否认为是完备的》(Can Guanturn-Mechanical Description of Physical Reality Be Considered Complete)的论文。[64]这篇论文中提出了一个思想实验,实验指出要么在粒子移动的过程中必然存在起作用的"隐变量"(hidden variables),要么两个粒子之间必须进行瞬间交流。但由于信息传播的速度比光速更快是有违相对论的,因此这篇文章提出了一个悖论。爱因斯坦所说的"鬼魅般的超距作用"(Spukhate Fernwirkung)②不会出现。

除非出现这种超距作用。

自 EPR 悖论提出以来,这一从根本上违反直觉的量子力学预言已经被越来越复杂的实验所证实。[65]牛津大学布利格斯的小组对诺贝尔奖得主安东尼·莱格特爵士(Sir Anthony Leggett)提出的宏观实在论进行了缜密的数学验证。[66]他们与代尔夫特的同事共同利用微波脉冲激发的钻石氮空位缺陷对另一项思想实验进行了现实演示,即所谓的"量子三盒悖论"(图 50.6)。[67]与此同时,量子纠缠的"鬼魅"现象成为研究新量子技术的核心问题。

许多问题仍有待讨论。[68]针对物理学家、哲学家和数学家的一项调查显示,量子力学的基础仍然是科学界激烈争论的领域,对其中一些基本问题的看法依旧存在分歧。[69]

在解决这些问题之前,科学家一直没有停止对量子力学知识的利用(这不同于 434 麦克斯韦所说的敲钟人在发现神秘钟楼的工作原理之前不再敲钟的比喻)。这个理论非常强大并且会发挥巨大作用。但是,他们也没有放弃这样的信念,即精心设计的实验可以让我们对现实世界有更深入的了解。像牛津大学学者所进行的实验表明,迈蒙尼德和阿奎那等神学家所倡导的实验科学有时会向我们展示一些我们

---

① EPR 即爱因斯坦(Einstein)、波多尔斯基(Podolsky)和罗森(Rosen)三个名字的缩写。——译者注
② 在量子力学领域,几个粒子经过彼此相互作用而形成整体性质后,原先各个粒子的性质便无法被描述,物理学家将其称为"量子纠缠"(quatum entanglement),这种现象不会出现在经典力学的场景中,爱因斯坦称之为"鬼魅般的超距作用"。——译者注

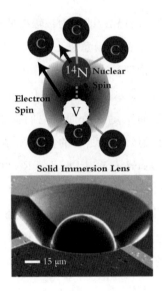

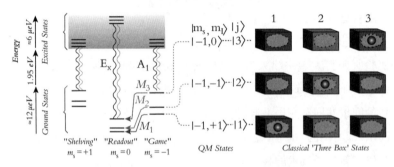

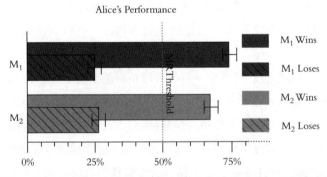

图 50.6 安德鲁·布利格斯小组和代尔夫特的同事合作进行的量子三盒实验。量子三盒实验可以被描述成一个猜谜游戏，如果宏观实在论成立，那么 B 获胜，如果量子理论成立，那么 A 获胜。待观察的装置，是一个处在钻石碳空位中，被一个集成透镜所观测的氮原子。三种原子旋转方式代表三个盒子，电子旋转方式提供"打开盒子观察内部"的手段。如果宏观实在论起作用，那么 A 至少能赢下一半的回合数但无论 B 观测第一个盒子（M_1）还是观测第二个盒子（M_2），A 都能远胜于他。

不相信的事物。

部分是由于弗里恩的《哥本哈根》话剧引发的兴趣,玻尔和海森堡撰写的一些文章被披露出来,但这些没有完全展示他们会谈的细节。[70]《约伯记》(42:3.5)中,对于"从旋风中"提出的 179 个问题(彩图 10),约伯做出了可以为人们理解的回答,"当然,我谈到的东西……太美妙,我不知道",但随后则是作出了更为意想不到的回应:"我的耳朵听到你,但现在我的眼睛已经看到我所说的是我不明白的;这些事太奇妙是我不知道的。我从前风闻有你,现在亲眼看见你。"(图 50.7)[71]

图 50.7 "我从前风闻有你,现在亲眼看见你"——罗杰·瓦格纳《从旋风中》

对真理的横向研究似乎是解决各种棘手问题所需要的方法。一直以来,从岩画时代到量子物理时代,菲洛波努斯所倡导的假设,和奥斯特德所倡导的"非现实"的隐喻式思想实验等研究方法已经为人们所熟知。我们通过不同的方式可以部分地接触到现实,而其他领域仍然是完全难以触及的。

这种方法包含了这样一种必要性(科学、宗教、艺术领域都适用),即与未解决的问题共存,这种重要性不会破坏或颠覆对真理的追求,似乎也并未减少追求或找到答案的希望。

哲学家卡尔·波普尔认为:"如果没有思想信仰,不可能有科学发现,即便这些信仰是纯粹而朦胧的推测,而没有得到科学验证的信仰,某种程度上说,便是形而上学。"[72]马克斯·普朗克曾经说过:"科学也需要精神信仰。任何以严肃的态度从事科学工作的人必须认识到进入科学殿堂的门上写着'你必须有信仰'。"[73]

435　　日常科学实践中超越科学维度的这种纠葛最终将我们带回到牛津大学和剑桥大学建筑物上所刻的铭文。此时,最后一幕上演。

第三幕　解决方案

　　1999 年,圣米迦勒节学期(Michaelmas term)①,听众们齐聚一堂,聆听牛津大学新任安德烈亚斯・伊德瑞斯(Andreas Idreos)科学与宗教讲席教授的演讲。人们聚集在考试学院的一间屋子里面,就如同像阿加莎・克里斯蒂②小说末尾的嫌疑人一样,他们都是代表知识界研究方向的科学家、哲学家和神学家。彼得・阿特金斯(Peter Atkins)和理查德・道金斯站在两侧,他们分别放弃了物理化学和演化生物学的研究,转而成为倡导无神论的公共知识分子。阿瑟・皮考克(Arthur Peacock)和阿利斯泰尔・麦克格拉斯(Alistair McGrath)靠在接近中间位置,他们已经开始了自己的科学生涯(一名生物化学教授和一名物理化学家),后来他们最终转行成为神学教授。

　　从概念上来看,牛津大学的这个新教席职位属跨学科性质的,几乎可以说是独一无二的。担任这一职位的约翰・赫德利・布鲁克(John Hedley Brooke)教授开玩笑说,大学分配给他一处牧师住宅,这里一直处于闲置状态且即将拆除,用来建设新实验室,这已经暗示了学校对他研究课题的态度。建设一座新的实验室将使牛津大学卷入一场和大约 120 年前亨利・阿克兰所面临的同样性质的争议风暴之中。

《牛津大学的活体解剖》

　　1883 年,为了给新任命的生理学教授博登・桑德森(Burden Sanderson)博士提供工作条件,牛津大学就耗费 10 000 英镑在牛津大学博物馆建造一个实验室进行

---

① 基督教每年 9 月纪念天使长米迦勒,故而许多英国和爱尔兰教育机构会将开始于 9 月的学期称为"圣米迦勒学期"。——译者注

② 英国著名侦探小说家,在她的作品中,一般在结尾处,负责案件的侦探会召集所有尚活着的人齐聚一处,然后揭示真相,指出真凶。——译者注

投票，这次投票引发了轩然大波。因为桑德森博士持有 1876 年《活体解剖法案》规定的实验许可证，这一点立即导致了人们产生了"牛津要建立一个恐怖实验室"的恐惧情绪。

阿克兰开始收到收信人为"伟大的科学教授"的信件，信中将他善良的家庭与他在实验室中对"沉默无助的动物"作出的"恶魔般残忍"的行为进行了对比。身为斯雷德教席教授的约翰·罗斯金参加了抗议。1884 年，有人印刷了一本名为《牛津大学的活体解剖》的小册子，说服大学评议会成员禁止出售用以资助建设新实验室的土地。阿克兰对此作出了回应，对这位他"熟悉的著名学者在进行活体解剖时所秉持的人道"表示绝对的信任，并坚持认为他们所采取的、"能够拯救人类免受苦难和痛苦"的措施从道义上讲是完全正当的。[74] 2 月 4 日，他给《泰晤士报》写了一封信呼吁评议会成员拒绝这一反对意见（这封信是成功的）。

2004 年，因为动物权利示威者的威胁，负责在南公园路旧圣十字教堂地块上修建新生物医学实验室的建筑商撤出，建设工作中止，大学最终另选了一家建筑承包商，但是恐吓和破坏活动依然存在［在此期间，为保护我们的邻居韦恩弗利特（Waynflete）生理学教授科林·布雷克莫尔爵士，本书写作所在地的街道被警方多次关闭］。2006 年，来自斯温登（Swindon）的 16 岁少年劳里·佩克劳福特（Laurie Pycroft）针锋相对发起了"Pro-Test 运动"，支持修建实验室，这是此事发展趋势的转折点。在他们的第一次集会上（地点在阿克兰故居所在的宽街），大量医学研究人员指出，他们的研究成果可以减轻人类的痛苦（图 50.9）。

图 50.8　牛津宽街的 Pro-Test 游行

437 极难得出的结论

就像玻尔和海森堡在原子弹武器应用研究问题上所面临的困境一样,两个争论强有力地展示了道德因素在塑造和激励科学实践中所发挥的持续和根深蒂固的影响力。科学发现远不能使我们摆脱人类进化过程中首次从"伊甸园时刻"进入认知世界的道德选择,反而似乎让我们更深陷其中而不能自拔。在这个世界中,发现工作的原则和指引航程的"北极星"的需要尤为迫切。

"如果一个人能够意识到每天的工作是一生的工作的有机组成部分,是通向永恒的具体体现,那么他就是幸福的。"[75]麦克斯韦在23岁时写下的这段反思之语(这句话适用于艺术家,同样也适用于科学家)表达了他关于自己研究生涯应尽可能与他的基本伦理和精神认知融合的愿望。作为个人和社会整体的迫切需要,我们的立场是"终极追问"——对理解整个世界的需求——在人类生活中既处于中心位置,也是一种永久性的需求,所以在现代科学不断变化的利益和动机背后,它将继续发挥作用。

耗费大量资源的欧洲原子能中心(Organisation Européenne poul la Recherche Nucléaire, CERN)的大型强子对撞机等大型国际项目就是当代的例证。正在改变世界的互联网也是CERN的副产品。然而,设立这个项目的目的是回答有关宇宙本质的基本问题。科学无法预测它自身将取得什么样的成果,对撞机的发现(本书即将付梓之时,对撞机重新启动)可能会改变我们对宇宙的理解。这种研究热情不仅为项目相关的科学家所秉持着,也为资助该项目的国家共同体所秉持着。这二者的驱动因素都不是经济利益。

2014年,CERN主任罗尔夫·豪尔(Rolf Heuer)担任瑞士著名的法语报纸《时报》(Le Temps)关于庆祝该项目成立60周年特刊的客座编辑。根据他个人的要438求,他对本书的一位作者进行了采访,并作了一整版的报道,报道附上了罗尔夫·豪尔所撰写的社论:"相比于反对科学和宗教,你更应该问的是科学和宗教是否可以尊重和接受彼此的观点。我认为这是绝对有可能的,而且根据我的经验,它们的互动甚至可以更加丰富。"

尽管从表面看来,物质世界中的次终极追问仍处在终极追问滑流的纠葛之中。

需要强调的一点是,这一滑流不是宗教独有的(《圣经》中指出"神将永生安置在世人心里",承认这是全人类所共有的特点①)。因此,关于整合科学实践和发现与对人类存在的终极追问,那些聆听新任科学与宗教讲席教授就职演讲的听众虽然可能态度不一,但为了实现这个目的,他们可能已经实现了联合。

在序言中,我们曾引用了弗朗西斯·克里克的话,即他的整个科学研究事业就是希望祛除宗教对科学研究的支持,这表明物理科学的重点研究可以在截然不同 439 的、形而上学的滑流之中予以推进。从这种意义上说,他所说的话是一个关于我们基本隐喻的惊人例证。克里克(他在剑桥住宅的门上安装了一个 DNA 模型)很清楚,他所秉持的、好斗的无神论远没有被人们普遍接受,即使在他以前工作的实验室里也是如此。

1987 年,卡文迪什实验室教授布莱恩·皮帕德(Brian Pippard)爵士发表了一篇关于卡文迪什实验室历史的文章,其中首次指出:"根据麦克斯韦的愿望,最初建筑上的巨大橡木门雕刻了源自《诗篇》第 111 章的拉丁语铭文'Magna opera Domini esquisita in omnes voluntates ejus'(主之作为,极其广大,凡乐之嗜,皆必考察)。"

他接着写道:"1973 年,一位有着虔诚信仰的研究生在搬入新楼后不久就向我提出建议,建议在大门入口处用英文展示同样的文字。我向他承诺会将这个建议提交给政策委员会。我原本认为他们会否决这个建议,令我惊讶的是,他们真心实意地支持这个想法并同意使用科弗代尔(Coverdale)的翻译文本,由威尔·卡特

图 50.9 高级研究员在新卡文迪什实验室门前

---

① 参见《传道书》3:11:"神造万物,各按其时成为美好,又将永生安置在世人心里。"——译者注

图 50.10 新卡文迪什实验室入口的匾额

(Will Carter)将文字镌刻在桃花心木上。"[77](图 50.9)铭文是"The works of the Lord are great：sought out of all those that have pleasure therein"(耶和华的作为本为大：凡喜爱的都必考察)(图 50.10)。

这位"有着虔诚信仰的研究生"就是安德鲁·布利格斯(即本书的作者之一)。调查显示,这些铭文的复杂内涵,被科学界认可的普遍程度高于被公众认可的普遍程度。虽然随着文化的发展这一观点的表达形式将会发生变化,但是人类对经验世界的认知的整体深度的根本需求仍然是不变的:这种需求根植于至少 9 万年前"宗教人"(Homo religiosus)的认知能力。由此可见,贯穿本书的次终极追问和终极追问之间的纠葛不可能消失,它将与人类同在。

440

【注释】

［1］Voelkl，B.，Portugal，S. J.，Unsöld，M.，Usherwood，J. R.，Wilson，A. M. and Fritz，J.，

"Matching Times of Leading and Following Suggest Cooperation through Direct Reciprocity during V-Formation Flight in Ibis", *Proceedings of the National Academy of Sciences of the United States of America* 112(2015), 2115—2120.

[2] Keith Ward, *Is Religion Dangerous?* (Mich.: Eerdmans Publishing, 2006), 59.

[3] Hume, D., *An Enquiry Concerning Human Understanding: a Letter from a Gentleman to His Friend in Edinburgh* (Indianapolis: Hackett Pub. Co., 1977), 113.

[4] Eastman, M., "Marxism: Science or Philosophy?" https://www.marxists.org/archive/eastman/1935/science-philosophy.htm. Accessed 24 August 2015.

[5] Ayer, A.J., *Language, Truth and Logic* (London: Gollancz, 1946), 41.

[6] Joad, C.E.M., *God and Evil* (London: Faber and Faber, 1942); Russell, B., *Religion and Science* (London: Thornton Butterworth, 1935).

[7][10] Marx, K. and Engels, F., *Selected Correspondence, 1846—1895* (New York: International Publishers, 1942), 125.

[8] Marx, K., *The Essential Left: Four Classic Texts on the Principles of Socialism* (London: Allen Unwin, 1960), 31.

[9] Marx, K., *The Essential Left: Four Classic Texts on the Principles of Socialism* (London: Allen Unwin, 1960), 25.

[11] Smith, J.M. and Price, G., "The Logic of Animal Conflict", *Nature* 246(1973), 15—18.

[12] Wilson. E.O., *On Human Nature* (London: Harvard University Press, 1978), 155.

[13] Ruse, M., *Evolutionary Naturalism: Selected Essays* (London: Routledge, 1995), 241.

[14] Ruse, M., *Evolutionary Naturalism: Selected Essays* (London: Routledge, 1995), 290.

[15][34] Darwin, C.R., *The Life and Letters of Charles Darwin: Including an Autobiographical Chapter* (London: John Murray, 1887), 479.

[16][17] Monod, J., *Chance and Necessity: An Essay on the Natural Philosophy of Modern Biology* (London: Collins, 1972), 110.

[18] Paley, W., *Natural Theology: Or, Evidence of the Existence and Attributes of the Deity* (London, 1803), 2.

[19] Paley, W., *Natural Theology: Or, Evidence of the Existence and Attributes of the Deity* (London, 1803), 3.

[20] Dawkins, R., *The Blind Watchmaker* (Harlow: Longman Scientific & Technical, 1986), 5.

[21] Dawkins, R., *The Blind Watchmaker* (Harlow: Longman Scientific & Technical, 1986), 316.

[22] Dawkins, R., *The God Delusion* (London: Bantam Press, 2006), 66.

[23] Dawkins, R., *The God Delusion* (London: Bantam Press, 2006), 120.

[24] Dawkins, R., *The God Delusion* (London: Bantam Press, 2006), 140.

[25] Trigg, R., *Rationality and Science: Can Science Explain Everything?* (Oxford: Blackwell, 1993), 20.

[26] Passmore, J., "Logical Positivism" in *Encyclopedia of Philosophy* (2006), 53—57.

[27] "Logical Positivism and Its Legacy", Men of Ideas, episode 6, A.J. Ayer interviewed by B. Magee (televised by the BBC on 23 Feb. 1978).

[28] Cohen, M. R. and Nagel, E., *An Introduction to Logic and the Scientific Method* (London: George Routledge & Sons, 1934).

[29] Mackay, D. M., *Science, Chance and Providence: The Riddell Memorial Lectures, Forty-Sixth Series, Delivered at the University of Newcastle upon Tyne on 15, 16, and 17 March 1977* (Oxford: Oxford University Press, 1978), 32.

[30] Proverbs 16: 33.

[31] Conway Morris, S., *The Crucible of Creation: The Burgess Shale and the Rise of Animals* (Ox-

ford：Oxford University Press，1998）；Conway Morris，S.，*Life's Solution：Inevitable Humans in a Lonely Universe*（Cambridge：Cambridge University Press，2003）.

[32] Conway Morris，S.，*Life's Solution：Inevitable Humans in a Lonely Universe*（Cambridge：Cambridge University Press，2003），330.

[33] Pascal，B.，*Pensées and Other Writings*（eds. and trans.）Levi. H.，and Levi，A.（Oxford：Oxford University Press，1995），70.

[35] Hoyle，F.，"The Universe：Past and Present Reflections"，*Engineering and Science* 45（1981），8—12.

[36] Rees，M.J. "Numerical Coincidences and 'Tuning' in Cosmology"，*Astrophysics and Space Science* 285（2003），375—388.

[37] Paley，W.，*Natural Theology：Or，Evidence of the Existence and Attributes of the Deity*（London，1803），13.

[38] Dawkins，R.，*The God Delusion*（London：Bantam Press，2006），13.

[39] Bayes，T.，"An Essay towards Solving a Problem in the Doctrine of Chances"，*Philosophical Transactions（1683—1775）* 53（1763），370—418.

[40] Swinburne，R.，*The Existence of God*（Oxford：Oxford University Press，2004）.

[41] Einstein，A.，"On the Method of Theoretical Physics，"*Philosophy of Science* I（1934），163—169.

[42] Barrett，J.L.，*Why Would Anyone Believe in God?*（Oxford：Altamira Press，2004）.

[43] Friston，K.，"The History of the Future of the Bayesian Brain"，*NeuroImage* 62（2012），1230—1233.

[44] Knill，D. C. and Pouget，A.，"The Bayesian Brain：The Role of Uncertainty in Neural Coding and Computation"，*Trends in Neurosciences* 27（2004），712—719.

[45][46] Barrett，J.L.，*Why Would Anyone Believe in God?*（Oxford：Altamira Press，2004），16.

[47] Mackay，D.M.，*Behind the Eye*（Oxford：Basil Blackwell，1991），249.

[48] Mackay，D. M.，*Behind the Eye*（Oxford：Basil Blackwell，1991），250.

[49] Joad，C.E.M.，*The Recovery of Belief：A restatement of Christian philosophy*（London：Faber and Faber，1952），13—14.

[50] Cash，W.，"Did Atheist Philosopher See God When He 'Died'?" https：//variousenthusiasms. wordpress. com/2009/04/28/did-atheist-philosopher-see-god-when-he-died-by-william-cash/. Accessed 25August2015.艾尔从未修正过他的书和观点，而是修订了他对经验的解释。

[51] Flew，A.，*There Is a God：How the World's Most Notorious Atheist Changed His Mind*（New York：Harper-One，2007），75.

[52] Frayn，M.，*Copenhagen*（London：Methuen，2003），94.

[53] Frayn，M.，*The Human Touch：Our Part in the Creation of a Universe*（New York：Metropolitan Books，2006），11.

[54] Crick，F.，*The Astonishing Hypothesis：The Scientific Search for the Soul*（New York：Scribner，1994），3，261.

[55] Swaab，D. E.，*We Are Our Brains：From the Womb to Alzheimer's*（London：Penguin，2014）.

[56] Damasio，A.R.，*Descartes' Error：Emotion，Reason，and the Human Brain*（New York：G.P. Putnam，1994）.

[57] Jeeves，M.A.，*From Cells to souls—and Beyond：Changing Portraits of Human Nature*（Grand Rapids：Eerdmans，2004）. Wrigtht，N.T.，Back Cover Quotation.

[58] Herrmann，C.S.，Pauen，M.，Min，B.-K.，Busch，N.A. and Rieger，J.W.，"Analysis of a Choice-Reaction Task Yields a New Interpretation of Libet's Experiments"，*International Journal of Psychophysiology* 67（2008），151—157.

[59] Jeeves，M.A.，*From Cells to souls—and Beyond：Changing Portraits of Human Nature*（Grand

Rapids：Eerdmans，2004），241—242.

[60] Jeeves，M. A.，*From Cells to souls—and Beyond：Changing Portraits of Human Nature*（Grand Rapids：Eerdmans，2004），242.

[61] Pais，A.，*"Subtle Is the Lord"：The Science and the Life of Albert Einstein*（Oxford：Oxford University Press，1982），368.

[62] Pais，A.，*"Subtle Is the Lord"：The Science and the Life of Albert Einstein*（Oxford：Oxford University Press，1982），372.

[63] Einstein，A.，*The Born-Einstein Letters. Correspondence between Albert Einstein and Max and Hedwig Born from 1916 to 1955 with commentaries by Max Born*（Trans. Born，I）（London：Macmillan，1971），82.

[64] Einstein，A.，Podolsky，B. and Rosen，N.，"Can Quantum-Mechanical Description of Physical Reality Be Considered Complete?" *Physical Review* 47(1935)，777—780.

[65] Giustina，M.，Mech，A.，Ramelow. S.，Wittmann. B.，Kofler，J.，Beyer，J.，Lita，A.，Calkins，B.，Gerrits，T.，Nam，S.，Ursin，R. and Zeilinger，A.，"Bell Violation Using Entangled Photons without the Fair-Sampling Assumption"，*Nature*，497(2013) pp. 227—230.

[66] Knee，G.C.，Simmons，S.，Gauger，E.M.，Morton，J.J.L.，Riemann，H.，Abrosimov，N.V.，Becker，P.，Pohl，H.-J. Itoh，K.M.，Thewalt，M.L.W.，Briggs，G.A.D. and Benjamin，S.C.，"Violation of a Leggett-Garg Inequality with Ideal non-Invasive Measurements" *Nature Communications*，3：606(2012)，doi：10.1038/ncomms1614.

[67] George，R.E.，Robledo，L.，Maroney，O.J.E.，Blok，M.，Bernien，H.，Markham，M.L.，Twitchen，D.J.，Morton，J.J.L.，Briggs，G.A.D. and Hanson，R.，"Opening up Three Quantum Boxes Causes Classically Undetectable Wavefunction collapse"，*Proceedings of the National Academy of Sciences of the United States of America* 110(2013)，3777—3781.

[68] Briggs，G.A.D.，Butterfield，J.N.，and Zeilinger，A.，"The Oxford Questions on the Foundations of Quantum Physics"，*Proceedings of the Royal Society A：Mathematical Physical and Engineering Sciences* 469(2013)，20130299.

[69] Schlosshauer，M.，Kofler，J. and Zeilinger，A.，"A Snapshot of Foundational Attitudes toward Quantum Mechanics"，*Studies in History and Philosophy of Modern Physics* 44（2013），222—230.

[70] Frayn，M.，*Copenhagen*（London：Methuen，2003），95—149.

[71] Job 42：3，5.

[72] Popper，K.，*Logik der Forschung*（Wien：Springer，1934），38.

[73] Planck，M.，*Where Is Science Going?*（trans.）Murphy，J.（London：Allen &. Unwin，1933），241.

[74] Atlay，J.B.，*Sir Henry Wentworth Acland：A Memoir*（London：Smith，Elder，1903），422.

[75] Mahon，B.，*The Man Who Changed Everything：The Life of James Clerk Maxwell*（Chichester：Wiley，2003），47.

[76] Ulmi，N.，"Science et foi, comment ne pas choisir"，*Le Temps*（27 Sept. 2014），28.

[77] Pippard，A. B.，"The Cavendish Laboratory"，*European Journal of Physics* 8(1987)，231—235.

[78] Ecklund，E.H.，*Science vs. Religion：What Scientists Really Think*（New York：Oxford University Press 2010）.

索 引 *

---

* 页码后缀 il 表示插图编号；后缀 n 表示脚注，后面的数字表示脚注编号。索引开始部分的标点符号索引为闪族语言按字母顺序排列的索引。

① 原文有误，应为 Perspectiva，误写作"Perspective"。——译者注

译后记

　　科学与宗教是人类社会科学领域的一个永恒话题,历久弥新。科学与宗教的关系作为次终极追问问题(Penultimate Curiosity)可以说贯穿了人类的整个文明史,如果说追寻生命意义的终极追问是一种形而上的阳春白雪,那么科学与宗教的关系更具人间烟火气,如同柴米油盐酱醋茶,片刻须臾不离人类的生活。当然,需要特别说明的是这里的"宗教"也包括对宗教的认识,比如无神论或有神论。

　　本书两位作者的知识面之广,令人印象深刻;同时学术旨趣相得益彰,使得读起来没有半点的违和感。这本书所讨论的时间阶段从当前我们所处的21世纪一直追溯至遥远的史前年代,两位作者从人类学、考古学、文学、神学、化学、生物学、地理学、历史学、哲学、天文学、宗教学、物理学、社会学等多个学科的视角,通过一个个真实的故事为我们展示了一幅科学与宗教"相爱相杀"的精彩历史画卷。

　　随着画卷徐徐展开,我们会渐次看到人类文明史中宗教与科学之间的互动,会看到人类出现以来所描绘画卷过程中留下浓墨重彩的重要历史人物,他们或是从未留下姓名的走出非洲的第一批人类;或是在法国山洞内创作岩画的无名艺术家;或是掌着火把、牵着一只小狗在欣赏山洞内艺术创作的那个无名少年;或是如苏格拉底、柏拉图、亚里士多德、阿维森纳、伊本·路世德、路德、哥白尼、伽利略、培根、牛顿、莱布尼茨、帕斯卡、达尔文、赫歇尔、法拉第、麦克斯韦、爱因斯坦等赫赫有名人物。同时,我们还会看到古希腊、古罗马、亚历山大帝国、古埃及、古波斯、阿拉伯、西欧等地区宗教与科学的互动故事,并且会体察到古希腊和罗马文明的发展、十字军东征、宗教改革、"日心说"与"地心说"的争斗、大航海时代等重大历史事件背后宗教与科学互动所发挥的作用。当然两位作者并不是只在遥远的历史中探寻次终极追问的问题，我们也会看到作者对 20 世纪末和 21 世纪初科学与宗教之间关系的讨论。另外，需要指出的是，本书的作者仍然整体上是基于一种西方中心的视角来叙事，对于中国、印度、玛雅等文明中关于宗教和科学问题的讨论涉猎极少，不得不说是一个缺憾。

从主题上来说，这本书可谓是"老生常谈"，但是作为本书的译者，阅读此书是一次愉快且难忘的经历。这本书不同于学术书籍的佶屈聱牙、枯燥乏味，相反是"常谈"出"新调"，娓娓道来，妙趣横生，读后让人顿生清新之感。这本书共 49 章外加结语部分，约有 40 万字，"大部头"似乎给人以阅读的压力，但是真正开篇阅读之后，就会发现其中的故事短小精悍，引人入胜，没有拖泥带水，相信读者会有舒服的阅读体验。正如同我们在嗑瓜子的时候，嗑开第一颗之后，在不知不觉间一大包瓜子会全被我们"消灭"，伸手再去拿瓜子的时候，发现袋子中空空如也，除了惊奇已经吃了这么多瓜子之外，还会有意犹未尽之感。

在翻译这本书时，我正在南亚次大陆工作，观察这里人们的生活也是一个思考本书主题的绝佳视角。在这片有着浓厚宗教色彩的土地上，能够清晰地感受到科学与宗教的纠葛。在这里，印度教、伊斯兰教、佛教、基督教等宗教都有大量的信徒并且保存下大量的历史遗迹；同时，生物医学、计算机、现代通信技术、核电等当今人类先进的科学技术手段在这里也同样存在。盛大的宗教仪式、虔诚的宗教信仰、先进的技术手段、最新的科技进步，在这片神奇的土地上交织在一起。在 21 世纪的今天，对生活在这片土地上的人们而言，他们的宗教信仰不可避免地从某些方面被科学侵蚀，但是也从某些方面强化着人们的宗教信仰，所以采用一种单向的视角来看待科学与宗教的关系是有失偏颇的，或许本书书名中的"纠葛"一词能够恰如其分地表现二者之间的关系。

唐人李翱《赠药山高僧惟俨（其一）》一诗说："练得身形似鹤形，千株松下两函经。我来问道无馀说，云在青天水在瓶。"从一定意义上可以说，如果追求成为"高僧"而洞悉生命意义是这一终极追问的问题，那么这"两函经"就是"科学"和"宗教"；至于如何解释"云在青天水在瓶"以及如何"对号入座"则是人在日常生活中对自身的关照和思考，也是一种自我应许和他许。人作为世界上一种"物"的存在，次终极追问从一定意义上赋予了作为群体的"人类"和作为个体的"人"更为生动的外在形象和内心思考。

正如我所提到的，这本书涉及众多知识领域，囿于译者的知识水平和能力，其中必然存在不妥之处，还请读者多多指正。感谢格致出版社给我这次机会，能够有幸翻译这本著作，踏上一次令人愉悦的增进知识和思考的旅程，感谢裴乾坤编辑在时间上一再宽允并提出了很多改进译稿的意见。在翻译本书期间，我不满四岁的女儿和我一起生活在南亚，这本书的翻译基本上都是在她晚间入睡之后完成的，感谢小家伙和爱人的配合，能让我安心将这本书译完。

杨春景

图书在版编目(CIP)数据

次终极追问:科学与宗教的纠葛/(英)罗杰·瓦
格纳,(英)安德鲁·布利格斯著;杨春景译.—上海:
格致出版社:上海人民出版社,2020.4
ISBN 978-7-5432-3022-4

Ⅰ.①次… Ⅱ.①罗… ②安… ③杨… Ⅲ.①科学-
关系-宗教-研究 Ⅳ.①B913

中国版本图书馆 CIP 数据核字(2020)第 051340 号

责任编辑 裴乾坤
美术编辑 路　静

次终极追问:科学与宗教的纠葛

[英]罗杰·瓦格纳　安德鲁·布利格斯 著
杨春景 译

出　　版	格致出版社	
	上海人民出版社	
	(200001　上海福建中路 193 号)	
发　　行	上海人民出版社发行中心	
印　　刷	浙江临安曙光印务有限公司	
开　　本	720×1000　1/16	
印　　张	28.5	
插　　页	6	
字　　数	488,000	
版　　次	2020 年 4 月第 1 版	
印　　次	2020 年 4 月第 1 次印刷	
ISBN 978-7-5432-3022-4/B·40		
定　　价	98.00 元	

The Penultimate Curiosity: How Science Swims in the Slipstream of Ultimate Questions, 2016, ISBN 9780198747956

Published in the United Kingdom by Oxford University Press, Oxford © Roger Wagner and Andrew Briggs 2016

All rights reserved. No part of this publication may be reproduced, stored in a retrieval system, or transmitted, in any form or by any means, without the prior permission in writing of Oxford University Press.

The Penultimate Curiosity: How Science Swims in the Slipstream of Ultimate Questions was originally published in English in 2016. This translation is published by arrangement with Oxford University Press. Truth & Wisdom Press is solely responsible for this translation from the original work and Oxford University Press shall have no liability for any errors, omissions or inaccuracies or ambiguities in such translation or for any losses caused by reliance thereon.

TRUTH & WISDOM PRESS is authorized to publish and distribute exclusively in Chinese(Simplified Characters) language edition. This edition is authorized for sale in the mainland of the People's Republic of China only, excluding Hong Kong SAR, Macao SAR and Taiwan Province.

Copyright © 2020 by TRUTH & WISDOM PRESS.

上海市版权局著作权合同登记号：图字 09-2017-800